"十二五"职业教育国家规划教材
经全国职业教育教材审定委员会审定
高等职业院校精品教材系列

建筑工程法规原理与实务
（第3版）

陈　正　柳卫红　主编
谭　伟　詹　明　毛云婷　副主编
李永刚　主审

电子工业出版社
Publishing House of Electronics Industry
北京·BEIJING

内 容 简 介

本书是在第 1 版和第 2 版得到广泛使用的基础上，充分征求一线教师的使用建议和法律专家意见，结合最新的职业教育教学改革精神和作者近几年的行业办案实践进行修订的。本书根据最新的建筑工程法律法规，从建筑工程管理的实际需要出发，介绍建筑工程法规原理与实务，主要内容共分 4 章，分别为建筑工程法律制度、合同法律制度、建筑工程纠纷处理的法律制度、建筑工程法律责任。

本书为高等职业本、专科院校相应课程的教材，也可作为开放大学、成人教育、自学考试、中职学校、培训班等的教材，以及建造师、监理师等工程技术人员的参考工具书。

本书配有免费的电子教学课件、典型案例、建造师考试题和思考与练习题参考答案，详见前言。

未经许可，不得以任何方式复制或抄袭本书之部分或全部内容。
版权所有，侵权必究。

图书在版编目（CIP）数据

建筑工程法规原理与实务 / 陈正，柳卫红主编. —3 版. —北京：电子工业出版社，2022.8
高等职业院校精品教材系列
ISBN 978-7-121-37940-6

Ⅰ. ①建… Ⅱ. ①陈… ②柳… Ⅲ. ①建筑法－中国－高等学校－教材 Ⅳ. ①D922.297

中国版本图书馆 CIP 数据核字（2019）第 259323 号

责任编辑：陈健德（E-mail:chenjd@phei.com.cn）
文字编辑：刘真平
印　　刷：山东华立印务有限公司
装　　订：山东华立印务有限公司
出版发行：电子工业出版社
　　　　　北京市海淀区万寿路 173 信箱　邮编 100036
开　　本：787×1 092　1/16　印张：16.25　字数：416 千字
版　　次：2006 年 1 月第 1 版
　　　　　2022 年 8 月第 3 版
印　　次：2023 年 7 月第 4 次印刷
定　　价：56.00 元

凡所购买电子工业出版社图书有缺损问题，请向购买书店调换。若书店售缺，请与本社发行部联系，联系及邮购电话：（010）88254888，88258888。
质量投诉请发邮件至 zlts@phei.com.cn，盗版侵权举报请发邮件至 dbqq@phei.com.cn。
本书咨询联系方式：chenjd@phei.com.cn。

前言

随着我国经济的快速发展，各种建筑物拔地而起，在工程实践中对精通行业应用法规的技术人员的需求越来越高，大多数高职院校已在不同专业开设本课程，来培养具有建筑工程法规操作实务能力的技能型人才。随着国家政策法规的调整及行业技术的不断进步，原有书籍的部分内容已不能完全适应新的职业教育教学改革，我们在本书第1版和第2版得到广泛使用的基础上，充分征求一线教师的使用建议和法律专家意见，结合最新的职业教育教学改革精神和作者近几年的行业办案实践，按照新的课程要求组织编写队伍进行修订，对不适用的部分内容进行了调整和补充。

在教材的修订过程中，以建筑行业特点和就业岗位需求导向为出发点，突出法律法规的新颖性，注重课程内容与岗位技能之间的关系，以让学生真正掌握实践技能为目的，以必需、够用为原则，以讲清概念和政策、强化应用为重点，不拘泥于理论的系统性、完整性，力求做到内容务实创新，结构新颖独特，体现鲜明的时代气息。其主要的编写特点如下。

1. 主体内容与建造师考试相衔接。本书以一、二级注册建造师考试大纲为基础，其章、节、目和条的编写大部分与考试大纲要求相一致，以使学生不仅学到应用知识，同时又能应对执业资格考试。

2. 理论联系实际，突出实践。全书既有对建筑工程法规基本理论的研究和相关知识的阐述，又有对实际工作案例与操作的介绍。凡阐述重要原理时，都附有针对性的案例分析，以利于学生对内容的掌握。全书每章的后面部分为综合案例，以帮助学生对该章重要原理应用进行理解。

3. 内容新颖，前瞻性强。本书充分吸收近年来建筑工程法规的最新成果，力求反映我国新的立法动向。同时，加入近三年来的全国建造师执业资格考试题及答案，以方便学生取得资格证书和顺利就业。

4. 必需，够用。本书侧重介绍我国建筑工程法律领域实践中用得较多的法律法规。

5. 版面新颖独特、生动活泼。通过多幅漫画对建筑实践中的各种活动进行说明，赞扬和褒奖正确行为，讽刺和批判错误行为，有助于提高教学趣味性。

本书为高等职业本、专科院校相应课程的教材，也可作为开放大学、成人教育、自学考试、中职学校、培训班等的教材，以及建造师、监理师等工程技术人员的参考工具书。

本书由江西省建筑业协会法律工作委员会主任、江西省政协提案委员会专家、中国建筑业协会法律工作委员会专家陈正教授与江西省建筑业协会法律工作委员会主任助理、江西省建筑业协会法律专家、江西国风律师事务所律师柳卫红任主编，江西省地质工程（集团）公司法律事务部、律师事务部部长谭伟,中共江西省委党校(行政学院)法学教研部副教授、北京德和衡(南昌)律师事务所律师詹明和江西建设职业技术学院副教授毛云婷任副主编。全书由江西建设职业技术学院院长、高级工程师李永刚主审。

在本书的编写过程中参阅了大量的相关资料和著作,在此谨向文献的作者表示感谢。

由于作者学识水平有限,加上时间仓促,书中难免存在疏漏和不足之处,恳请读者批评指正。

为方便教师教学及学生学习,本书配有免费的电子教学课件、典型案例、建造师考试题和思考与练习题参考答案,请有此需要的教师扫一扫书中二维码阅览或登录华信教育资源网(www.hxedu.com.cn)免费注册后进行下载,有问题时请在网站留言或与电子工业出版社联系(E-mail:hxedu@phei.com.cn)。

编 者

 扫一扫看2017年全国一级建造师《工程法规》试题
 扫一扫看2018年全国一级建造师《工程法规》试题
 扫一扫看2019年全国一级建造师《工程法规》试题

 扫一扫看2017年全国一级建造师《工程法规》试题答案
 扫一扫看2018年全国一级建造师《工程法规》试题答案
 扫一扫看2019年全国一级建造师《工程法规》试题答案

 扫一扫看2020年全国一级建造师《工程法规》试题
 扫一扫看2021年全国一级建造师《工程法规》试题

 扫一扫看2020年全国一级建造师《工程法规》试题答案
 扫一扫看2021年全国一级建造师《工程法规》试题答案

第1章 建筑工程法律制度 ··· 1

教学导航 ·· 1
1.1 建筑法概述 ·· 2
   1.1.1 建筑法的概念和法律体系 ·· 2
   1.1.2 建筑法的一般原则 ·· 3
   1.1.3 建筑法的适用范围 ·· 4
1.2 建筑许可法律制度 ··· 5
   1.2.1 建筑工程施工许可制度 ··· 6
   1.2.2 建筑从业资格制度 ·· 8
1.3 建筑工程发包与承包制度 ·· 10
   1.3.1 建筑工程发包与承包的规定 ··· 10
   1.3.2 建筑工程招标的规定 ··· 17
   1.3.3 建筑工程投标的规定 ··· 24
   1.3.4 建筑工程开标、评标和定标的主要规定 ·· 28
1.4 建筑工程监理制度 ··· 37
   1.4.1 监理的主要内容 ·· 37
   1.4.2 监理企业的法律责任 ·· 39
1.5 建筑工程安全生产和质量管理制度 ··· 40
   1.5.1 《安全生产法》与工程建设相关的主要内容 ································· 40
   1.5.2 《建设工程安全生产管理条例》的主要规定 ································· 47
   1.5.3 《建设工程质量管理条例》的主要规定 ·· 55
1.6 与工程建设相关的法律制度 ·· 61
   1.6.1 《保险法》与工程建设相关的主要规定 ·· 61
   1.6.2 《劳动法》与工程建设相关的主要规定 ·· 66
   1.6.3 《消防法》与工程建设相关的主要规定 ·· 69
   1.6.4 环境保护法与工程建设相关的主要规定 ·· 71
   1.6.5 税法与工程建设相关的主要规定 ·· 76
   1.6.6 建设工程勘察设计管理 ··· 79
   1.6.7 《国有土地上房屋征收与补偿条例》的主要规定 ·························· 80
   1.6.8 《节约能源法》的主要规定 ·· 82
综合案例 1 挂靠人租赁建筑设备谁担责 ·· 83
综合案例 2 工程未经验收发包人实际使用的,视为验收合格 ················· 84
综合案例 3 因转包引起的工程款纠纷 ·· 87

  综合案例 4 装饰装修工程的施工人需具有相应施工资质 ························· 89
  综合案例 5 联合体投标的双方应当严格遵守联合体投标协议书 ················· 91
  综合案例 6 分包工程款纠纷 ·· 92
  综合案例 7 总包违法分包的应当对人身伤害承担连带赔偿责任 ················· 94
  综合案例 8 挂靠引起的建设工程施工合同解除纠纷 ····································· 96
  综合案例 9 分包合同监管问题 ··· 97
  思考与练习题 1 ··· 99

第 2 章　合同法律制度 ··· 103
  教学导航 ··· 103
  2.1 合同的订立与效力 ·· 104
    2.1.1 合同的订立 ·· 104
    2.1.2 合同的效力 ·· 114
  2.2 合同的履行与担保 ·· 120
    2.2.1 合同的履行 ·· 120
    2.2.2 合同的担保 ·· 127
  2.3 违约责任 ·· 134
    2.3.1 违约责任的构成要件 ··· 134
    2.3.2 承担违约责任的形式及免责规定 ·· 137
  2.4 建设工程合同法律规范 ·· 139
    2.4.1 建设工程合同概述 ··· 139
    2.4.2 建设工程勘察设计合同 ·· 141
    2.4.3 建设工程施工合同 ··· 143
  2.5 FIDIC 合同 ·· 152
    2.5.1 FIDIC 合同条件与标准化 ·· 152
    2.5.2 FIDIC 土木工程施工合同条件 ·· 154
    2.5.3 FIDIC 设计-建造与交钥匙工程合同条件 ····························· 156
    2.5.4 FIDIC 土木工程施工分包合同条件 ······································ 160
  综合案例 10 固定总价施工合同执行纠纷 ··· 163
  综合案例 11 主张突破固定总价按实结算纠纷 ······································ 166
  综合案例 12 建设工程验收合格后出现质量问题如何承担责任 ·············· 168
  综合案例 13 按建设工程清单计价还是定额计价纠纷 ····························· 174
  综合案例 14 项目开、竣工时间争议 ··· 178
  综合案例 15 争议解决仲裁条款效力问题 ··· 180
  综合案例 16 施工过程签证效力纠纷 ··· 182
  思考与练习题 2 ·· 185

第 3 章　建筑工程纠纷处理的法律制度 ·· 189
  教学导航 ··· 189
  3.1 建筑工程纠纷的处理 ··· 190

3.1.1 工程建设常见纠纷的成因与防范措施 190
　　　3.1.2 工程建设纠纷的处理程序 195
　　　3.1.3 证据的种类、保全和应用 203
　3.2 处理建筑工程纠纷的相关法律制度 205
　　　3.2.1 仲裁法律制度的有关规定 205
　　　3.2.2 民事诉讼法律制度的有关规定 208
　综合案例17 建筑工程承包合同管辖纠纷 213
　综合案例18 某商住楼工程质量纠纷 215
　综合案例19 未得到授权的分包行为的法律效力纠纷 216
　综合案例20 必须招标而没有招标的工程履行合同发生的争议 218
　综合案例21 法院执行异议纠纷 221
　思考与练习题3 222

第4章 建筑工程法律责任 225

　教学导航 225
　4.1 建筑工程法律责任的构成要件、特点及分类 226
　　　4.1.1 建筑工程法律责任的构成要件 226
　　　4.1.2 建筑工程法律责任的特点 228
　　　4.1.3 建筑工程法律责任的分类 229
　4.2 建筑当事人的法律责任 232
　　　4.2.1 建设单位的法律责任 232
　　　4.2.2 承包单位的法律责任 235
　　　4.2.3 监理单位的法律责任 238
　综合案例22 建筑工程承包合同纠纷 240
　综合案例23 工程重大安全事故 243
　思考与练习题4 247

参考文献 250

第1章 建筑工程法律制度

教学导航  扫一扫看本章教学课件

知识重点	1. 建筑许可法律，建筑从业资格； 2. 建筑工程招投标； 3. 建筑工程质量和安全生产管理制度
知识难点	1. 建筑工程发包与承包； 2. 我国实行强制监理的范围
学习要求	掌握建筑法的一般原则和适用范围，建筑法关于施工许可证的主要内容，建筑法关于建筑工程发包与承包的主要内容，建筑法关于工程监理的主要内容，招标投标法的基本原则，招标投标法关于投标的主要规定，招标投标法关于开标、评标和中标的主要规定，安全生产法与工程建设相关的主要内容，建设工程安全生产管理条例的主要内容，建设工程质量管理条例的主要内容，建设工程项目的环境影响评价和对环境保护的"三同时"的有关规定； 熟悉保险法与工程建设相关的主要内容，劳动法关于劳动合同和劳动保护的主要内容，环境保护法、水污染防治法、固体废物污染环境防治法和噪声污染环境防治法等与工程建设相关的主要内容，消防法与工程建设相关的主要内容； 了解建设工程勘察设计管理条例的主要内容，税法与工程建设相关的主要内容
推荐教学方式	从建筑法的基本概念、体系入手，逐渐深入讲解关于承包、发包工程各个阶段的法律、法规
建议学时	30学时

【案例1-1】张某以个人名义与某省第一建筑集团公司签订了一份内部承包合同，合同约定：张某以公司的名义对外承接工程，保证每年完成经营目标10 000万元，并每年向公司上交保底管理费50万元，超过目标业绩的，超过部分按照0.4%上交管理费，合同期限为三年。协议签订后，张某因经营不善，未能完成经营目标，并拖延缴纳保底管理费。三年期满，第一建筑集团才收到管理费共计50万元。第一建筑集团多次催要，张某不予支付。第一建筑集团遂将张某诉至法院，要求张某缴清管理费。你认为第一建筑集团的要求能得到满足吗？请说明理由。

评析：不能得到满足。《中华人民共和国建筑法》规定，建筑企业不得允许他人以本企业的名义承接工程。案例中第一建筑集团与张某的合同是无效的，不受法律保护。而第一建筑集团收到的50万元管理费也是非法所得，应被收缴。

1.1 建筑法概述

1.1.1 建筑法的概念和法律体系

1. 建筑法的概念

扫一扫看《建筑法》

在人类社会历史的发展过程中，建筑活动始终是和人类的生产和生活息息相关的。建筑活动直接影响人们的人身、财产安全，而且和社会公共利益也紧密相连。为了保证建筑活动有序进行，就必须为建筑活动进行立法，将其纳入法制轨道。

建筑法是指调整建筑活动的法律规范的总称。建筑活动是指各类房屋建筑及其附属设施的建造和与其配套的线路、管道、设备的安装活动。

法律概念通常有广义和狭义之分，建筑法也不例外。狭义的建筑法是指全国人民代表大会常务委员会于1997年11月1日通过、1998年3月1日起施行的《中华人民共和国建筑法》（以下简称《建筑法》）。《建筑法》经过2011年4月22日第一次修正和2019年4月23日第二次修订，目前该法共八章八十五条，以规范建筑市场行为为出发点，以建筑工程质量和安全为主线，由总则、建筑许可、建筑

工程发包与承包、建筑工程监理、建筑安全生产管理、建筑工程质量管理、法律责任、附则等内容组成，是建筑活动的基本法律。广义的建筑法除包括狭义的建筑法外，还包括其他所有调整建筑活动的法律法规。在我国进行建筑活动除要遵守《建筑法》外，还必须遵守其他有关建筑活动的规范，即应该遵守广义的建筑法。

2. 建筑法的体系

法律体系是指一国全部现行法律规范分类组合成不同的法律部门而形成的有机联系的统一整体。我国建筑法的法律体系是我国法律体系的组成部分，是由与建筑活动有关的法律、行政法规、行政规章、地方性法规、地方政府规章组成的有机整体。

我国的建筑法体系即广义的建筑法，它以《建筑法》为龙头，以国务院颁布的行政法

规为主体，以住房和城乡建设部（原建设部，下同）等部门颁布的行政规章为补充。我国的建筑法法律体系是一个开放的体系，随着社会的发展，不断出现的新问题需要通过新的法律规范来调整，调整建筑活动的法律规范应该及时得到补充和修改。

1.1.2 建筑法的一般原则

建筑法的一般原则是指贯穿于建筑法的始终，指导建筑活动的立法、执法、守法的总指导思想，集中反映了建筑立法的目的和宗旨。

《建筑法》第一条规定："为了加强对建筑活动的监督管理，维护建筑市场秩序，保证建筑工程的质量和安全，促进建筑业健康发展，制定本法。"此条既规定了《建筑法》的立法目的，同时也体现了我国建筑法的一般原则。

1. 确保工程建设质量和安全原则

建筑工程的质量与安全是建筑活动永恒的主题，是整个工程建设活动的核心，关系到人民的生命财产安全。建筑物如果因为质量问题而倒塌，往往会造成人身伤害等重大恶性事故。而且建筑工程的造价通常很高，一旦其主体结构或隐蔽工程发生质量问题，必将造成社会的巨大经济损失。

工程建设质量是指国家规定的或合同约定的对工程建设的适用、安全、经济、美观等系列指标的要求。工程建设的安全是指工程建设对人身和财产的安全，确保工程建设的安全就是确保工程建设不能引起人身伤亡和财产损失。

《建筑法》以建筑工程质量与安全为主线，做出了一些重要规定。

（1）建筑活动应当确保建筑工程质量和安全，符合国家的建筑工程安全标准。

（2）建筑工程的质量和安全应当贯穿建筑活动的全过程，进行全过程的监督管理。

（3）建筑活动的各个阶段、各个环节，都要保证质量和安全。

（4）明确建筑活动各有关方面在保证建筑工程质量与安全中的责任。

2. 扶持建筑业良性发展原则

建筑业是国民经济的重要物质生产行业，是国家的重要支柱产业之一。有关部门曾做过测算，建筑业每完成 1 元产值，即可带动相关产业完成 1.76 元产值，所以，建筑活动的管理水平、效果、效益，直接影响我国国民经济的发展程度。

我国《建筑法》以法律的形式确认了国家扶持建筑业发展的基本方针，但是建筑业的发展不能简单地盲目追求数量和规模，其发展应当建立在科学技术的应用和更新的可持续发展上。《建筑法》第四条规定："国家扶持建筑业的发展，支持建筑科学技术研究，提高房屋建筑设计水平，鼓励节约能源和保护环境，提倡采用先进技术、先进设备、先进工艺、新型建筑材料和现代管理方式。"

3. 法治原则

社会主义市场经济是法治经济，工程建设活动同样也应该依法从事。工程建设当中的法治原则主要体现在以下几个方面。

（1）从事工程建设活动应该遵守法律、法规，不得损害社会公共利益和他人的合法权益。

（2）政府对建筑活动的监督管理也必须依法进行。

（3）合法的建筑活动受法律保护。

1.1.3 建筑法的适用范围

法律的适用范围一般是指法律的效力范围，包括四个方面的内容，即法律在时间上的适用范围、法律在空间上的适用范围、法律对人的适用范围、法律对事的适用范围。建筑法也不例外，其适用范围也包括这四个方面的内容。掌握建筑法的适用范围是正确应用建筑法的前提条件，下面从这四个方面进行具体介绍。

1. 建筑法在时间上的适用范围

建筑法在时间上的适用范围是指建筑法在什么时间具有法律效力的问题，具体是指何时生效、何时终止效力及对其生效以前的事件和行为有无溯及力。

（1）建筑法的生效时间。法律的生效时间主要有三种情况：一是自法律公布之日起生效；二是由该法律规定具体的生效时间；三是在法律公布后符合一定条件时生效。例如，《建筑工程施工许可管理办法》第二十条规定：本办法自 2014 年 10 月 25 日起施行。1999 年 10 月 15 日建设部令第 71 号发布、2001 年 7 月 4 日建设部令第 91 号修正的《建筑工程施工许可管理办法》同时废止。

我国《建筑法》第八十五条规定："本法自 1998 年 3 月 1 日起施行。"《建筑法》是 1997 年 11 月 1 日经第八届全国人大常委会第二十八次会议通过，同日通过主席令予以公布的，所以我国《建筑法》的生效时间属于"由该法律规定具体的生效时间"。这种生效方式主要是为了使有关方面利用这段时间充分做好法律实施的准备工作，如宣传工作等，以保证法律的有效实施。

（2）建筑法的失效时间。法律的失效又称法律终止生效，即法律效力的消灭，一般分为明示的废止和默示的废止两类。明示的废止，是指在新法或其他法律文件中明文规定废止旧法。默示的废止，是指在适用法律中，当新法与旧法冲突时，适用新法而使旧法事实上被废止。

自 1998 年 3 月 1 日起，凡是在我国境内从事建筑活动的，都必须遵守《建筑法》的规定，过去制定的有关法规、规章与《建筑法》不一致的，应以《建筑法》为准。

我国目前没有法律文件明文规定废止《建筑法》，所以，在使用中如果出现新的法律规定与其相冲突，则应以新法为依据。

（3）建筑法的溯及力。法律溯及力是指法律对其生效以前的事件和行为是否适用。如果适用，就具有溯及力；如果不适用，就无溯及力。通常情况下，为了保证社会的稳定和法律的权威性，法律一般不具有溯及力。

我国《建筑法》也不具有溯及力，在其施行以前发生的行为，不适用《建筑法》的规定。

2. 建筑法在空间上的适用范围

法律的空间效力是指法律在哪些地域具有效力，适用于哪些地区。一般来说，一国法律适用于该国主权范围所及的全部领域。由于建筑法律规范的制定机关不同，其适用的空间范围也就不同。凡是由中央国家机关制定的，均适用于我国主权范围所及的全部领域；

第1章 建筑工程法律制度

凡是由地方各级国家机关制定的，则只适用于其管辖区域，在其他区域不发生法律效力。

由于《建筑法》是全国人大常委会制定的，所以《建筑法》第二条规定："在中华人民共和国境内从事建筑活动，实施对建筑活动的监督管理，应当遵守本法。"需要注意的是，《建筑法》不适用于我国港、澳、台地区。

3. 建筑法对人的适用范围

建筑法对人的适用范围即建筑法适用的主体范围，是指建筑法律规范对哪些人具有法律效力。建筑法适用的主体范围包括一切从事建筑活动的主体和各级政府监督管理机关。

从事建筑活动的主体主要包括从事建筑工程的勘察、设计、施工、监理等活动的单位、组织和个人。他们进行建筑活动必须遵守建筑法。政府监督管理机关也必须遵守建筑法，依法进行管理，包括依法对从事建筑活动的企业进行资质审查，依法颁发资质等级证书，对建筑工程的质量和建筑安全生产依法进行监督管理等。

4. 建筑法对事的适用范围

法律对事的适用范围也称对事的效力，是指法律对哪些行为或法律关系起调整作用。关于建筑法对事的适用范围，在各个法律文件中都有明确的规定。我国《建筑法》第二条对其调整的行为进行了规定。首先，该条明确了《建筑法》调整的行为是建筑活动和对建筑活动的监督管理；其次，对建筑活动的范围进行了界定，即"本法所称建筑活动，是指各类房屋建筑及其附属设施的建造和与其配套的线路、管道、设备的安装活动。"

1.2 建筑许可法律制度

扫一扫看《建筑工程施工许可管理办法》

【**案例 1-2**】某开发公司开发了一个楼盘，为赶工期，在办理施工许可证期间要求施工单位施工。在建筑公司施工过程中，有关主管部门到施工现场检查，发现施工现场具备开工条件，但没有施工许可证。经向办证部门核实，该建设单位确实在申请办理施工许可证，该主管部门出具现场责任改正通知书，责令建筑公司暂停施工、开发公司改正。该主管部门的做法是否正确？

评析：正确。在拿到施工许可证前是不允许施工的，但是该工程的建设单位正在办理施工许可证，故主管部门仅是责令开发公司改正，责令建筑公司暂停施工，这种做法是正确的。

《建筑法》第六十四条规定："违反本法规定，未取得施工许可证或者开工报告未经批准擅自施工的，责令改正，对不符合开工条件的责令停止施工，可以处以罚款。"

《建筑工程施工许可管理办法》第十二条规定："对于未取得施工许可证或者为规避办理施工许可证将工程项目分解后擅自施工的，由有管辖权的发证机关责令停止施工，限期改正，对建设单位处工程合同价款1%以上2%以下罚款；对施工单位处3万元以下罚款。"

《建设工程质量管理条例》第五十七条规定："违反本条例规定，建设单位未取得施工许可证或者开工报告未经批准，擅自施工的，责令停止施工，限期改正，处工程合同价款 1%以上2%以下的罚款。"

1.2.1 建筑工程施工许可制度

1. 建筑工程施工许可的规范

建设单位必须在建设工程立项批准后、工程发包前，向建设行政主管部门或其授权的部门办理工程报建登记手续。未办理报建登记手续的工程，不得发包，不得签订工程合同。新建、扩建、改建的建筑工程，建设单位必须在开工前向建设行政主管部门或其授权的部门申请领取建筑工程施工许可证。未领取施工许可证的，不得开工。否则由此引起的经济损失由建设单位承担责任，并视违法情节，对建设单位做出相应处罚。

《建筑法》第七条规定："建筑工程开工前，建设单位应当按照国家有关规定向工程所在地县级以上人民政府建设行政主管部门申请领取施工许可证；但是，国务院建设行政主管部门确定的限额以下的小型工程除外。"

要在中华人民共和国境内从事各类房屋建设及其附属设施的建造、装修装饰和与其配套的线路、管道、设备的安装，以及城镇市政基础设施工程的施工，建设单位在开工前应当依照《建筑法》和《建筑工程施工许可管理办法》的规定，向工程所在地的县级以上人民政府建设行政主管部门（以下简称发证机关）申请领取施工许可证。建筑工程施工许可证是指建筑工程开始施工前，建设单位向建筑行政管理部门申请的可以施工的证明。

工程投资额在 30 万元以下或者建筑面积在 300 平方米以下的建筑工程，可以不申请办理施工许可证。省、自治区、直辖市人民政府建设行政主管部门可以根据当地的实际情况，对限额进行调整，并报国务院住房和城乡建设主管部门备案。按照国务院规定的权限和程序批准开工的建筑工程，不再领取施工许可证。规定必须申请领取施工许可证的建筑工程未取得施工许可证的，一律不得开工。任何单位和个人不得将应该申请领取施工许可证的工程项目分解为若干限额以下的工程项目，规避申请领取施工许可证。

建筑工程施工许可证由国务院建设行政主管部门制定格式，由各省、自治区、直辖市人民政府建设行政主管部门统一印制。施工许可证分为正本和副本，正本和副本具有同等法律效力。复印的施工许可证无效。

2. 申请建筑工程施工许可证的条件和程序

1）申请建筑工程施工许可证的条件

《建筑法》第八条规定，申请领取建筑工程施工许可证应具备下列条件。

（1）已经办理该建筑工程用地批准手续。

（2）依法应当办理建设工程规划许可证的，已经取得建设工程规划许可证。

（3）需要拆迁的，其拆迁进度符合施工要求。

（4）已经确定建筑施工企业。

（5）有满足施工需要的资金安排、施工图纸及技术资料。

（6）有保证工程质量和安全的具体措施。

建设行政主管部门应当自收到申请之日起七日内，对符合条件的申请单位颁发施工许可证。《建筑工程施工许可管理办法》中明确规定，必须具备下述条件，并提交相应的证明文件，才可以领取施工许可证。

（1）依法应当办理用地批准手续的，已经办理该建筑工程用地批准手续。

（2）在城市、镇规划区的建筑工程，已经取得建设工程规划许可证。

（3）施工场地已经基本具备施工条件，需要征收房屋的，其进度符合施工要求。

（4）已经确定施工企业。按照规定应当招标的工程没有招标，应当公开招标的工程没有公开招标，或者肢解发包工程，以及将工程发包给不具备相应资质条件的企业的，所确定的施工企业无效。

（5）有满足施工需要的技术资料，施工图设计文件已按规定审查合格。

（6）有保证工程质量和安全的具体措施。施工企业编制的施工组织设计中有根据建筑工程特点制定的相应质量、安全技术措施。建立工程质量安全责任制并落实到人。专业性较强的工程项目编制了专项质量、安全施工组织设计，并按照规定办理了工程质量、安全监督手续。

（7）按照规定应当委托监理的工程已委托监理。

（8）建设资金已经落实。建设工期不足一年的，到位资金原则上不得少于工程合同价的 50%；建设工期超过一年的，到位资金原则上不得少于工程合同价的 30%。建设单位应当提供本单位截至申请之日无拖欠工程款情形的承诺书或者能够表明其无拖欠工程款情形的其他材料，以及银行出具的到位资金证明，有条件的可以实行银行付款保函或者其他第三方担保。

（9）法律、行政法规规定的其他条件。

2）申请建筑工程施工许可证的程序

申请办理建筑工程施工许可证，应当按照下列程序进行。

（1）建设单位向发证机关领取"建筑工程施工许可证申请表"。

（2）建设单位持加盖单位及法定代表人印鉴的"建筑工程施工许可证申请表"，并附《建筑工程施工许可管理办法》第四条规定的证明文件，向发证机关提出申请。

（3）发证机关在收到建设单位报送的"建筑工程施工许可证申请表"和所附证明文件后，对于符合条件的，应当自收到申请之日起七日内颁发施工许可证；对于证明文件不齐或者失效的，应当限期要求建设单位补正，审批时间可以自证明文件补正齐全后做相应顺延；对于不符合条件的，应当自收到申请之日起七日内书面通知建设单位，说明理由。

建筑工程在施工过程中，建设单位或者施工单位发生变更的，应当重新申请领取施工许可证。

3. 申请建筑工程施工许可证的法律后果

（1）建设单位应当自领取施工许可证之日起三个月内开工。因故不能按期开工的，应当在期满前向发证机关申请延期，并说明理由；延期以两次为限，每次不超过三个月。既不开工又不申请延期或者超过延期次数、时限的，施工许可证自行废止。

（2）在建的建筑工程因故中止施工的，建设单位应当自中止施工之日起一个月内向发证机关报告。建筑工程恢复施工时，应当向发证机关报告；中止施工满一年的工程恢复施工前，建设单位应当报发证机关核验施工许可证。

（3）按照国务院有关规定批准开工报告的建筑工程，因故不能按期开工或者中止施工的，应当及时向批准机关报告情况，因故不能按期开工超过六个月的，应当重新办理开工报告的批准手续。

4. 违反施工许可证管理规定的法律责任

对于未取得施工许可证或者为规避办理施工许可证将工程项目分解后擅自施工的，由有管辖权的发证机关责令改正，对于不符合开工条件的责令停止施工，并对建设单位和施工单位分别处以罚款。

对于采用虚假证明文件骗取施工许可证的，由原发证机关收回施工许可证，责令停止施工，并对责任单位处以罚款；构成犯罪的，依法追究其刑事责任。

对于伪造施工许可证的，该施工许可证无效，由发证机关责令停止施工，并对责任单位处以罚款；构成犯罪的，依法追究刑事责任。

对于涂改施工许可证的，由原发证机关责令改正，并对责任单位处以罚款；构成犯罪的，依法追究刑事责任。

发证机关及其工作人员为不符合施工条件的建筑工程颁发施工许可证的，由其上级机关责令改正，并对责任人员给予行政处分；徇私舞弊、滥用职权的，不得继续从事施工许可管理工作；构成犯罪的，依法追究刑事责任。

1.2.2 建筑从业资格制度

扫一扫看《建筑业企业资质管理规定》

1. 国家对建筑工程从业者实行资格管理

建筑工程种类很多，不同的建筑工程，其建设规模和技术要求的复杂程度也存在较大的差异。而从事建筑活动的施工企业、勘察单位、设计单位和工程监理单位的技术及实力情况也各不相同。为此，我国在对建筑活动的监督管理中，把从事建筑活动的单位按照其具有的不同经济、技术条件，划分为不同的资质等级，并且对不同的资质等级单位所能从事的建筑活动范围做出了明确的规定。

我国建筑法在法律上确定了建筑从业资格许可制度。《建筑法》第十三条规定："从事建筑活动的建筑施工企业、勘察单位、设计单位和工程监理单位，按照其拥有的注册资本、专业技术人员、技术装备和已完成的建筑工程业绩等资质条件，划分不同的资质等级，经资质审查合格，取得相应等级的资质证书后，方可在其资质等级许可的范围内从事建筑活动。"实践证明，从业资格制度是建立和维护建筑市场的正常秩序，保证建筑工程质量的一项有效措施。

《建筑法》第十四条规定："从事建筑活动的专业技术人员，应当依法取得相应的执业资格证书后，方可在其执业资格证书许可的范围内从事建筑活动。"

同时，在涉及国家、人民生命财产安全的专业技术工作领域，实行专业技术人员职业资格制度，包括注册建筑师、注册结构工程师、注册监理工程师、注册工程造价师、注册估价师和注册建造师等。

2. 国家规范的建筑工程从业者

1）建筑工程从业的经济组织

建筑工程从业的经济组织主要包括建筑工程总承包企业，建筑工程勘察、设计单位，建筑施工企业，建筑工程监理单位，法律、法规规定的其他企业或者单位（如工程招标代理机构、工程造价咨询机构等）。以上组织应该具备下列条件。

（1）有符合国家规定的注册资本。

（2）有与其从事的建筑活动相适应的具有法定职业资格的专业技术人员。

（3）有从事相关建筑活动所应有的技术设备。

（4）法律、行政法规规定的其他条件。

2）建筑工程的从业人员

从事建筑工程活动的专业技术人员，要通过国家任职资格考试、考核，由建设行政主管部门注册并颁发资格证书。建筑工程的从业人员主要包括注册建筑师、注册结构工程师、注册监理工程师、注册工程造价师、注册估价师、注册建造师及法律、法规规定的其他人员。

严禁出卖、转让、出借、涂改、伪造建筑工程从业者资格证件。违反上述规定的，将视具体情节追究法律责任。建筑工程从业者资格的具体管理办法由国务院建设行政主管部门另行规定。

下面重点以建造师为例，介绍其从业资格。

3. 建造师的从业资格

1）建造师的执业要求

扫一扫看《建造师执业资格考核认定办法》

扫一扫看《注册建造师管理规定》

（1）建造师执业前提。建造师经注册后，方有资格以建造师名义担任建设工程项目施工的项目经理及从事其他施工活动的管理工作。取得建造师执业资格，未经注册的，不得以建造师名义从事建设工程施工项目的管理工作。

（2）建造师执业基本要求。建造师在工作中必须严格遵守法律、法规和行业管理的各项规定，恪守职业道德。

（3）建造师执业分类。建造师执业划分为 10 个专业：建筑工程、公路工程、铁路工程、民航机场工程、港口与航道工程、水利水电工程、市政公用工程、通信与广电工程、矿业工程、机电工程。注册建造师应在相应的岗位上执业，同时鼓励和提倡注册建造师"一师多岗"，从事国家规定的其他业务。

2）建造师的基本条件

一级建造师应具备的执业技术能力如下。

（1）具有一定的工程技术、工程管理理论和相关经济理论水平，并具有丰富的施工管理专业知识。

（2）能够熟练掌握和运用与施工管理业务相关的法律、法规、工程建设强制性标准和行业管理的各项规定。

（3）具有丰富的施工管理实践经验和资历，有较强的施工组织能力，能保证工程质量和安全生产。

（4）有一定的外语水平。

二级建造师应具备的执业技术能力如下。

（1）了解工程建设的法律、法规、工程建设强制性标准及有关行业管理的规定。

（2）具有一定的施工管理专业知识。

（3）具有一定的施工管理实践经验和资历，有一定的施工组织能力，能保证工程质量和安全生产。

（4）建造师必须接受继续教育，更新知识，不断提高业务水平。

3）建造师的执业范围

（1）担任建设工程项目施工的项目经理。

（2）从事其他施工活动的管理工作。

（3）法律、行政法规或国务院建设行政主管部门规定的其他业务。

1.3 建筑工程发包与承包制度

1.3.1 建筑工程发包与承包的规定

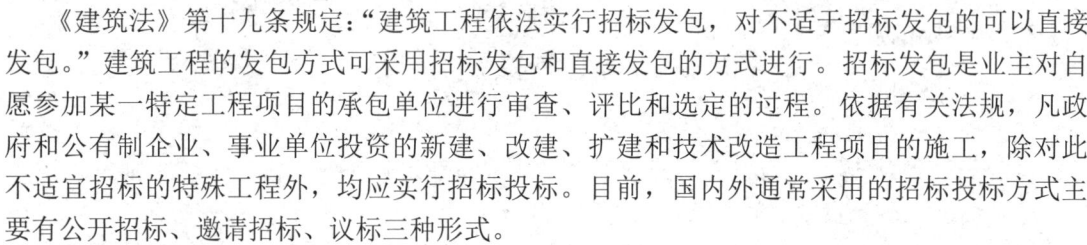

1.《建筑法》对建筑工程发包的规范

1）建筑工程发包方式

《建筑法》第十九条规定："建筑工程依法实行招标发包，对不适于招标发包的可以直接发包。"建筑工程的发包方式可采用招标发包和直接发包的方式进行。招标发包是业主对自愿参加某一特定工程项目的承包单位进行审查、评比和选定的过程。依据有关法规，凡政府和公有制企业、事业单位投资的新建、改建、扩建和技术改造工程项目的施工，除对此不适宜招标的特殊工程外，均应实行招标投标。目前，国内外通常采用的招标投标方式主要有公开招标、邀请招标、议标三种形式。

2）发包单位发包行为的规范

《建筑法》第十七条规定："发包单位及其工作人员在建筑工程发包中不得收受贿赂、回扣或者索取其他好处。"

《建筑法》第二十二条规定："建筑工程实行招标发包的，发包单位应当将建筑工程发包给依法中标的承包单位。建筑工程实行直接发包的，发包单位应当将建筑工程发包给具有相应资质条件的承包单位。"

《建筑法》第二十五条规定："按照合同约定，建筑材料、建筑构配件和设备由工程承包单位采购的，发包单位不得指定承包单位购入用于工程的建筑材料、建筑构配件和设备或者指定生产商、供应商。"

3）发包活动中政府及其所属部门权力的限制

《建筑法》第二十三条规定："政府及其所属部门不得滥用行政权力，限定发包单位将招标发包的建筑工程发包给指定的承包单位。"

4）禁止肢解发包

《建筑法》第二十四条规定："提倡对建筑工程实行总承包，禁止将建筑工程肢解发包。""建筑工程的发包单位可以将建筑工程的勘察、设计、施工、设备采购一并发包给一个工程总承包单位，也可以将建筑工程勘察、设计、施工、设备采购的一项或者多项发包给一个工程总承包单位；但是，不得将应当由一个承包单位完成的建筑工程肢解成若干部分发包给几个承包单位。"

2. 《建筑法》对建筑工程承包的规范

1）承包单位的资质管理

《建筑法》第二十六条规定："承包建筑工程的单位应当持有依法取得的资质证书，并在其资质等级许可的业务范围内承揽工程。""禁止建筑施工企业超越本企业资质等级许可的业务范围或者以任何形式用其他建筑施工企业的名义承揽工程。禁止建筑施工企业以任何形式允许其他单位或者个人使用本企业的资质证书、营业执照，以本企业的名义承揽工程。"

2）联合承包

《建筑法》第二十七条规定："大型建筑工程或者结构复杂的建筑工程，可以由两个以上的承包单位联合共同承包。共同承包的各方对承包合同的履行承担连带责任。""两个以上不同资质等级的单位实行联合共同承包的，应当按照资质等级低的单位的业务许可范围承揽工程。"

3）禁止建筑工程转包

《建筑法》第二十八条规定："禁止承包单位将其承包的全部建筑工程转包给他人，禁止承包单位将其承包的全部工程肢解以后以分包的名义分别转包给他人。"

4）建筑工程分包

《建筑法》第二十九条规定："建筑工程总承包单位可以将承包工程中的部分工程发包给具有相应资质条件的分包单位；但是，除总承包合同中约定的分包外，必须经建设单位认可。施工总承包的，建筑工程主体结构的施工必须由总承包单位自行完成。""建筑工程总承包单位按照总承包合同的约定对建设单位负责；分包单位按照分包合同的约定对总承包单位负责。总承包单位和分包单位就分包工程对建设单位承担连带责任。""禁止总承包单位将工程分包给不具备相应资质条件的单位。禁止分包单位将其承包的工程再分包。"

3. 建设工程的联合承包、带资承包、转包和挂靠

1）联合承包

在国际工程承包中，由几个承包方组成联营体进行工程承包是一种通行的做法，一般适用于大型、技术复杂的工程项目。在我国一些大型工程建设上，也开始采用这种承包方式。

（1）联合共同承包的概念。联合共同承包是指由两个或两个以上单位共同组成非法人的联合体，以该联合体的名义承包某项建设工程的承包方式。这种联合承包方式类似于我国民法中规定的联营，即指两个或两个以上的企业之间、企业与事业单位之间，在平等自愿的基础上，为实现一定的经济目的而实行联合的一种形式，

包括法人型联营、合伙型联营、协作型联营。《建筑法》第二十七条规定："大型建筑工程或者结构复杂的建筑工程，可以由两个以上的承包单位联合共同承包。共同承包的各方对承

包合同的履行承担连带责任。""两个以上不同资质等级的单位实行联合共同承包的,应当按照资质等级低的单位的业务许可范围承揽工程。"

(2) 联合共同承包的特点。

① 采用联合承包方式承包工程,可以利用各个承包单位的优势,加强人员、技术、设备等方面的优势组合和资源的优化,增强竞争的优势,减弱相互之间的竞争,增加中标的机会。另外,也能发挥联合体各方的优势,有利于建设项目的进度控制、投资控制、质量控制。

② 采用联合承包方式承包工程,可以降低风险,争取更大的利润。一般来说,大型建筑工程或者结构复杂的建筑工程,标的金额较大。而承包的工程利润越大,也就意味着风险越大,采用联合承包方式承包工程,既可共享利润,又可共担风险。

③ 采用联合承包方式承包工程,有助于承包单位相互学习,更好地掌握联合体各方的工程管理方式和管理经验,为企业改进技术、增强管理经验、积蓄力量,谋求更加长远的发展。

④ 采用联合承包方式承包工程,对业主来说,不仅可以降低投资成本,而且风险也较低。一旦出现违约事件,由于联合承包各方负有连带责任,可以向任何一方要求赔偿。

(3) 对联合承包方式的规范。

① 进行联合承包的工程项目必须是大型建设工程或者结构复杂的建设工程。这是因为,对于一般的中、小型建设工程或结构不复杂的工程,一家承包单位就足以顺利完成,而无须采用联合承包的方式,这样可有效避免由于联合承包方过多而造成资质管理上的混乱。

② 共同承包的各方对承包合同承担连带责任。一般情况下,联合承包各方要签订联合承包合同,明确各方在承包合同中的权利、义务及相互协作、违约责任的承担等条款,并推选出承包代表人同发包人签订工程承包合同。对工程承包合同的履行,各承包方共同对发包人承担连带责任。这种联合承包方式,联营各方都应共担风险、共负盈亏,联合承包合同中不能规定只分享利润不承担责任的条款。

③ 联合承包方的资质要求。应以资质等级低的单位的业务许可范围承揽工程。根据规定,企业应当在资质等级范围内承包工程,这条规定同样适用于联合承包。也就是说,联合承包各方本身必须具有与其所承包的工程相符合的资质条件,不能超越其资质等级去联合承包,几家联合承包方资质等级不一致的,必须以资质等级低的承包方的业务许可范围作为联合承包方的业务许可范围。这样的规定可有效避免在实践中以联合承包方式为借口的"资质挂靠"不规范行为。

2) 带资承包

带资承包也称"垫资",是指在工程建设中,发包方不需要支付费用,全部费用都由承包方预先垫付的承包方式。

建设资金的落实是建筑工程开工后顺利实施的关键。一段时间,一些建设单位无视国家固定资产投资的宏观调控和自身的经济实力,违反工程建设程序,在建设资金不落实或资金不足的情况下,盲目上新项目,强行要求建筑施工企业带资承包工程和垫资施工,转嫁投资缺口;也有一些施工单位以带资承包作为竞争手段,承揽工程,人为助长扩大建设规模,造成拖欠工程款数额急剧增加。这不仅干扰了国家对固定资产投资的宏观调控和工程建设的正常进行，严重影响了投资效益的提高，也加重了建筑施工企业生产经营的困难和承包工程的风险。这种承包方式必须禁止。

禁止在工程建设中带资承包的规定主要有以下几点。

（1）各级计划部门把好工程建设项目立项和决策审批关，对资金来源不落实、资金到位无保障的建设项目不予审批立项，更不得批准开工；对拖欠施工单位工程款和建材、设备生产企业货款的建设单位，不能批准上新建设项目。

（2）各级计划、财政、银行、审计等机构严格审查建设项目开工前和年度计划中的资金来源，据实出具资金证明。

（3）各级建设行政主管部门加强对工程建设实施阶段有关环节的管理，在严格查验计划部门的立项和决策批文及有关机构出具的资金到位的文件后，方可办理工程施工的有关手续。对用于建筑安装施工的年度建设资金到位率不足 30%的工程项目，有关部门不得进行招标、议标，不予发放施工许可证。

（4）任何建设单位都不得以要求施工单位带资承包作为招标投标条件，更不得强行要求施工单位将此内容写入工程承包合同。违反者取消其工程招标资格，并给予经济处罚。对于在工程建设过程中出现的资金短缺，应由建设单位自行筹集解决，不得要求施工单位垫款施工。建设单位不能按期结算工程款，且后续建设资金到位无望的，施工单位有权按合同中止施工，由此造成的损失均由建设单位按合同承担责任。

（5）施工单位不得以带资承包作为竞争手段承揽工程，也不得用拖欠建材和设备生产厂家货款的方法转嫁由此造成的资金缺口。违反者要给予经济处罚，情节严重的，在一定时期内取消其工程投标资格。今后由于施工单位带资承包而出现的工程款回收困难等问题，由其按合同自行承担有关责任。

（6）外商投资建筑业企业依据我国有关规定，在我国境内带资承包工程，可不受有关限制，但各级计划、财政和建设行政主管部门要加强监督管理。

扫一扫看《建筑工程施工发包与承包违法行为认定查处管理办法》

3）转包

转包是当前建筑市场存在的严重问题。正确认识转包的法律性质，有助于净化建筑市场。

《建筑工程施工发包与承包违法行为认定查处管理办法》规定，转包是指承包单位承包工程后，不履行合同约定的责任和义务，将其承包的全部工程或者将其承包的全部工程肢解后以分包的名义分别转给其他单位或个人施工的行为。

转包行为主要是指在工程建设中，承包单位不履行承包合同规定的职责，将所承包的工程一并转包给其他单位，只收取管理费，对工程不承担任何经济、技术及管理责任的行为。转包特别是层层转包，层层盘剥工程费用，最后势必将因费用不足而导致偷工减料，造成工程质量低劣；转包还易使工程最终由不符合资质条件的低素质队伍承接，导致质量、安全事故的发生或留下隐患；转包还易产生行贿受贿等腐败现象，干扰建筑市场的正常秩序。由于工程转包可能造成恶果，因此被我国《建筑法》明文禁止。

从《建筑法》和《建筑工程施工发包与承包违法行为认定查处管理办法》的规定来看，承包单位转包的主要表现形式如下。

（1）承包单位承接工程后，将所承包的工程全部转包。

（2）承包单位承接工程后，将全部工程肢解后以分包的名义转包，包括将工程的主要部分或群体工程中半数以上的单位工程转给其他施工单位施工。

（3）承包单位层层转包。

（4）分包单位对分包的工程又全部转包。

（5）在发包与承包过程中，强行指定不合格的承包单位承包，也是造成转包的重要原因。

转包的法律后果：由于转包行为严重违法，转包合同依法无效。转包合同的发包方应当向建设单位承担不亲自履行合同义务的违约责任，支付违约金；造成建设单位有经济损失的，由转包合同的发包方和承包方按《建筑法》的规定，向建设单位承担连带赔偿责任。

另外，转包合同的发包方应对其违法行为承担行政处罚的法律责任。《建筑法》第六十七条规定："承包单位将承包的工程转包的，或者违反本法规定进行分包的，责令改正，没收违法所得，并处罚款，可以责令停业整顿，降低资质等级；情节严重的，吊销资质证书。"

实践中，非法转包的当事人往往规避法律，以合法形式实施转包。如何通过承包合同签订人与实际施工队伍的关系，认定是否属于转包，这个问题十分复杂。而有关的法律、法规及其他规范性文件对转包的认定规定得过于笼统，可操作性较差。建设行政主管部门应当加强对转包问题的调查、研究，制定更为切实可行的规定，以便为打击转包行为提供详细、准确的法律依据。

【案例 1-3】 甲开发公司与乙建筑公司签订建设工程施工合同，约定乙建筑公司不得转包、违法分包。合同签订后，乙建筑公司将该工程以内部承包方式转包给了丙，由丙代乙建筑公司履行甲开发公司与乙建筑公司签订的建设工程施工合同。后被甲开发公司发现，甲开发公司向法院起诉乙建筑公司，要求解除双方签订的建设工程施工合同，并要求乙建筑公司按合同约定向甲开发公司赔偿违约金。同时，甲开发公司向建设主管部门举报乙建筑公司的转包行为，建设主管部门对乙建筑公司做出了行政处罚。甲开发公司的诉求能否得到支持？建设主管部门是否有依据处罚乙建筑公司？

评析： 甲开发公司的诉求能得到法院支持。建设主管部门可以处罚乙建筑公司。根据《建筑法》第二十八条的规定，禁止承包单位将其承包的全部建筑工程转包给他人，禁止承包单位将其承包的全部建筑工程肢解以后以分包的名义分别转包给他人。《建筑法》第六十七条第一款规定："承包单位将承包的工程转包的，或者违反本法规定进行分包的，责令改正，没收违法所得，并处罚款，可以责令停业整顿，降低资质等级；情节严重的，吊销资质证书。"国务院颁布施行的《建设工程质量管理条例》第六十二条规定："违反本条例规定，承包单位将承包的工程转包或者违法分包的，责令改正，没收违法所得。"

4）挂靠

所谓挂靠，是指在工程建设活动中，承包人以营利为目的，以某一承包单位的名义承揽建设工程任务的行为。

建设工程承包活动中的挂靠一般具有以下特点。

（1）挂靠人没有从事建筑活动的主体资格，或者虽有从事建筑活动的资格，但没有具备与建设项目的要求相适应的资质等级。

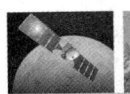

（2）被挂靠的单位或企业具有与建设项目的要求相适应的资质等级证书，但缺乏承揽该工程项目的手段和能力。

（3）挂靠人以被挂靠的单位或企业的名义承揽到任务后，通常自行完成工作，并向被挂靠的单位或企业缴纳一定数额的"管理费"；而该被挂靠的单位或企业也只是以单位或企业的名义代为签订合同及办理各项手续，收取"管理费"而不实施管理，或者所谓的"管理"仅仅停留在形式上，不承担技术、质量、经济责任。

资质挂靠在形式上尽管与转包有所不同，但其性质是一样的。一些不具备资质条件的施工单位通过种种手段承揽到工程后，为逃避管理，挂靠到具有相应资质的单位或企业名下，以其名义承包工程，而被挂靠的单位或企业对工程不进行任何管理，只收取一定的管理费。

我国法律禁止以任何形式以其他建筑施工企业的名义承揽工程。禁止建筑施工企业以任何形式允许其他单位或者个人使用本企业的资质证书、营业执照，以本企业的名义承揽工程。

从行政法的角度而言，挂靠是一种违反行政管理规定、扰乱建筑市场管理秩序，应承受行政处罚的行为，对于这一点，应是较为明确的。而从民法的角度对挂靠行为的性质进行认定，挂靠是一种违反诚实信用原则、具有欺诈性质的无效民事行为。

常见的挂靠形式主要有以下几种。

（1）以挂靠的主体为划分标准的挂靠形式。

① 不具有从事建筑活动资格的公民个人、合伙组织或单位等，以具备从事建筑活动资格的施工企业的名义承揽工程。

② 不具备总包资格的非等级施工企业，以等级施工企业的名义承揽工程。

③ 资质等级低的施工企业，以资质等级高的施工企业的名义承揽工程。

④ 实力较弱、社会信誉较差的施工企业，以实力较强、社会信誉较好的施工企业的名义承揽工程。

⑤ 外地（含境外）施工企业未依法取得在工程所在地承揽工程的许可，而以有权在当地承揽工程的施工企业的名义承揽工程。

（2）以挂靠的外在表现形式为标准的挂靠形式。

① "联营"形式的挂靠。在所谓"联营"合同中，与建设单位签订承包合同的一方只负责以本企业的名义办理投标、签订合同、结算等手续，而不同意承担技术、质量、安全、经济等任何责任，只收取固定的"联营"利润，不承担"联营"风险。

② "分包"形式的挂靠。在所谓"分包"合同中，发包一方发包的范围与其从建设单位所承包的范围是一致的，由"分包"合同中承包的一方实际履行合同。"分包"合同中对承发包双方的责、权、利的约定与上述"联营"合同中对"联营"双方的责、权、利的约定没有质的区别，至多是将"固定利润"等的文字表现形式改称"管理费"等而已。

③ "内部承包"形式的挂靠。挂靠的一方是个人，被挂靠的一方就是以其名义与建设单位签订工程承包合同的施工企业。所谓的"内部承包"，是由被挂靠的施工企业任命或聘任挂靠的个人为其职员，并委以职务，然后由该个人与企业再签订内部承包合同，由承包者承担该项目的人、财、物、施工管理职责，由发包者负责处理"对外事务"，并在此基础上收取"内部承包管理费"。这种形式的挂靠较之其他形式更具隐蔽性，是查处的难点。

(3) 以实施挂靠的具体方法为划分标准的挂靠形式。

① 转让或出借资质证书而实施的挂靠。

② 出借业务介绍信联系业务，使用公章或合同专用章订立合同而实施的挂靠。

③ 通过其他形式实施的挂靠。

近几年来，由于打击建筑市场违法行为的力度不断加大，挂靠合同的当事人为规避法律规定，达到以合法的形式掩盖违法行为的目的，在"联营"合同或"分包"合同中增加了一些貌似合法的文字内容，如将合同中的当事人均换成有承包施工任务资格的施工企业，即实际负责施工的个人或单位以第三人（具有施工承包资格）的名义，与同建设单位签订承包合同的施工单位签订"联营"合同或"分包"合同；合同中往往也规定以其名义承揽工程的一方要派出工程管理、技术人员进驻工地，负责技术、质量、安全的监督检查等，但这些规定并不执行。类似这些问题是认定和查处挂靠行为时应予以注意的。

我国法律对挂靠的法律后果也进行了明确规定。《建筑法》第六十六条规定，"建筑施工企业转让、出借资质证书或者以其他方式允许他人以本企业的名义承揽工程的，责令改正，没收违法所得，并处罚款，可以责令停业整顿，降低资质等级；情节严重的，吊销资质证书。"本条可以理解为挂靠当事人应当承受的行政处罚。

此外，挂靠当事人依法应对以下法律后果承担民事法律责任。

（1）挂靠当事人之间所订立的挂靠协议无效。双方应分别承担过错责任。

（2）根据《建筑法》及有关司法解释的规定，被挂靠的施工企业与建设单位所订立的建筑安装工程承包合同无效。该施工单位与使用其名义承揽工程的单位或个人，对建设单位因此而遭受的损失承担连带赔偿责任。如果建设单位在知情的情况下仍与该被挂靠的施工企业签订合同，则建设单位也有过错，自行承担相应的过错责任。

【案例1-4】2017年10月，甲某借用乙施工单位的名义，与丙建设单位商谈工程业务，经磋商，乙施工单位与丙建设单位签订了建设工程施工合同，进行丙建设单位开发的小区住宅的施工建设。合同签订后，甲某进场施工，后因丙建设单位的经营状况严重恶化，资金链紧张，不能按合同约定支付工程款，甲某向工程所在地法院起诉乙施工单位和丙建设单位要求支付工程款。你认为甲某提出此要求合理吗？如何评价甲某、乙施工单位和丙建设单位的行为及各自应承担的法律后果？

评析：要求合理。甲某作为实际施工人，可以依据《最高人民法院关于审理建设工程施工合同纠纷案件适用法律问题的解释（一）》第四十三条的规定："实际施工人以转包人、违法分包人为被告起诉的，人民法院应当依法受理。实际施工人以发包人为被告主张权利的，人民法院应当追加转包人或者违法分包人为本案第三人，在查明发包人欠付转包人或者违法分包人建设工程价款的数额后，判决发包人在欠付建设工程价款范围内对实际施工人承担责任"起诉乙施工单位和丙建设单位要求支付工程款。

甲某、乙施工单位和丙建设单位的关系评价：甲某与乙施工单位属于挂靠关系，对外二者要承担连带责任（如材料款的支付责任、质量责任），丙建设单位可以要求解除与乙施工单位的建设工程施工合同，因为《建筑法》第二十六条第二款明确规定："禁止建筑施工企业超越本企业资质等级许可的业务范围或者以任何形式用其他建筑施工企业的名义承揽工程。禁止建筑施工企业以任何形式允许其他单位或者个人使用本企业的资质证书、营业执照，以本企业的名义承揽工程。"

1.3.2 建筑工程招标的规定

【案例 1-5】 某学校委托代理机构甲就该校室外道路及给排水项目组织公开招标。该项目公告发布时间为 2017 年 2 月 16 日至 3 月 8 日，在此期间，符合条件的潜在投标人可参与报名并购买招标文件。而项目的投标截止日期为 3 月 9 日 15:30。至投标截止日，共 20 家供应商领取了项目招标文件。3 月 9 日 15:30，该项目准时在该市招标投标交易中心开标。由于得知招标信息较迟，乙供应商于 3 月 9 日领取了招标文件。而在阅读了招标文件后，乙供应商对资格审查合格标准中的业绩要求一项有异议，并于开标前半小时在开标现场递交了异议函。代理机构甲在现场进行了答复，答复内容为乙供应商没有在招标文件规定的异议期限内提出异议，不予受理。你认为代理机构甲的处理是否妥当？

评析： 妥当。根据《中华人民共和国招标投标法实施条例》（以下简称《招标投标法实施条例》）第二十二条的规定，潜在投标人或者其他利害关系人对招标文件有异议的，应当在投标截止时间 10 日前提出，且招标文件上已明确注明了招标文件的异议期，乙供应商由于自身原因报名较迟，不能因该供应商的失误损害其他投标人的利益。乙供应商在开标前半小时才提出对招标文件的异议，与《招标投标法实施条例》的规定相违背，故代理机构甲以乙供应商没有在招标文件异议期内提出异议为由拒绝受理是正确的。

1. 建筑工程招标的基本要求

 扫一扫看《招标投标法》  扫一扫看《招标投标法实施条例》

1）建筑工程招标的原则

《建筑法》第十六条规定："建筑工程发包与承包的招标投标活动，应当遵循公开、公正、平等竞争的原则，择优选择承包单位。"这确定了招标投标活动的基本原则。

（1）公开原则。招标投标活动的公开原则，首先要求进行招标活动的信息要公开。采用公开招标方式，应当发布招标公告，依法必须进行招标项目的招标公告，必须通过国家指定的报刊、信息网络或者其他公共媒介发布。无论是招标公告、资格预审公告，还是投标邀请书，都应当载明能大体满足潜在投标人决定是否参加投标竞争所需的信息。另外，开标的程序、评标的标准和程序、中标的结果等都应当公开。

但是，信息的公开也是相对的，对于一些需要保密的信息是绝对不可以公开的。例如，评标委员会成员的名单在确定中标结果以前就不可以公开。

（2）公平原则。招标投标活动的公平原则，要求招标人或评标委员会严格按照规定的条件和程序办事，同等地对待每一个投标竞争者，不得对不同的投标竞争者采用不同的标准。招标人不得以任何方式限制或者排斥本地区、本系统以外的法人或者其他组织参加投标。

（3）公正原则。在招标投标活动中，招标人或评标委员会行为应当公正，对所有的投标竞争者都应平等对待，不能有特殊。特别是在评标时，评标标准应当明确、严格，对所有在投标截止日期以后送到的投标书都应拒收，与投标人有利害关系的人员都不得作为评标委员会的成员。招标人和投标人双方在招标投标活动中的地位平等，任何一方不得向另一方提出不合理的要求，不得将自己的意志强加给对方。

（4）诚实信用原则。诚实信用是民事活动的一项基本原则，招标投标活动是以订立合同为目的的民事活动，当然也适用这一原则。诚实信用原则要求招标投标各方都要诚实守信，不得有欺骗、背信的行为。例如，在招标过程中，招标人不得发布虚假的招标信息，不得擅自终止招标。在招标投标过程中，投标人不得以他人名义投标，不得与招标人或其他投标人串通投标。中标通知书发出后，招标人不得擅自改变中标结果，中标人不得擅自放弃中标项目。

2）必须招标的工程建设项目
工程建设项目招标范围如下。
（1）大型基础设施、公用事业等关系社会公共利益、公众安全的项目。
（2）全部或者部分使用国有资金投资或者国家融资的项目。
（3）使用国际组织或者外国政府资金的项目。

扫一扫看《必须招标的工程项目规定》

3）工程建设项目招标规模标准
《必须招标的工程项目规定》规定的上述各类工程建设项目，包括项目的勘察、设计、施工、监理及与工程建设有关的重要设备、材料等的采购，达到下列标准之一的，必须进行招标。
（1）施工单项合同估算价在400万元以上的。
（2）重要设备、材料等货物的采购，单项合同估算价在200万元以上的。
（3）勘察、设计、监理等服务的采购，单项合同估算价在100万元以上的。
（4）同一项目中可以合并进行的勘察、设计、施工、监理，以及与工程建设有关的重要设备、材料等的采购，合同估算价合计达到前款规定标准的，必须招标。

上述建筑工程的设计，应当采用方案竞投的方式确定。法律规定不宜公开招标或邀请招标的军事设施工程、保密设施工程、特殊专业工程等项目，经报建设行政主管部门或其授权的部门批准后，可以采取议标方式发包。

【案例1-6】某学校准备建设学生公寓，工程造价约为1300万元，因该学校与某建筑公司就该学校教学楼已签订施工合同，该建筑公司能按合同约定完成施工任务，故该学校为了避免麻烦，没有走公开招标投标程序，而是直接与该建筑公司签订了施工补充协议，将学生公寓楼发包给该建筑公司施工。学校与建筑公司签订的合同是否有效？该公寓楼是否可以不用招标？

评析：该公寓楼要走招标程序。因为公寓楼是独立的单项工程，学校与建筑公司签订关于教学楼的建设工程施工合同范围并不包括公寓楼。根据《中华人民共和国招标投标法》（以下简称《招标投标法》）第三条的规定，在中国境内进行下列工程建设项目，包括项目的勘察、设计、施工、监理，以及与工程建设有关的重要设备、材料等的采购，必须进行招标：（一）大型基础设施、公用事业等关系社会公共利益、公众安全的项目；（二）全部或者部分使用国有资金投资或者国家融资的项目；（三）使用国际组织或者外国政府贷款、援助资金的项目。前款所列项目的具体范围和规模标准，由国务院发展计划部门会同国务院有关部门制定，报国务院批准。法律或者国务院对必须进行招标的其他项目的范围有规定的，依照其规定执行。

必须招标的工程未进行招标签订的建设工程施工合同无效。根据《最高人民法院关于审理建设工程施工合同纠纷案件适用法律问题的解释（一）》第一条第一款第三项的规定，建设工程必须进行招标而未招标或者中标无效的，建设工程施工合同应认定无效。

【案例 1-7】在一个招标过程完成后，最低价投标人的报价仍高于建设单位原来的计划，建设单位的资金筹措发生很大困难。建设单位重新设计了工程项目，对原有的设计做了约 50% 的改动。在建设单位代表与最低价投标人协商谈判后，建设单位同该投标人签订了合同。其他投标人起诉建设单位，要求建设单位重新招标。但建设单位认为招标文件允许建设单位改变工程量，实际上建设单位与该投标人的谈判正是根据招标文件进行的，所以将合同授予该最低价投标人是符合招标法规的。

法院认为，该合同的授予是无效的，因为它违反了招标法规的竞争性原则。建设单位对项目的修改等于是专门为适应该投标人而进行的，同其中的一个投标人谈判等于给了该投标人不公正的优待。法院判决本次招标无效。

评析：我们认为法院的判决是公正的。如果支持该建设单位的观点，就等于彻底背离了竞争性招标的目的。因为其他投标人如果知道建设单位对项目进行重新设计，他们就可能改变原来的报价，其他没有投标的承包商也可能决定参加竞标。所有的投标人都应当对同一确定了工程量的工程项目投标，这是一个基本原则。建设单位与承包商在合同已经授予、工程已经施工后不能任意改变工程量。

2. 建筑工程招标应具备的条件

建设单位招标应当具备的条件如下。

（1）具有法人资格，或是依法成立的其他组织。
（2）有与招标工程相适应的经济、技术管理人员。
（3）有组织编制招标文件的能力。
（4）有审查投标单位资质的能力。
（5）有组织开标、评标、定标的能力。

扫一扫看《工程建设项目施工招标投标办法》

不具备上述（1）～（5）项条件的，须委托具有相应资质的咨询、监理等单位代理招标。

工程建设项目招标应当具备的条件如下。

（1）概算已经批准。
（2）建设项目已正式列入国家、部门或地方的年度固定资产投资计划。
（3）建设用地的征用工作已经完成。
（4）有能够满足施工需要的施工图纸及技术资料。
（5）建设资金和主要建筑材料、设备的来源已经落实。
（6）已由建设项目所在地规划部门批准，施工现场的"三通一平"已经完成或一并列入施工招标范围。

3. 招标单位对投标者的资格审查

招标单位对参加投标的承包商进行资格审查，是招标过程中的重要一环。招标单位（或委托代理机构、监理单位等）对投标者的审查，着重要掌握投标者的财政状况、技术能力、管理水平、资信能力和商业信誉，以确保投标者能胜任投标的工程项目承揽工作。招标单位对投标者的资格审查内容主要包括以下几点。

（1）企业注册证明和技术等级。
（2）主要施工经历。
（3）质量保证措施。
（4）技术力量简况。
（5）正在施工的承建项目。
（6）施工机械设备简况。
（7）资金或财务状况。
（8）企业的商业信誉。
（9）准备在招标工程上使用的施工机械设备。
（10）准备在招标工程上采用的施工方法和施工进度安排。

招标代理机构资格示例

4. 建筑工程招标的方式

根据不同工程的性质、规模，建筑工程的招标方式可分为公开招标、邀请招标和议标三种。

（1）公开招标。公开招标由招标单位通过报刊、广播、电视等方式发布招标公告，面向社会招标。

（2）邀请招标。邀请招标由招标单位向有承担该项工程施工能力的三个以上企业发出招标邀请书，相约来投标。

（3）议标。议标针对不宜公开招标或邀请招标的军事设施工程、保密设施工程、特殊专业工程等项目，经报建设行政主管部门或其授权的部门批准，采取议标方式发包工程项目。参加议标的单位一般不得少于两家。议标是国外建筑领域中一种经常使用的采购方法。由于这种方法不具有公开性和竞争性，因而我国《招标投标法》中不允许议标。

招标方式还可以根据招标内容、发包范围、计价方式划分。

5. 建筑工程招标形式

建筑工程招标的形式主要分为：全过程（项目）招标、设计招标（竞投）、设备招标、施工招标。

1）全过程（项目）招标

全过程（项目）招标指从项目建议书开始，包括设计任务书、勘察设计、准备材料、询价与采购、工程施工、设备安装、生产准备、投料试车，直到竣工投产、交付使用，实行全面招标。其主要程序如下。

（1）由工程项目主管部门或建设单位，根据批准的项目建议书，委托几个工程承包公司或咨询、设计单位做出可行性研究报告，通过议标竞选，选定最佳方案和总承包单位。

（2）总承包单位受工程项目主管部门或建设单位的委托，组织编制设计任务书，经审查同意后,由工程项目主管部门或建设单位向审批机关报送设计任务书。

(3)设计任务书获准后,总承包单位即可按照顺序分别组织设计招标(竞投)、设备招标和施工招标,并与中标单位签订承包合同。

2)设计招标(竞投)

设计招标(竞标)应具备以下文件。

(1)有正式批准的项目建议书。

(2)具有设计所必需的可靠基础资料。

(3)招标申请报告已获审批同意。

扫一扫看《工程建设项目勘察设计招标投标办法》

设计招标文件应包含以下主要内容。

(1)项目综合说明书(包括对工程内容、设计范围和深度、图纸内容、图幅、建设周期和设计进度,以及对投标单位资质等级的要求等)。

(2)批准的项目建议书或设计任务书。设计招标标底编制的原则:标底价格应以设计范围和深度、图纸内容、份数和国家规定的收费标准为依据。

3)设备招标

设备招标文件的主要内容如下。

(1)招标须知,包括招标单位名称、设备性能和要求、投标的起止日期和地点、组织技术交底与解答招标文件的方式、开标日期和地点。

(2)正式批准的设计任务书、初步设计或设计单位确认的设备清单。

(3)设备的名称、型号、规格、数量、技术要求、交货期限、方式、地点和检验方法,以及专用、非标准设备要求的设计图纸和说明书。

(4)可提供的原材料数量、价格。

(5)引进设备的外汇解决途径。

(6)合同的主要条款。

扫一扫看《房屋建筑和市政基础设施工程施工招标投标管理办法》

4)施工招标

施工招标应具备以下条件。

(1)初步设计及概算已经审批,有施工图或有能满足标价计算要求的设计文件。

(2)已正式列入年度建设计划,资金、主要材料、设备的来源已基本落实。

(3)建设用地的征购及拆迁已基本完成。

(4)招标申请报告已获审批同意。

施工招标的程序如下。

(1)由建设单位组织招标班子。

(2)向招标投标办事机构提出招标申请书。申请书的主要内容包括招标单位的资质、招标工程具备的条件、拟采用的招标方式和对投标单位的要求等。

(3)编制招标文件和标底,并报招标投标办事机构审定。

(4)发布招标公告或发出招标邀请书。

(5)投标单位申请投标。

(6)对投标单位进行资质审查,并将审查结果通知各申请投标者。

(7)向合格的投标单位分发招标文件及设计图纸、技术资料等。

（8）组织投标单位踏勘现场，并对招标文件答疑。
（9）建立评标组织，制定评标、定标办法。
（10）召开开标会议，审查投标标书。
（11）组织评标，决定中标单位。
（12）发出中标通知书。
（13）建设单位与中标单位签订承发包合同。

施工招标文件的主要内容如下。

（1）工程综合说明，包括工程名称、地址、招标项目、占地范围、建筑面积和技术要求，质量标准及现场条件、招标方式、要求开工和竣工日期，对投标企业的资质等级要求等。
（2）必要的设计图纸和技术资料。
（3）工程量清单。
（4）由银行出具的建设资金证明和工程款的支付方式及预付款的百分比。
（5）主要材料（钢材、木材、水泥等）与设备的供应方式，加工订货情况和材料、设备价差的处理方法。
（6）特殊工程的施工要求及采用的技术规范。
（7）投标书的编制要求及评标、定标原则。
（8）投标、开标、评标、定标等活动的日程安排。
（9）建设工程施工合同条件及调整要求。
（10）要求缴纳的投标保证金额度。其数额视工程投资的大小确定，最高不得超过80万元。
（11）其他需要说明的事项。

施工招标标底的编制原则如下。

（1）根据设计图纸及有关招标文件，参照国家规定的技术、经济标准定额及规范，确定工程量和编制标底。
（2）标底价格应由成本、利润、税金组成，一般应控制在批准的总概算（或修正概算）及投资包干的限额内。
（3）标底价格作为建设单位的期望计划价，应力求与市场的实际变化吻合，要有利于竞争和保证工程质量。
（4）标底价格应考虑人工、材料、机械台班等价格变动因素，还应包括施工不可预见费、包干费和措施费等。工程要求优良的，还应增加相应费用。
（5）一个工程只能编制一个标底。

标底由招标单位自行编制，或委托经建设行政主管部门认定具有编制标底能力的咨询、监理单位编制。标底编制后，必须报招标投标管理机构审定，标底一经审定应密封保存至开标时，所有接触过标底的人员均负有保密责任，不得泄露。实行议标的工程，其承包价格由承发包双方商议，报招标投标办事机构备案。

【案例1-8】某公司进行设备车间改造公开招标，10家公司参加投标，招标文件在招标范围条款中要求提供10套新设备，但同时在技术条款中，要求对原车间有些地方进行修缮。评标委员会在评标过程中发现，九家投标单位都没有对修缮进行具体说明，澄清时发现，九家投标单位都忽略了修缮内容，没有考虑修缮的报价，导致评标时间延长，反复澄清。

评析：我国《建筑法》第二十条对招标文件的内容做了比较笼统的规定："建筑工程实行公开招标的，发包单位应当依照法定程序和方式，发布招标公告，提供载有招标工程的主要技术要求、主要的合同条款、评标的标准和方法，以及开标、评标、定标的程序等内容的招标文件。"

招标文件是投标人编制投标文件的基础，在招标文件中，招标人应当把本项目投标人的资格条件、技术要求、工作内容、工期等进行明确、清晰的阐述，保证潜在投标人不会对投标文件的内容产生不同的理解，使所有潜在投标人的投标文件编制采用同一标准。《工程建设项目施工招标投标办法》第二十四条规定，招标文件的主要内容包括：

（一）投标邀请书；

（二）投标人须知；

（三）合同主要条款；

（四）投标文件格式；

（五）采用工程量清单招标的，应当提供工程量清单；

（六）技术条款；

（七）设计图纸；

（八）评标标准和方法；

（九）投标辅助材料。

招标人应当在招标文件中规定实质性要求和条件，并用醒目的方式标明。

建议：在投标过程中，要仔细阅读招标文件，对可以有多种理解的内容要及时提出异议，要求答疑，否则就可能做出误判。招标人在制作招标文件时，应清晰地说明招标条件，避免含糊，以避免招标投标的争议。

6. 招标代理

招标人有权自行选择招标代理机构，委托其办理招标事宜。任何单位和个人不得以任何方式为招标人指定招标代理机构。招标人具有编制招标文件和组织评标能力的，可以自行办理招标事宜，任何单位和个人不得强制其委托招标代理机构办理招标事宜。依法必须进行招标的项目，招标人自行办理招标事宜的，应当向有关行政监督部门备案。

背后勾搭

招标代理机构是依法设立、从事招标代理业务并提供相关服务的社会中介组织。招标代理机构应当具备下列条件。

（1）有从事招标代理业务的营业场所和相应资金。

（2）有能够编制招标文件和组织评标的相应专业力量。

（3）有可以作为评标委员会成员人选的技术、经济等方面的专家库。

从事工程建设项目招标代理业务的招标代理机构，其资格由国务院或者省、自治区、直辖市人民政府的建设行政主管部门认定，具体办法由国务院建设行政主管部门会同国务

院有关部门制定。从事其他招标代理业务的招标代理机构，其资格认定的主管部门由国务院规定。招标代理机构与行政机关和其他国家机关不得存在隶属关系或者其他利益关系。

招标代理机构应当在招标人委托的范围内办理招标事宜，并遵守《招标投标法》中有关招标人的规定。

1.3.3 建筑工程投标的规定

建筑工程投标，是投标人愿意依照招标人提出的招标方案承包建筑工程，并提出投标方案的法律行为。凡持有企业法人营业执照、资质证书的勘察设计单位、建筑安装企业、工程承包公司、城市建设综合开发公司等承包商，不论其经济形式（国有企业、集体企业、私营企业、中外合资经营企业、中外合作经营企业、外资企业、联营企业等），都可以参加投标。

1. 投标的要求

《招标投标法》第二十六条规定："投标人应当具备承担招标项目的能力；国家有关规定对投标人资格条件或者招标文件对投标人资格条件有规定的，投标人应当具备规定的资格条件。"

投标人应当具备承担招标项目的能力。就建设工程施工企业来讲，这种能力主要体现在不同资质等级的认定上，其法律依据为住房和城乡建设部第 2015 年第 22 号令《建筑业企业资质管理规定》（2015 年 1 月 22 日发布，自 2015 年 3 月 1 日起施行，2018 年进行修订）。根据该规定，建筑业企业资质分为施工总承包、专业承包和劳务分包三个序列，每个序列各有其相应的等级（如施工总承包序列企业资质设特级、一级、二级、三级共四个等级）。2020 年 11 月 30 日，住房和城乡建设部办公厅发布了《住房和城乡建设部关于印发建设工程企业资质管理制度改革方案的通知》，针对施工总承包资质、专业承包资质进行重大改革，比如建筑企业施工总承包资质将由以往的四个等级改革为综合甲级、甲级、乙级；并且将取消相关行业资质（比如取消部分监理资质、取消设计丙级资质）。

根据《建筑法》的有关规定，承包建筑工程的单位应当持有依法取得的资质证书，并在其资质等级许可的范围内承揽工程。禁止建筑施工企业超越本企业资质登记许可的业务范围或以任何形式用其他施工企业的名义承揽工程。各等级具有不同的承担工程项目的能力，各企业应当在其资质等级范围内承揽工程。

2. 建筑工程投标的程序

（1）申请投标。参加投标的企业，应按照招标通知的时间报送申请书，供招标单位进行资格审查。其内容如下：

① 企业名称、地址、法定代表人姓名及开户银行和账号。
② 企业的所有制性质及隶属关系。
③ 企业营业执照和资质等级证书。
④ 企业简况。

（2）领取招标文件，提交投标保证金。

（3）研究招标文件，调查工程环境，确定投标策略。

（4）编制投标书。投标人按照招标文件的要求，用书面形式进行意思表示的文件，称为投标书。施工企业投标书应包括下列内容。

① 综合说明。

② 按照工程量清单计算底标价及钢材、木材、水泥等主要材料用料。投标单位可依据统一的工程量计算规则自主报价。

③ 施工方案和选用的主要施工机械。

④ 保证工程质量、进度、施工安全的主要技术组织措施。

⑤ 计划开工、竣工日期，工程总进度。

⑥ 对合同主要条件的确认。

（5）报送标书，参加开标会议。

扫一扫看投标保证金纠纷案例

3. 投标担保

（1）投标担保的含义。所谓的投标担保，是为了防止投标人不审慎进行投标活动而设定的一种担保形式。招标人不希望投标人在投标有效期限内随意撤回标书或中标后不能提交履约保证金和签署合同。

（2）投标担保的形式和有效期限。《工程建设项目施工招标投标办法》第三十七条规定："招标人可以在招标文件中要求投标人提交投标保证金。投标保证金除现金外，可以是银行出具的银行保函、保兑支票、银行汇票或现金支票。"

投标保证金一般不超过招标项目估算价的 2%。投标保证金的有效期应当与投标有效期一致。

投标人应当按照招标文件要求的方式和金额，将投标保证金随投标文件提交给招标人。

投标人不按招标文件要求提交投标保证金的，该投标文件将被拒绝，作为废标处理。

如果有下列情形，投标保证金将被没收。

① 投标人在有效期内撤回投标文件。

② 中标人未能在规定期限内提交履约保证金或者签署合同协议。

4. 联合体投标

【案例1-9】 甲建筑公司与乙建筑公司组成了一个联合体去投标，中标后，双方协议分工，甲建筑公司主要进行工程的勘察及地基建设，乙建筑公司主要进行工程的主体建设；并约定，如果在施工过程中出现质量问题而遭遇建设单位的索赔，各自承担索赔额的50%。后来在施工过程中由于乙建筑公司的施工技术问题出现质量缺陷，建设单位向甲建筑公司提出索赔，甲建筑公司拒绝，理由为质量事故的出现是乙建筑公司的技术原因，应该由乙建筑公司承担责任。你认为理由成立吗？

评析： 理由不成立。依据《建筑法》，联合体中共同承包的各方对承包合同的履行承担连带责任。也就是说，建设单位向联合体中的任意一方提出索赔都应该得到赔偿。联合体中若有赔偿协议的，已经承担责任的一方，可以就超出自己应承担的部分向对方追偿，但是却不可以拒绝先行赔付。

1）联合投标的含义

根据《招标投标法》第三十一条第 1 款的规定，联合投标是指"两个以上法人或者其他组织可以组成一个联合体，以一个投标人的身份共同投标。"

2）联合体各方的资格要求

《招标投标法》第三十一条第 2 款规定："联合体各方均应具备承担招标项目的相应能力；国家有关规定或者招标文件对投标人资格条件有规定的，联合体各方均应当具备规定的相应资格条件。由同一专业的单位组成的联合体，按照资质等级较低的单位确定资质等级。"

3）联合体各方的权利和义务

《招标投标法》第三十一条第 2 款规定："联合体各方应当签订共同投标协议，明确约定各方拟承担的工作和责任，并将共同投标协议连同投标文件一并提交招标人。联合体中标的，联合体各方应当共同与招标人签订合同，就中标项目向招标人承担连带责任。"根据该规定，联合体各方的权利和义务分为内部和外部两种。

（1）联合体各方内部的权利和义务。共同投标协议属于合同关系，即平等主体的自然人、法人、其他组织之间通过设立、变更、终止民事权利义务关系的协议而形成的关系。联合体内部各方通过协议明确约定各方在中标后要承担的工作和责任，该约定必须详细、明确，以免日后发生争议。同时，该共同协议应当同投标文件一并提交招标人，使招标人了解有关情况，并在评标时予以考虑。

（2）联合体各方外部的权利和义务。联合体各方就中标项目对外向招标人承担连带责任。所谓连带责任，是指在同一债权债务关系中两个以上的债务人中，任何一个债务人都负有向债权人履行债务的义务，债权人可以向其中任何一个或者多个债务人请求履行债务，可以请求部分履行，也可以请求全部履行。负有连带责任的债务人不得以债务人之间对债务分担比例有约定为由来拒绝部分或全部履行债务。连带债务人中一个或者多个履行了全部债务后，其他连带债务人对债权人的履行义务即行解除。但是，对连带债务人内部关系而言，根据其内部约定，债务人清偿债务超过其应承担份额的，有权向其他连带债务人追偿。联合体各方在中标后承担的连带责任包括以下两种情况。

① 联合体在接到中标通知书未与招标人签订合同前，除不可抗力外，联合体放弃中标项目的，其已提交的投标保证金不退还，给招标人造成的损失超过投标保证金数额的，还应当对超过部分承担连带赔偿责任。

② 中标的联合体除不可抗力外，不履行与招标人签订合同的，履约保证金不予退还，给招标人造成的损失超过履约保证金数额的，还应当对超过部分承担连带赔偿责任。

5. 投标的禁止性规定

1）投标人之间串通投标

《招标投标法》第三十二条第 1 款规定："投标人不得相互串通投标报价，不得排挤其他投标人的公平竞争，损害招标人或者其他投标人的合法权益。"《招标投标法实施条例》列举了以下几种表现形式。

（1）投标人之间协商投标报价等投标文件的实质性内容。

（2）投标人之间约定中标人。

（3）投标人之间约定部分投标人放弃投标或者

中标。

（4）属于同一集团、协会、商会等组织成员的投标人按照该组织要求协同投标。

（5）投标人之间为谋取中标或者排斥特定投标人而采取的其他联合行动。

2）投标人与招标人之间串通招标投标

《招标投标法》第三十二条第 2 款规定："投标人不得与招标人串通投标，损害国家利益、社会公共利益或者他人的合法权益。"《招标投标法实施条例》列举了以下几种表现形式。

（1）招标人在开标前开启投标文件并将有关信息泄露给其他投标人。

（2）招标人直接或者间接向投标人泄露标底、评标委员会成员等信息。

（3）招标人明示或者暗示投标人压低或者抬高投标报价。

（4）招标人授意投标人撤换、修改投标文件。

（5）招标人明示或者暗示投标人为特定投标人中标提供方便。

（6）招标人与投标人为谋求特定投标人中标而采取的其他串通行为。

3）投标人以行贿的手段谋取中标

《招标投标法》第三十二条第 3 款规定："禁止投标人以向招标人或者评标委员会成员行贿的手段谋取中标。"

投标人以行贿的手段谋取中标是违背《招标投标法》基本原则的行为，对其他投标人是不公平的，投标人以行贿手段谋取中标的法律后果是中标无效，有关责任人和单位应当承担相应的行政责任或刑事责任，给他人造成损失的，还应当承担民事赔偿责任。

4）投标人以低于成本的报价竞标

《招标投标法》第三十三条规定，投标人不得以低于成本的报价竞标。投标人以低于成本的报价竞标，其目的主要是排挤其他对手。这里的成本应指个别企业的成本。投标人的报价一般由成本、税金和利润三部分组成。当报价为成本价时，企业利润为零。如果投标人以低于成本的报价竞标，就很难保证工程的质量，各种偷工减料、以次充好等现象也随之产生。因此，投标人以低于成本的报价竞标的手段是法律所不允许的。

5）投标人以非法手段骗取中标

《招标投标法》第三十三条规定，投标人不得以他人名义投标或者以其他方式弄虚作假，骗取中标。在工程实践中，投标人以非法手段骗取中标的现象时有发生，主要表现在以下几个方面。

（1）非法挂靠或借用其他企业的资质证书参加投标。

（2）投标文件中故意在商务上和技术上采用模糊的语言骗取中标，中标后提供低档劣质货物、工程或服务。

（3）投标时递交虚假业绩证明、资格文件。

（4）假冒法定代表人签名，私刻公章，递交假的委托书等。

上述不正当竞争行为对招标投标市场的秩序构成了严重危害，为《招标投标法》所严格禁止，同时也是《中华人民共和国反不正当竞争法》（以下简称《反不正当竞争法》）所不允许的。

1.3.4 建筑工程开标、评标和定标的主要规定

建筑工程决标是指招标单位确定中标企业的法律行为，它通常包括开标、评标和定标三个过程。开标、评标和定标活动，在招标投标办事机构的监督下由招标单位主持进行。

1. 开标

开标是指招标人按照招标公告或者投标邀请函规定的时间、地点，当众开启所有投标人的投标文件，宣读投标人名称、投标价格和投标文件的其他主要内容的过程。《招标投标法》第三十四条规定："开标应当在招标文件确定的提交投标文件截止时间的同一时间公开进行；开标地点应当为招标文件中预先确定的地点。"

开标由招标人主持邀请所有投标人参加。

开标时，由投标人或者其推选的代表检查投标文件的密封情况，也可以由招标人委托的公证机构检查并公证；经确认无误后，由工作人员当众拆封，宣读投标人名称、投标价格和投标文件的其他主要内容。招标人在招标文件要求提交投标文件的截止时间前收到的所有投标文件，开标时都应当当众予以拆封、宣读。

开标过程应当记录下来，并存档备查。

招标人开标的日期、时间和地点都要在招标文件中明确规定。开标时间由招标人根据工程项目的大小和招标内容确定。投标人的标书必须在开标前寄达招标文件指定的地点，招标人应按规定的时间公开开标，当众启封标书，公布各投标企业的报价、工期及其他主要内容。根据《房屋建筑和市政基础设施工程施工招标投标管理办法》（2018修订版）第三十四条规定，有下列情况之一的，应当作为无效投标文件，不得进入评标。

（1）投标文件未按照招标文件的要求予以密封的。

（2）投标文件的投标函未加盖投标人的企业及企业法定代表人印章的，或企业法定代表人的委托代理人没有合法、有效的委托书（原件）及委托代理人印章的。

（3）投标文件的关键内容字迹模糊、无法辨认的。

（4）投标人未按照招标文件的要求提供投标保函或者投标保证金的。

（5）组织联合体投标的，投标文件未附联合体各方共同投标协议的。

投标人在开标后不得更改其投标内容，但允许对自己的标书做一般性说明或澄清某些问题。未按规定日期寄送的标书，应视为废标，不予开标。但如果这种延误并非投标人的过错，招标人也可以同意该标书有效。

【案例1-10】 某招标项目，投标人甲、乙、丙参与投标，其中投标人甲提交的投标文件无单位盖章并无法定代表人（或法定代表人委托的代理人）签字或盖章，投标人乙、丙提交的投标文件有加盖单位公章但无法定代表人（或法定代表人委托的代理人）签字或盖章。评标委员会遂做出"三家均不满足招标文件的要求，经专家讨论一致同意做废标处理"的意见。后乙、丙投标人不服，认为其投标文件未加盖法定代表人印章只是细微偏

差，不属于投标文件无效的情形，要求改正评标意见。

评析：根据《招标投标法实施条例》第 51 条及《评标委员会和评标方法暂行规定》（七部委令第 12 号，2013 年 23 号令修正）第 23 条、25 条、26 条的规定，投标人甲既没有加盖单位公章，又没有加盖单位法定代表人（或法定代表人委托的代理人）印章的情形，属于重大偏差，应当否决其投标。而投标人乙、丙只加盖了单位公章，没有加盖单位法定代表人（或法定代表人委托的代理人）印章的情形，属于细微偏差。因此评标意见中的"三家均不满足招标文件的要求，经专家讨论一致同意做废标处理"的结论存在重大瑕疵，应予以纠正。

2. 评标

1）评标委员会

《招标投标法》第三十七条第 1 款明确规定："评标由招标人依法组建的评标委员会负责。"

（1）评标委员会的组成。

① 评标委员会由招标人的代表和有关技术、经济等方面的专家组成，成员人数为 5 人以上单数，其中技术、经济等方面的专家不得少于成员总数的 2/3。

② 评标委员会专家应当从事相关领域工作满 8 年，并具有高级职称或者具有同等专业水平，由招标人从国务院有关部门或者省、自治区、直辖市人民政府有关部门提供的专家名册或者招标代理机构的专家库内的相关专业的专家名单中确定；一般招标项目可以采取随机抽取方式，特殊招标项目可以由招标人直接确定。与投标人有利害关系的人不得进入相关项目的评标委员会；已经进入的应当更换。

③ 评标委员会成员的名单在中标结果确定前应当保密。

（2）评标委员会成员的义务。

① 评标委员会成员应当客观、公正地履行职务，遵守职业道德，对所提出的评审意见承担个人责任。

② 评标委员会成员不得私下接触投标人，不得收受投标人的财物或者其他好处。

③ 评标委员会成员和参与评标的有关工作人员不得透露对投标文件的评审和比较、中标候选人的推荐情况及与评标有关的其他情况。

在此需要注意的是，参与评标的有关工作人员是指评标委员会成员以外的因为参与评标监督工作或者事务性工作而知悉有关评标情况的所有人员。

2）评标程序中应该注意的问题

（1）招标人应当采取必要的措施，保证评标在严格保密的情况下进行。任何单位和个人不得非法干预、影响评标的过程和结果。

（2）评标委员会可以要求投标人对投标文件中含义不明确的内容做必要的澄清或者说明，但是澄清或者说明不得超出投标文件的范围或者改变投标文件的实质性内容。

（3）评标委员会应当按照招标文件确定的评标标准和方法，对投标文件进行评审和比较；设有标底的，应当参考标底。评标委员会完成评标后，应当向招标人提出书面评标报告，并推荐合格的中标候选人。

（4）招标人根据评标委员会提出的书面评标报告和推荐的中标候选人确定中标人。招

标人也可以授权评标委员会直接确定中标人。

（5）评标委员会经评审，认为所有投标都不符合招标文件要求的，可以否决所有投标。依法必须进行招标项目的所有投标被否决的，招标人应当依照《招标投标法》重新招标。

（6）在确定中标人前，招标人不得与投标人就投标价格、投标方案等实质性内容进行谈判。

【案例1-11】 某开发公司就某项目进行公开招标投标，其中投标人甲的标书有一个书写错误，导致投标总额超过了投标报价的5%。开标的同一天，投标人甲发现了错误并及时通知了开发公司，要求撤回标书。根据开发公司的要求，投标人甲提供了标书工作表（Worksheets）。三个星期以后，开发公司拒绝了投标人甲的错误声明，根据错误的标书将中标通知书授予投标人甲。由于投标人甲不签订合同，开发公司起诉要求投标人甲赔偿损失并没收了投标人甲的保证金。投标人甲要求取消合同。

法院认为，投标人甲标书的错误是重大的，履行这样的合同是显失公平的。这个错误通过比较工作表和标书是能够客观地确定的。法院判决合同不成立。

评析：错误标书导致履行合同显失公平，要求其错误是"重大"的，"轻微"的错误不能允许取消合同。在本案的判决中，错误总额超过标价的5%，法院认定属于"重大错误"。

允许撤回错误标书是根据公平原则的一种救济手段。以标书错误导致"显失公平"为由要求撤回，投标人必须证明"如果履行根据错误标书签订的合同是多么不合理"，而且还要证明自己是清白的。这并不意味着投标人没有一点疏忽，但他必须准备充分的资料说明自己的清白，尤其说明自己没有任何恶意。

而对于开发公司及其授权的代表来说，在承包商提供了错误的标书以后，不要侥幸地认为自己可以获得意外的收获。

【案例1-12】 在一个工程的招标投标过程中，某投标人的报价是业主底价的82%，大大偏离了大多数投标人的报价。业主对该投标人进行了标价确认，但没有告知上述价格的巨大差距。法院认为业主没有适当履行确认的义务，是在利用投标人的标书错误。判决要求业主以最低标价和次低价之间的修正报价将合同授予该投标人。

评析：本涉案及投标人的标书错误如何处理的情况。如果业主已经知道（无论是实际知道，还是推定应当知道）标书的错误，又没有适当确认标书价格，而随后将合同授予该投标人，我们可以据此认定业主的行为是恶意的，是在利用投标人的错误。这时应允许投标人修改标书，否则就是不公平的。

如果业主知道或应当知道某些事实或条件会导致标书错误，他就有义务提醒投标人注意可能的标书错误。投标人对有关技术规范的解释是否合理同业主的确认义务无关。不能认为投标人对技术规范的解释不合理就解除了业主的确认义务。

并非所有标书错误都允许被更正，只有书写错误、计算错误和错读技术规范才允许进行更正。

【案例1-13】 业主招标进行道路工程建设。某投标人是次低价投标人。在该投标人标书的"施工动员"款项中写明"10 491 000.00 元",但该款的大写却写明"玖佰肆拾玖万壹仟元整"。如果适用大写款项,则该投标人的标价比原最低报价稍低而成为最低价投标人。业主根据"大写优于小写"的规定将投标人标书的报价进行更改并将合同授予该投标人。该投标人要求撤回标书,业主不予同意。该投标人起诉业主。

法院认为,由于标书错误很小,不能构成"重大错误",因此不同意投标人撤回标书,而允许业主根据招标规则对标书进行改正并将合同按照改正以后的价格授予该承包商。

原最低价投标人认为业主修正了标书报价以使标书报价最低,这是不合理的。法院认为,业主修正标书是根据"大写优于小写"的规定,而不是根据投标人的愿望进行的修改。法院不支持原最低价投标人的异议。

评析:对于投标人的标书错误,业主首先应当确定标书错误是否属于"重大错误",即投标人是否有权撤回;在已经确定了投标人有权撤回标书的情况下,投标人有权选择是否撤回标书;如果标书错误不大,不属于"重大错误",则投标人不能撤回标书,而应当接受业主的修正,按修正以后的价格签订和履行合同。换句话说,投标人的标书有"重大错误",投标人或者撤回标书,或者按照错误的价格(较低的价格)签订合同,而不允许投标人修改标书价格、按修改后的标书价格签订合同;如果投标人的标书错误不大,不属于"重大错误",则业主可以对标书价格进行修改,投标人必须按照修改后的标书价格签订和履行合同,而不允许投标人再选择撤回标书。为什么呢?假使一个投标人提交了一个错误的标书,对错误的标书允许撤回,又允许投标人进行修改,那么该投标人就比其他投标人处于一种更优越的地位,如果他想签订合同,他就放弃撤回,而选择修改标书按修改后的标书同业主签订合同;如果他不想签订合同,他就选择撤回标书。在这种情况下,提交了错误标书倒比其他投标人有更多的选择机会,即有了优越的地位,这是不公平的。

在本案中,更正标书所涉及的金额占标书报价的比例较小,而且按大写数字改正过的标书同原来的最低价标书报价相差很小。因此,履行该合同并非非常不合理,不会导致显失公平。

3. 定标

定标是招标人最后决定中标人的行为。选择中标人主要考虑下列两个因素:一是能够最大限度地满足招标文件中规定的各项综合评价标准;二是能够满足招标文件的实质性要求,并且经评审的投标价格最低,但是投标价格低于成本的除外。

扫一扫看《评标委员会和评标方法暂行规定》

根据《招标投标法》和《工程建设项目施工招标投标办法》的相关规定,确定中标人应遵守以下规定。

(1)评标委员会提出书面评标报告后,招标人一般应当在 15 日内确定中标人,最迟应当在投标有效期结束日 30 个工作日前确定。

(2)招标人根据评标委员会提出的书面评标报告和推荐的中标候选人确定中标人;也可以授权评标委员会直接确定中标人。但不得在评标委员会推荐的中标候选人之外确定中标人。

(3)依法必须招标的项目,招标人应当确定排名第一的中标候选人为中标人。排名第一的中标候选人放弃中标、因不可抗力提出不能履行合同,或者招标规定应当提交履约保证金而在规定的期限内未能提交的，招标人可以确定排名第二的中标候选人为中标人。排名第二的中标候选人因前款规定的同样原因不能签订合同的，招标人可以确定排名第三的中标候选人为中标人。

（4）在确定中标人之前，招标人不得与投标人就投标价格、投标方案等实质性内容进行谈判。

根据《招标投标法》及《工程建设项目施工招标投标办法》的有关规定，招标人发出中标通知书应当遵守以下规定。

（1）中标人确定后，招标人应当向中标人发出中标通知书，并同时将中标结果通知所有未中标的投标人。

（2）招标人不得提出压低报价、增加工作量、缩短工期或其他违背中标人意愿的要求，不得以此作为发出中标通知书和签订合同的条件。

（3）中标通知书对招标人和投标人具有法律效力。中标通知书发出后，招标人不得改变中标结果，否则要承担法律责任；而中标人也不得放弃中标项目，否则招标人将对投标保证金予以没收。

招标人和中标人应当自中标通知书发出之日起 30 日内，按照招标文件和中标人的投标文件订立书面合同。招标人和中标人不得再行订立背离合同实质性内容的其他协议。

招标文件要求中标人提交履约保证金或者其他形式履约担保的，中标人应当提交；拒绝提交的，视为放弃中标项目。招标人要求中标人提供履约保证金或其他形式履约担保的，招标人应当同时向中标人提供工程款支付担保。招标人不得擅自提高履约保证金，不得强制要求中标人垫付中标项目建设资金。

招标人与中标人签订合同后 5 个工作日内，应当向中标人和未中标的投标人退还投标保证金。

根据《招标投标法》的有关规定，依法必须进行招标的项目，招标人应当自确定中标人之日起 15 日内，向有关行政监督部门提交招标投标情况书面报告。《工程建设项目施工招标投标办法》规定该书面报告应当至少包括下列内容。

（1）中标范围。

（2）招标方式和发布招标公告的媒介。

（3）招标文件中投标人须知、技术条款、评标标准和方法、合同主要条款等内容。

（4）评标委员会的组成和评标报告。

（5）中标结果。

【案例 1-14】某政府部门招标回填一个矿坑，要求获得一个最大竞争性招标，同时力求保证政府部门从竞争中获益。某承包商的标价最低。但该政府部门在认真审查和比较了招标文件要求的施工措施和承包商标书的有关内容后，发现标书有下列不符合招标文件要求的情况：(1) 标书中没有提供有关承包商推荐的设备供应商的有关设备适用性的说明文件；(2) 标书中没有提供有关承包商主要管理人员的充分并符合要求的资料；(3) 标书没有提供灌注泥浆的有关资料；(4) 标书没有提供要求列明的分包商名单。该政府部门要求承包商予以澄清，并给承包商一个补正的机会。但承包商提供的资料与原来的标书相比没有实质性的改进。于是该政府部门拒绝了该承包商的投标。该承包商起诉政府部门，力图阻止

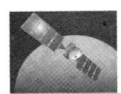

该政府部门授标给次低报价的投标者，而将合同授予自己。

一审法院认为，虽然该承包商的标书与招标文件的要求有差距，但还不构成对招标文件的实质性违反，所以政府部门拒绝该承包商的投标是不适当的。只要该承包商在法院的诉讼中能够证明自己被授标后胜任招标的工作，其提交的标书与招标文件的差距就应认定为微不足道的。判决政府部门将合同授予该最低价承包商。政府部门上诉。

二审法院认为，一般的原则是，对于政府部门发包的公共合同的投标应当满足招标文件的要求和对投标人的指导。政府部门负有责任依据自己的判断决定是否接受一个标书。进行招标需要广泛的知识和高超的技术，行政机关应该有广泛的权限去做出判断和决定。如果政府机关在行使权力时没有欺诈、恶意串通、反复无常等不合法或不合理的行为，判断投标是否满足招标文件的要求是政府职能范围内的事。法院不应介入政府的职能范围。证明行政机关非法行使决定权的举证责任在要求推翻行政决定的一方。

评析：标书应当满足有关法规和招标文件的要求，没有满足招标文件要求的标书将被视为废标而失去中标机会，进而失去合同。但是在实际招标过程中，判断一个标书是否符合有关法规和招标文件的要求并不是一件容易的事，因为一项工程往往非常复杂，其招标投标文件的内容也非常多，要求标书一点疏漏也没有是很困难的。这就要求法院在审理案件的时候要具体判断标书疏漏的性质是否严重，以便确定标书是否合格。由于法官均不是建筑行业的专业人员，法院做出审查和判断也有一定的困难。这就需要法官充分听取诉辩双方的观点，必要时听取专业人员的证词，以便做出公正的判决。判断标书是否合格的一个重要标准是该标书疏漏的存在是否违背了《建筑法》规定的公开、公正和平等竞争原则。如果允许该标书疏漏的存在将导致对其他投标人的不公正和不公平，那就应当认定该标书是不合格的标书。

本涉案及的是政府部门作为业主进行招标的情况。对于这种情况，法院应当考虑以下两个因素：（1）政府部门是有法定行政权力的国家机关，对其管辖的事务有很大的自由裁量权；（2）相对于法院，政府部门对其管辖的业务更加熟悉和精通。因此法院在审查政府部门在招标活动中的决定时应当谨慎一些，尽量尊重政府部门的决定。但是如果有证据表明政府部门所做的决定有不诚实、欺诈或者串通等行为，或者所做决定有恶意、没有任何根据的武断和反复无常，或者所做决定明显违法和不合理，那么法院就可以考虑判决推翻政府部门的决定。

【案例1-15】 在一个工程的招标中，业主将合同授予了承包商甲。但另一个承包商乙提起诉讼，指出承包商甲提供的投标文件中施工方案存在问题。考虑到解决诉讼纠纷会耽误工程进度，业主拒绝了所有投标，准备重新招标。结果两个投标人都提起诉讼。

法院审查发现：招标文件规定，业主可以拒绝所有投标；另一条则规定，业主在接到标书后必须在30天内将合同授予最低价投标人或者拒绝所有投标。这个条款是强制性的。法院认为法院有义务禁止业主将合同授予承包商甲以外的其他投标人，但法院无权要求业主将合同授予承包商甲，因为在授标前，业主有权拒绝所有投标。但本案的问题在于，在业主已经将合同授予承包商甲的情况下是否还有权利拒绝所有投标。

法院认为，根据招标规则，业主对于是否拒绝所有标书有选择权。但是，一旦业主履行了其选择权，将合同授予了最低价的合格的承包商，他就不能再拒绝所有的投标而另行招标，否则就违背了合同法的有关原则，可能造成存在倾向性。法院判决业主拒绝所有标书无效，应当将合同授予承包商甲。

评析：这是法院对业主"拒绝所有标书"权利进行审查的一个例子。虽然业主"拒绝所有标书"的权利很大，但不能毫无限制，否则将导致投标人人力、财力的巨大浪费，这对投标人是不公平的；同时，更重要的是，业主毫无限制地"拒绝所有标书"也容易导致招标产生倾向性。假设业主内定了一个承包商，在一个招标过程中该内定的承包商没有中标，业主便拒绝所有标书；下一次内定承包商再失败，业主再拒绝所有标书⋯⋯直到该承包商中标。这将导致非常荒唐和不合理的情况。因此，法院对招标过程进行审查，限制业主不合理地行使"拒绝所有标书"的权利是非常必要的。

【案例 1-16】 在一个工程招标中，投标人投标后了解到当地经常发生劳资纠纷，遂要求撤回标书，取消合同。法院认为，投标人没有以适当的细心和勤勉（Care and Diligence）去调查潜在的劳工问题，由于投标人没有进行适当的投标前调查，法院判决投标人因为没有履行全面的投标调查而导致的标书错误不能要求撤回。

评析：本涉案及投标人投标后在什么情况下可以撤回标书的问题。一般来说，一旦投标人提交了标书就不能撤回，否则业主就要没收投标人提交的投标保函（Bid Bond）或者保付支票（Certified Check）。但如果错误是纯粹的数字错误，或者对招标文件的解释错误，则允许投标人撤回标书而不没收有关的保证金。如果是投标人判断上的错误，则不允许撤回标书。以标书有错误为由要求撤回标书不必证明对方当事人有欺诈或其他不公平的行为。

投标人撤回标书有下列特点：(1) 错误是由投标人的疏忽造成的；(2) 如果投标人有权要求撤回标书，业主不能扣留投标保证金或其他担保；(3) 投标人在开标以后、授标以前及时给予通知；(4) 业主没有受到损失，因为业主可以将合同授予其他投标人。

典型的由于投标人疏忽造成的标书错误是书写错误和计算错误。这种情况下，错误的标书没有反映投标人的真实意图。如果他重新计算标书或者其他人再计算标书，这个明显的错误就会被发现和改正。这就是说，业主和投标人这时没有达成合意，因此也就不能成立合同。

具体来说，投标人在准备的标书中有错误是可以撤回的，但投标人应举证说明其标书符合下列条件：(1) 错误是重大的；(2) 如果按照错误的标价执行合同是显失公平的；(3) 错误不是因为投标人未履行法律义务而产生的，也不是因为投标人有应受惩罚的疏忽造成的；(4) 除没有获得投标人的合同外，业主没有受到其他损失；(5) 投标人在授标以前及时将错误通知了业主；(6) 尽管投标人已经足够细心仍难以避免错误。

错误标书并不一定都允许投标人撤回，如果标书错误是投标人判断错误造成的，如低估了劳动力的价格或材料价格，就不允许投标人撤回标书。

另外，在决定错误标书是否可以撤回之前，法院通常还要进一步审查以确定业主是否会因为允许投标人撤回标书而受到损失，是否会给业主造成不公平。如果投标人等了很长一段时间才通知业主标书的错误，或者因为投标人没有适当通知业主给业主造成了严重的损失，则不能允许投标人撤回标书。

本案是一个撤回标书被拒绝的例子。这一案例提醒我们，虽然标书因为错误在某些情况下可以撤回，但这不是无条件的，投标人负有举证责任来说明自己进行了细致全面的投标前调查。除非投标人能够证明其标书的错误是可以撤回的，业主有义务将合同授予最低价的投标人或者扣留投标人保证金。虽然标书错误是由于疏忽导致的，但如果投标人没有履行有关的法律义务是导致疏忽的原因，或者投标人的疏忽是应该受到惩罚的，则他的错误标书就不允许撤回。投标人不能进行充分举证，就面临败诉的危险。

【案例1-17】 业主招标制造两台50吨的塔吊。招标文件包括98页的技术规范，详细规定了设计要求。投标人的负责人在读过两三页，了解了主要的要求后，认为所要求的塔吊属于投标人公司的轻型塔吊，只要将投标人公司的相应塔吊加以改造就可以了。实际上后90多页的内容有对塔吊更具体的要求，所要求的塔吊根本不是轻型塔吊而是重型塔吊。投标人的报价低于400万美元，而次低报价超过700万美元。由于差距太大，业主要求投标人确认自己的报价。投标人对标价进行了书面确认。业主对确认还不放心，在授标以前召开了会议以进一步确定投标人是否理解了技术规范的要求，以及能否完成该要求。业主审查了技术和设计要求，但没有就巨大的报价差距进行磋商。业主要求投标人提供费用分析资料，投标人没有提供，但声称除一个微不足道的错误外，没有其他错误，错误对总报价没有影响。考虑到投标人一再表示保证按照技术规范的要求履行合同，业主将合同授予投标人。

在进行初步设计时，业主意识到履约存在问题并决定开会讨论。这时投标人才发现价格上的巨大差距。

投标人认为合同价格远远偏离实际成本是由于双方的错误造成的，业主无权要求投标人履行合同；如果业主坚持要求履行合同，那就得对合同的价格和工期进行公平的调整以使合同价格反映实际成本。据此，投标人要求修改合同，延长工期并增加费用。

法院认为，投标人只读了部分技术规范，根据部分技术规范进行的投标属于判断错误，而不属于错读技术规范（Misreading A Specification），因此拒绝了投标人修改合同或撤销合同的诉讼请求。

评析： 一般来说，投标人要求修改合同，必须证明：（1）因为错误，投标人的投标报价有遗漏；（2）错误必须是书写错误、计算错误或者错读了技术规范。

本案是一个比较典型的例子，投标人没有履行自己的职责，认真审查招标文件，而仅仅根据其中的两三页制作了标书。而根据这两三页技术规范制作的标书是投标人经过谨慎的考虑以后才决定选择标准塔吊加以改造来满足业主要求的。根据部分技术规范所做的投标属于一种判断错误，根据判断错误进行投标的错误投标人不能要求获得额外付款。

为什么错读技术规范可以允许投标人撤回标书，而没有读全技术规范就不能允许撤回或给予费用调整呢？我们认为，错读技术规范与没有读全技术规范是有本质区别的。错读技术规范是投标人疏忽或其他原因造成的难以完全避免的结果，即使投标人非常认真仔细地制作标书也难免不发生疏漏；没有读全技术规范则是投标人没有认真履行自己的职责造成的，如果投标人认真一些，完全可以避免标书的错误。在本案中，业主对投标人的报价进行几次确认，投标人一直声明自己的报价是准确无误的。考虑到这些因素，我们更容易理解法院判决不能对标价进行调整的理由。虽然判决结果有些残酷，但我们应当理解，不能允许在招标投标过程中有如此不负责任的行为，让投标人品尝如此不负责任的苦果并不过分。

【案例 1-18】业主招标建设高速公路，某最低价投标人在标书的施工动员分项中没有填写数据，而是在总报价中加入了施工动员费用 4 000 000 元。开标以后该投标人发现错误，于是及时通知了业主。业主拒绝免除投标人的标书错误，而坚持按标书中分项总价的和作为标价与投标人签订合同。这样等于在标书报价的基础上再减去 4 000 000 元。投标人起诉要求按原来价格签订合同。

一审法院拒绝了投标人的要求。业主同意投标人撤销标书而不扣留保证金。这等于给了投标人一个选择：或者撤销标书，或者按照更低的价格签订合同。投标人接受了后者。但随后投标人上诉主张自己有权按较高的价格签订合同。

二审法院认为，标书错误不是双方造成的，而是投标人单方造成的，因此不能要求更正标书错误。另外，4 000 000 元不是一个轻微的错误，是不能原谅并允许改正的。标书错误是重大的，投标人或者按照错误标书接受较低的价格，或者撤回标书。二审法院拒绝了投标人提高价格的诉讼请求。

评析：本涉案及如何处理标书错误的问题。正如前面的案例说明的，投标人的标书有"重大错误"，投标人或者撤回标书，或者按照错误的价格（较低的价格）签订合同，而不允许投标人修改标书价格，按修改后的标书价格签订合同；如果投标人的标书错误不大，不属于"重大错误"，则业主可以对标书价格进行修改，投标人必须按照修改后的标书价格签订并履行合同，而不允许投标人再选择撤回标书。

这里应当强调，通常不允许投标人更正标书错误或者修改合同价格，接受一个经过修正价格的合同。虽然这不是绝对的，但对以一个高于标价的价格授予合同是有严格限制的。在下列情况下允许业主按修改后适当提高的价格授予合同。

（1）如果标书错误能够明确地从标书表面确定。

（2）业主认为标书是轻微的违规错误。

（3）业主知道或应当知道标书存在错误。

再一次强调，以防引起误导：一般的原则不允许更正标价。一个投标人可能在主张标书错误的诉讼中获胜，但可能的结果是撤回标书或者取消合同，而不是提高标书价格。

【案例 1-19】业主对工程建设项目中所需的电梯设备进行招标，委托招标代理机构在机电设备交易中心进行。投标有效期为投标截止日后 90 个日历天内。2017 年 8 月 16 日，投标人甲按照要求向代理机构提交了投标文件。2017 年 8 月 23 日，中标结果公示，投标人甲为中标人。2017 年 8 月 29 日，投标人甲应代理机构要求，向机电设备交易中心缴纳入场招标服务费 X 元。2017 年 11 月 5 日，业主向投标人发送了《关于延长投标有效期的通知》，称因招标相关事宜仍未结束，原招标文件确定的投标有效期即将到期，未完成工作不能在投标有效期截止前完成，故决定延长投标有效期 30 天。请投标人在 11 月 14 号前回函明确是否同意延长投标有效期。2017 年 11 月 12 日，投标人甲回函，同意延长投标有效期。投标人甲多次联系业主，并致函代理机构要求发出中标通知书，但业主一直未发出中标通知书。在多次沟通无果的情况下，投标人甲向诸多部门投诉，各部门均以该事务不属于自己主管为由进行推诿，为此，投标人甲诉至法院。后经调解，业主同意发出中标通知书并赔偿投标人甲相关损失。

评析：根据《招标投标法》《招标投标法实施条例》等相关法律的规定，招标单位有向中标人发出中标通知书及签订相关合同的义务。投标人甲要求业主发出中标通知书、签订相关合同是法律赋予投标人的合法权利。

但是，纵观本案案情，如果通过民事诉讼法律程序处理这个问题，诉讼程序会相当烦琐。如果能够依法认定投标人甲在中标后，业主一直未发出中标通知书，属于业主在招标投标活动中存在违法违纪行为，那么，根据有关法律规定，行政机关就应该对业主依法追究其法律责任，对其违法违纪行为做出行政处罚，对相关人员做出行政处分；情节严重的，还可以追究相关人员的刑事责任。

1.4 建筑工程监理制度

【案例1-20】王某是某建设单位聘请的监理工程师，王某在监理过程中，收取了施工单位送来的10万元，在监理过程中照顾施工单位，在检查过程中会放松要求，让施工单位过关，后工程经验收不合格。同时因建设单位高管涉嫌受贿罪，施工单位因行贿被调查，牵扯出王某，问王某是否也会被认定为受贿？

评析：王某的行为构成受贿罪。王某系建设单位聘请的监理工程师，受建设单位委托监管工程，王某收下施工单位送来的10万元，与施工单位存在了实质上的利害关系，给施工单位提供便利导致工程不合格。这违反了《建筑法》第三十五条的规定，工程监理单位不按照委托监理合同的约定履行监理义务，对应当监督检查的项目不检查或者不按照规定检查，给建设单位造成损失的，应当承担相应的赔偿责任。工程监理单位与承包单位串通，为承包单位谋取非法利益，给建设单位造成损失的，应当与承包单位承担连带赔偿责任。

1.4.1 监理的主要内容

1. 建筑工程监理的基本规定

建筑工程监理，是指具有相应资质的监理单位受工程项目业主的委托，依照国家法律、法规，经建设主管部门批准的工程项目建设文件，建设工程委托监理合同及其他建设工程合同，对工程建设实施的专业化监督管理。

建筑工程监理制度是我国建设体制深化改革的一项重大举措，是适应市场经济和参照国际惯例的产物。我国《建筑法》第三十条规定："国家推行建筑工程监理制度。"

国务院可以规定实行强制监理的建筑工程的范围。实行监理的建筑工程，由建设单位委托具有相应资质条件的工程监理单位监理。建设单位与其委托的工程监理单位应当订立书面委托监理合同。建筑工程监理应当依照法律、行政法规及有关的技术标准、设计文件和建筑工程承包合同，对承包单位在施工质量、建设工期和建设资金使用等方面，代表建设单位实施监督。工程监理人员认为工程施工不符合工程设计要求、施工技术标准和合同约定的，有权要求建筑施工企业改正。工程监理人员发现工程设计不符合建筑工程质量标准或者合同约定的质量要求的,应当报告建设单位,要求设计单位改正。

2. 工程监理的内容

工程监理的主要内容可以概括为"三控制、两管理、一协调"。"三控制"是指建设工程监理对建设工程的投资、工期和质量进行控制;"两管理"是指建设工程监理对建设工程进行的合同管理、信息管理;"一协调"是指建设工程监理要协调好与有关单位的工作关系。

此外,根据《建设工程安全生产管理条例》及相关法律、法规的规定,安全管理也是监理工作的重要工作内容。

在施工阶段进行监理的内容和权限如下。

(1)审查承建单位提出的施工组织设计(或方案),提出改进意见,参加承建单位的技术交底并监督其实施。

(2)督促、检查承建单位严格执行工程承包合同和有关工程技术规范、标准。

(3)检查工程使用的材料、构配件和设备质量,对不合格者提出更换要求。

(4)检查工程进度和施工质量,签署工程付款凭证,对严重违反规范、规程者,必要时签发停工通知单。

(5)负责隐蔽工程验收,参与处理工程质量事故,并监督事故处理方案的执行。

(6)调解建设单位与承建单位之间的争议。

(7)督促和审查承建单位整理合同文件和工程技术档案资料,并汇总归档;组织设计单位和施工单位进行工程初步验收,提出竣工验收报告。

(8)参加建设单位组织的最终竣工验收,审查工程结算等。

(9)建设工程的安全管理与督促。

3. 工程监理的依据

工程监理的依据主要有以下几个。

(1)有关法律、行政法规、规章及标准、规范。

(2)有关工程建设文件。

(3)建设单位委托监理合同及有关的建设工程合同。

4. 工程监理单位的资质许可制度

国家对工程监理单位实行资质许可制度。《建设工程质量管理条例》(2000年1月30日国务院令第279号发布,2017年第一次修正,2019年第二次修正)第三十四条第1款规定:"工程监理单位应当依法取得相应等级的资质证书,并在其资质等级许可的范围内承担工程监理业务。"同时该条还规定:"禁止工程监理单位超越本单位资质等级许可的范围或者以其他工程监理单位的名义承担工程监理业务。禁止工程监理单位允许其他单位或者个人以本单位的名义承担工程监理业务。工程监理单位不得转让工程监理业务。"

根据《建筑法》《建设工程质量管理条例》,建设部于2007年6月26日颁布了建设部令第158号《工程监理企业资质管理规定》,规定工程监理企业应当按照其拥有的注册资本、专业技术人员和工程监理业绩等资质条件申请资质,经审查合格,取得相应等级的资质证书后,方可在其资质等级许可的范围内从事工程监理活动。2020年11月30日,住房和城乡建设部印发《建设工程企业资质管理制度改革方案》,其中针对工程监理资质做出如下改革：保留综合资质；取消专业资质中的水利水电工程、公路工程、港口与航道工程、农林工程资质，保留其余 10 类专业资质；取消事务所资质。综合资质不分等级，专业资质等级压减为甲、乙两级。

1.4.2 监理企业的法律责任

实施建设工程监理前，建设单位应当将委托的建设工程监理单位、监理的内容及监理权限，书面通知被监理的建筑施工企业。

建设工程监理单位应当根据建设单位的委托，客观、公正地执行监理任务。建设工程监理单位与被监理工程的承包单位，以及建筑材料、建筑构配件和设备供应单位不得有隶属关系或者其他利害关系。建设工程监理单位不得转让工程监理业务。

建设工程监理单位不按照委托监理合同的约定履行监理义务，对应当监督检查的项目不检查或者不按规定检查，给建设单位造成损失的，应当承担相应的赔偿责任。建设工程监理单位与承包单位串通，为承包单位谋取非法利益，给建设单位造成损失的，应当与承包单位承担连带赔偿责任；构成犯罪的，依法追究刑事责任。

【案例 1-21】甲房地产开发有限公司（以下简称甲）与乙工程监理有限公司（以下简称乙）于 2017 年 4 月签订工程建设监理合同，约定乙为甲广场工程实施监理，乙承诺采用有效控制手段，保证工程质量达到省优标准，并于 2019 年 12 月底完工，同时约定将施工单位与监理单位之间的所有资料提交业主备案。但在实际监理过程中，乙怠于履行职责使工程进度拖延，质量未达省优标准，同时也拒不提供监理资料，使甲不能为工程办理各种证件手续，造成损失。问乙的行为构不构成违约？是否需要承担法律责任？

评析：甲、乙之间所签订的工程建设监理合同符合合同成立的法定要件，应为有效合同。监理承诺书系监理合同的组成部分，因此，监理合同及承诺书所约定的条款对双方均有约束力，甲、乙双方均应按合同约定全面履行各自的义务。但乙却未按合同约定使其所监理的甲的工程达到省优标准，且乙未提供足够的证据证明工程未达省优标准的原因系第三方所致，故认定乙违反了合同约定，应承担相应的违约责任。

【案例 1-22】某能源公司因项目工期紧张，在未经招标的情况下，经洽谈，于 2016 年 7 月 20 日向甲监理公司发出《监理委托书》，将一项目配套管网工程的监理工作委托给甲监理公司，并明确所产生的监理费用待正式监理招标投标工作完毕后协商支付。甲监理公司接受委托后，于 2016 年 7 月 21 日开始进行监理工作，并于 2016 年 12 月 7 日完成该能源公司委托的监理工作。2016 年 9 月，该能源公司就涉案工程进行监理招标，甲监理公司参与投标但未中标，项目由乙工程咨询有限公司中标。此后，甲监理公司于 2016 年 12 月底将全部监理资料移交给能源公司。甲监理公司与能源公司就监理费支付事宜进行了多次协商。双方经协商最终确定：监理费为 155 万元，由能源公司分两次向甲监理公司给付，第一次给付 80 万元，于 2018 年 1 月 30 日前给付；剩余 75 万元监理费于 2018 年 3 月 30 日前付清。双方协商后，能源公司将根据双方协商内容拟定的《监理协议书》以电子邮件的方式发送给甲监理公司，甲监理公司将其盖章后提交给能源公司，能源公司却未将该《监理协议书》盖章并返还甲监理公司，问能源公司是否应该向甲监理公司支付监理费用？甲监理公司和能源公司在本案中是否需要承担法律责任？

评析：合同的订立通常会经过要约、承诺的过程而完成。当事人采用书面形式订立合同的，自双方当事人签字或者盖章时合同成立。订立合同的协商过程并不必然导致合同最后的成立和生效。根据甲监理公司的陈述，甲监理公司曾将约定有监理费为 155 万元内容的《监理协议书》盖章后提交给能源公司，能源公司未将该《监理协议书》盖章返还甲监理公司，说明能源公司并未对甲监理公司的要约做出承诺，双方并未订立《监理协议书》。

甲监理公司与能源公司均系商事经营主体，甲监理公司是专业的工程监理公司，应当对监理工作有一定的风险预判并具有相应的合同常识，应当知晓以书面形式订立的合同，自双方当事人签字或者盖章时合同成立。甲监理公司没有证据证明其与能源公司双方在协商过程中就监理费为 155 万元达成合意，故甲监理公司关于监理费为 155 万元的主张，不能得到支持。

1.5 建筑工程安全生产和质量管理制度

扫一扫看《安全生产法》

《中华人民共和国安全生产法》（以下简称《安全生产法》）规定："在中华人民共和国领域内从事生产经营活动的单位的安全生产，适用本法；有关法律、行政法规对消防安全和道路交通安全、铁路交通安全、水上交通安全、民用航空安全另有规定的，适用其规定。"所以，工程安全管理属于《安全生产法》的调整范围。

《安全生产法》的方针是：安全生产管理，坚持安全第一、预防为主的方针。

《安全生产法》的原则是：加强安全生产监督管理，防止和减少安全生产事故，保障人民群众的生命和财产安全，促进经济发展。

1.5.1 《安全生产法》与工程建设相关的主要内容

【案例 1-23】某市政工程地处市内的繁华街道，为了施工需要在施工场地挖一条长三米、深一米的长沟。为了避免有人掉入沟中，在长沟的附近设立了明显的警示标志。

当晚下班后，这些警示标志被偷，只有工人小李发现，这时已到深夜，其他工友均已下班，小李就自己拿些障碍物拦住长沟，并没有通告就自行回家。当夜，有一群众路过，因障碍物并没有完全拦住长沟而掉入，造成骨折。你认为小李对此事是否应承担一定责任？

评析：小李应为此事承担一定的责任。根据《安全生产法》第五十一条，从业人员发现事故隐患或者其他不安全因素，应当立即向现场安全生产管理人员或者本单位负责人报告。危险报告义务是从业人员必须要遵守的，而小李没有履行这个法定义务，与路过群众掉入沟中有间接关系，应当为此承担一定的法律责任。

1. 工程建设单位的安全生产保证

工程建设单位即《安全生产法》所指的生产经营单位。

1）生产经营单位保障安全生产的必备条件

生产经营单位应当具备《安全生产法》和有关法律、行政法规和国家标准或者行业标准规定的安全生产条件才能从事生产经营活动。

《建筑施工企业安全生产许可证管理规定》第四条规定，建筑施工企业取得安全生产许可证应具备的安全生产条件如下。

（1）建立、健全安全生产责任制，制定完备的安全生产规章制度和操作规程。

（2）保证本单位安全生产条件所需资金的投入。

（3）设置安全生产管理机构，按照国家有关规定配备专职安全生产管理人员。

（4）主要负责人、项目负责人、专职安全生产管理人员经建设主管部门或者其他有关部门考核合格。

（5）特种作业人员经有关业务主管部门考核合格，取得特种作业操作资格证书。

（6）管理人员和作业人员每年至少进行一次安全生产教育培训并考核合格。

（7）依法参加工伤保险，依法为施工现场从事危险作业的人员办理意外伤害保险，为从业人员缴纳保险费。

（8）施工现场的办公、生活区及作业场所和安全防护用具、机械设备、施工机具及配件符合有关安全生产法律、法规、标准和规程的要求。

（9）有职业危害防治措施，并为作业人员配备符合国家标准或者行业标准的安全防护用具和安全防护服装。

（10）有对危险性较大的分部分项工程及施工现场易发生重大事故的部位、环节的预防、监控措施和应急预案。

（11）有生产安全事故应急救援预案、应急救援组织或者应急救援人员，配备必要的应急救援器材、设备。

（12）法律、法规规定的其他条件。

2）生产经营单位主要负责人的安全生产职责

（1）建立、健全本单位安全生产责任制。

（2）组织制定本单位安全生产规章制度和操作规程。

（3）保证本单位安全生产投入的有效实施。

（4）督促、检查本单位的安全生产工作，及时消除安全生产事故隐患。

（5）组织制定并实施本单位的安全生产事故应急救援预案。

（6）及时、如实报告安全生产事故。

3）生产经营单位安全生产的基本要求

（1）生产经营单位安全生产的投入。

① 生产经营单位对应当具备的安全生产条件所必需的资金投入必须予以保证。

② 矿山、建筑施工单位和危险物品的生产、经营、储存单位，应当设置安全生产管理机构或者配备专职安全生产管理人员。

③ 生产经营单位应当安排用于配备劳动防护用品、进行安全生产培训的经费。

④ 生产经营单位必须依法参加工伤社会保险，为从业人员缴纳保险费。

(2) 生产经营单位的安全培训。

① 危险物品的生产、经营、储存单位及矿山、建筑施工单位的主要负责人和安全生产管理人员，应当由有关主管部门对其安全生产知识和管理能力考核合格后方可任职。

② 生产经营单位的主要负责人和安全生产管理人员必须具备与本单位所从事的生产经营活动相应的安全生产知识和管理能力。

③ 生产经营单位应当对从业人员进行安全生产教育和培训，保证从业人员具备必要的安全生产知识，熟悉有关的安全生产规章制度和安全操作规程，掌握本岗位的安全操作技能。未经安全生产教育和培训合格的从业人员，不得上岗作业。

④ 生产经营单位采用新工艺、新技术、新材料或者使用新设备，必须了解、掌握其安全技术特性，采取有效的安全防护措施，并对从业人员进行专门的安全生产教育和培训。

⑤ 生产经营单位的特种作业人员必须按照国家有关规定经专门的安全作业培训，取得特种作业操作资格证书，方可上岗作业。

⑥ 生产经营单位应当教育和督促从业人员严格执行本单位的安全生产规章制度和安全操作规程，并向从业人员如实告知作业场所和工作岗位存在的危险因素、防范措施及事故应急措施。

⑦ 生产经营单位必须为从业人员提供符合国家标准或者行业标准的劳动防护用品，并监督、教育从业人员按照使用规则佩戴、使用。

(3) 安全生产"三同时"制度。

① 生产经营单位新建、改建、扩建工程项目（以下统称建设项目）的安全设施，必须与主体工程同时设计、同时施工、同时投入生产和使用。安全设施投资应当纳入建设项目概算。

② 矿山建设项目和用于生产、储存危险物品的建设项目，应当分别按照国家有关规定进行安全条件论证和安全评价。

③ 建设项目安全设施的设计人、设计单位应当对安全设施设计负责。

④ 矿山建设项目和用于生产、储存危险物品的建设项目的安全设施设计，应当按照国家有关规定报经有关部门审查，审查部门及其负责审查的人员对审查结果负责。

⑤ 矿山建设项目和用于生产、储存危险物品的建设项目的施工单位必须按照批准的安全设施设计施工，并对安全设施的工程质量负责。

⑥ 矿山建设项目和用于生产、储存危险物品的建设项目竣工投入生产或者使用前，必须依照有关法律、行政法规的规定对安全设施进行验收，验收合格后方可投入生产和使用。验收部门及其验收人员对验收结果负责。

(4) 安全生产规程。

① 生产经营单位应当在有较大危险因素的生产经营场所和有关设施、设备上，设置明显的安全警示标志。

② 安全设备的设计、制造、安装、使用、检测、维修、改造和报废，应当符合国家标准或者行业标准。

③ 生产经营单位必须对安全设备进行经常性维护、保养，并定期检测，保证正常运转。维护、保养、检测，做好记录，并由有关人员签字。

④ 生产经营单位使用的涉及生命安全、危险性较大的特种设备，以及危险物品的容

器、运输工具，必须按照国家有关规定，由专业生产单位生产，并经取得专业资质的检测、检验机构检测、检验合格，取得安全使用证或者安全标志，方可投入使用。检测、检验机构对检测、检验结果负责。

⑤ 生产经营单位不得使用国家明令淘汰、禁止使用的危及生产安全的工艺、设备。

⑥ 生产、经营、运输、储存、使用危险物品或者处置废弃危险物品的，由有关主管部门依照有关法律、法规的规定和国家标准或者行业标准审批并实施监督管理。

⑦ 生产经营单位生产、经营、运输、储存、使用危险物品或者处置废弃危险物品，必须执行有关法律、法规和国家标准或者行业标准，建立专门的安全管理制度，采取可靠的安全措施，接受有关主管部门依法实施的监督管理。

⑧ 生产经营单位对重大危险源应当登记建档，进行定期检测、评估、监控，并制定应急预案，告知从业人员和相关人员在紧急情况下应当采取的应急措施。

⑨ 生产经营单位应当按照国家有关规定将本单位重大危险源及有关安全措施、应急措施报有关地方人民政府负责安全生产监督管理的部门和有关部门备案。

⑩ 生产、经营、储存、使用危险物品的车间、商店、仓库不得与员工宿舍在同一座建筑物内，并应当与员工宿舍保持安全距离。

⑪ 生产经营场所和员工宿舍应当设有符合紧急疏散要求、标志明显、保持畅通的出口。禁止封闭、堵塞生产经营场所或者员工宿舍的出口。

⑫ 生产经营单位进行爆破、吊装等危险作业，应当安排专门人员进行现场安全管理，确保操作规程的遵守和安全措施的落实。

2. 安全生产中从业人员的权利和义务

【案例1-24】小张是某施工单位聘用的民工，在工程结束的时候，施工单位派小张等五人清理现场。小张等五人把现场垃圾清扫到一起后坐在一旁休息，在此期间，有人不慎打翻垃圾中剩余的一瓶酒精，并与其中的一些物质相接触进而起火。小张等五人虽奋力救火，但火势蔓延，导致一部分设施被烧毁。施工单位要求小张等五人负责。小张等人以施工单位在要求清理现场前并没有告知新的工作存在危险为由要求施工单位承担责任，而施工单位则声称小张等人并没有询问现场是否存在危险，放弃了知情权。你认为谁的观点正确？

评析：小张等人的观点是正确的。询问现场是否存在安全隐患是从业人员的权利，这个权利可以放弃，而告知作业场所和工作岗位存在的危险因素则是施工单位的义务，这个义务并不以从业人员是否已经询问为前提。即使没有询问，施工单位也必须告知存在的危险因素。本案中，施工单位没有尽到告知的义务，需要对此事故承担部分责任。

1）安全生产中从业人员的权利

（1）知情权，即有权了解其作业场所和工作岗位存在的危险因素、防范措施和事故应急措施。

（2）建议权，即有权对本单位的安全生产工作提出建议。

（3）批评权和检举、控告权，即有权对本单位安全生产管理工作中存在的问题提出批评、检举、控告。

（4）拒绝权，即有权拒绝违章作业指挥和强令冒险作业。

（5）紧急避险权，即发现直接危及人身安全的紧急情况时，有权停止作业或者在采取可能的应急措施后撤离作业场所。

（6）依法向本单位提出要求赔偿的权利。

（7）获得符合国家标准或者行业标准劳动防护用品的权利。

2）安全生产中从业人员的义务

（1）自律遵规的义务，即从业人员在作业过程中，应当遵守本单位的安全生产规章制度和操作规程，服从管理，正确佩戴和使用劳动防护用品。

（2）自觉学习安全生产知识的义务，要求掌握本职工作所需的安全生产知识，提高安全生产技能，增强事故预防和应急处理能力。

（3）危险报告义务，即发现事故隐患或者其他不安全因素时，应当立即向现场安全生产管理人员或者本单位负责人报告。

3. 安全生产的监督管理

建筑工程安全生产的监督管理，是指各级人民政府建设行政主管部门，以及其授权的建筑工程安全生产的管理机构，对建设工程安全生产所实施的行政监督管理。

我国现行对建设工程（包括土木工程、建筑工程、线路管道和设备安装工程）安全生产的行政监督管理是分级进行的，建设行政主管部门因级别不同而具有的管理职责也不完全相同。

国务院建设行政主管部门负责建筑工程安全生产的统一监督管理，并依法接受国家安全生产综合管理部门的指导和监督。国务院铁路、交通、水利等有关部门按照国务院规定的职责分工，负责有关专业建设工程的安全生产管理。

县级以上地方人民政府建设行政主管部门负责本行政区域内的建筑工程安全生产管理。县级以上地方人民政府交通、水利等有关部门在各自的职责范围内，负责本行政区域内的专业建筑工程安全生产管理。县级以上地方人民政府建设行政主管部门和地方人民政府交通、水利等有关部门应当设立建筑工程安全监督机构负责建筑工程安全生产的日常监督管理工作。

1）安全生产的四种监督方式

（1）工会民主监督，即工会有权对建设项目的安全设施与主体工程同时设计、同时施工、同时投入生产和使用的情况进行监督，提出意见。

（2）社会舆论监督，即新闻、出版、广播、电影、电视等单位有对违反安全生产法律、法规的行为进行舆论监督的权利。

（3）公众举报监督，即任何单位或者个人对事故隐患或者安全生产违法行为，均有权向负有安全生产监督管理职责的部门报告或者举报。

（4）社区报告监督，即居民委员会、村民委员会发现其所在区域内的生产经营单位存在事故隐患或者安全生产违法行为时，有权向当地人民政府或者有关部门报告。

2）安全监督检查人员职权

（1）现场调查取证权，即安全生产监督检查人员可以进入生产经营单位进行现场调查，单位不得拒绝，有权向被检查单位调阅资料，向有关人员（负责人、管理人员、技术人员）了解情况。

（2）现场处理权，包括对安全生产违法作业的当场纠正权；对现场检查出的隐患，责令限期改正、停产停业或停止使用的职权；责令紧急避险权和依法行政处罚权。

（3）查封、扣押行政强制措施权，其对象是安全设施、设备、器材、仪表等；依据是不符合国家或行业安全标准；条件是必须按程序办事、有足够证据、经部门负责人批准、通知被查单位负责人到场、登记记录等，并必须在十五日内做出决定。

3）安全监督检查人员义务

（1）审查、验收禁止收取费用。

（2）禁止要求被审查、验收的单位购买指定产品。

（3）必须遵循忠于职守、坚持原则、秉公执法的执法原则。

（4）监督检查时须出示有效的监督执法证件。

（5）对被检查单位的技术秘密和业务秘密，应当尽保密义务。

4. 安全生产责任事故的处理

重大安全事故是指因为违反有关建设安全的法律、法规和强制性标准，造成人身伤亡或者重大经济损失的事故。

《生产安全事故报告和调查处理条例》第三条规定，根据生产安全事故造成的人员伤亡或者直接经济损失，事故一般分为以下等级。

（1）特别重大事故，是指造成30人以上死亡，或者100人以上重伤（包括急性工业中毒，下同），或者1亿元以上直接经济损失的事故。

（2）重大事故，是指造成10人以上30人以下死亡，或者50人以上100人以下重伤，或者5 000万元以上1亿元以下直接经济损失的事故。

（3）较大事故，是指造成3人以上10人以下死亡，或者10人以上50人以下重伤，或者1 000万元以上5 000万元以下直接经济损失的事故。

（4）一般事故，是指造成3人以下死亡，或者10人以下重伤，或者1 000万元以下直接经济损失的事故。

1）安全生产责任事故应急救援体系

（1）县级以上地方各级人民政府应当组织有关部门制定本行政区域内特大安全生产事故应急救援预案，建立应急救援体系。

（2）危险物品的生产、经营、储存单位及矿山、建筑施工单位应当建立应急救援组织；生产规模较小，可以不建立应急救援组织的，应当指定兼职的应急救援人员。

（3）危险物品的生产、经营、储存单位及矿山、建筑施工单位应当配备必要的应急救援器材、设备，并进行经常性维护、保养，保证正常运转。

2）安全生产责任事故报告

（1）生产经营单位发生安全生产事故后，事故现场有关人员应当立即报告本单位负责人。

（2）单位负责人接到事故报告后，应当迅速采取有效措施，组织抢救，防止事故扩大，减少人员伤亡和财产损失，并按照国家有关规定立即如实报告当地负有安全生产监督管理职责的部门，不得隐瞒不报、谎报或者拖延不报，不得故意破坏事故现场、毁灭有关证据。

（3）安全生产监督管理部门和负有安全生产监督管理职责的有关部门接到事故报告后，应当依照下列规定上报事故情况，并通知公安机关、劳动保障行政部门、工会和人民检察院。

① 特别重大事故、重大事故逐级上报至国务院安全生产监督管理部门和负有安全生产监督管理职责的有关部门。

② 较大事故逐级上报至省、自治区、直辖市人民政府安全生产监督管理部门和负有安全生产监督管理职责的有关部门。

③ 一般事故上报至设区的市级人民政府安全生产监督管理部门和负有安全生产监督管理职责的有关部门。

负有安全生产监督管理职责的部门和有关地方人民政府对事故情况不得隐瞒不报、谎报或者拖延不报。

（4）有关地方人民政府和负有安全生产监督管理职责部门的负责人接到重大生产安全事故报告后，应当立即赶到事故现场，组织事故抢救。

3）安全生产责任事故调查处理

（1）事故调查处理应当按照实事求是、尊重科学的原则，及时、准确地查清事故原因，查明事故性质和责任，总结事故教训，提出整改措施，并对事故责任者提出处理意见。事故的调查和处理应按照《生产安全事故报告和调查处理条例》中的规定进行，其中第十九条规定如下。

① 特别重大事故由国务院或者国务院授权有关部门组织事故调查组进行调查。

② 重大事故、较大事故、一般事故分别由事故发生地省级人民政府、设区的市级人民政府、县级人民政府负责调查。省级人民政府、设区的市级人民政府、县级人民政府可以直接组织事故调查组进行调查，也可以授权或者委托有关部门组织事故调查组进行调查。

③ 未造成人员伤亡的一般事故，县级人民政府也可以委托事故发生单位组织事故调查组进行调查。

（2）生产经营单位发生安全生产事故，经调查确定为责任事故的，除应当查明事故单位的责任并依法予以追究外，还应当查明对安全生产的有关事项负有审查批准和监督职责的行政部门的责任，对有失职、渎职行为的，依法追究法律责任。

《生产安全事故报告和调查处理条例》中规定如下。

① 重大事故、较大事故、一般事故，负责事故调查的人民政府应当自收到事故调查报告之日起 15 日内做出批复；特别重大事故，30 日内做出批复，特殊情况下，批复时间可以适当延长，但延长的时间最长不超过 30 日。

② 有关机关应当按照人民政府的批复，依照法律、行政法规规定的权限和程序，对事故发生单位和有关人员进行行政处罚，对负有事故责任的国家工作人员进行处分。

③ 事故发生单位应当按照负责事故调查的人民政府的批复，对本单位负有事故责任的人员进行处理。

④ 负有事故责任的人员涉嫌犯罪的，依法追究刑事责任。

⑤ 事故发生单位应当认真吸取事故教训，落实防范和整改措施，防止事故再次发生。防范和整改措施的落实情况应当接受工会和职工的监督。

⑥ 安全生产监督管理部门和负有安全生产监督管理职责的有关部门应当对事故发生单位落实防范和整改措施的情况进行监督检查。

⑦ 事故处理的情况由负责事故调查的人民政府或者其授权的有关部门、机构向社会公布，依法应当保密的除外。

（3）任何单位和个人不得阻挠和干涉对事故的依法调查处理。

（4）县级以上地方各级人民政府负责安全生产监督管理的部门应当定期统计、分析本行政区域内发生安全生产事故的情况，并定期向社会公布。

1.5.2 《建设工程安全生产管理条例》的主要规定

1. 建设工程安全生产管理基本制度

2003年11月24日《建设工程安全生产管理条例》颁布实施，该条例依据《建筑法》和《安全生产法》的规定进一步明确了建设工程安全生产管理基本制度，下面做简要介绍。

扫一扫看《建设工程安全生产管理条例》

1）安全生产责任制度

安全生产责任制度是建筑生产中最基本的安全管理制度，是所有安全规章制度的核心。安全生产责任制度是指将各种不同的安全责任落实到负有安全管理责任的人员和具体岗位人员身上的一种制度。这一制度是"安全第一、预防为主"方针的具体体现，是建筑安全生产的基本制度。在建筑活动中，只有明确安全责任、分工负责，才能形成完整有效的安全管理体系，减少和杜绝建筑工程事故。

安全生产责任制的主要内容包括：一是从事建筑活动主体的负责人的责任制，比如，施工单位的法定代表人要对本企业的安全负主要的安全责任；二是从事建筑活动主体的职能机构或职能处室负责人及其工作人员的安全生产责任制，比如，施工单位根据需要设置的安全处室或者专职安全人员要对安全负责；三是岗位人员的安全生产责任制，岗位人员必须对安全负责。从事特种作业的安全人员必须进行培训，经过考试合格后方可上岗作业。

2）群防群治制度

群防群治制度是职工群众进行预防和治理安全的一种制度。这一制度也是"安全第一、预防为主"方针的具体体现，同时也是群众路线在安全工作中的具体体现，是企业进行民主管理的重要内容。这一制度要求建筑企业职工在施工中应当遵守有关生产的法律、法规和建筑行业安全规章、规程，不得违章作业；对于危及生命安全和身体健康的行为有权提出批评、检举和控告。

3）安全生产教育培训制度

安全生产教育培训制度是对广大建筑干部职工进行安全教育培训，提高安全意识，增加安全知识和技能的制度。安全生产，人人有责。只有通过对广大职工进行安全教育、培训，才能使广大职工真正认识到安全生产的重要性、必要性，才能使广大职工掌握更多更有效的安全生产的科学技术知识，牢固树立安全第一的思想，自觉遵守各项安全生产和规章制度。分析许多建筑安全事故，一个重要的原因就是有关人员安全意识不强，安全技能不够，这些都是没有搞好安全生产教育培训工作的后果。

4）安全生产检查制度

安全生产检查制度是上级管理部门或企业自身对安全生产状况进行定期或不定期检查的制度。通过检查可以发现问题、查出隐患，从而采取有效措施，堵塞漏洞，把事故消灭在发生之前，做到防患于未然，是"预防为主"的具体体现。通过检查，还可以总结出好的经验加以推广，为进一步搞好安全工作打下基础。安全生产检查制度是安全生产的保障。

5）伤亡事故处理报告制度

伤亡事故处理报告制度是指施工中发生事故时，建筑企业应当采取紧急措施减少人员伤亡和事故损失，并按照国家有关规定及时向有关部门报告的制度。事故处理必须遵循一定的程序，做到"四不放过"（事故原因未查清不放过、事故责任人未受到处理不放过、事故责任人和周围群众没有受到教育不放过、事故没有制定切实可行的整改措施不放过）。通过对事故的严格处理，可以总结经验教训，为以后的事故防范起到借鉴作用。

6）安全责任追究制度

法律责任中，规定建设单位、设计单位、施工单位、监理单位，由于没有履行职责造成人员伤亡和事故损失的，视情节给予相应处理；情节严重的，责令停业整顿，降低资质等级或吊销资质证书；构成犯罪的，依法追究刑事责任。

2. 建设单位安全生产管理的主要责任和义务

1）建设单位应当向施工单位提供有关资料

《建设工程安全生产管理条例》第六条规定，建设单位应当向施工单位提供施工现场及毗邻区域内供水、排水、供电、供气、供热、通信、广播电视等地下管线资料，以及气象和水文观测、相邻建筑物和构筑物、地下工程的有关资料，并保证资料的真实、准确、完整。

建设单位因建设工程需要，向有关部门或者单位查询前款规定的资料时，有关部门或者单位应当及时提供。

第1章 建筑工程法律制度

2)不得向有关单位提出影响安全生产的违法要求

《建设工程安全生产管理条例》第七条规定,建设单位不得对勘察、设计、施工、工程监理等单位提出不符合建设工程安全生产法律、法规和强制性标准规定的要求,不得压缩合同约定的工期。

3)建设单位应当保证安全生产投入

《建设工程安全生产管理条例》第八条规定,建设单位在编制工程概算时,应当确定建设工程安全作业环境及安全施工措施所需费用。

4)不得明示或暗示施工单位使用不符合安全施工要求的物资

《建设工程安全生产管理条例》第九条规定,建设单位不得明示或者暗示施工单位购买、租赁、使用不符合安全施工要求的安全防护用具、机械设备(施工机具及配件、消防设施和器材)。

5)办理施工许可证或开工报告时应当报送安全施工措施

《建设工程安全生产管理条例》第十条规定,建设单位在申请领取施工许可证时,应当提供建设工程有关安全施工措施的资料。依法批准开工报告的建设工程,建设单位应当自开工报告批准之日起十五日内,将保证安全施工的措施报送建设工程所在地的县级以上人民政府建设行政主管部门或者其他有关部门备案。

6)应当将拆除工程发包给具有相应资质的施工单位

《建设工程安全生产管理条例》第十一条规定,建设单位应当将拆除工程发包给具有相应资质等级的施工单位。

建设单位应当在拆除工程施工十五日前,将下列资料报送建设工程所在地的县级以上地方人民政府主管部门或者其他有关部门备案。

(1)施工单位资质等级证明。

(2)拟拆除建筑物、构筑物及可能危及毗邻建筑的说明。

(3)拆除施工组织方案。

(4)堆放、清除废弃物的措施。

实施爆破作业的,还应当遵守国家有关民用爆炸物品管理的规定。根据《中华人民共和国民用爆炸物品管理条例》(以下简称《民用爆炸物品管理条例》)第二十七条的规定,使用爆破器材的建设单位,必须经上级主管部门审查同意,并持说明使用爆破器材的地点、品名、数量、用途、四邻距离的文件和安全操作规程,向所在地县、市公安局申请领取《爆炸物品使用许可证》,方准使用。根据《民用爆炸物品管理条例》第三十条的规定,进行大型爆破作业,或在城镇与其他居民聚居的地方、风景名胜区和重要工程设施附近进行控制爆破作业,施工单位必须事先将爆破作业方案,报县、市以上主管部门批准,并征得所在地县、市公安局同意,方准爆破作业。

3. 勘察、设计单位安全生产管理的主要责任和义务

1)勘察单位的安全责任

根据《建设工程安全生产管理条例》第十二条的规定,勘察单位的安全责任包括以下两点。

（1）勘察单位应当按照法律、法规和工程建设强制性标准进行勘察，提供的勘察文件应当真实、准确，满足建设工程安全生产的需要。

（2）勘察单位在勘察作业时，应当严格按照操作规程，采取措施保证各类管线、设施和周边建筑物、构筑物的安全。

2）设计单位的安全责任

根据《建设工程安全生产管理条例》第十三条的规定，设计单位的安全责任如下。

（1）设计单位应当按照法律、法规和工程建设强制性标准进行设计，防止因设计不合理导致安全生产事故的发生。

（2）设计单位应当考虑施工安全操作和防护的需要，对涉及施工安全的重点部位和环节在设计文件中注明，并对防范安全生产事故提出指导意见。

（3）采用新结构、新材料、新工艺的建设工程和特殊结构的建设工程，设计单位应当在设计中提出保障施工作业人员安全和预防安全生产事故的措施建议。

（4）设计单位和注册建筑师等注册执业人员应当对其设计负责。

4. 工程监理单位安全生产管理的主要责任和义务

1）安全技术措施及专项施工方案审查义务

《建设工程安全生产管理条例》第十四条第 1 款规定，工程监理单位应当审查施工组织设计中的安全技术措施或者专项施工方案是否符合工程建设强制性标准。

2）安全生产事故隐患报告义务

《建设工程安全生产管理条例》第十四条第 2 款规定，工程监理单位在实施监理过程中，发现存在安全事故隐患的，应当要求施工单位整改；情况严重的，应当要求施工单位暂时停止施工，并及时报告建设单位。施工单位拒不整改或者不停止施工的，工程监理单位应当及时向有关主管部门报告。

3）应当承担监理责任

工程监理单位和监理工程师应当按照法律、法规和工程建设强制性标准实施监理，并对建设工程安全生产承担监理责任。

5. 施工单位安全生产管理的主要责任和义务

1）施工单位应当具备的安全生产资质条件

《建设工程安全生产管理条例》第二十条规定，施工单位从事建设工程的新建、扩建和拆除等活动，应当具备国家规定的注册资本、专业技术人员、技术装备和安全生产等条件，依法取得相应等级的资质证书，并在其资质等级许可的范围内承揽工程。

2）施工总承包单位与分包单位安全责任的划分

《建设工程安全生产管理条例》第二十四条规定，建设工程实行施工总承包的，由总承包单位对施工现场的安全生产负总责。总承包单位应当自行完成建设工程主体结构的施工。

总承包单位依法将建设工程分包给其他单位的，分包合同中应当明确各自的安全生产方面的权利、义务。总承包单位和分包单位对分包工程的安全生产承担连带责任。分包单

位应当接受总承包单位的安全生产管理,分包单位不服从管理导致安全生产事故的,由分包单位承担主要责任。

3)施工单位安全生产责任制度

《建设工程安全生产管理条例》第二十一条规定,施工单位主要负责人依法对本单位的安全生产工作全面负责。施工单位应当建立健全安全生产责任制度和安全生产教育培训制度,制定安全生产规章制度和操作规程,保证本单位安全生产条件所需资金的投入,对所承担建设工程进行定期和专项安全检查,并做好安全检查记录。

施工单位的项目负责人应当由取得相应执业资格的人员担任,对建设工程项目的安全施工负责,落实安全生产责任制度、安全生产规章制度和操作规程,确保安全生产费用的有效使用,并根据工程的特点组织制定安全施工措施,消除安全事故隐患,及时、如实报告安全生产事故。

4)施工单位安全生产基本保障措施

(1)安全生产费用应当专款专用。《建设工程安全生产管理条例》第二十二条规定,施工单位对列入建设工程概算的安全作业环境及安全施工措施所需费用,应当用于施工安全防护用具及设施的采购和更新、安全施工措施的落实、安全生产条件的改善,不得挪作他用。

(2)安全生产管理机构及人员的设置。《建设工程安全生产管理条例》第二十三条规定,施工单位应当设立安全生产管理机构,配备专职安全生产管理人员。

专职安全生产管理人员负责对安全生产进行现场监督检查。发现安全事故隐患,应当及时向项目负责人和安全生产管理机构报告;对违章指挥、违章操作的,应当立即制止。

(3)编制安全技术措施及专项施工方案的规定。《建设工程安全生产管理条例》第二十六条规定,施工单位应当在施工组织设计中编制安全技术措施和施工现场临时用电方案,对下列达到一定规模的危险性较大的部分项目工程编制专项施工方案,并附具体安全验算结果,经施工单位技术负责人、总监理工程师签字后实施,由专职安全生产管理人员进行现场监督。

① 基坑支护与降水工程。
② 土方开挖工程。
③ 模板工程。
④ 起重吊装工程。
⑤ 脚手架工程。
⑥ 拆除、爆破工程。
⑦ 国务院建设行政主管部门或者其他有关部门规定的其他危险性较大的工程。

对上述工程中涉及深基坑、地下暗挖工程、高大模板工程的专项施工方案,施工单位还应当组织专家进行论证、审查。

施工单位还应当根据施工阶段和周围环境及季节、气候的变化,在施工现场采取相应的安全施工措施。施工现场暂时停止施工的,施工单位应当做好现场防护,所需费用由责任方承担,或按照合同约定执行。

(4)对安全施工技术要求的交底。《建设工程安全生产管理条例》第二十七条规定,建设工程施工前,施工单位负责项目管理的技术人员应当对有关安全施工的技术要求向施工

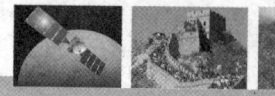

作业班组、作业人员做出详细说明，并由双方签字确认。

（5）危险部位安全警示标志的设置。《建设工程安全生产管理条例》第二十八条第1款规定，施工单位应当在施工现场入口处、施工起重机械、临时用电设施、脚手架、出入通道口、楼梯口、电梯井口、孔洞口、桥梁口、隧道口、基坑边沿、爆破物及有害危险气体和液体存放处等危险部位，设置明显的安全警示标志。安全警示标志必须符合国家标准。

（6）对施工现场生活区、作业环境的要求。《建设工程安全生产管理条例》第二十九条规定，施工单位应当将施工现场的办公、生活区与作业区分开设置，并保持安全距离；办公、生活区的选址应当符合安全性要求。职工的膳食、饮水、休息所等应当符合卫生标准。施工单位不得在尚未竣工的建筑物内设置员工集体宿舍。

（7）环境污染防护措施。《建设工程安全生产管理条例》第三十条规定，施工单位对因建设工程施工可能造成损害的毗邻建筑物、构筑物和地下管线等，应当采取专项保护措施。

施工单位应当遵守有关环境保护法律、法规的规定，在施工现场采取措施，防止或减少粉尘、废气、废水、固体废物、噪声、振动和施工照明对人和环境的危害及污染。

（8）消防安全保障措施。消防安全是建设工程安全生产管理的重要组成部分，是施工单位现场安全生产管理的工作重点之一。《建设工程安全生产管理条例》第三十一条规定，施工单位应当在施工现场建立消防安全责任制度，确定消防安全责任人，制定用火、用电、使用易燃易爆材料等各项消防安全管理制度和操作规程，设置消防通道、消防水源，配备消防设施和灭火器材，并在施工现场入口处设置明显标志。

（9）劳动安全管理规定。《建设工程安全生产管理条例》第三十二条规定，施工单位应当向作业人员提供安全防护用具和安全防护服装，并书面告知危险岗位的操作规程和违章操作的危害。

作业人员有权对施工现场的作业条件、作业程序和作业方式中存在的安全问题提出批评、检举和控告，有权拒绝违章指挥和强令冒险作业。

在施工中发生危及人身安全的紧急情况时，作业人员有权立即停止作业或者在采取必要的应急措施后撤离危险区域。

《建设工程安全生产管理条例》第三十三条规定，作业人员应当遵守安全施工的强制性标准、规章制度和操作规程，正确使用安全防护用具、机械设备等。

《建设工程安全生产管理条例》第三十八条规定，施工单位应当为施工现场从事危险作业的人员办理意外伤害保险。

意外伤害保险费由施工单位支付。实行施工总承包的，由总承包单位支付意外伤害保险费。意外伤害保险期限自建设工程开工之日起至竣工验收合格之日止。

（10）安全防护用具及机械设备、施工机具的安全管理。《建设工程安全生产管理条例》第三十四条规定，施工单位采购、租赁的安全防护用具、机械设备、施工机具及配件，应当具有生产（制造）许可证、产品合格证，并在进入施工现场前进行查验。

施工现场的安全防护用具、机械设备、施工机具及配件必须由专人管理，定期进行检查、维修和保养，建立相应的资料档案，并按照国家有关规定及时报废。

《建设工程安全生产管理条例》第三十五条规定，施工单位在使用施工起重机械和整体提升脚手架、模板等自升式架设设施前，应当组织有关单位进行验收，也可以委托具有相应资质的检验、检测机构进行验收；使用承租的机械设备和施工机具及配件的，由施工总承包单位、分包单位、出租单位和安装单位共同进行验收。验收合格后方可使用。

5）安全教育培训制度

（1）特种作业人员培训和持证上岗。《建设工程安全生产管理条例》第二十五条规定，垂直运输机械作业人员、安装拆卸工、爆破作业人员、起重信号工、登高架设作业人员等特种作业人员，必须按照国家有关规定经过专门的安全作业培训，并取得特种作业操作资格证书后，方可上岗作业。

（2）安全管理人员和作业人员的安全教育培训和考核。《建设工程安全生产管理条例》第三十六条规定，施工单位的主要负责人、项目负责人、专职安全生产管理人员应当经建设行政主管部门或者其他有关部门考核合格后方可任职。

施工单位应当对安全管理人员和作业人员每年至少进行一次安全生产教育培训，其教育培训情况记入个人工作档案。安全生产教育培训考核不合格的人员，不得上岗。

（3）作业人员进入新岗位、新工地或采用新技术时的上岗教育培训。《建设工程安全生产管理条例》第三十七条规定，作业人员进入新的岗位或者新的施工现场前，应当接受安全生产教育培训。未经教育培训或者教育培训考核不合格的人员，不得上岗作业。

施工单位在采用新技术、新工艺、新设备、新材料时，应当对作业人员进行相应的安全生产教育培训。

【案例1-25】建筑施工现场安全措施不当致人伤残赔偿

原告：陈某某

被告：某省第一建筑工程有限公司

一、基本案情

2016年，被告承担某市政道路排水施工工程，至同年10月21日止，已挖好东西走向长20米、宽1米、深3米的排水沟。10月21日下午，被告在排水沟的西端设置了红色标志灯和栏杆路障，在排水沟的东端设置了南北排列的各长2米、直径0.7米的水泥管四根为路障，但南侧水泥管与排水沟施工土堆之间有约1.5米的空隙。当晚17时许（此时当地已经天黑），原告骑自行车回家，由东向西经过东端排水施工工程处，骑行进入了工程东端路障南侧水泥管与施工土堆之间的空隙处，连人带车掉入排水沟内，后被行人救出送往医院。经市医院诊断，原告骨盆双侧耻骨骨折；经法医鉴定为十级伤残。

2017年7月，原告以受伤后不能从事体力劳动和要求被告赔偿损失为由，诉至法院，要求被告赔偿医疗费、误工工资、补助费、鉴定费、护理费、交通费等，合计855 717.01元。被告辩称：原告虽然掉进我单位施工的排水沟内，但我方在施工中，已设置了明显的标志灯和路障，故不应承担民事责任。

二、判决理由和判决结果

法院经审理认为：被告应当预见自己排水施工工程的路障留有空隙，可能会造成损害后果，但由于自信而未对此采取适当管理措施，致使原告掉入沟内而伤残，被告的这种过失行为与原告的伤残有因果关系，因此被告应负全部赔偿责任。

评析：本案是建筑施工现场安全措施不当导致的损害赔偿纠纷。

《建筑法》第三十九条规定："建筑施工企业应当在施工现场采取维护安全、防范危险、预防火灾等措施；有条件的，应当对施工现场实行封闭管理。施工现场对毗邻的建筑物、构筑物和特殊作业环境可能造成损害的，建筑施工企业应当采取安全防护措施。"第四十五条规定："施工现场安全由建筑施工企业负责。实行施工总承包的，由总承包单位负责。分包单位向总承包单位负责，服从总承包单位对施工现场的安全生产管理。"

《建设工程安全生产管理条例》第二十八条第1款规定，施工单位应当在施工现场入口处、施工起重机械、临时用电设施、脚手架、出入通道口、楼梯口、电梯井口、孔洞口、桥梁口、隧道口、基坑边沿、爆破物及有害危险气体和液体存放处等危险部位，设置明显的安全警示标志。安全警示标志必须符合国家标准。

《中华人民共和国民法典》（以下简称《民法典》）第一千二百五十八条规定，在公共场所或者道路上挖坑，修缮安装地下设施等造成他人损害，施工人不能证明已经设置明显标志和采取安全措施的，应当承担侵权责任。

在民法理论上，该情形规定属于特殊侵权行为，采取的归责原则是过错推定原则，即只要施工人不能证明在施工现场设置了符合要求的明显标志和采取了符合要求的安全措施，则在造成他人损害时，就推定其有过错，并应承担民事责任。在适用该条款审理案件时，首先需要审查是否"没有设置明显标志和采取安全措施"；还要进一步审查，即使设置了标志，采取了措施，是否"足够明显"，是否"足以保证安全"。这里很重要的是掌握"足够明显"和"足以保证安全"的标准，即施工人设置的标志和安全措施应达到什么标准才算足够明显和足以保证安全。在审判实践中，如果一个标志和安全措施对正常的人在正常情况下足够明显，足以保证安全，就可以认定施工人履行了设置标志和采取安全措施的义务。被告人在根据这个标准进行抗辩时是很有困难的。如果施工人能证明损害是由于受害人的过错或意外事件造成的，如某人因走路看报，未注意到施工人设置的明显标志而跌入沟中；或者汽车行驶至施工路障处因意外刹车故障而坠入坑中等，施工人就能够免除自己的责任。

从本案的具体情况来看，被告在施工现场西端设置了红色标志灯和栏杆路障，这可以说是符合法律要求的。但在施工现场东端所采取的防护措施，是明显不符合法律要求的，一是没有设置红色标志灯，以在各种情况下提醒路人注意；二是虽采取了一定的安全防护措施，但该措施有明显的漏洞，不足以在正常情况下起到防护作用。因此，本案被告存在过错，应当承担致原告损害的全部赔偿责任。

6. 建设工程相关单位安全生产管理的主要责任和义务

1）机械设备和配件供应单位的安全责任

《建设工程安全生产管理条例》第十五条规定，为建设工程提供机械设备和配件的单位，应当按照安全施工的要求配备齐全有效的保险、限位等安全设施和装置。

2）机械设备、施工工具和配件出租单位的安全责任

《建设工程安全生产管理条例》第十六条规定，出租的机械设备和施工工具及配件，应当具有生产（制造）许可证、产品合格证。

出租单位应当对出租的机械设备和施工工具及配件的安全性能进行检测，在签订租赁

协议时,应当出具检测合格证明。

禁止出租检测不合格的机械设备和施工工具及配件。

3)起重机械和自升式架设设施的安全管理

(1)在施工现场安装、拆卸施工起重机械和整体提升脚手架、模板等自升式架设设施,须由具有相应资质的单位承担。

(2)安装、拆卸施工起重机械和整体提升脚手架、模板等自升式架设设施,应当编制拆装方案、制定安全施工措施,并由专业技术人员现场监督。

(3)施工起重机械和整体提升脚手架、模板等自升式架设设施安装完毕后,安装单位应当自检,出具自检合格证明,并向施工单位进行安全使用说明,办理验收手续并签字。

(4)施工起重机械和整体提升脚手架、模板等自升式架设设施的使用达到国家规定的检验、检测期限的,必须经具有专业资质的检验、检测机构检测。经检测不合格的,不得继续使用。

(5)检验、检测机构对检测合格的施工起重机械和整体提升脚手架、模板等自升式架设设施,应当出具安全合格证明文件,并对检测结果负责。

1.5.3 《建设工程质量管理条例》的主要规定

扫一扫看《建设工程质量管理条例》

1. 建设工程质量的概念及影响因素

建设工程质量有广义和狭义之分。从狭义上说,建设工程质量仅指工程实体质量,它是指在国家现行的有关法律、法规、技术标准、设计文件和合同中,对工程的安全、适用、经济、美观等特性的综合要求。广义上的建设工程质量还包括工程建设参与者的服务质量和工作质量,反映在其服务是否及时、主动,态度是否诚恳、守信,管理水平是否先进,工作效率是否很高等方面,又可分为政治思想工作质量、管理工作质量、技术工作质量和后勤工作质量等。应该说,工程实体质量的好坏是决策、计划、勘察、设计、施工等单位各方面、各环节工作质量的综合反映。现在,国内外都趋向于从广义上来理解建设工程质量,但本书中的建设工程质量主要还是指工程本身的质量,即狭义上的建设工程质量。

影响建设工程质量的因素很多,如决策、设计、材料、机械、地形、地质、水文、气象、施工工艺、操作方法、技术措施、人员素质、管理制度等,但归纳起来,可分为五大因素,即通常所说的 4M1E:人(Man)、材料(Material)、机械(Machine)、方法(Method)和环境(Environment)。在工程建设全过程中严格控制好这五大因素,是保证建设工程质量的关键。

2. 建设工程质量的管理体系

建设工程质量的优劣直接关系国民经济的发展和人民生命财产的安全,因此,加强建设工程质量的管理是一个十分重要的问题。根据有关法规规定,我国建立起了对建设工程质量进行管理的体系,包括纵向管理和横向管理两个方面。

纵向管理是国家对建设工程质量所进行的监督管理,具体由建设行政主管部门及其授权机构实施。这种管理贯穿在工程建设的全过程和各个环节之中,它既对工程建设从计划、规划、土地管理、环保、消防等方面进行监督管理,又对工程建设的主体从资质认定和审查，成果质量检测、验证和奖惩等方面进行监督管理，还对工程建设中的各种活动，如工程建设招标投标、工程施工、验收、维修等进行监督管理。

横向管理包括两个方面。一是工程承包单位，如勘察单位、设计单位、施工单位自己对所承担工作的质量管理。它们要按要求建立专门的质检机构，配备相应的质检人员，建立相应的质量保证制度，如审核校对制、培训上岗制、质量抽检制、各级质量责任制和部门领导质量责任制等。二是建设单位对所建工程的质量管理，建设单位可成立相应的机构和人员，对所建工程的质量进行监督管理，也可委托社会监理单位对工程建设的质量进行监理。现在，世界上大多数国家都推行监理制，我国也正在推行和完善这一制度。

3. 建设工程质量管理的基本制度

1）建设工程质量监督管理制度

建设工程质量必须实行政府监督管理。政府对工程质量的监督管理主要以保证工程使用安全和环境质量为主要目的，以法律、法规和强制性标准为依据，以地基基础、主体结构、环境质量和与此有关的工程建设各方主体的质量行为为主要内容，以施工许可制度和竣工验收备案制度为主要手段。

2）建设工程竣工验收备案制度

扫一扫看《房屋建筑和市政基础设施工程竣工验收备案管理办法》

《建设工程质量管理条例》确立了建设工程竣工验收备案制度。该项制度是加强政府监督管理，防止不合格工程流向社会的一个重要手段。结合《建设工程质量管理条例》和《房屋建筑和市政基础设施工程竣工验收备案管理办法》（2000年4月4日建设部令第78号发布，住房和城乡建设部于2009年10月19日修改）的有关规定，建设单位应当在工程竣工验收合格后的15天内到县级以上人民政府建设行政主管部门或其他有关部门备案。建设单位办理工程竣工验收备案应提交以下材料。

（1）工程竣工验收备案表。

（2）工程竣工验收报告：应当包括工程报建日期，施工许可证号，施工图设计文件审查意见，勘察、设计、施工、工程监理等单位分别签署的质量合格文件及验收人员签署的竣工验收原始文件，市政基础设施的有关质量检测和功能性试验资料，以及备案机关认为需要提供的有关资料。

（3）法律、行政法规规定应当由规划、环保等部门出具的认可文件或者准许使用文件。

（4）法律规定应当由公安消防部门出具的对大型的人员密集场所和其他特殊建设工程验收合格的证明文件。

（5）施工单位签署的工程质量保修书。

（6）法规、规章规定必须提供的其他文件。

（7）住宅工程还应当提交《住宅质量保证书》和《住宅使用说明书》。

建设行政主管部门或其他有关部门收到建设单位的工程竣工验收备案文件后，依据质量监督机构的监督报告，发现建设单位在工程竣工验收过程中有违反国家有关建设工程质量管理规定行为的，责令停止使用，重新组织工程竣工验收后，再办理工程竣工验收备案。建设单位有下列违法行为的，要按照有关规定予以行政处罚。

（1）在工程竣工验收合格之日起15天内未办理工程竣工验收备案。

（2）在重新组织工程竣工验收前擅自使用工程。

（3）采用虚假证明文件办理工程竣工验收备案。

3）建设工程质量事故报告制度

建设工程质量事故报告制度是《建设工程质量管理条例》确立的一项重要制度。建设工程发生质量事故后，有关单位应当在 24 小时内向当地建设行政主管部门和其他有关部门报告。对重大质量事故，事故发生地的建设行政主管部门和其他有关部门应当按照事故类别和等级向当地人民政府和上级建设行政主管部门及其他有关部门报告。隐瞒不报的应该依法追究相应的法律责任。

4）建设工程质量检举、控告、投诉制度

《建筑法》与《建设工程质量管理条例》均明确规定，任何单位和个人对建设工程的质量事故、质量缺陷都有权检举、控告、投诉。建设工程质量检举、控告、投诉制度是为了更好地发挥群众监督和社会舆论监督的作用，是保证建设工程质量的一项有效措施。

4．建设单位的质量责任和义务

建设单位作为建设工程的投资人，在整个建设活动中居于主导地位，因此建设单位的行为是否规范直接影响到建筑工程的质量。《建设工程质量管理条例》第二章明确了建设单位的质量责任和义务。

（1）建设单位应当将工程发包给具有相应资质等级的单位，不得将工程肢解发包。

（2）建设单位应当依法对工程建设项目的勘察、设计、施工、监理，以及与工程建设有关的重要设备、材料等的采购进行招标。

（3）建设单位不得对承包单位的建设活动进行不合理干预。

（4）施工图设计文件未经审查批准的，建设单位不得使用。

（5）对必须实行监理的工程，建设单位应当委托具有相应资质等级的工程监理单位进行监理。

（6）建设单位在领取施工许可证或者开工报告之前，应当按照国家有关规定办理工程质量监督手续。

（7）涉及建筑主体和承重结构变动的装修工程，建设单位要有设计方案。

（8）建设单位应按照国家有关规定组织竣工验收，建设工程验收合格的，方可交付使用。

5．勘察、设计单位的质量责任和义务

《建设工程质量管理条例》第三章明确了勘察、设计单位的质量责任和义务。

（1）勘察、设计单位应当依法取得相应资质等级的证书，并在其资质等级许可的范围内承揽工程，不得转包或违法分包所承揽的工程。

（2）勘察、设计单位必须按照工程建设强制性标准进行勘察、设计，注册执业人员应当在设计文件上签字，对设计文件负责。

（3）设计单位应当根据勘察成果文件进行建设工程设计。

（4）除有特殊要求的建筑材料、专用设备、工艺生产线等外，设计单位不得指定生产厂、供应商。

建筑工程法规原理与实务（第3版）

6. 施工单位的质量责任和义务

【案例 1-26】 某施工单位首次进入某省施工，为了树立良好的企业形象，获得较好的口碑及声誉，施工单位的项目经理决定合理化修改工程的设计方案，并且私自采用更好的建筑材料，施工单位也愿意承担所增加的费用。你认为这个决定可取吗？

评析： 不可取。《建筑工程质量管理条例》规定，施工单位不得擅自修改工程设计，这样做的结果属于违约行为，要承担违约责任。

施工阶段是建设工程实体质量的形成阶段，勘察、设计的质量均要在该阶段实现。施工单位乃重要责任主体，其能力和行为将对建设工程的施工质量起到关键作用。所以，施工阶段的质量责任制度显得尤其重要。《建设工程质量管理条例》第四章明确了施工单位的质量责任和义务。

（1）施工单位应当依法取得相应资质等级的证书，并在其资质等级许可的范围内承揽工程。

（2）施工单位不得转包或违法分包工程。

（3）总承包单位与分包单位对分包工程的质量承担连带责任。

（4）施工单位必须按照工程设计图纸和施工技术标准施工，不得擅自修改工程设计，不得偷工减料。

（5）施工单位必须按照工程设计要求、施工技术标准和合同约定，对建筑材料、建筑构配件、设备和商品混凝土进行检验，未经检验或检验不合格的，不得使用。

（6）施工人员对涉及结构安全的试块、试件及有关材料，应在建设单位或工程监理单位监督下现场取样，并送具有相应资质等级的质量检测单位进行检测。

（7）建设工程实行质量保修制度，承包单位应履行保修义务。

【案例 1-27】某宿舍楼工程质量问题仲裁

申请人：某职业技术学院

被申请人：某市建筑公司

一、诉辩主张和事实认定

某职业技术学院（以下简称发包方）为建设教师宿舍楼，于 2013 年 2 月 10 日与某市建筑公司（以下简称承包方）签订了一份建设工程承包合同。合同规定：建筑面积 10 000 平方米，高六层，总造价 5 000 万元；由发包方提供建筑材料指标，负责施工技术监督及协商解决施工中的有关事项；承包方包工包料，主体工程和内外承重墙一律使用国家标准红机砖，每层要用钢筋混凝土圈梁加固；2014 年 2 月 27 日竣工交付验收；交付使用后，如果在 6 个月内发生较大质量问题，由承包方负责修复；工程费的结算，开工前付工程材料款 50%，主体工程完工后付 35%，余额于验收合格后全部结清；如延期竣工，则按建设银行的规定，承包方赔偿延期交付的违约金。

承包方按合同规定的日期竣工，验收时，发包方发现工程的第 2~5 层所有内承重墙体裂缝较多，要求承包方修复后再验收，承包方拒绝修复，认为不影响使用。两个月之后，发包方发现这些裂缝越来越大，每一面墙都有 4~5 条纵横不等的裂缝，缝隙最大的 1 cm，最小的能透空气，从这面能看到对面的墙壁。为此，发包方提出工程不合格，质量低劣，系危险房屋，不能使用，要求承包方将内承重墙拆掉重新建筑。承包方提出，裂缝属于砖的质量问题，与施工技术无关。双方协商不成，发包方于2014年6月15日以建设工程质量不合格为由向仲裁委员会申请仲裁。

二、处理理由和处理结果

仲裁委员会查明：本案的建设工程实行大包干的形式，发包方将建筑材料计划指标都交给承包方。承包方为节省费用，在购买机砖时，只购买了外墙和主体结构的红机砖，而对内承重墙则使用烟灰砖（系炉渣、白灰制作的砖）。烟灰砖因为干燥、吸水、伸缩性大，当内装修完毕待干后，导致裂缝出现。对此，承包方应负主要责任，发包方派出的施工技术监督人员明明知道承包方使用烟灰砖叠砌内承重墙，而未加制止，也未向领导报告，任其施工，亦应负一定责任。经委托建筑工程研究所现场勘验、鉴定，认为：烟灰砖不能用于高层建筑和内承重墙，烟灰砖伸缩性大，压强达不到红机砖标准，建议所有内承重墙用钢筋网加水泥砂浆修复加固后方可使用。仲裁委员会根据质量鉴定结果，经调解，双方当事人达成如下协议：承包方将第2～5层所有内承重墙均用钢筋网加水泥砂浆加固后，再进行内装修，于2014年9月30日竣工验收。所需费用650 000元，由承包方承担494 000元，发包方承担156 000元。竣工验收合格后，发包方在10日内将工程款一次结清付给承包方。

评析：《建设工程质量管理条例》第四章明确了施工单位的质量责任和义务，而在本案中承包方违反合同约定，偷工减料，造成承重墙断裂，工程质量不合格，应由承包方负责修复。发包方派驻工地代表，对建筑材料的使用和工程质量监督不力，是有责任的，承担一定的损失也是应当的。本案的处理采纳了建筑工程研究所的建议，用钢筋网加水泥砂浆加固，既减少了拆除承重墙的损失，又保证了质量，维护了双方的利益。

7. 工程监理企业的质量责任和义务

《建设工程质量管理条例》第五章明确了工程监理企业的质量责任和义务。

（1）工程监理企业应当依法取得相应资质等级的证书，并在其资质等级许可的范围内承担工程监理业务，不得转让工程监理业务。

（2）工程监理企业不得与被监理工程的施工承包单位及建筑材料、建筑构配件和设备供应单位有隶属关系或者其他利害关系。

（3）工程监理企业应当依照法律、法规及有关技术标准、设计文件和建设工程承包合同，代表建设单位对施工质量实施监理，并对施工质量承担监理责任。

（4）工程监理企业应当选派具有相应资格的总监理工程师和监理工程师进驻现场。监理工程师应当按照工程监理规范的要求对建设工程实施监理。

扫一扫看《房屋建筑工程质量保修办法》

8. 建设工程质量保修的有关规定

建设工程质量保修制度是指建设工程在办理竣工验收手续后，在规定的保修期限内，因勘察、设计、施工、材料等原因造成的质量缺陷，应当由施工承包单位负责维修、返工或更换，由责任单位负责赔偿损失。建设工程实行质量保修制度是落实建设工程质量责任的重要措施。《建筑法》《建设工程质量管理条例》《房屋建筑工程质量保修办法》（2000年6月30日建设部令第80号发布）对该项制度的规定主要有以下几方面内容。

（1）建设工程承包单位在向建设单位提交竣工验收报告时，应当向建设单位出具质量保修书。质量保修书中应当明确建设工程的保修范围、保修期限和保修责任等。保修范围和正常使用条件下的最低保修期限如下。

① 基础设施工程、房屋建筑的地基基础工程和主体结构工程，为设计文件规定的该工程的合理使用年限。

② 屋面防水工程、有防水要求的卫生间、房间和外墙面的防渗漏，为 5 年。

③ 供热与供冷系统，为两个采暖期、供冷期。

④ 电气管线、给排水管道、设备安装和装修工程，为 2 年。

其他项目的保修期限由发包方与承包方约定。建设工程的保修期，自竣工验收合格之日起计算。因使用不当或者第三方造成的质量缺陷，以及不可抗力造成的质量缺陷，不属于法律规定的保修范围。

（2）建设工程在保修范围和保修期限内发生质量问题的，施工单位应当履行保修义务，并对造成的损失承担赔偿责任。

对在保修期限内和保修范围内发生的质量问题，一般应先由建设单位组织勘察、设计、施工等单位分析质量问题的原因，确定维修方案，由施工单位负责维修。但当问题较严重复杂时，不管是由什么原因造成的，只要在保修范围内，均先由施工单位履行保修义务，不得推诿扯皮。对于保修费用，则由质量缺陷的责任方承担。

【案例 1-28】某宿舍楼工程保修纠纷

一、诉辩主张和事实认定

2015 年 8 月发包方甲方与承包方乙方订立了一份承包施工某宿舍楼工程的合同，合同总价款 67 560 000 元。2017 年 5 月竣工。甲方称，同年 6 月开始，该楼外墙面砖发生掉落现象，至 2020 年 6 月发生墙砖脱落十余次，险些造成人身伤害。甲方在上述事件发生后多次要求乙方修缮，乙方却一直未予彻底解决。甲方遂于 2020 年 9 月提起仲裁，2020 年 10 月甲方通过招标自行选定第三方实施修缮，实际发生的费用为 5 570 000 元，要求乙方承担该项维修费用。

关于保修期的问题，乙方认为，外墙面砖属于装修工程，法定保修期应为两年，而实际已超过保修期一年多，甲方没有再向乙方主张修复外墙面砖和支付保修费的权利。甲方认为，外墙面砖脱落都是在保修期内形成的，只是问题遗留到了两年之后还未得到有效的处理。仲裁庭支持了甲方的该项主张，裁决乙方承担了大部分修缮费用。

二、相关规定

《建筑法》第五十八条规定："建筑施工企业对工程的施工质量负责。建筑施工企业必须按照工程设计图纸和施工技术标准施工，不得偷工减料。工程设计的修改由原设计单位负责，建筑施工企业不得擅自修改工程设计。"

《建设工程质量管理条例》第六十四条规定："违反本条例规定，施工单位在施工中偷工减料的，使用不合格的建筑材料、建筑构配件和设备的，或者有不按照工程设计图纸或者施工技术标准施工的其他行为的，责令改正，处工程合同价款百分之二以上百分之四以下的罚款；造成建设工程质量不符合规定的质量标准的，负责返工、修理，并赔偿因此造成的损失；情节严重的，责令停业整顿，降低资质等级或者吊销资质证书。"验收合格是房屋建筑工程交付使用的前提条件，是保证房屋建筑工程质量安全的第一道防线，验收合格并不免除施工单位的瑕疵担保责任。

评析：工程发生需保修的质量问题后，发包方应在保修期限内及时通知承包方予以维修，承包方在接到通知后拒不履行保修义务的，发包方可以自行组织或委托第三方维修，维修费用由承包方承担。承包方承担维修义务或保修责任的前提为：质量问题发生在保修期限内、属于保修范围、由承包方原因导致、经发包方通知拒不维修。这四项条件需同时具备，缺一不可。

9. 建设工程质量的监督管理

1）建设工程质量监督管理部门

（1）建设行政主管部门及有关专业部门。我国实行国务院建设行政主管部门统一监督管理，各专业部门按照国务院确定的职责分别对其管理范围内的专业工程进行监督管理。县级以上人民政府建设行政主管部门在本行政区域内实行建设工程质量监督管理，专业部门按其职责对本专业建设工程质量实行监督管理。

（2）国家发展和改革委员会。

（3）工程质量监督机构。

2）建设工程质量监督管理职责

（1）国务院建设行政主管部门的基本职责。国务院建设行政主管部门和国务院铁路、交通、水利等有关部门应当加强对有关建设工程质量的法律、法规和强制性标准执行情况的监督检查。

（2）县级以上地方人民政府建设行政主管部门的基本职责。县级以上地方人民政府建设行政主管部门和其他有关部门应当加强对有关建设工程质量的法律、法规和强制性标准执行情况的监督检查。

（3）工程质量监督机构的基本职责。

① 对与被检查实体质量有关的工程建设参与各方主体的质量行为及工程质量文件进行检查，发现工程质量问题时，有权采取局部暂停施工等强制性措施，直到问题得到改正。

② 对建设单位组织的竣工验收程序实施监督，查看其验收程序是否合法，资料是否齐全，实体质量是否存有严重缺陷。

③ 工程竣工验收后5日内，应向委托的政府有关部门报送工程质量监督报告。

④ 对需要实施行政处罚的，报告委托的政府部门，进行行政处罚。

1.6 与工程建设相关的法律制度

扫一扫看《保险法》

1.6.1 《保险法》与工程建设相关的主要规定

根据《中华人民共和国保险法》（以下简称《保险法》）的规定，保险是指投保人根据合同的约定，向保险人支付保险费，保险人对于合同约定的可能发生的事故，因其发生所造成的财产损失承担赔偿保险金的责任，或者当被保险人死亡、伤残、疾病或者达到合同约定的年龄、期限时承担给付保险金的责任的商业保险行为。

工程建设保险属于商业保险的一种，是指业主或承包商为了工程建设项目顺利完成而对工程建设中可能发生的人身伤害或者财产损失，向保险公司投保以化解风险的行为。业主或承包商与保险公司订立的保险合同，就是工程建设保险合同。

由于建设工程一般都具有规模大、周期长、技术复杂、涉及面广的特点，导致建筑业成为高风险行业，业主

保险可减小意外风险造成的损失

或承包商如果遇到风险经常会受到巨大损失甚至面临破产。为了保证工程建设项目的顺利进行，预防风险，分解风险损失，工程建设保险不失为一个良策。于是保险制度在工程建设领域得到了越来越广泛的应用。

1. 建筑工程一切险

建筑工程一切险是以建筑工程中的各种财产和第三者的经济赔偿责任为保险标的的保险。在建筑工程一切险中，对工程承担一定风险的有关各方，均可作为被保险人之一。

建筑工程一切险承保各类民用、工业和公用事业建筑工程项目，包括道路、水坝、桥梁、港埠等，在建造过程中因自然灾害或意外事故而引起的一切损失。建筑工程一切险往往还加保第三者责任险。

1）建筑工程一切险的投保人与被保险人

（1）建筑工程一切险的投保人，是指与保险人订立保险合同，并按照保险合同负有支付保险费义务的人。建筑工程一切险多数由承包商负责投保，如果承包商因故未办理或拒绝办理投保，业主可以代为投保，费用由承包商负担。如果总承包商没有为分包工程购买保险，则分包商应该办理其承担的分包任务的保险。

（2）建筑工程一切险的被保险人，是指其财产或者人身受保险合同保障，享有保险金请求权的人，投保人可以为被保险人。在工程保险中，除投保人外，保险公司可以在一张保险单上对所有参加该项工程的有关各方给予所需的保险。

建筑工程一切险的被保险人可以是如下几种。

① 业主。
② 总承包商。
③ 分包商。
④ 业主聘用的监理工程师。
⑤ 与工程有密切关系的单位或个人，如贷款银行或投资人等。

2）建筑工程一切险的承保范围

（1）建筑工程一切险的适用范围。建筑工程一切险适用于所有房屋工程和公共工程，尤其是以下几种。

① 住宅、商业用房、医院、学校、剧院。
② 工业厂房、电站。

③ 公路、铁路、飞机场。

④ 桥梁、船闸、大坝、隧道、排灌工程、水渠及港埠等。

（2）建筑工程一切险承保内容。

① 工程本身。工程本身是指由总承包商和分包商为履行合同而实施的全部工程，包括：预备工程，如土方、水准测量；临时工程，如引水、保护堤；全部存放于工地，为施工所必需的材料。

② 施工用设施和设备。施工用设施和设备包括活动房、存料库、配料棚、搅拌站、脚手架、水电供应及其他类似设施。

③ 施工机具。施工机具包括大型陆上运输和施工机械、吊车及不能在公路上行驶的工地用车辆，不管这些机具属承包商所有还是其租赁物资。

④ 场地清理费。这是指在发生灾害事故后场地上产生了大量的残砾，为清理工地现场而必须支付的一笔费用。

⑤ 第三者责任。第三者责任系指在保险期内，对因工程意外事故造成的、依法应由被保险人负责的工地上及邻近地区的第三者人身伤亡、疾病或财产损失，以及被保险人因此而支付的诉讼费用和事先经保险公司书面同意支付的其他费用等赔偿责任。但是，被保险人的职工的人身伤亡和财产损失应予除外（属于意外伤害保险）。

⑥ 工地内现有的建筑物。这是指不在承保的工程范围内的、所有人或承包人所有的、工地内已有的建筑物或财产。

⑦ 由被保险人看管或监护的停放于工地的财产。

（3）建筑工程一切险承保的危险与损害。其涉及面很广，凡保险单中列举的除外情况之外的一切事故损失全在保险范围内，尤其是下述原因造成的损失。

① 火灾、爆炸、雷击、飞机坠毁及灭火或其他救助所造成的损失。

② 海啸、洪水、潮水、水灾、地震、暴雨、风暴、雪崩、地崩、山崩、冻灾、冰雹及其他自然灾害。

③ 一般性盗窃和抢劫。

④ 由于工人或技术人员缺乏经验、疏忽、过失、恶意行为或无能力等导致的施工拙劣而造成的损失。

⑤ 其他意外事件。

建筑材料在工地范围内的运输过程中遭受的损失和破坏，以及施工设备和机具在装卸时发生的损失等，也可纳入建筑工程一切险的承保范围。

3）建筑工程一切险的除外责任

按照国际惯例，属于除外的情况通常有以下几种。

（1）由于军事行动、战争或其他类似事件，以及罢工、骚乱、民众运动或当局命令停工等情况造成的损失（有些国家规定投保罢工骚乱险）。

（2）因被保险人的严重失职或蓄意破坏而造成的损失。

（3）因原子核裂变而造成的损失。

（4）由于合同罚款而造成的损失及其他非实质性损失。

（5）因施工机具本身原因（即无外界原因）造成的损失（但因这些损失而导致的建筑

事故则不属除外情况）。

（6）因设计错误（结构缺陷）而造成的损失。

（7）因纠正或修复工程差错（例如，因使用有缺陷或非标准材料而导致的差错）而增加的支出。

4）建筑工程一切险的保险期和保险金额

（1）建筑工程一切险的保险期，是指保险生效日到保险终止日期间的时间。建筑工程一切险自工程开工之日或在开工之前工程用料卸放于工地之日开始生效，两者以先发生者为准。开工日包括打地基在内（如果地基也在保险范围内）。施工机具保险自其卸放于工地之日起生效。

保险终止日应为工程竣工验收之日或者保险单上列出的终止日。同样两者也以先发生者为准。

（2）建筑工程一切险的保险金额，是指保险人承担赔偿或者给付保险金责任的最高限额。保险金额不得超过保险标的的保险价值，超过保险价值的，超过的部分无效。

建筑工程一切险的保险金额按照不同的保险标的确定。

5）建筑工程一切险的免赔额

保险公司要求投保人根据其不同的损失，自负一定的责任，即由被保险人承担的损失额称为免赔额。工程本身的免赔额为保险金额的 0.5%～2%；施工机具设备等的免赔额为保险金额的 5%；第三者责任险中财产损失的免赔额为每次事故赔偿限额的 1%～2%，但人身伤害没有免赔额。

保险人向被保险人支付为修复保险标的遭受损失所需的费用时，必须扣除免赔额。支付的赔偿额极限相当于保险总额，但不超过保险合同中规定的每次事故的保险极限之和或整个保险期内发生的全部事故的总保险极限。

2. 安装工程一切险

1）安装工程一切险的概念和特点

安装工程一切险属于技术险种，其目的在于为各种机器的安装及钢结构工程的实施提供尽可能全面的专门保险。

安装工程一切险承保安装各种机器、设备、储油罐、钢结构、起重机、吊车，以及包含机械工程因素的各种工程建设的一切损失。目前，安装工程一切险起到越来越重要的作用，许多国家和地区已经将其纳入强制保险行列。

安装工程一切险与建筑工程一切险有着以下重要的区别。

（1）建筑工程保险的标的从开工以后逐步增加，保险额也逐步提高，而安装工程一切险的保险标的一开始就存放于工地，保险公司一开始就承担着全部货价的风险，风险比较集中。在机器安装好之后，试车、考核所带来的危险及在试车过程中发生机器损坏的危险是相当大的，这些危险在建筑工程险部分是没有的。

（2）在一般情况下，自然灾害造成建筑工程一切险的保险标的损失的可能性较大，而安装工程一切险的保险标的多数是建筑物内安装设备（石化、桥梁、钢结构建筑物等除外），受自然灾害（洪水、台风、暴雨等）损失的可能性较小，受人为事故损失的可能性较大，这就要督促被保险人加强现场安全操作管理，严格执行安全操作规程。

（3）安装工程在交接前必须经过试车考核，而在试车期内，任何潜在的因素都可能造成损失，损失率要占安装工期内的总损失的一半以上。由于风险集中，试车期的安装工程一切险的保险费率通常占整个工期的保费的三分之一左右，而且对旧机器设备不承担赔付责任。

总的来讲，安装工程一切险的风险较大，保险费率也要高于建筑工程一切险。

2）安装工程一切险的投保人与被保险人

投保人即与保险人订立保险合同并支付保费的人。与建筑工程一切险一样，安装工程一切险应该由承包商投保，业主只是在承包商未投保的情况下代替其投保，费用由承包商承担。承包商办理了投保手续并缴纳了保费后就成为被保险人。安装工程一切险的被保险人除承包商外还包括以下几种。

（1）业主。

（2）制造商或供应商。

（3）技术咨询顾问。

（4）安装工程的信贷机构。

（5）待安装构件的买受人等。

3）安装工程一切险的责任范围及除外责任

（1）安装工程一切险的保险标的有以下几种。

① 安装的机器及安装费，包括安装工程合同内要安装的机器、设备、装置、物料、基础工程（如地基、座基等），以及为安装工程所需的各种临时设施（如水电、照明、通信设备等）等。

② 安装工程使用的承包人的机器、设备。

③ 附带投保的土木建筑工程项目，指厂房、仓库、办公楼、宿舍、码头、桥梁等。这些项目一般不在安装合同以内，但可在安装险内附带投保：如果土木建筑工程项目不超过安装工程总价的 20%，整个项目按安装工程一切险投保；介于 20%和 50%之间，该部分项目按建筑工程一切险投保；若超过 50%，则整个项目按建筑工程一切险投保。

安装工程一切险也可以根据投保人的要求附加第三者责任险，这与建筑工程一切险是相同的。

（2）安装工程一切险承保的危险和损失，除包括建筑工程一切险中规定的内容外，还包括以下内容。

① 短路、过电压、电弧所造成的损失。

② 超压、压力不足和离心力引起的断裂所造成的损失。

③ 其他意外事故，如因进入异物或因安装地点的运输而引起的意外事件等。

（3）安装工程一切险的除外责任主要有以下几种。

① 由结构、材料或在车间制作方面的错误导致的损失。

② 因被保险人或其派遣人员蓄意破坏或欺诈行为而造成的损失。

③ 因功力或效益不足而遭致合同罚款或其他非实质性损失。

④ 由战争或其他类似事件、民众运动或因当局命令而造成的损失。

⑤ 因罢工和骚乱而造成的损失（但有些国家却不视为除外情况）。
⑥ 由原子核裂化或核辐射造成的损失等。

4）安装工程一切险的保险期限

（1）安装工程一切险的保险责任的开始和终止。安装工程一切险的保险责任，自投保工程的动工日（如果包括土建任务的话）或第一批被保险项目卸至施工地点时（以先发生者为准），即行开始。其保险责任的终止日可以是安装完毕验收通过之日或保险物所列明的终止日，这两个日期同样以先发生者为准。安装工程一切险的保险责任也可以延展至为期一年的维修期满日。

在征得保险人同意后，安装工程一切险的保险期限可以延长，但应在保险单上加批并增收保费。

（2）试车考核期。安装工程一切险的保险期内，一般应包括一个试车考核期。考核期的长短应根据工程合同上的规定来决定。对考核期的保险责任一般不超过 3 个月，若超过 3 个月，应另行加收费用。安装工程一切险对于旧机器设备不负考核期的保险责任，也不承担其维修期的保险责任。如果同一份保单同时还承保其他新的项目，则保单仅对新设备的保险责任有效。

（3）关于安装工程一切险的保险期限应注意的问题。

① 部分工程验收移交或实际投入使用。这种情况下，保险责任自验收移交或投入使用之日即行终止，但保单上需有相应的附加条款或批文。

② 试车考核期的保险责任期（一般定为 3 个月）系指连续时间，而不是断续累计时间。

③ 维修期应从实际完工验收或投入使用之日起算，不能机械地按合同规定的竣工日起算。

5）安装工程一切险的保险金额的组成

安装工程一切险的保险金额包括物质损失和第三者责任两大部分。

1.6.2 《劳动法》与工程建设相关的主要规定

扫一扫看
《劳动法》

《中华人民共和国劳动法》（以下简称《劳动法》）是调整劳动关系及与劳动关系密切联系的其他社会关系的法律规范的总称。《劳动法》调整的对象是劳动关系，即劳动者与用人单位之间在实现劳动过程中发生的社会关系。

劳动关系是基于劳动合同，在实现劳动过程中发生的具有人身关系、经济关系，又具有平等性和从属性的社会关系。

根据《劳动法》的规定，在中华人民共和国境内的企业、个体经济组织（以下简称用人单位）和与之形成劳动关系的劳动者，适用本法。国家机关、事业组织、社会团体和与之建立劳动合同关系的劳动者，依照本法执行。

下面将从劳动合同和劳动保护两个方面来介绍《劳动法》与工程建设相关的主要规定。

1. 劳动合同的主要内容

扫一扫看
《劳动合同法》

1）劳动合同的概念

劳动合同又称劳动契约，是指劳动者与用人单位确立劳动关系，明确双方权利和义务的书面协议。《劳动法》规定：建立劳动关系应当订立劳动合同。《中华人民共和国劳动合同法》（以下简称《劳动合同法》）对劳动合同的订立、变更等做出了更加具体的规定。订立和变更劳动合同应当遵循平等自愿、协商一致的原则，不得违反法律、行政法规的规定。

2）劳动合同的订立要求

（1）劳动合同的主体合法。即当事人具有合法的资格，劳动者应该是年满16周岁，身体健康，具有劳动权利能力和劳动行为能力的公民，可以是中国人、外国人、无国籍人。

（2）劳动合同的内容合法。劳动合同应当以书面形式订立，并具备以下条款。

① 劳动合同期限。

② 工作内容。

③ 劳动保护和劳动条件。

④ 劳动报酬。

⑤ 劳动纪律。

⑥ 劳动合同终止的条件。

⑦ 违反劳动合同的责任。

违反法律、行政法规的劳动合同，采用欺诈、威胁等手段订立的劳动合同均无效。无效的劳动合同，从订立的时候起，就没有法律约束力。

3）劳动合同的试用期

劳动合同可以约定试用期。试用期是劳动者和用人单位相互了解的过程，但是法律规定，试用期最长不得超过6个月。

4）劳动合同终止

劳动合同期满或者当事人约定的劳动合同终止条件出现，劳动合同即行终止。

5）劳动合同的解除

劳动合同的解除是指合同当事人在劳动合同期限届满之前依法提前终止劳动合同的法律行为。劳动合同的解除有下列几种情形。

（1）双方协议解除。经劳动合同当事人协商一致，劳动合同可以解除。

（2）用人单位可以随时解除劳动合同的情形如下。

劳动者有下列情形之一的，用人单位可以解除劳动合同，而不需要以任何形式通知劳动者。

① 在试用期间被证明不符合录用条件的。

② 严重违反劳动纪律或者用人单位规章制度的。

③ 严重失职，营私舞弊，对用人单位利益造成重大损害的。

④ 劳动者同时与其他用人单位建立劳动关系，对完成本单位的工作任务造成严重影响，或者经用人单位提出后拒不改正的。

⑤ 因《劳动合同法》第26条第1款规定的情形致使劳动合同无效的。

⑥ 被依法追究刑事责任的。

（3）用人单位可以解除劳动合同，但应提前30日以书面形式通知劳动者的情形如下。

① 劳动者患病或者非因工负伤，医疗期满后，不能从事原工作也不能从事由用人单位另行安排工作的。

② 劳动者不能胜任工作，经过培训或者调整工作岗位，仍不能胜任工作的。

③ 劳动合同订立时所依据的客观情况发生重大变化，致使原劳动合同无法履行，经当事人协商不能就变更劳动合同达成协议的。

（4）经济性裁员情形：用人单位濒临破产，进行法定整顿期间或者生产经营状况发生严重困难，确需裁减人员的，应当提前30日向工会或者全体职工说明情况，听取工会或者职工的意见，经向劳动行政部门报告后，可以裁减人员。用人单位依据本条规定裁减人员，在6个月内录用人员的，应当优先录用被裁减的人员。

（5）用人单位不得解除劳动合同的情形如下。

① 患职业病或者因工负伤并被确认丧失或者部分丧失劳动能力的。

② 患病或者负伤，在规定的医疗期内的。

③ 女职工在孕期、产假、哺乳期内的。

④ 法律、行政法规规定的其他情形的。

（6）劳动者解除劳动合同，应当提前30日以书面形式通知用人单位。有下列情形之一的，劳动者可以随时通知用人单位解除劳动合同。

① 在试用期内的。

② 用人单位以暴力、威胁或者非法限制人身自由的手段强迫劳动的。

③ 用人单位未按照劳动合同约定支付劳动报酬或者提供劳动条件的。

2. 劳动保护的主要内容

劳动保护是指国家为了劳动者在生产过程中的安全与健康而采取的各项保护措施，是保证职工肌体不受伤害，保持和提高劳动者持久的劳动能力的组织和技术措施的总称。

根据《劳动法》的规定，劳动保护的主要内容如下。

1）安全及劳动卫生规程

（1）用人单位必须建立、健全劳动安全卫生制度，严格执行国家劳动安全卫生规程和标准，对劳动者进行劳动安全卫生教育，防止劳动过程中的事故，减少职业危害。

（2）劳动安全卫生设施必须符合国家规定的标准。新建、改建、扩建工程的劳动安全卫生设施必须与主体工程同时设计、同时施工、同时投入生产和使用。

（3）用人单位必须为劳动者提供符合国家规定的劳动安全卫生条件和必要的劳动防护用品，对从事有职业危害作业的劳动者应当定期进行健康检查。

（4）从事特种作业的劳动者必须经过专门培训并取得特种作业资格。

（5）劳动者在劳动过程中必须严格遵守安全操作规程。劳动者对用人单位管理人员违章指挥、强令冒险作业，有权拒绝执行；对危害生命安全和身体健康的行为，有权提出批评、检举和控告。

（6）国家建立伤亡事故和职业病统计报告及处理制度。县级以上各级人民政府劳动行政部门、有关部门和用人单位应当依法对劳动者在劳动过程中发生的伤亡事故和劳动者的职业病状况，进行统计、报告和处理。

2）女工和未成年工特殊保护

（1）根据妇女生理特点组织劳动就业，实行男女同工同酬。

（2）禁止安排女职工从事矿山井下、国家规定的第四级体力劳动强度的劳动和其他禁忌从事的劳动。

（3）不得安排女职工在经期从事高处、低温、冷水作业和国家规定的第三级体力劳动强度的劳动。

（4）不得安排女职工在怀孕期间从事国家规定的第三级体力劳动强度的劳动和孕期禁忌从事的劳动。对怀孕7个月以上的女职工，不得安排其延长工作时间和夜班劳动。

（5）女职工生育享受不少于90天的产假。

（6）不得安排女职工在哺乳未满一周岁的婴儿期间从事国家规定的第三级体力劳动强度的劳动和哺乳期禁忌从事的其他劳动，不得安排其延长工作时间和夜班劳动。

（7）不得安排未成年工从事矿山井下、有毒有害、国家规定的第四级体力劳动强度的劳动和其他禁忌从事的劳动。

（8）用人单位应当对未成年工定期进行健康检查。

（9）提供适合未成年人身体发育的生产工具。

（10）对未成年工进行岗前培训。

在此需要注意的是，未成年工是指年满16周岁、未满18周岁的劳动者。

【案例1-29】蒋某于2017年4月15日到公司工作，双方未签订劳动合同，至2018年5月15日双方劳动关系终止。蒋某于2018年10月28日申请仲裁，要求支付未签订劳动合同的二倍工资。

评析：该案属于未签订劳动合同的情形。自2017年5月15日用工满一个月应开始支付二倍工资，到2018年4月15日用工满一年视为订立无固定期限劳动合同。不考虑时效问题，蒋某能主张二倍工资的时间段为2017年5月15日至2018年4月14日。如用人单位提出时效抗辩，则蒋某于2018年10月28日申请仲裁，往前计算一年为2017年10月28日。故该案二倍工资支付期间为2017年10月28日至2018年4月14日。

【案例1-30】冯某在某工地受伤，向工程所在地仲裁委员会申请与甲建筑公司确认劳动关系，仲裁委员会裁定冯某与甲建筑公司成立劳动关系，甲建筑公司不服裁决，向法院起诉确定冯某与甲建筑公司不成立劳动关系。

评析：案件经过审理，法院查明并认定如下事实。（1）冯某是由班组范某自行组织招用的，冯某的工作由范某安排，冯某在一段时间内不仅在甲建筑公司的工地上班，也在其他工地做事，冯某的考勤也由范某管理，由范某给冯某发放工资。（2）甲建筑公司将部分劳务承包给范某，甲建筑公司与范某办理工程结算并支付范某工程款。据此，根据《确立劳动关系有关事项的通知》第一条及相关证据规定，法院判决冯某与甲建筑公司不成立劳动关系。

1.6.3 《消防法》与工程建设相关的主要规定

《中华人民共和国消防法》（以下简称《消防法》）规定，消防立法的目的是预防火灾和减少火灾危害，保护公民人身、公共财产和公民财产的安全，保护社会主义现代化建设的

顺利进行。同时规定，消防工作应该贯彻预防为主、防消结合的方针。

建设工程由于工期长、业务复杂的原因，消防隐患随时存在。所以，在建设期间严格遵守和贯彻消防法的相关规定显得尤为重要。

下面将对《消防法》和工程建设相关的方面进行简单介绍。

1. 建设工程消防设计的审核

（1）按照国家工程建筑消防技术标准  扫一扫看《消防法》
需要进行消防设计的建筑工程，设计单位应当按照国家工程建筑消防技术标准进行设计，建设单位应当将建筑工程的消防设计图纸及有关资料报送公安消防机构审核；未经审核或者经审核不合格的，建设行政主管部门不得发给施工许可证，建设单位不得施工。

（2）经公安消防机构审核的建筑工程消防设计需要变更的，应当报经原审核公安消防机构核准；未经核准的，任何单位和个人不得变更。

2. 建设工程消防工程的验收

（1）按照国家工程建筑消防技术标准进行消防设计的建筑工程竣工时，必须经公安消防机构进行消防验收；未经验收或者经验收不合格的，不得投入使用。

（2）建筑构件和建筑材料的防火性能必须符合国家标准或者行业标准。公共场所室内装修、装饰根据国家工程建设消防技术标准的规定，应当使用不燃、难燃材料的，必须选用依照《中华人民共和国产品质量法》（以下简称《产品质量法》）等法律、法规确定的检验机构检验合格的材料。

3. 工程建设中应采取的消防安全措施

（1）机关、团体、企业、事业单位应当履行下列消防安全职责。

制定消防安全制度、消防安全操作规程；实行防火安全责任制，确定本单位和所属各部门、岗位的消防安全责任人；针对本单位的特点对职工进行消防宣传教育；组织防火检查，及时消除火灾隐患；按照国家有关规定配置消防设施和器材，设置消防安全标志，并定期组织检验、维修，确保消防设施和器材完好、有效；保障疏散通道、安全出口畅通，并设置符合国家规定的消防安全疏散标志。

居民住宅区的管理单位，应当依照前款有关规定，履行消防安全职责，做好住宅区的消防安全工作。

（2）在设有车间或者仓库的建筑物内，不得设置员工集体宿舍。在设有车间或者仓库的建筑物内，已经设置员工集体宿舍的，应当限期加以解决。对于暂时确有困难的，应当采取必要的消防安全措施，经公安消防机构批准后，可以继续使用。

（3）生产、储存、运输、销售或者使用、销毁易燃易爆危险物品的单位、个人，必须执行国家有关消防安全的规定。

生产易燃易爆危险物品的单位，对产品应当附有燃点、闪点、爆炸极限等数据的说明书，并且注明防火防爆注意事项。对独立包装的易燃易爆危险物品应当贴附危险品标签。

进入生产、储存易燃易爆危险物品的场所，必须执行国家有关消防安全的规定。禁止

携带火种进入生产、储存易燃易爆危险物品的场所。禁止非法携带易燃易爆危险物品进入公共场所或者乘坐公共交通工具。

储存可燃物资仓库的管理，必须执行国家有关消防安全的规定。

（4）禁止在具有火灾、爆炸危险的场所使用明火；因特殊情况需要使用明火作业的，应当按照规定事先办理审批手续。作业人员应当遵守消防安全规定，并采取相应的消防安全措施。

进行电焊、气焊等具有火灾危险的作业人员和自动消防系统的操作人员，必须持证上岗，并严格遵守消防安全操作规程。

扫一扫看《环境保护法》

1.6.4　环境保护法与工程建设相关的主要规定

环境保护法是指国家制定或认可的，国家强制力保障实施的，调整因保护和改善环境而产生的社会关系的各种法律规范的总称。

我国已经于 1989 年 12 月颁布了《中华人民共和国环境保护法》（以下简称《环境保护法》）。同时，国家针对特定的污染防治领域和特定的资源保护对象，也制定了一些单行法律。目前我国已经颁布了《中华人民共和国大气污染防治法》（以下简称《大气污染防治法》，其他法律同此，后面也均使用简称）及《中华人民共和国水污染防治法》《中华人民共和国固体废物污染环境防治法》《中华人民共和国海洋环境保护法》《中华人民共和国环境噪声污染防治法》《中华人民共和国环境影响评价法》等。

下面我们将从和建设工程有关的方面，对环境保护法的相关内容进行简单介绍。

1.《环境保护法》关于环境保护的基本原则

《环境保护法》的基本原则，是环境保护方针、政策在法律上的体现，是调整环境保护方面社会关系的指导规范，也是环境保护立法、司法执法、守法必须遵循的准则。它反映了环境保护法的本质，并贯穿环境保护法治建设的全过程，具有十分重要的意义。

（1）经济建设与环境保护协调发展的原则。根据经济规律和生态规律的要求，环境保护法必须认真贯彻"经济建设、城市建设、环境建设同步规划、同步实施、同步发展的三同步方针"和"经济效益、环境效益、社会效益的三统一方针"。

（2）预防为主，防治结合的原则。预防为主的原则，就是"防患于未然"的原则。环境保护中预防污染不仅可以尽可能地提高原材料、能源的利用率，而且可以大大地减少污染物的产生量和排放量，降低二次污染的风险，减小末端治理负荷，节省环保投资和运行费用。"预防"是环境保护第一位的工作。然而，根据目前的技术、经济条件，工业企业做到"零排放"也是很困难的，所以还必须与治理相结合。

（3）污染者付费的原则。污染者付费的原则通常也称"谁污染，谁治理""谁开发，谁保护"的原则，其基本思想是明确治理污染、保护环境的经济责任。

（4）政府对环境质量负责的原则。环境保护是一项涉及政治、经济、技术、社会各个方面的复杂而又艰巨的任务，是我国的基本国策，关系到国家和人民的长远利益，解决这种关乎全局、综合性很强的问题，是政府的重要职责之一。

（5）依靠群众保护环境的原则。环境质量的好坏关系到广大群众的切身利益，因此，保护环境不仅是公民的义务，也是公民的权利。

2.《水污染防治法》关于水污染的规定

《水污染防治法》第四章对水污染做出如下规定。

（1）禁止向水体排放油类、酸液、碱液或者剧毒废液。禁止在水体清洗装贮过油类或者有毒污染物的车辆和容器。

（2）禁止向水体排放、倾倒放射性固体废物或者含有高放射性和中放射性物质的废水。向水体排放含低放射性物质的废水，应当符合国家有关放射性污染防治的规定和标准。

（3）向水体排放含热废水，应当采取措施，保证水体的水温符合水环境质量标准。

（4）含病原体的污水应当经过消毒处理；符合国家有关标准后，方可排放。

（5）禁止向水体排放、倾倒工业废渣、城镇垃圾和其他废弃物。禁止将含有汞、镉、砷、铬、铅、氰化物、黄磷等的可溶性剧毒废渣向水体排放、倾倒或者直接埋入地下。存放可溶性剧毒废渣的场所，应当采取防水、防渗漏、防流失的措施。

（6）禁止在江河、湖泊、运河、渠道、水库最高水位线以下的滩地和岸坡堆放、存贮固体废弃物和其他污染物。

（7）禁止利用渗井、渗坑、裂隙和溶洞排放、倾倒含有毒污染物的废水、含病原体的污水和其他废弃物。

（8）禁止利用无防渗漏措施的沟渠、坑塘等输送或者存贮含有毒污染物的废水、含病原体的污水和其他废弃物。

（9）多层地下水的含水层水质差异大的，应当分层开采；对已受污染的潜水和承压水，不得混合开采。

（10）兴建地下工程设施或者进行地下勘探、采矿等活动，应当采取防护性措施，防止地下水污染。

（11）人工灌溉补给地下水，不得恶化地下水质。

3.《固体废物污染环境防治法》关于固体废物排放的规定

1）工业固体废物的防治

《固体废物污染环境防治法》第三章第三十二条至第四十二条对工业固体废物防治做出如下规定。

（1）国务院生态环境主管部门应当会同国务院发展改革、工业和信息化等主管部门对工业固体废物对公众健康、生态环境的危害和影响程度等做出界定，制定防治工业固体废物污染环境的技术政策，组织推广先进的防治工业固体废物污染环境的生产工艺和设备。

（2）县级以上地方人民政府应当制定工业固体废物污染环境防治工作规划，组织建设工业固体废物集中处置等设施，推动工业固体废物污染环境防治工作。

（3）产生工业固体废物的单位应当建立健全工业固体废物产生、收集、贮存、运输、利用、处置全过程的污染环境防治责任制度，建立工业固体废物管理台账，如实记录产生工业固体废物的种类、数量、流向、贮存、利用、处置等信息，实现工业固体废物可追溯、可查询，并采取防治工业固体废物污染环境的措施。

（4）产生工业固体废物的单位委托他人运输、利用、处置工业固体废物的，应当对受托方的主体资格和技术能力进行核实，依法签订书面合同，在合同中约定污染防治要求。

（5）产生工业固体废物的单位应当依法实施清洁生产审核，合理选择和利用原材料、能源和其他资源，采用先进的生产工艺和设备，减少工业固体废物的产生量，降低工业固体废物的危害性。

（6）产生工业固体废物的单位应当取得排污许可证。排污许可的具体办法和实施步骤由国务院规定。

2）生活垃圾

《固体废物污染环境防治法》第四章第四十二条至第五十九条对生活垃圾污染防治做出如下规定。

（1）县级以上地方人民政府应当加快建立分类投放、分类收集、分类运输、分类处理的生活垃圾管理系统，实现生活垃圾分类制度有效覆盖。

（2）县级以上地方人民政府环境卫生等主管部门应当组织对城乡生活垃圾进行清扫、收集、运输和处理，可以通过招标等方式选择具备条件的单位从事生活垃圾的清扫、收集、运输和处理。

（3）任何单位和个人都应当依法在指定的地点分类投放生活垃圾。禁止随意倾倒、抛撒、堆放或者焚烧生活垃圾。

（4）从生活垃圾中分类并集中收集的有害垃圾，属于危险废物的，应当按照危险废物管理。

（5）从事城市新区开发、旧区改建和住宅小区开发建设、村镇建设的单位，以及机场、码头、车站、公园、商场、体育场馆等公共设施、场所的经营管理单位，应当按照国家有关环境卫生的规定，配套建设生活垃圾收集设施。

（6）从生活垃圾中回收的物质应当按照国家规定的用途、标准使用，不得用于生产可能危害人体健康的产品。

（7）产生、收集厨余垃圾的单位和其他生产经营者，应当将厨余垃圾交由具备相应资质条件的单位进行无害化处理。

（8）禁止畜禽养殖场、养殖小区利用未经无害化处理的厨余垃圾饲喂畜禽。

4.《环境噪声污染防治法》关于工业与建筑施工噪声污染防治的规定

《环境噪声污染防治法》第二十二条至第三十条对防治工业建筑施工噪声污染做出如下规定。

扫一扫看《环境噪声污染防治法》

（1）在城市范围内向周围生活环境排放工业与建筑施工噪声的，应当符合国家规定的工业企业厂界环境噪声排放标准。

（2）产生环境噪声污染的工业企业，应当采取有效措施，减轻噪声对周围生活的影响。

（3）国务院有关部门要对产生噪声污染的工业设备，根据噪声环境保护要求和技术经济条件，逐步在产品的国家标准和行业标准中规定噪声限值。

（4）在城市市区范围内，建筑施工过程可能产生噪声污染，施工单位需在开工15天以前向所在地县以上环境行政主管部门申报该工程采取的环境噪声污染防治情况。

（5）在城市市区噪声敏感区域内，禁止夜间进行产生噪声污染的施工作业，但个别情况除外者，必须公告附近居民。

5. 建设项目环境影响评价制度

扫一扫看《环境影响评价法》

环境影响评价是指对规划和建设项目实施后可能造成的环境影响进行分析、预测和评估，提出预防或者减轻不良环境影响的对策和措施，并进行跟踪监测的方法与制度。2002年10月28日全国人民代表大会常务委员会第三十次会议通过，并经中华人民共和国主席令发布的《环境影响评价法》（2016年第一次修正，2018年第二次修正），以法律的形式确立了规划和建设项目的环境影响评价制度。关于建设项目的环境影响评价制度，该法主要规定了如下内容。

1）对建设项目的环境影响评价实行分类管理

建设单位应当按照下列规定组织编制环境影响报告书、环境影响报告表或者填报环境影响登记表（以下统称环境影响评价文件）。

（1）可能造成重大环境影响的，应当编制环境影响报告书，对产生的环境影响进行全面评价。

（2）可能造成轻度环境影响的，应当编制环境影响报告表，对产生的环境影响进行分析或者专项评价。

（3）对环境影响很小、不需要进行环境影响评价的，应当填报环境影响登记表。

2）环境影响报告书的基本内容

建设项目的环境影响报告书应当包括下列内容。

建设项目概况；建设项目周围环境现状；建设项目对环境可能造成影响的分析、预测和评估；建设项目环境保护措施及其技术、经济论证；建设项目对环境影响的经济损益分析；对建设项目实施环境监测的建议；环境影响评价的结论。

涉及水土保持的建设项目，还必须有经水行政主管部门审查同意的水土保持方案。

3）建设项目环境影响评价机构

接受委托为建设项目环境影响评价提供技术服务的机构，应当经国务院环境保护行政主管部门考核审查合格后，颁发资质证书，按照资质证书规定的等级和评价范围，从事环境影响评价服务，并对评价结论负责。为建设项目环境影响评价提供技术服务的机构的资质条件和管理办法，由国务院环境保护行政主管部门制定。

国务院环境保护行政主管部门对已取得资质证书的为建设项目环境影响评价提供技术服务的机构的名单，应当予以公布。

为建设项目环境影响评价提供技术服务的机构，不得与负责审批建设项目环境影响评价文件的环境保护行政主管部门或者其他有关审批部门存在任何利益关系。

环境影响评价文件中的环境影响报告书或者环境影响报告表，应当由具有相应环境影响评价资质的机构编制。任何单位和个人不得为建设单位指定对其建设项目进行环境影响

评价的机构。

4）建设项目环境影响评价文件的审批管理

建设项目的环境影响评价文件，由建设单位按照国务院的规定报有审批权的环境保护行政主管部门审批；建设项目有行业主管部门的，其环境影响报告书或者环境影响报告表应当经行业主管部门预审后，报有审批权的环境保护行政主管部门审批。

审批部门应当自收到环境影响报告书之日起 60 日内，收到环境影响报告表之日起 30 日内，分别做出审批决定并书面通知建设单位。

建设项目的环境影响评价文件经批准后，建设项目的性质、规模、地点、采用的生产工艺或者防治污染、防止生态破坏的措施发生重大变动的，建设单位应当重新报批建设项目的环境影响评价文件。

建设项目的环境影响评价文件自批准之日起超过 5 年，方决定该项目开工建设的，其环境影响评价文件应当报原审批部门重新审核；原审批部门应当自收到建设项目环境影响评价文件之日起 10 日内，将审核意见书面通知建设单位。

建设项目的环境影响评价文件未经法律规定的审批部门审查或者审查后未予批准的，该项目审批部门不得批准其建设，建设单位不得开工建设。建设项目建设过程中，建设单位应当同时实施环境影响报告书、环境影响报告表及环境影响评价文件审批部门审批意见中提出的环境保护对策措施。

5）环境影响的后评价和跟踪管理

在项目建设、运行过程中产生不符合经审批的环境影响评价文件的情形的，建设单位应当组织环境影响的后评价，采取改进措施，并报原环境影响评价文件审批部门和建设项目审批部门备案；原环境影响评价文件审批部门也可以责成建设单位进行环境影响的后评价，采取改进措施。

环境保护行政主管部门应当对建设项目投入生产或者使用后所产生的环境影响进行跟踪检查，对造成严重环境污染或者生态破坏的，应当查清原因、查明责任。对属于为建设项目环境影响评价提供技术服务的机构编制不实的环境影响评价文件的，或者属于审批部门工作人员失职、渎职，对依法不应批准的建设项目环境影响评价文件予以批准的，依法追究其法律责任。

6. 环境保护"三同时"的有关规定

所谓"三同时"制度，是指建设项目需要配套建设的环境保护设施，必须与主体工程同时设计、同时施工、同时投产使用。《建设项目环境保护管理条例》在第三章环境保护设施建设中，对"三同时"制度进行了规定。

（1）建设项目的初步设计，应当按照环境保护设计规范的要求，编制环境保护篇章，落实防治环境污染和生态破坏的措施以及环境保护设施投资概算。

（2）编制环境影响报告书、环境影响报告表的建设项目竣工后，建设单位应当按照国务院环境保护行政主管部门规定的标准和程序，对配套建设的环境保护设施进行验收，编制验收报告。

（3）分期建设、分期投入生产或者使用的建设项目，其相应的环境保护设施应当分期验收。

（4）编制环境影响报告书、环境影响报告表的建设项目，其配套建设的环境保护设施经验收合格，方可投入生产或者使用；未经验收或者验收不合格的，不得投入生产或者使用。

（5）环境保护行政主管部门应当对建设项目环境保护设施设计、施工、验收、投入生产或者使用情况，以及有关环境影响评价文件确定的其他环境保护措施的落实情况，进行监督检查。

【案例1-31】2016年4月2日，某省环保局接到举报，反映该辖区一工地半夜施工噪声大，且排放污水气味重，严重影响了居民的生活，造成了严重污染，对周围居民造成了不良影响。同日，辖区环保局工作人员前往现场检查。

在检查过程中查明：该工程施工单位就是辖区一建筑公司，该公司正在施工一楼盘，因赶工期，所以连夜施工，另查明该工地污水排放不达标。故环保局对该公司做出行政处罚：罚款60 000元，责令改正。

评析：该建筑公司的行为违反了《大气污染防治法》和《建设项目环境保护管理条例》的规定，没有严格按照夜间施工的要求施工作业，同时污水排放未按规定执行，故应承担行政处罚。

1.6.5 税法与工程建设相关的主要规定

税收是国家为了实现其职能的需要，凭借政治权利，依照法律规定的程序对满足法定课税要件的人所征收的货币或者实物。税法就是调整税收关系的法律规范的总称。

税法由税收征纳实体法和税收征纳程序法等法律法规构成。下面将从与工程建设相关的税收征纳程序法和违反税法的法律责任角度进行简单介绍。

扫一扫看《企业所得税法》

1. 纳税程序

1）税款征收

税务机关依照法律、行政法规的规定征收税款，不得违反法律、行政法规的规定开征、停征、多征或者少征税款。

（1）代扣、代收税款。扣缴义务人应依照法律、行政法规的规定履行代扣、代收税款的义务。税务机关按照规定付给扣缴义务人代扣、代收手续费。

（2）税款征收的期限。纳税人、扣缴义务人按照法律、行政法规规定或者税务机关依照法律、行政法规的规定确定的期限，缴纳或者解缴税款。纳税人因有特殊困难，不能按期缴纳税款的，经省、自治区、直辖市国家税务局或地方税务局批准，可以延期缴纳税款，但最长不得超过3个月。

纳税人未按照前款规定期限缴纳税款的，扣缴义务人未按照前款规定期限解缴税款的，税务机关除责令限期缴纳外，从滞纳税款之日起，按日加收滞纳税款万分之五的滞纳金。

（3）税款征收的减免。纳税人可以依照法律、行政法规的规定向税务机关书面申请减税、免税。

（4）税款征收的凭证。税务机关征收税款和扣缴义务人代扣、代收税款时，必须给纳税人开具完税凭证。

2）税收保全

税务机关有根据认为从事生产、经营的纳税人有逃避纳税义务行为的，可以在规定的纳税期之前，责令限期缴纳应纳税款；在限期内发现纳税人有明显的转移、隐匿其应纳税的商品、货物，以及其他财产或者应纳税的收入的迹象的，税务机关可以责成纳税人提供纳税担保。如果纳税人不能提供纳税担保，经县以上税务局（分局）局长批准，税务机关可以采取下列税收保全措施。

（1）书面通知纳税人开户银行或者其他金融机构暂停支付纳税人的金额相当于应纳税款的存款。

（2）扣押、查封纳税人的价值相当于应纳税款的商品、货物或者其他财产。纳税人在前款规定的限期内缴纳税款的，税务机关必须立即解除税收保全措施；限期期满仍未缴纳税款的，经县以上税务局（分局）局长批准，税务机关可以书面通知纳税人开户银行或者其他金融机构从其暂停支付的存款中扣缴税款，或者拍卖所扣押、查封的商品、货物或者其他财产，以拍卖所得抵缴税款。采取税收保全措施不当，或者纳税人在限期内已缴纳税款，税务机关未立即解除税收保全措施，使纳税人的合法利益遭受损失的，税务机关应当承担赔偿责任。

3）纳税的强制执行

从事生产、经营的纳税人、扣缴义务人未按照规定的期限缴纳或者解缴税款，纳税担保人未按照规定的期限缴纳所担保的税款，由税务机关责令限期缴纳，逾期仍未缴纳的，经县以上税务局（分局）局长批准，税务机关可以采取下列强制执行措施。

（1）书面通知其开户银行或者其他金融机构从其存款中扣缴税款。

（2）扣押、查封、拍卖其价值相当于应纳税款的商品、货物或者其他财产，以拍卖所得抵缴税款。税务机关采取强制执行措施时，对前款所列纳税人、扣缴义务人、纳税担保人未缴纳的滞纳金同时强制执行。

2. 违反税法的责任

1）法律责任的形式

扫一扫看《个人所得税法》

（1）经济责任主要包括加收滞纳金和赔偿损失。

（2）行政责任主要包括行政处罚和行政处分。行政处罚主要是针对纳税人和扣缴义务人的，主要包括责令限期改正，责令缴纳税款；采取税收保全措施和税收强制执行措施；罚款；吊销税务登记证，收回税务机关发给的票证，吊销营业执照等。行政处分是针对税务机关的工作人员的，主要包括警告、记过、记大过、降级、撤职和开除。

（3）刑事责任主要包括罚金、拘役、有期徒刑、无期徒刑。

2）主要违法行为的法律责任

（1）纳税人未按照规定期限缴纳税款的，扣缴义务人未按照规定期限解缴税款的，税务机关除责令限期缴纳外，从滞纳税款之日起，按日加收滞纳税款万分之五的滞纳金。

（2）纳税人有下列行为之一的，由税务机关责令限期改正，可以处 2 000 元以下的罚款；情节严重的，处 2 000 元以上 1 万元以下的罚款：未按照规定的期限申报办理税务登记、变更或者注销登记的；未按照规定设置、保管账簿或者保管记账凭证和有关资料的；未按照规定将财务、会计制度或者财务、会计处理办法和会计核算软件报送税务机关备查的；未按照规定将其全部银行账号向税务机关报告的；未按照规定安装、使用税控装置，或者损毁或擅自改动税控装置的。

（3）对纳税人偷税的，由税务机关追缴其不缴或者少缴的税款、滞纳金，并处不缴或者少缴的税款 50%以上 5 倍以下的罚款；逃避缴纳税款数额较大并且占应纳税额百分之十以上的，处三年以下有期徒刑或者拘役，并处罚金；数额巨大并且占应纳税额百分之三十以上的，处三年以上七年以下有期徒刑，并处罚金。

（4）纳税人欠缴应纳税款，采取转移或者隐匿财产的手段，妨碍税务机关追缴欠缴的税款的，由税务机关追缴欠缴的税款、滞纳金，并处欠缴税款 50%以上 5 倍以下的罚款；欠缴税款数额在一万元以上不满十万元的，处三年以下有期徒刑或者拘役，并处或者单处欠缴税款一倍以上五倍以下罚金；数额在十万元以上的，处三年以上七年以下有期徒刑，并处欠缴税款一倍以上五倍以下罚金。

（5）纳税人、扣缴义务人的开户银行或者其他金融机构拒绝接受税务机关依法检查纳税人、扣缴义务人存款账户，或者拒绝执行税务机关做出的冻结存款或者扣缴税款的决定，或者在接到税务机关的书面通知后帮助纳税人、扣缴义务人转移存款，造成税款流失的，由税务机关处 10 万元以上 50 万元以下的罚款，对直接负责的主管人员和其他直接责任人员处 1 000 元以上 1 万元以下的罚款。

（6）税务机关违反规定擅自改变税收征收管理范围和税款入库预算级次的，责令限期改正，对直接负责的主管人员和其他直接责任人员依法给予降级或者撤职的行政处分。

（7）未经税务机关依法委托征收税款的，责令退还收取的财物，依法给予行政处分或行政处罚；致使他人合法权益受到损失的，依法承担赔偿责任；构成犯罪的，依法追究刑事责任。

（8）税务人员利用职务的便利，收受或索取纳税人、扣缴义务人财物或者谋取其他不正当利益，构成犯罪的，依法追究刑事责任；不构成犯罪的，依法给予行政处分。

（9）税务人员徇私舞弊或者玩忽职守，不征或者少征应征税款，致使国家税收遭受重大损失，构成犯罪的，依法追究刑事责任；尚不构成犯罪的，依法给予行政处分。

（10）违反法律、行政法规的规定，擅自做出的开征、停征或者减税、免税、退税、补税，以及其他同税收法律、行政法规相抵触的决定的，除依照税法规定撤销其擅自做出的决定外，补征应征未征税款，退还不应征收而征收的税款，并由上级机关追究直接负责的主管人员和其他直接责任人员的行政责任。构成犯罪的，依法追究刑事责任。

3）追究法律责任的主体和期限

追究法律责任的主体主要包括征税机关和人民法院。行政处罚罚款额在 2 000 元以下的，可以由税务所决定。违反税收法律、行政法规应当给予行政处罚的行为，在 5 年内未被发现的，不再给予行政处罚。

第1章 建筑工程法律制度

1.6.6 建设工程勘察设计管理

扫一扫看《建设工程勘察设计管理条例》

《中华人民共和国建设工程勘察设计管理条例》(以下简称《建设工程勘察设计管理条例》)颁布的目的在于加强对建设工程勘察设计活动的管理,保证建设工程勘察设计质量,保护人民生命和财产安全。

因其自身的特殊性,对建设工程勘察设计发包与承包的规定与《建筑法》《招标投标法》存在一定的不同,但总体上依然要受《建筑法》《招标投标法》《建设工程勘察设计管理条例》的约束。

1. 建设工程勘察设计的发包

(1)《工程建设项目勘察设计招标投标办法》第十条规定,全部使用国有资金投资或者国有资金投资占控股或者主导地位的工程建设项目,以及国务院发展和改革部门确定的国家重点项目和省、自治区、直辖市人民政府确定的地方重点项目,除符合邀请招标的条件并依法获得批准可以邀请招标外,应当公开招标。

(2)《工程建设项目勘察设计招标投标办法》第九条规定,依照法律法规必须进行勘察设计招标的工程建设项目,在招标时应当具备下列条件。

① 按照国家有关规定需要履行项目审批手续的,已履行审批手续,取得批准。

② 勘察设计所需要资金已经落实。

③ 所必需的勘察设计基础资料已经收集完成。

④ 法律法规所规定的其他条件。

(3)《建设工程勘察设计管理条例》第十六条规定,下列建设工程的勘察设计,经有关主管部门批准,可以直接发包。

① 采用特定的专利或者专有技术的。

② 建筑艺术造型有特殊要求的。

③ 国务院规定的其他建设工程的勘察设计。

(4)《工程建设项目勘察设计招标投标办法》第十一条规定,依法必须进行勘察设计招标的工程建设项目,在下列情况下可以进行邀请招标。

① 项目的技术性、专业性较强,或者环境资源条件特殊,符合条件的潜在投标人数量有限的。

② 如采用公开招标,所需费用占工程建设项目总投资的比例过大的。

③ 建设条件受自然因素限制,如采用公开招标,将影响项目实施时机的。

(5)《工程建设项目勘察设计招标投标办法》第四条规定,按照国家规定需要政府审批的项目,有下列情况之一的,经批准,项目的勘察设计可以不进行招标。

① 涉及国家安全、国家秘密、抢险救灾或者属于利用扶贫资金实行以工代赈、需要使用农民工等特殊情况,不适宜进行招标。

② 主要工艺、技术采用不可替代的专利或者专有技术,或者其建筑艺术造型有特殊要求。

③ 采购人依法能够自行勘察、设计。

④ 已通过招标方式选定的特许经营项目投资人依法能够自行勘察、设计。

⑤ 技术复杂或专业性强，能够满足条件的勘察设计单位少于三家，不能形成有效竞争。
⑥ 已建成项目需要改、扩建或者技术改造，由其他单位进行设计影响项目功能配套性。
⑦ 国家规定的其他特殊情形。

2. 建设工程勘察设计的承包

依照相关法律规定，承包方必须持有由建设主管部门颁发的工程勘察资质证书或工程设计资质证书，在证书规定的业务范围内承接勘察设计业务，并对其提供的勘察设计文件的质量负责。严禁无证或超越本单位资质等级的单位和个人承接勘察设计业务。在经过招标投标程序获得中标方之后，在发包方书面同意下，承包单位可以将附属部分的勘察设计分包给其他具有相应资质等级的建设工程勘察设计单位。禁止将所承揽的工程勘察设计转包。不得接受无证组织和个人的挂靠。合同中所约定的费用，不得违反国家有关最低收费标准的规定，并在履约过程中及时拨付勘察费用。

3. 建设工程勘察设计文件的编制

编制建设工程勘察设计文件，应当以下列规定为依据。
（1）项目批准文件。
（2）城市规划。
（3）工程建设强制性标准。
（4）国家规定的建设工程勘察设计深度要求。

县级以上人民政府建设行政主管部门或者交通、水利等有关部门应当对施工图设计文件中涉及公共利益、公众安全、工程建设强制性标准的内容进行审查。施工图设计文件未经审查批准的，不得使用。

在建设工程施工前，建设工程勘察设计单位应向施工单位和监理单位说明建设工程勘察设计意图，解释建设工程勘察设计文件。建设工程勘察设计单位应当及时解决施工中出现的勘察设计问题。实施过程中，建设单位、施工单位、监理单位不得修改建设工程勘察设计文件；确需修改建设工程勘察设计文件的，应当由原建设工程勘察设计单位修改。经原建设工程勘察设计单位书面同意，建设单位也可以委托其他具有相应资质的建设工程勘察设计单位修改。修改单位对修改的勘察设计文件承担相应责任。

1.6.7 《国有土地上房屋征收与补偿条例》的主要规定

扫一扫看《国有土地上房屋征收与补偿条例》

《国有土地上房屋征收与补偿条例》于 2011 年 1 月 21 日开始实施，其实施目的就是规范国有土地上房屋的征收与补偿活动，维护公共利益，保障被征收房屋所有权人的合法权益。

《国有土地上房屋征收与补偿条例》第三条规定："房屋征收与补偿应当遵循决策民主、程序正当、结果公开的原则。"为保障被征收房屋所有权人的合法权益，补偿决定应当公平，应当先补偿、后搬迁。还规定："任何单位和个人不得采取暴力、威胁或者违反规定中断供水、供热、供气、供电和道路通行等非法方式迫使被征收人搬迁；禁止建设单位参与搬迁活动等。"这部条例是在以人为本、建立和谐社会的基础上制定的，与国家的发展和每个人的利益都息息相关。

第1章 建筑工程法律制度

1. 明确只有为了公共利益的需要才能征收

本条例第二条规定:"为了公共利益的需要,征收国有土地上单位、个人的房屋,应当对被征收房屋所有权人(被征收人)给予公平补偿。"只有公共利益的需要,才能征收国有土地上单位、个人的房屋,如为其他的利益就不能征收,明确界定了政府能够征收房屋的界限。

本条例第八条规定,为了保障国家安全、促进国民经济和社会发展等公共利益的需要,有下列情形之一,确需征收房屋的,由市、县级人民政府做出房屋征收决定。

(1)国防和外交的需要。

(2)由政府组织实施的能源、交通、水利等基础设施建设的需要。

(3)由政府组织实施的科技、教育、文化、卫生、体育、环境和资源保护、防灾减灾、文物保护、社会福利、市政公用等公共事业的需要。

(4)由政府组织实施的保障性安居工程建设的需要。

(5)由政府依照城乡规划法有关规定组织实施的对危房集中、基础设施落后等地段进行旧城区改建的需要。

(6)法律、行政法规规定的其他公共利益的需要。

本条例第九条规定,依照本条例第八条规定确需征收房屋的各项建设活动,应当符合国民经济和社会发展规划、土地利用总体规划、城乡规划和专项规划。保障性安居工程建设、旧城区改建,应当纳入市、县级国民经济和社会发展年度计划。制定国民经济和社会发展规划、土地利用总体规划、城乡规划和专项规划,应当广泛征求社会公众意见,经过科学论证。也就是说"公共利益的需要"将来要纳入国民经济和社会发展的规划里,不能临时想起来我要做什么就做什么,没有公众同意就不能做这个事,这就是程序保障。

2. 取消行政强拆,明确征收主体必须是政府

本条例第四条规定,市、县级人民政府负责本行政区域的房屋征收与补偿工作;市、县级人民政府确定的房屋征收部门组织实施本行政区域的房屋征收与补偿工作;市、县级人民政府有关部门应当依照本条例的规定和本级人民政府规定的职责分工,互相配合,保障房屋征收与补偿工作的顺利进行。

本条例第三十五条明确规定,政府不得责成有关部门强制拆迁。第二十七条规定,禁止建设单位参与搬迁活动,这样就可以斩断以利润为动机与拆迁工作之间的联系,使被拆迁人能够找到有效的救助途径。第二十八条规定,被征收人在法定期限内不申请行政复议或者不提起行政诉讼,在补偿决定规定的期限内又不搬迁的,由做出房屋征收决定的市、县级人民政府依法申请人民法院强制执行。向法院申请强制执行,那么法院必须对行政机关的申请进行审查。如果存在违法问题,法院要裁定不予执行;如果不存在违法问题,法院就要裁定予以执行,建立了司法对行政一定程度上的审查和制约权利。

3. 以市场价格作为补偿标准,先补偿后搬迁

根据调查,在以往各地频现的拆迁纠纷中,最基本的矛盾就是对补偿标准不认可。特别是一些地方对被拆迁人的补偿明显低于市场价,所以被拆迁人的权益得不到保障,引发了很多强制拆迁的问题。本条例用一个章节共 13 个条款的篇幅对补偿做出了细致规定,不仅列举了补偿的内容，同时规定补偿"不得低于房屋征收决定公告之日被征收房屋类似房地产的市场价格"，并将市场价的确定交由中立的、由被征收人选定的第三方评估机构，保证了补偿标准的客观性与被征收人的合法权益。

4. 征收过程程序化，强调尊重被征收人意愿

本条例第十一条规定，市、县级人民政府应当将征求意见情况和根据公众意见修改的情况及时公布。因旧城区改建需要征收房屋，多数被征收人认为征收补偿方案不符合本条例规定的，市、县级人民政府应当组织由被征收人和公众代表参加的听证会，并根据听证会情况修改方案。本条例提高了对征收补偿方案的公众参与程度，强调民众的参与，为被征收人的正当权益提供了有效保障。

1.6.8 《节约能源法》的主要规定

扫一扫看《节约能源法》

2008年4月1日实施的《中华人民共和国节约能源法》（以下简称《节约能源法》）的立法目的在于推动全社会节约能源，提高能源利用效率，保护和改善环境，促进经济社会全面协调可持续发展。

《节约能源法》第十五条规定，国家实行固定资产投资项目节能评估和审查制度。不符合强制性节能标准的项目，依法负责项目审批或者核准的机关不得批准或者核准建设；建设单位不得开工建设；已经建成的，不得投入生产、使用。所以工程建设施工中，必须遵守属于工程建设强制性标准的节能标准。

《节约能源法》第三章第三节为建筑节能，其规定如下。

（1）国务院建设主管部门负责全国建筑节能的监督管理工作；县级以上地方各级人民政府建设主管部门负责本行政区域内建筑节能的监督管理工作；县级以上地方各级人民政府建设主管部门会同同级管理节能工作的部门编制本行政区域内的建筑节能规划。建筑节能规划应当包括既有建筑节能改造计划。

（2）建筑工程的建设、设计、施工和监理单位应当遵守建筑节能标准。不符合建筑节能标准的建筑工程，建设主管部门不得批准开工建设；已经开工建设的，应当责令停止施工、限期改正；已经建成的，不得销售或者使用。

（3）房地产开发企业在销售房屋时，应当向购买人明示所售房屋的节能措施、保温工程保修期等信息，并在房屋买卖合同、质量保证书和使用说明书中载明，应对其真实性、准确性负责。

（4）使用空调采暖、制冷的公共建筑应当实行室内温度控制制度。

（5）国家采取措施，对实行集中供热的建筑分步骤实行供热分户计量、按照用热量收费的制度。新建建筑或者对既有建筑进行节能改造，应当按照规定安装用热计量装置、室内温度调控装置和供热系统调控装置。

（6）县级以上地方各级人民政府有关部门应当加强城市节约用电管理，严格控制公用设施和大型建筑物装饰性景观照明的能耗。

（7）国家鼓励在新建建筑和既有建筑节能改造中使用新型墙体材料等节能建筑材料和节能设备，安装和使用太阳能等可再生能源利用系统。

第1章 建筑工程法律制度

综合案例1 挂靠人租赁建筑设备谁担责

原告：重庆某机械制造有限责任公司

被告一：重庆市璧山县某建筑有限责任公司

被告二：邹某

一、诉辩主张

原告诉称：2012年7月22日，原告下属的遵义租赁分公司与被告重庆市璧山县某建筑有限责任公司签订了塔机租赁及安装合同，合同约定：乙方向甲方租赁塔机一台，日租金单价210元，以及其他条款。该合同除原告的下属单位遵义租赁分公司和被告一签章外，被告二邹某也在该合同上签了名。2014年9月1日，被告邹某向遵义租赁分公司出具欠条一张，该欠条载明欠冯某（实为原告的遵义租赁分公司）塔机租金款348 000元，此款于2014年9月15日前一次付清，到期未付按每天5%计算利息。但二被告却分文未付，故原告起诉到法院，请求判令两名被告给付租金348 000元，并从2014年9月16日起按银行同期同类贷款利率计算利息损失。

其理由是：

（1）原告与被告一签订了塔机租赁及安装合同，且被告二在合同上签了名，该合同为合法有效合同，合同约定的权利和义务各方均应执行。

（2）关于租金的计算，被告二已经出具欠条给原告，故欠款金额是明确的。

被告一辩称：某K地块花园洋房A1～A8工程是邹某挂靠我公司承包的，邹某是实际施工人；本涉案及的塔机租赁及安装合同是被告二与原告签订的，欠条也是邹某自行出具的，我公司并不知道，应由邹某承担给付责任，我公司承担补充连带责任。

其理由是：

（1）被告一与被告二签订了承包协议，被告二挂靠被告一承包工程，合同约定，工程所有债权债务由被告二承担。

（2）在塔机租赁及安装合同中被告二也作为合同一方签字，被告二应承担合同义务。

（3）欠条是被告二出具给原告的，不能约束被告一。

被告二辩称：某K地块花园洋房A1～A8工程是我挂靠被告一承包的，我确是实际施工人；塔机租赁及安装合同是我经手签订的，欠条是我与原告对账后出具的，我对欠条没有异议；该案我不应承担责任。

其理由是：

工程是被告一的，我负责施工，被告一应承担责任。

二、事实认定

经审理查明，被告一承建某K地块花园洋房A1～A8工程，于2012年7月22日，以原告下属的遵义租赁分公司为甲方，以被告一为乙方，双方签订了塔机租赁及安装合同，合同约定：乙方向甲方租赁塔机一台，日租金单价210元，以及其他条款。该合同除原告的下属单位遵义租赁分公司和被告一签章外，被告二也在该合同上签了名。合同签订后原告按约提供了塔机。2014年9月1日，被告二向遵义租赁分公司出具欠条一张，该欠条载明欠冯某（实为原告的遵义租赁分公司）塔机租金款348 000元，此款于2014年9月15日前一次付清；到期未付按每天5%计算利息。此款经原告催收未果。

另查明，被告二是该项目的实际施工人。

上述事实，有原、被告的陈述，原告举示的塔机租赁及安装合同，邹某出具的欠条，重庆某机械制造有限公司遵义租赁分公司的营业执照、组织机构代码等证据在案证明，足以认定。

三、判决理由和判决结果

原、被告之间签订的塔机租赁及安装合同是双方真实意思表示，且未违背法律的有关规定，是有效合同，双方应当按照合同约定履行各自的义务，被告现尚欠原告租金348 000元是事实，应当给付，未及时给付应承担民事责任。原告要求按银行同期同类贷款利率主张利息损失并无不当，本院予以支持。被告一辩称，某K地块花园洋房A1～A8工程是邹某挂靠被告一承包的，被告二是实际施工人，应由被告二承担给付责任，被告一承担补充连带责任。由于被告二与被告一之间属挂靠合同关系，而被告一与原告属租赁合同关系，两者是不同的法律关系，本院认为不宜合并审理；被告二不是本案租赁合同的相对方，该租赁合同对其无约束力，故被告一和原告要求其承担给付责任的理由不能成立，本院不予支持。依照《合同法》第一百零七条、第一百一十二条、第二百一十二条、第二百二十六条及《民事诉讼法》第六十四条第一款的规定，判决如下：

（1）限被告重庆市璧山县某建筑有限责任公司在本判决生效之次日内给付原告重庆某机械制造有限责任公司租金348 000元，并同时给付从2014年9月16日起至本判决生效时止按银行同期同类贷款利率计算的利息损失。

（2）驳回原告重庆某机械制造有限责任公司的其他诉讼请求。

四、案例评析

本案是一起挂靠方以被挂靠方名义对外签订租赁合同的案件，合同履行过程中，挂靠人始终以被挂靠人的名义与合同当事人办理合同结算事宜，因挂靠是建筑法所不允许的，挂靠人以被挂靠人的名义对外从事的相关事宜，被挂靠人不能对抗善意第三人，且被挂靠人是合同的受益人，故被挂靠人应对挂靠人对外以被挂靠人名义签订的合同承担付款责任。

综合案例2　工程未经验收发包人实际使用的，视为验收合格

原告：某市太阳公司

被告：某县月亮公司

一、诉辩主张

2013年8月，太阳公司起诉请求：判令月亮公司给付工程款5 393 800元，支付违约金1 380 800元，并负担诉讼费。月亮公司提出反诉请求：判令太阳公司承担因工程质量不合格所需返修费用3 672 153.35元、返修期间产生的停业损失3 074 946.07元。

二、一审判决理由和判决结果

一审法院认定事实：太阳公司于2012年8月初开工，于2012年12月完工，工程未进行验收。月亮公司于2012年12月18日开业使用该房屋。从2012年8月至2012年12

月，月亮公司给付太阳公司装饰工程款 4 775 000 元，用材料款等款项抵工程款 342 439.70 元。在诉讼中，经鉴定工程总造价为 9 542 270.19 元。根据月亮公司申请，对涉案工程的质量和修复费用进行了鉴定，鉴定意见为：所需费用预计 3 672 153.35 元。

一审法院判决：月亮公司给付太阳公司工程款 4 424 830.49 元；太阳公司给付月亮公司因工程质量不合格的修复费 3 672 153.35 元。

太阳公司不服一审判决，提起上诉。

三、二审判决理由和判决结果

二审法院认为，本案中月亮公司应认定其为擅自使用。月亮公司 2012 年 12 月 18 日开业时应视为诉争工程为验收合格之日。因质量保修制度规定的是工程竣工验收合格交付使用后，承包人仍应承担的责任，而本案至月亮公司于 2013 年 9 月 24 日反诉时，诉争工程并未超过室内一年、室外二年的质量保修期，故太阳公司仍应承担部分不合格工程的修复费用，一审认定正确。判决：驳回上诉，维持原判。

太阳公司依然不服，向最高人民法院提起再审申请。

四、终审判决理由和判决结果

最高人民法院再审认为，本案双方签订的工程装修合同第六条约定，未经验收擅自使用涉案工程，视为月亮公司对该工程已经验收合格。月亮公司在涉案工程竣工后未经验收即开业使用，根据上述约定，自其实际使用之日起即应认定工程已经验收合格，太阳公司不再负有施工中或经验收不合格的质量返修责任，仅对涉案工程质量在保修期内及保修范围内负有保修义务，承担保修责任。

但是，本案月亮公司在原审中是反诉要求太阳公司承担因其施工工程质量不合格而产生的质量责任，并非诉请太阳公司履行保修义务，承担保修责任。一审法院基于月亮公司的申请，委托鉴定机构进行鉴定也是针对施工的部分工程质量是否合格及返修需要的费用，并非针对涉案工程是否出现了属于保修范围的质量缺陷及需要的维修费用。据此，二审法院在认定太阳公司对涉案工程质量应承担保修责任的前提下，判决维持了一审判令太阳公司给付月亮公司工程质量不合格修复费用的判决结果，实际上是判决太阳公司承担了工程施工中出现的或工程经验收不合格产生的质量责任，与太阳公司依据合同约定及法律法规规定对涉案工程应承担的保修责任不一致，适用法律确有错误，本院予以纠正。

太阳公司作为施工方，对质保期内出现的属于保修范围的工程质量缺陷依法应履行保修义务。但在双方发生纠纷期间，太阳公司并未对工程出现的质量问题是否属于保修范围进行核查并进行维修。鉴于双方当事人在原审中没有对工程出现的质量问题哪些属于保修范围及责任如何承担进行协商和诉辩主张，原审法院亦未对双方就涉案工程质量问题各自应承担的责任进行释明，也没有对经鉴定的工程质量问题是否属于保修范围进行审理认定，且月亮公司主张其已在鉴定部门现场勘察并做出鉴定意见后自行委托他人对存在的质量问题进行了维修，据此，对于太阳公司应承担的保修义务范围内的工程质量责任，不应因诉讼期间的持续而免除，扣除本案诉讼期间，月亮公司可在本判决生效后三个月内另行主张权利。

据此，最高人民法院判决：维持一审第一项判决，并判决月亮公司给付太阳公司迟延

支付工程款违约金 948 481.64 元;驳回月亮公司的反诉请求。

五、案例评析

(1) 本案焦点:施工单位是否应对已经使用的工程承担施工中或验收不合格的质量返修责任。

太阳公司作为施工单位,完成了工程施工,工程未经验收月亮公司就擅自使用,因此太阳公司起诉要求月亮公司支付工程款并承担利息。而月亮公司认为工程尚未竣工验收,且工程存在质量问题,因而以工程不合格为由要求太阳公司承担施工中的质量返修责任。

因此,本案存在两个问题,一是工程是否竣工验收,二是施工单位应否承担质量不合格的返修责任。

工程虽未进行竣工验收,但月亮公司擅自使用了。本案双方签订的工程装修合同第六条约定,未经验收擅自使用涉案工程,视为月亮公司对该工程已经验收合格。且《最高人民法院关于审理建设工程施工合同纠纷案件适用法律问题的解释》第九条规定:当事人对建设工程实际竣工日期有争议的,按照以下情形分别处理……(三)建设工程未经竣工验收,发包人擅自使用的,以转移占有建设工程之日为竣工日期。因此,本案工程视为验收合格,符合法律规定。

既然工程视为验收合格,那么工程就进入了保修阶段,施工单位此时承担的是保修责任而不是施工中的质量不合格返修责任。《最高人民法院关于审理建设工程施工合同纠纷案件适用法律问题的解释》第十四条明文规定,建设工程未经竣工验收,发包人擅自使用后,又以使用部分质量不符合约定为由主张权利的,人民法院不予支持;但是承包人应当在建设工程的合理使用寿命内对地基基础工程和主体结构质量承担民事责任。

(2) 施工方承担责任包括质量不合格责任和保修期返修责任,应当对其进行区分。

施工方对建设工程应承担的质量责任,包括对工程施工中出现的质量问题及经验收不合格工程应承担的质量返修责任,以及对经验收合格的工程在使用过程中出现的质量问题应承担的保修责任。前者系基于建设工程施工合同约定及相关法律法规等规定对工程质量应承担的责任。后者系基于双方签订的保修合同或建设工程施工合同中约定的保修条款及相关法律法规等规定对工程质量应承担的责任。

(3) 施工单位应灵活适用竣工验收自动确认条款。

工程未经竣工验收发包人擅自使用的视为工程已经验收合格,这是一条典型的竣工验收自动确认条款,对施工单位而言非常有利,但是需要注意证据收集,因为建设单位是否擅自使用工程项目的证明责任在施工单位。

因此,对建设单位一边拖延竣工验收一边实际使用项目的,施工单位应当做好证据收集保留,证明建设单位在某个确定的时间点开始对工程项目擅自进行了实际使用,这对施工单位后期索要工程结算款非常重要。

(4) 工程视为竣工验收的,将产生系列对施工单位有利的后果。

工程视为竣工验收的:①施工单位承担的是质保期维修责任;②施工单位可以及时提起结算报告;③若合同约定了结算价自动确认条款,而建设单位在合同约定的期限内未办理结算的,结算款自动确认,建设单位还将承担违约利息等一系列责任。

综合案例3 因转包引起的工程款纠纷

原告：杨某

被告：景某、刘某、刘某某

第三人：梁某

一、诉辩主张

原告诉称：原告是从事装饰装修的农民工包工头，原天津某建筑工程有限公司（以下简称天津公司）与原告签订了宝乾居餐厅装饰合同，约定将该公司承建的位于方家庄镇的宝乾居农业有限公司院内的宝乾居餐厅装饰装修工程转包给原告，原告包工包料施工，工期自2013年3月25日起至同年4月25日止，工程价款28.5万元，给付方式为施工期间即2013年4月25日前给付不超过10万元，余款在2013年年底前付清。原告承揽后如期开工、完工，但期间天津公司仅给付工程款2.2万元，欠下施工期间应付的7.8万元和年底前应分期给付的18.5万元。原告为减少损失将已订购的排风扇、实木复合门、备餐柜、壁纸、灯具、洁具、开关、插座退订，据此应由工程价款中核减这几项的工、料款9.19万元，仍欠17.11万元，此外原告因退订而损失定金0.8万元。原告多次催要未果。后来原告得知，天津公司已于2013年8月28日注销，被告景某、刘某为该公司股东。故此原告起诉要求：（1）被告景某、刘某共同偿还原告工程款17.11万元；（2）被告景某、刘某共同赔偿原告定金损失0.8万元；（3）诉讼费由被告景某、刘某承担。

被告景某、刘某辩称：原告未提交证据证实其进行了诉争工程的施工，无法确认工程量及价款具体数额，被告景某、刘某无权代表宝乾居农业有限公司将该公司所有的宝乾居餐厅装饰装修工程发包。在合同签订后，原告并未履行合同，故此原告的诉讼请求没有事实基础，请求法院驳回原告对被告景某、刘某的诉讼请求。

被告刘某某及其委托代理人辩称：本案诉争合同签订之前该工程一直由第三人梁某负责，被告刘某某与原告之间并没有合同关系，根据原告的陈述，诉争合同签订后并未实际履行，故此应当驳回原告的诉讼请求。

二、事实认定

经审理查明，2012年7月20日被告刘某某作为发包方、第三人梁某作为承包方签订了工程装饰装修施工合同，约定：工程地点为宝坻区方家庄镇老鸭台村南，承包方式为包工包料、包验收，承包范围为效果图内除桌椅沙发和主灯外全部内容（所有材料需封样），工程内容为餐厅内6套豪华包间装修，总价为27万元，2012年7月25日开工，2012年9月25日完工。付款方式：工程由承包方垫资施工，施工途中发包方根据资金情况酌情考虑部分工程款，拨款比例不超过总款的40%，承包方不能强求或停工，余款在2013年6月前付清。验收方式：以承包方提供的效果图及样品为准。合同对其他权利和义务进行了约定。被告刘某某经本院询问陈述，第三人仅完成了部分工程，包括：6个包间中5个厕所及厕所隔断、卫生间镶了墙砖、包间的墙面打了腻子，其他工程均未完工，上述工程造价为6万余元，同时称原告杨某没有施工，指的是因合同是第三人与被告刘某某签订的，原告杨某没有对着被告刘某某，而是对着第三人，杨某仅完成了工程当中的木工活。2012年9月24日第三人向被告刘某某出具收条一份，主要内容为：收刘某某老鸭台装修款4万元整。

2013年3月23日天津公司作为甲方、原告杨某作为乙方签订了宝乾居餐厅装饰合同，内容为：经甲、乙双方协商一致，乙方愿意继续承接原梁某承接的此工程，原梁某所签合同作废，以此合同为准，合同总额为28.5万元，开工日期为2013年3月25日，完工日期为2013年4月25日，自开工之日起至完工后甲方付乙方工程款不超过10万元，余款完工后餐厅开业分6个月年底前付清。其上加盖了天津公司公章，刘某某在甲方处签字，原告杨某在乙方处签字捺印。合同签订后原告没有施工。上述两份合同所约定的装修工程是同一工程。原告于2013年12月18日庭审中提出对涉案工程造价进行司法鉴定，并于2013年12月23日提交书面申请。庭审中原告承认，涉案工程最初由梁某承包，合同签订后原告与第三人合伙施工，2012年7月24日开工，同年9月20日因被告刘某某承诺的工程款没有给付到位而停工，但此时工程中的灯具、洁具、门、壁纸、备餐柜、排风扇没有安装，其余工程全部完工。原告与第三人的合伙尚未进行清算。原告与被告刘某某签完合同后，被告刘某某又在合同上加盖了天津公司的公章。另查，天津公司的私营公司基本情况户卡及工商档案资料载明：该公司于2007年4月24日成立，被告刘某、景某为该公司股东，2013年8月29日该公司股东会议决定解散公司，当天天津公司被注销。上述事实有当事人陈述、书证等证据予以证实。

三、判决理由和判决结果

一审法院认为：

1. 关于被告刘某某与第三人梁某所签订的工程装饰装修施工合同的效力问题

被告刘某某与第三人梁某所签订的工程装饰装修施工合同，确为双方的真实意思表示，但《最高人民法院关于审理建设工程施工合同纠纷案件适用法律问题的解释》第一条规定："建设工程施工合同具有下列情形之一的，应当根据《合同法》第五十二条第（五）项的规定，认定无效：（一）承包人未取得建筑施工企业资质或者超越资质等级的……"。第三人梁某作为自然人没有建筑施工企业资质，因此被告刘某某与第三人梁某所签订的工程装饰装修施工合同违反了法律、行政法规的强制性规定，为无效合同。

2. 关于原告与被告刘某某签订的宝乾居餐厅装饰合同的性质及效力问题

原告与第三人梁某均承认合伙施工，至2012年9月下旬工程尚有部分未完成，被告刘某某也承认第三人对双方约定的装修工程进行了部分施工，故此被告刘某某与第三人梁某所签订的工程装饰装修施工合同已部分履行，该合同虽为无效，但第三人与被告刘某某之间就该合同仍然存在债权、债务。因先后两份合同约定的为同一工程，根据被告刘某某、天津公司与原告签订的宝乾居餐厅装饰合同约定的内容，该合同约定的工程款包含了第一份合同中的工程款，处分并剥夺了第三人梁某的权利，属于无权处分。第三人梁某作为权利人明确表示不同意第二份合同中关于"原梁某所签合同作废"之约定，原告、被告刘某某也没有提供证据证实第三人梁某对第二份合同表示同意，故此原告、被告刘某某、天津公司在第二份合同签订时及签订后均未取得处分权，第二份合同应为无效合同。

3. 原告的诉讼请求是否应当获得支持

原告依据尚未生效的第二份合同向被告刘某某及原天津公司的股东主张支付工程款、赔偿损失，且第二份合同签订后原告亦未履行，故此原告的诉讼请求没有事实及法律依据，本院不予支持。

4. 原告的鉴定申请应如何处理

因被告刘某某、天津公司与原告签订的第二份合同并未生效，原告亦未实际履行，原告主张的诉讼请求本院不予支持，故此司法鉴定程序在本案当中无须启动。

故作出如下判决：

驳回原告杨某的诉讼请求。案件受理费3 882元已减半收取1 941元（原告已预缴）由原告负担。

四、案例评析

（1）建设工程装修工程也属于建设工程，承包人承建工程后，又将工程转包给其他个人，其转包行为因违反《建筑法》而无效。

（2）建设工程装修工程承建也需要有资质，不允许没有资质的个人承建装修工程。

（3）本涉案及相关法律规定：

《最高人民法院关于审理建设工程施工合同纠纷案件适用法律问题的解释》第一条规定，建设工程施工合同具有下列情形之一的，应当依据《中华人民共和国民法典》（以下简称《民法典》）第一百五十三条第一款的规定，认定无效：（一）承包人未取得建筑业企业资质或者超越资质等级的；（二）没有资质的实际施工人借用有资质的建筑施工企业名义的；（三）建设工程必须进行招标而未招标或者中标无效的。

承包人因转包、违法分包建设工程与他人签订的建设工程施工合同，应当依据《民法典》第一百五十三条第一款及第七百九十一条第二款、第三款的规定，认定无效。

综合案例4 装饰装修工程的施工人需具有相应施工资质

原告（二审上诉人）：王某
被告（二审被上诉人）：青岛某酒店

一、一审诉辩主张

原告诉称：2015年3月10日，王某与青岛某酒店签订装修工程承包合同一份，约定由王某对青岛某酒店进行装饰装修，承包方式为包工包料，合同价款暂定100万元，工期自2015年3月10日至2015年6月10日，逾期完工则应根据逾期天数按每日1 000元至实际交付之日止，承担逾期完工损失。工程款支付方式为签订合同当日支付30%，施工中期支付40%，竣工验收合格付25%，余5%作为质保金，保修期两年无质量问题后返还。并约定，若青岛某酒店未按期付款超过10日，应向王某支付逾期付款违约金5万元。合同签订后，王某按约进行施工，并提交录音证据证明其已于2015年5月28日完工交付，青岛某酒店于2015年6月1日投入经营使用。青岛某酒店共支付王某工程款70万元。现王某起诉请求青岛某酒店支付扣除质保金之外的工程余款25万元及相应利息并承担逾期付款违约金5万元。

被告辩称：王某逾期完工，实际交付时间是6月30日，不应支付工程余款并应承担逾期完工违约金2万元。王某主张录音证据显示双方已进行完工交付，青岛某酒店主张的交付时间是其经营使用后又要求王某进行维修的时间，且已修理完毕，青岛某酒店在诉讼前也再未提出质量异议。

二、一审判决理由和判决结果

一审认为，根据合同约定，王某按约完成施工，青岛某酒店应承担支付工程欠款的义务。青岛某酒店虽抗辩称王某存在逾期完工，但青岛某酒店已于2015年6月1日进行经营使用，录音证据也显示双方已于2015年5月28日进行完工交付，故青岛某酒店主张王某承担逾期完工违约金，证据不足，不予支持。因此，青岛某酒店应向王某支付剩余工程款25万元。关于违约金，一审认为，根据合同约定，青岛某酒店存在延期付款行为，应按照工程款总额的5%给予赔偿，遂判令青岛某酒店支付违约金5万元。

三、二审判决理由和判决结果

二审经审理认为，因王某作为个人不具有相应建筑施工企业资质，故其与青岛某酒店签订的装修工程承包合同应依法认定无效。关于王某主张的工程款应否支持问题，二审法院认为，涉案合同虽被认定为无效，但鉴于涉案工程已经如期交付使用，不存在逾期完工的事实，青岛某酒店亦未提出质量异议，青岛某酒店应按约支付工程余款25万元。关于逾期付款违约金，二审认为，合同无效，违约金条款亦无效，故王某主张青岛某酒店支付逾期付款违约金，于法无据，应不予支持。但鉴于青岛某酒店未按期付款，其应承担相应利息损失。因涉案工程已于2015年5月28日完工交付，青岛某酒店应依法支付工程余款25万元，其未按期支付，故应自2015年5月29日起至本判决生效之日止以25万元为基数向王某支付按中国人民银行同期银行贷款利率支付的相应利息。

四、案例评析

1. 本案主要涉及建设工程施工合同的效力认定问题

根据《建筑法》第十二条、第十三条、第二十六条的相关规定，从事建筑活动的建筑施工企业，按照其拥有的注册资本、专业技术人员、技术装备和已完成的建筑工程业绩等资质条件，划分为不同的资质等级，经资质审查合格，取得相应的资质等级证书后，方可在其资质等级许可的范围内从事建筑活动。承包建筑工程的单位应当持有依法取得的资质证书，并在其资质等级许可的业务范围内承揽工程。《最高人民法院关于审理建设工程施工合同纠纷案件适用法律问题的解释》第一条规定，承包人未取得建筑施工企业资质或者超越资质等级的，应依法认定无效。由此可知，我国对建筑业企业实行资质管理，不允许无资质的建筑业企业或者超越资质等级许可的范围承接建设工程，否则所签订的合同无效。《建设工程质量管理条例》第二条规定，本条例所称建设工程，是指土木工程、建筑工程、线路管道和设备安装工程及装修工程。本案系装饰装修工程，施工装饰装修工程也应具有法定的施工资质，无施工资质的个人所签订的装饰装修合同应依法认定为无效。

2. 建设工程施工合同无效后的工程款结算问题

根据《民法典》第七百九十三条的规定，建设工程施工合同无效，但是建设工程经验收合格的，可以参照合同关于工程价款的约定折价补偿承包人。

施工人可依合同约定主张工程款，并不代表其可依据合同实现其他相关权益。因为根据《民法典》的规定，无效的合同或者被撤销的合同自始没有法律约束力。即在合同有效

的情形下，当事人可依据合同约定主张相应的违约责任。而合同无效，违约金条款亦无效，比如逾期付款、延误工期的违约责任条款虽有合同约定，但因合同无效则对当事人不具有拘束力，依法不能适用。本案中，因合同无效，故王某依据合同约定主张的逾期付款违约金缺乏依据，应不予支持。但为公平起见，虽违约金条款不能适用，基于利息是法定孳息，可从应付款之日对王某主张的逾期付款利息予以支持。

综合案例 5　联合体投标的双方应当严格遵守联合体投标协议书

原告：上海某建设装饰工程有限公司

被告：上海某建筑加固工程有限公司

一、诉辩主张

2012年1月20日，原、被告签订了联合体投标协议书，约定双方组成联合体，以一个投标人的身份参加上海某区中山小学总部及分部的校安加固大修工程的投标，由原告作为牵头人并代表双方负责投标工作。21日，双方通过了网上公开招标的报名工作，并取得了招标文件，原告委托他人制作标书并进行了投标。2月21日招标代理人突然出示了被告的退出投标函。由于被告恶意退出致使原告资质不符合招标要求，原告的投标书成为废标，造成原告的巨大经济损失。根据开标结果，原告方的投标报价满足了招标文件的实质性要求并且是最低投标价，根据招标文件最低投标价要求应100%中标，被告违约行为致使原告合同目的落空。故诉请判令被告赔偿原告标书制作费人民币100 000元，赔偿原告合同履行后可得利益412 000元。

被告辩称：与原告拟联合投标是事实，但原告一直不让被告报价，因此原告违约在先，被告未违约；按照原告的报价，投标书的制作费用不会超过1万元，请求驳回原告的诉讼请求。

二、事实认定

经审理查明：原告具有房屋建筑工程施工的相关资质，被告具有加固工程的相应资质，为了联合投标上海某区中山小学总部及分部的校安加固大修工程项目，原告（甲方）、被告（乙方）于2012年1月20日签订了联合体投标协议书两份，约定以一个投标人的身份共同参与投标，甲方为联合体的牵头单位，授权其代表联合体双方负责投标和合同实施阶段的主办、协调工作。投标保证金由甲方负责提交。

翌日，原、被告组成的联合体通过了某区中山小学总部及分部的校安加固大修工程项目公开招标网上资质比对。原告按照要求分别缴纳了投标保证金160 000元、80 000元，并委托案外人南通某建设工程有限公司代为制作施工投标文件商务标书（以下简称商务标书），为此支付制作费用100 000元。商务标书中对某区中山小学总部及分部的校安加固大修工程项目的报价分别为8 735 386元、4 295 429元。

2012年2月17日，被告单方面向上海市某区教育局、上海市某区招标投标管理办公室、上海市某工程建设咨询有限公司出具了《终止联合体投标协议的说明》一份，以与原告在投标文件编制过程中对投标报价的定价产生较大分歧，无法达成一致投资策略，无能力按照原告的投标报价完成项目中加固大修分项工程等为由，放弃上述两个项目的投标事宜。上海市某区招标投标管理办公室据此将原告的投标作为废标处理。

另查明，某区中山小学总部及分部的校安加固大修工程的施工招标文件规定的评标办法为：经评审的最低投标价中标法。上述工程最终分别由案外人上海某建筑工程有限公司、上海某加固工程有限公司中标，中标价分别为 9 784 031 元、4 798 970 元。

三、判决结果

一审法院判决被告于本判决生效之日起十日内，赔偿原告经济损失人民币 80 000 元。

四、案例评析

本案是典型的联合体投标因内部分歧导致投标失败的案例，对此结果被告应当负主要责任。

（1）原、被告之间签订的联合体投标协议书系双方的真实意思表示，亦未违反法律规定，故合法有效，双方均应恪守履约。

（2）作为联合体投标，投标价不仅决定了联合体能否中标，而且关系到中标后双方能否获得利益，因此投标价的确定应当经双方协商后取得一致意见。

原告根据协议书的指定，作为联合体的牵头单位，负责投标的主办、协调工作，因此原告有委托制作标书的权利和义务，但不包括原告可以单独决定投标价。现原告没有证据证明其所做报价征得了被告的同意，也无法证明如果按其报价中标的话，可以确保原、被告双方获利，因此，被告作为联合体的一方，为避免投标价过低造成后续的亏损，有权解除联合体投标协议书。但在本案中，被告没有向原告明确做出解除合同或者退出联合投标的意思表示，而是在未通知原告的前提下，单方退出投标，应对造成原告的损失承担赔偿责任。

（3）至于损失是否包括履行合同后的可得利益，则要看具体约定。

本案中，协议书将联合体一方没有履行义务时承担的赔偿责任限定为另一方的直接损失；另外，工程的施工是个复杂的过程，能否获得利益，以及可以获得多少利益具有不确定性。故被告赔偿的损失应当限于造成原告的直接损失。同时，由于原告在委托制作标书时，没有与被告协商报价，本身也有一定过错，也应承担相应的责任。

综合案例6 分包工程款纠纷

原告：甲公司

被告：乙公司

一、诉辩主张

原告诉称：2012 年 10 月，建设单位丙公司将青岛某道路绿化工程发包给被告乙公司。此后，被告乙公司将该工程中的一部分分包给原告甲公司，双方签订建设工程施工承包合同，约定由甲公司实际施工，乙公司收取 8%的管理费和 2%的所得税。合同签订后，原告甲公司施工了部分工程，2013 年 6 月原、被告协商同意原告退出施工，双方对已完成工程量进行了清点，并办理了工程验收交接，同时进行了工程割算。但被告未支付价款。请求判令被告乙公司支付原告甲公司工程款 260 万元。

被告辩称：双方签订的解除合同协议书中约定了双方结算后按照建设单位丙公司向被告乙公司支付工程款的进度和比例支付，现在建设单位未结算完毕，不具备向原告甲公司支付工程款的条件。

二、事实认定

法院经审理查明：

（1）建设单位丙公司将青岛某道路绿化工程（景观绿化）发包给被告乙公司，双方签订了青岛市建设工程施工合同，约定暂定价款3 000万元，以最终审计结果为准。

（2）被告乙公司将上述道路绿化工程中的部分工程分包给了原告甲公司，并签订了建设工程施工承包合同，约定被告乙公司按照工程结算值的8%提取管理费，结算依据招标投标标底优惠后的综合单价及相关约定。

（3）原告甲公司不具备道路绿化工程施工资质。

（4）2013年6月，原告甲公司与被告乙公司签订了建设工程施工承包合同解除协议书一份，约定自协议签订之日起，双方解除施工合同，按照实际施工内容结算工程款。截至本协议签订之日止，已实际完成的全部工程施工内容为《实际完成的工程施工内容明细》所列明的内容，其工程量暂定为300万元。乙公司比照工程建设单位向其支付工程款的进度与比例，及时按照前款规定扣除8%的管理费用、税金，余款252万元，相应地向甲公司支付工程款。付款时间为工程建设单位丙公司向被告乙公司拨付工程进度款后七日内。

（5）2014年8月，建设单位丙公司出具情况说明，证明涉案工程一标段2014年5月完工并进入养护维修期。

（6）原、被告双方申请对甲公司实际施工的涉案工程的工程价款进行评估鉴定。法院委托青岛某公司对涉案工程在甲公司施工期间的工程造价进行了鉴定。鉴定结论为：甲公司施工的道路绿化工程造价为370万元。

三、判决理由和判决结果

法院认为，涉案工程系建设单位丙公司发包给乙公司的绿化工程，乙公司承包后又将该工程中的一部分分包给了甲公司，甲公司不具有建筑公司施工资质，乙公司与甲公司签订的分包合同为无效合同，但合同无效的，可参照合同约定的结算条款对工程造价进行结算。故涉案原告甲公司施工的工程价款以双方申请做出的鉴定结论为依据，扣除约定由原告承担费用后尚欠219万元未支付。关于双方争议的支付条件是否成就问题，甲公司分包的涉案工程已竣工初验且已交付并进入养护期，而建设单位丙公司无正当理由长期未审计结算，双方不宜再按照原约定的以建设单位付款进度和比例支付工程款，原告甲公司可以向被告乙公司主张工程价款。遂判令被告乙公司于判决生效后十日内向原告甲公司支付工程欠款219万元，对原告的其他诉讼请求予以驳回。

四、案例评析

承包人将自己承建的工程分包给不具有资质的其他公司或个人，约定工程款支付比例"以建设单位审计结果为准"或者"按照建设单位付款进度支付工程款"。这种情况在实践中并不少见。那么司法审判实践中对这类工程款如何结算呢？

当建设单位长期不对工程造价进行结算时，会导致实际施工人或分包单位亦长期无法收到工程款，其向合同相对方索要工程款时，会以建设单位未结算或未付款为由被拒。审判实务中常见的与此相关的拖延结算事由通常有需要由政府机关或关联单位主导审计结算，建设单位将工程自行分包及由承包人另行转（分）包的工程因管理混乱、工程资料不齐全或各分包单位相互牵制导致难以结算等，其中既可能有主观恶意拖延的因素，又可能有受客观条件限制的原因。但对于实际施工人或分包单位而言，不论拖延结算的原因为何，其投入资金建造了工程后，长期收不回资金，将面临巨大的资金压力及工人追讨欠薪压力等，多数会向法院提起诉讼。法院在处理该类纠纷时，对于该类约定，一方面会尊重当事人意思自治，对当事人自由自愿签订的合同条款的效力依法予以认定；另一方面，当该类条款合法有效时，会进一步对该约定的付款条件或期限是否成就或届满进行实质性审查。审查的关键问题之一就是对建设单位长期未结算或未付款的原因进行认定。如若查明建设单位存在恶意拖延导致长期未进行审计或结算及付款，承包人也不积极主张的，此时，继续坚持适用转（分）包合同中约定的按照建设单位付款进度或比例进行付款，对于实际施工人或分包单位明显不公平，可以不再按照合同约定的上述条件作为付款条件，或参照《民法典》的规定，视为双方约定的合同履行过程中的付款条件已成就，判令承包人立即向实际施工人或分包单位支付欠付的工程款。如果查明建设单位有正当理由并非无故恶意拖延审计结算及付款，原则上，仍然应当按照双方约定作为付款条件。在举证责任分配上，对于建设单位长期未审计结算的情形，如若建设单位系案件当事人之一，则应当由建设单位举证证明其长期未审计结算的原因；如若建设单位不是案件当事人，则由实际施工人或分包人的合同相对方——承包人来承担相应的举证责任。对于法律规定当事人因客观原因等难以自行收集的证据，必要时，当事人也可以依照法律规定申请法院向建设单位调查取证。

总之，对于此类合同约定，法院往往通过举证责任分配及兼顾公平合理的原则，查明相关事实，对该类约定是否作为付款条件予以认定。

综合案例 7　总包违法分包的应当对人身伤害承担连带赔偿责任

原告：马黑麻

被告：宏强公司、菏建西宁分公司

一、诉辩主张

2015 年 5 月，菏建西宁分公司与西宁强盛建筑劳务分包有限公司（以下简称强盛公司，2016 年 8 月 12 日，强盛公司更名为宏强公司）签订建筑工程劳务承包合同，承建青海出入境检验检疫局综合实验设施附属实验室。2015 年 9 月，马黑麻经人介绍到强盛公司施工工地干活，由于搅拌机钢丝绳脱落，致使搅拌机漏斗坠落砸伤其左腿。西宁市人力资源和社会保障局以劳动关系不明确，做出《工伤认定中止通知书》，又于 2016 年 5 月因马黑麻未能提供与用人单位存在劳动关系的证明材料，做出《工伤认定申请不予受理决定书》。2016 年 9 月，马黑麻以身体权纠纷向法院提起诉讼。

宏强公司辩称：原告与宏强公司不存在劳动关系，与事故调查报告及其庭审中的陈述相互矛盾，不予采信。根据建筑工程劳务承包合同的约定，原告的损害系因菏建西宁分公司的过失造成，应当由菏建西宁分公司承担赔偿责任，双方的约定对原告无约束力，不能对抗原告的主张，不予采信。

菏建西宁分公司辩称：原告应当以工伤待遇起诉，而不应以人身损害赔偿起诉。宏强公司承包的仅是主体工程的劳务，仅是对劳务部分的承包，并不是主体结构的承包，菏建西宁分公司不应该承担连带责任。马黑麻系宏强公司的雇员,宏强公司应当承担马黑麻的赔偿。菏建西宁分公司为该工程的建设方,即使认定承担责任,也应按比例划分,不应当对宏强公司承担连带责任。

二、判决理由和判决结果

法院认为:菏建西宁分公司作为总承包单位和机械设备的提供方,未按照安全施工的要求配备齐全有效的保险、限位等安全设施和装置,致马黑麻在施工中受伤,应承担赔偿责任。另外,《最高人民法院关于审理人身损害赔偿案件适用法律若干问题的解释》第十一条第二款规定:"雇员在从事雇佣活动中因安全生产事故遭受人身损害,发包人、分包人知道或者应当知道接受发包或者分包业务的雇主没有相应资质或者安全生产条件的,应当与雇主承担连带赔偿责任。"宏强公司作为马黑麻的雇主,对于马黑麻在从事雇佣活动中遭受的人身损害应当承担赔偿责任。菏建西宁分公司将承包的建设工程主体结构违法分包给宏强公司,对马黑麻受伤遭受的损失应承担连带赔偿责任。

三、案例评析

(1)本案焦点:宏强公司与菏建西宁分公司是劳务分包还是主体转包。

本案的一个重要争议焦点是:宏强公司与菏建西宁分公司究竟是劳务分包还是主体转包。菏建西宁分公司认为双方之间是劳务分包,是合法的分包关系。马黑麻作为宏强公司的员工,应当由宏强公司承担赔偿责任。菏建西宁分公司即使要承担责任也是按比例承担而非连带承担。

根据菏建西宁分公司与强盛公司签订的建筑工程劳务承包合同,菏建西宁分公司将承包的青海出入境检验检疫局综合实验设施附属实验室发包给强盛公司,承包方式为包工不包料,菏建西宁分公司提供材料、大型机械吊塔、搅拌机、一级配电箱、电线,承包内容(工作范围)为施工图纸范围内附属实验楼主体结构:钢筋制作安装、木工制作安装、砌体、外架搭设……室内外回填土方、砌墙植筋、屋面工程……。从合同约定内容、履行情况及宏强公司的陈述分析,建筑工程劳务承包合同纠纷应属建设工程施工合同纠纷。

(2)施工单位超出劳务公司承包范围的分包视为违法分包。

《建筑法》第二十九条第一款规定:"施工总承包的,建筑工程主体结构的施工必须由总承包单位自行完成。"《民法典》第七百九十一条第三款规定:"禁止承包人将工程分包给不具备相应资质条件的单位。禁止分包单位将其承包的工程再分包。建设工程主体结构的施工必须由承包人自行完成。"宏强公司的经营范围为建筑劳务分包、室内装饰装潢、园林绿化、货物装卸、清洁服务、室内水电安装,菏建西宁分公司将承包的建设工程主体结构工程分包给无相应建筑工程施工资质的宏强公司,违反了上述法律规定。

(3)总包单位即使进行劳务分包,也应当为安全施工配备有效的保险、限位等安全设施和装置。

《建设工程安全生产管理条例》第十五条规定:"为建设工程提供机械设备和配件的单位,应当按照安全施工的要求配备齐全有效的保险、限位等安全设施和装置。"第五十九条规定:"违反本条例的规定,为建设工程提供机械设备和配件的单位,未按照安全施工的要求配备齐全有效的保险、限位等安全设施和装置……造成损失的,依法承担赔偿责任。"菏建西宁分公司作为总承包单位和机械设备的提供方,未按照安全施工的要求配备齐全有效的保险、限位等安全设施和装置，致马黑麻在施工中受伤，应承担赔偿责任。

（4）总包单位进行违法分包的，对发生的人身损害承担连带赔偿责任。

《最高人民法院关于审理人身损害赔偿案件适用法律若干问题的解释》第十一条第二款规定："雇员在从事雇佣活动中因安全生产事故遭受人身损害，发包人、分包人知道或者应当知道接受发包或者分包业务的雇主没有相应资质或者安全生产条件的，应当与雇主承担连带赔偿责任。"宏强公司作为马黑麻的雇主，对于马黑麻在从事雇佣活动中遭受的人身损害应当承担赔偿责任。菏建西宁分公司将承包的建设工程主体结构违法分包给宏强公司，对马黑麻受伤遭受的损失384957.44元应与宏强公司承担连带赔偿责任。

综合案例8　挂靠引起的建设工程施工合同解除纠纷

原告：兰太实某（以下简称兰太公司）

被告：鑫蓝某建筑公司（以下简称鑫蓝公司）

一、基本案情

2014年5月6日，兰太公司与鑫蓝公司签订了建设工程施工合同。由鑫蓝公司承建兰太公司名下的多功能酒店式公寓。为确保工程质量优良，兰太公司与天意公司签订了建设工程监理合同。合同签订后，鑫蓝公司如期开工。但开工仅几天，天意公司监理工程师就发现施工现场管理混乱，遂当即要求鑫蓝公司改正。一个多月后，天意公司监理工程师和兰太公司派驻工地代表又发现工程质量存在严重问题。天意公司监理工程师当即要求鑫蓝公司停工。令兰太公司不解的是，鑫蓝公司明明是当地最具实力的建筑企业，所承建的工程多数质量优良，却为何在这项施工中出现上述问题？经过认真、细致的调查，兰太公司和天意公司终于弄清了事实真相。原来，兰太公司虽然是与鑫蓝公司签订的建设工程施工合同，但实际施工人是当地的一支没有资质的农民施工队（以下简称施工队）。施工队为了承揽建筑工程，挂靠于有资质的鑫蓝公司。为了规避相关法律、法规关于禁止挂靠的规定，该施工队与鑫蓝公司签订了所谓的联营协议。协议约定，施工队可以借用鑫蓝公司的营业执照和公章，以鑫蓝公司的名义对外签订建设工程施工合同；合同签订后，由施工队负责施工，鑫蓝公司对工程不进行任何管理，不承担任何责任，只提取工程价款5%的管理费。兰太公司签订施工合同时，见对方（实际是施工队的负责人）持有鑫蓝公司的营业执照和公章，便深信不疑，因而导致了上述结果。兰太公司认为鑫蓝公司的行为严重违反了诚实信用原则和相关法律规定，双方所签订的建设工程施工合同应为无效，要求终止履行合同。但鑫蓝公司则认为虽然是施工队实际施工，但合同是兰太公司与鑫蓝公司签订的，是双方真实意思的表示，合法有效，双方均应继续履行合同；而且，继续由施工队施工，本公司加强对施工队的管理。对此，兰太公司坚持认为鑫蓝公司的行为已导致合同无效，而且本公司已失去了对其的信任，所以坚决要求终止合同的履行。双方未能达成一致意见，兰太公司遂诉至法院。

二、判决理由和判决结果

法院经审理查明后认为：被告鑫蓝公司与没有资质的某农民施工队假联营真挂靠，并出借营业执照、公章给施工队与原告签订合同的行为违反了我国《建筑法》《合同法》等相关法律规定，原告兰太公司与被告鑫蓝公司签订的建设工程施工合同应当认定无效。故判

决解除鑫蓝公司与兰太公司签订的合同。

三、案例评析

本案合同无效的法律依据如下。

（1）《民法典》第一百五十三条第五项的规定，即"违反法律、行政法规的强制性规定"的合同无效。

（2）《建筑法》第二十六条第二款规定："禁止建筑施工企业超越本企业资质等级许可的业务范围或者以任何形式用其他建筑施工企业的名义承揽工程。禁止建筑施工企业以任何形式允许其他单位或者个人使用本企业的资质证书、营业执照，以本企业的名义承揽工程。"

（3）《最高人民法院关于审理建设工程施工合同纠纷案件适用法律问题的解释（一）》第一条规定，建设工程施工合同具有下列情形之一的，应当依据《民法典》第一百五十三条第一款的规定，认定无效。

① 承包人未取得建筑业企业资质或者超越资质等级的。
② 没有资质的实际施工人借用有资质的建筑施工企业名义的。
③ 建设工程必须进行招标而未招标或者中标无效的。

（4）《最高人民法院关于适用〈中华人民共和国合同法〉若干问题的解释（一）》第四条规定，合同法实施以后，人民法院应当以全国人大及其常委会制定的法律和国务院制定的行政法规为依据确认合同效力。根据《建筑法》，建筑业企业应当按其资质能力从事承建的经营活动，超越本企业资质或没有资质借用有资质建筑业企业名义的合同无效。很明显，本案中的建设工程施工合同当然无效。

本案所涉及工程必须由有资质的建筑施工企业承建，鑫蓝公司具有施工资质，故承建本工程合法有效，但实际情况却是，鑫蓝公司出借资质、营业执照等，允许他人以自己的名义承建该工程，并以自己的名义对该工程进行施工管理，鑫蓝公司只收取管理费，对工程并不进行管理。基于这些事实，鑫蓝公司的行为就违反了《建筑法》，其与挂靠人签订的联营协议因违法而无效，且对于发包人而言，鑫蓝公司和挂靠人对发包人应承担工程质量责任和违约责任。发包人要求解除与鑫蓝公司签订的建设工程施工合同有法律依据，且可要求鑫蓝公司承担解除合同给发包人造成的损失。

综合案例9　分包合同监管问题

原告：张某某
被告：长大公司、某区新天村委会

一、基本案情

2009年4月30日，某区新天村委会（发包人）与长大公司（承包方）签订施工总承包合同。2010年3月10日，长大公司（甲方）与张某某（乙方）就新天村安置小区建安工程1、2栋楼签订项目承包合同，约定张某某作为项目负责人组织人员进行施工。工程2012年7月1日竣工。2016年审计价款为3 229万元。2017年1月24日，新天村委会向长大公司出具承诺书，表示其2016年由于区财政预付款及开发资金未到位，剩余结算款在2017年4月1日至6月30日支付完毕。但后期依然未付清款项。张某某遂起诉要求长大公司支付剩余工程款15 325 095.59元及利息；新天村委会对上述债务承担连带清偿责任。

长大公司认为，其与张某某之间的合同约定，付款条件以业主方付款为前提，业主支付工程款扣除相关费用后张某某再派人到财务处领取工程款。因业主没有付清款项，所以公司没有向原告支付工程款，因此不应当承担工程款利息，如果要承担也是业主承担。

二、一审判决理由和判决结果

一审法院认为，因涉案工程已于 2012 年 9 月进行验收，并于 2012 年 10 月实际交付使用，张某某要求长大公司自 2012 年 11 月 1 日起支付利息，具有事实和法律依据，自 2012 年 11 月 1 日起按照中国人民银行发布的同期同类贷款利率计付工程款利息至实际还清之日止。关于新天村委会是否应向张某某承担责任的问题，涉案的 1、2 栋楼已实际交付使用，新天村委会应支付相应工程款；根据对账单，新天村委会尚欠 11 821 332.59 元，故新天村委会应在 11 821 332.59 元的范围内对张某某承担责任。

长大公司不服，提出上诉请求：（1）驳回张某某的全部诉讼请求；（2）若要求长大公司承担对张某某支付利息的责任，则新天村委会应对利息支付承担连带责任，利息的计算应当按照新天村委会与长大公司施工合同的约定计算。

三、二审判决理由和判决结果

二审法院认为，新天村委会只在欠付工程款 11 821 332.59 元范围内对长大公司欠付张某某工程款本金承担连带责任。张某某作为实际施工人，应向其支付工程款的是长大公司，只是因长大公司不积极履行其义务，拖欠支付工程款项，张某某才向发包人新天村委会请求支付工程款，但长大公司的债务不能全部转移到新天村委会身上，因此新天村委会不必承担利息的连带责任。

四、案例评析

（1）本案焦点：原告张某某与长大公司的"背靠背条款"是否能让长大公司免除付款责任。

工程款支付"背靠背条款"，即以业主付款作为总承包商向分包商付款的前提条件，业主不付款总承包商即不付款。本案中实际施工人张某某和总包单位长大公司约定，付款条件以业主方付款为前提，业主支付工程款后扣除相关费用张某某派人到财务处领取工程款。长大公司抗辩理由为业主没付款，所以公司没有向原告支付工程款，因此不应当承担工程款利息，如果要承担也是业主承担。

法院认为长大公司与张某某之间是违法分包，"背靠背条款"无效。长大公司怠于向业主索要工程款，导致 2012 年竣工的项目至今未要齐工程款，因此应对应该付给张某某的工程款承担利息。对业主单位而言，最终付款条件尚未成就，但工程已实际交付使用，因此应当给付工程款，在欠付工程款范围内对张某某承担连带责任。

（2）一般合法分包"背靠背条款"才能产生法律效力。

违法分包情形下，承包人所签订的分包合同因违背法律规定而无效，分包的整个合同无效，导致约定的支付分包工程款以业主对总承包人付款为前提的条款也无效，即"背靠背条款"对分包商和总承包商均不具约束力。

合法分包情形下，应当认定"背靠背条款"有效。工程分包的目的在于引入专业分包商的技术能力和资金实力，与总承包商共同对工程质量及业主负责。总承包商和分包商对业主承担连带责任，而连带责任的内容应包含权利和义务两方面，收取业主的工程款是总承包商和分包商双方的共同权利，而约定分包商也应承担业主不能付款的风险是承担前述连带责任义务的具体表现。且在签订分包合同时，分包商完全有根据自身风险承受能力决定是否签约的自由，即有是否接受"背靠背条款"的选择权。

（3）总包单位设计"背靠背条款"的，应当对付款前提做清楚明确的约定。

若分包合同中未明确付款期限，仅约定"双方结算以总包方与业主的结算依据和条款为准"，应视为对付款期限的约定不明，按照《民法典》对付款期限约定不明的规定进行处理。若分包合同约定业主付款后一定期限内支付分包商工程款，期限未届满分包商不得向总承包商主张支付工程款的，其为附期限的合同约定。

（4）总承包商应当积极向业主催款。

总承包商需对其与业主之间的结算情况及业主支付工程款的事实承担举证责任，即证实业主支付的工程款中用于分包工程的明细，以及业主未付款并非基于总承包商的原因，总承包商不存在工期延误和工程质量不合格等因素。同时，总承包商还应举证证实自身已积极向业主主张权利，不存在怠于行使权利的情形。只有这样，才能使"背靠背条款"真正产生效力。

思考与练习题 1

扫一扫看本练习题参考答案

一、单项选择题

1.（　　）是指建设单位、设计单位、施工单位、工程监理单位违反国家规定，降低工程质量标准，造成重大安全事故的，对直接责任人员处 5 年以下有期徒刑或者拘役，并处罚金，后果特别严重的，处 5 年以上 10 年以下有期徒刑，并处罚金。

　　A．工程重大安全事故罪　　　　B．重大责任事故罪
　　C．重大劳动安全事故罪　　　　D．消防责任事故罪

2.（　　）是指造成 10 人以上 30 人以下死亡，或者 50 人以上 100 人以下重伤，或者造成 5000 万元以上一亿元以下的直接经济损失的事故。

　　A．一般事故　　　　　　　　　B．较大事故
　　C．重大事故　　　　　　　　　D．特别重大事故

3.（　　）由国务院或者国务院授权有关部门组织事故调查组进行调查。

　　A．一般事故　　　　　　　　　B．较大事故
　　C．重大事故　　　　　　　　　D．特别重大事故

4.（　　）以上地方人民政府建设行政主管部门应当根据本级人民政府的要求，制定本行政区域内建设工程特大安全生产事故应急救援预案。

　　A．省级　　　B．市级　　　C．县级　　　D．乡镇级

5．建设工程安全生产管理的方针是（　　）。

　　A．安全第一、预防为主　　　　B．建立政府的监察机制
　　C．建立安全生产制度　　　　　D．管生产必须管安全

6．建设单位必须在建设工程立项批准后、工程发包前，向建设行政主管部门或者其授权的部门办理（　　）。

　　A．领取施工许可证手续　　　　B．工程报建登记手续

C. 取得规划许可证手续　　　　D. 质量监督手续

7. 建筑、扩建、改建的建筑工程，（　　）必须在开工前向建设行政主管部门申请领取建设工程施工许可证。

A. 监理单位　　B. 建设单位　　C. 施工单位　　D. 设计单位

8. 批准开工报告的建筑工程，因故不能按期开工超过（　　）的，应该重新办理开工报告的审批手续。

A. 3个月　　B. 6个月　　C. 1年　　D. 2年

9. 由两个以上承包单位联合共同承包大型建筑工程的，共同承包的各方对所签订的承包合同的履行（　　）。

A. 共同承担责任　　　　　　B. 按照承揽工程的比例分别承担责任
C. 承担连带责任　　　　　　D. 各自承担责任

10. 两个以上不同资质等级的单位实行联合承包的，应当按照（　　）的业务许可范围承揽工程。

A. 资质等级高的单位　　　　B. 联合各方的平均资质等级
C. 中等资质等级的单位　　　D. 资质等级低的单位

11. 根据《建设工程安全生产管理条例》的规定，施工单位（　　）依法对本单位的安全生产过程全面负责。

A. 主要负责人　　　　　　　B. 直接负责人
C. 技术负责人　　　　　　　D. 项目负责人

12. 建筑施工企业管理人员安全生产考核合格证书有效期为（　　）年。

A. 5　　B. 4　　C. 3　　D. 1

13. 专职安全生产管理人员负责对安全生产进行现场监督检查。发现安全事故隐患，应当及时向（　　）和安全生产管理机构报告；对违章指挥、违章操作的，应当立即制止。

A. 项目技术负责人　　　　　B. 企业负责人
C. 监理工程师　　　　　　　D. 项目负责人

14. 国家对严重危及施工安全的工艺、设备、材料实行（　　）制度。

A. 淘汰　　B. 登记备案　　C. 限地区使用　　D. 报告

15. 三级安全教育是指（　　）这三级。

A. 公司、总包单位、分包单位
B. 建设单位、施工单位、监理单位
C. 企业法定代表人、项目负责人、班组长
D. 公司、项目、班组

16. 施工图设计文件未经审查批准，（　　）不得使用。

A. 设计单位　　　　　　　　B. 建设单位
C. 监理单位　　　　　　　　D. 施工单位

17. 施工单位依法承揽工程后，（　　）。

A. 不得分包工程
B. 经建设单位同意后可依法转包工程
C. 必须按照施工设计图纸施工，不得擅自修改工程设计

D．不得更换项目经理

18．在正常使用条件下，屋面防水工程、有防水要求的卫生间、房间和外墙面的防渗漏最低保修期为（　　）。

　　A．3年　　　　　　　　　　　　B．5年
　　C．10年　　　　　　　　　　　 D．设计文件规定的该工程的合理使用期限

19．以下关于安全生产许可证与施工许可证说法正确的是（　　）。

　　A．对未取得安全生产许可证的，不得颁发施工许可证
　　B．对未取得施工许可证的，不得颁发安全生产许可证
　　C．安全生产许可证与施工许可证都应当由施工单位申请领取
　　D．安全生产许可证与施工许可证都应当由建设单位申请领取

20．以下用人单位不得解除劳动合同的情形是（　　）。

　　A．劳动者患病，医疗期满后不能从事原工作，也不能从事用人单位另行安排的工作的
　　B．劳动者不能胜任工作，经过培训或者调整工作岗位仍不能胜任工作的
　　C．劳动合同订立时所依据的情况发生重大变化致使原劳动合同无法履行，经当事人协商不能就变更劳动合同达成协议的
　　D．患有职业病或者因工伤并且被确认丧失或者部分丧失劳动能力的

二、多项选择题

1．国家对（　　）实行安全生产许可制度。

　　A．矿山企业　　　　B．建设施工企业　　　　C．危险化学品
　　D．烟花爆竹　　　　E．食品企业

2．《建筑工程安全生产管理条例》适用于以下（　　）项。

　　A．建设工程的新建　　B．建设工程的改建　　C．建设工程的扩建
　　D．救火工程　　　　　E．建设工程的拆除

3．消防安全责任制度主要有（　　）。

　　A．消防安全制度和安全操作规程　　　　　　B．防火档案
　　C．建立义务消防队　　D．防火安全检查　　　E．消防安全培训

4．下列关于伤亡事故的说法正确的是（　　）。

　　A．职工在劳动过程中发生的人身伤害、急性中毒事故
　　B．职工在本岗位劳动所发生的人身伤害（即轻伤、重伤、死亡）事故
　　C．职工不在本岗位劳动，但由于企业的设备和设施不安全、劳动条件和作业环境不良、管理不善所发生的人身伤害（即轻伤、重伤、死亡）和急性中毒事故
　　D．职工不在本岗位劳动，但由于企业领导指派到企业外从事本企业活动，所发生的人身伤害（即轻伤、重伤、死亡）和急性中毒事故
　　E．职工在本岗位劳动所发生的急性中毒事故

5．安全生产的目的包括（　　）。

　　A．防止和减少生产安全事故　　　　B．保障人们生命和财产安全
　　C．减少项目成本　　　　　　　　　D．促进经济发展

E. 加快项目进度

6. 根据《建设工程质量管理条例》的规定，工程监理单位与（　　）有隶属关系或者其他利害关系的，不得承担该项建设工程的监理业务。

　　A. 该工程的建设单位
　　B. 该工程的勘察设计单位
　　C. 该工程的施工承包单位
　　D. 该工程的建筑材料、建筑构配件供应商
　　E. 该工程的设备供应商

7. 下列建设工程项目，必须实施工程监理的是（　　）。

　　A. 某住宅小区建筑工程　　B. 世界银行贷款建设卫生设施
　　C. 合资开发的生物制药产业园区　　D. 合资建设的城市污水处理厂
　　E. 南水北调工程

8. 建设单位办理工程质量监督手续，应提供的文件和资料包括（　　）。

　　A. 土地规划许可证　　B. 施工承包合同
　　C. 施工单位资质等级证书　　D. 设计单位资质等级证书
　　E. 工程勘察设计文件

9. 下列关于工程监理单位相关的质量责任和义务的说法正确的是（　　）。

　　A. 工程监理单位经建设单位同意，可以将附属工程的监理业务转让
　　B. 工程监理单位如果与被监理工程的设备供应单位有利害关系，也需要回避
　　C. 未经监理工程师签字，建设单位不拨付工程款，不进行竣工验收
　　D. 监理单位依据建设工程承包合同可以监督施工单位是否全面履行合同约定的义务
　　E. 未经监理工程师签字，建筑材料不得在工程上使用

10. 按照《建设工程质量管理条例》的规定，建设行政主管部门和其他有关部门履行监督检查职责时，有权采取下列措施中的（　　）。

　　A. 要求被检查的单位提供有关质量的文件和资料
　　B. 要求被检查的单位暂缓施工配合检查
　　C. 发现质量问题时，责令改正
　　D. 传唤工程质量责任人员谈话
　　E. 对涉及结构安全试块、试件同步取样检测

第2章 合同法律制度

教学导航

扫一扫看本章教学课件

知识重点	1. 合同订立形式； 2. 合同变更、转让与终止； 3. 违约责任的免除
知识难点	1. 合同的效力； 2. 要约与要约邀请的区别
学习要求	掌握要约与承诺的有效条件和合同的一般条款，有效合同的成立要件及无效合同的认定和处理，合同的履行及履行中的抗辩权、代位权和撤销权的规定，违约责任的构成要件、违约责任的形式及免责的规定，合同的形式，可撤销合同、效力待定合同和附条件、附期限合同的效力的法律规定，合同的变更、转让和终止的规定； 熟悉合同担保的形式； 了解合同的概念、合同法的基本原则和合同的种类
推荐教学方式	从整个行业的合同订立与效力入手，重点讲解建筑工程合同签订的特殊之处
建议学时	12学时

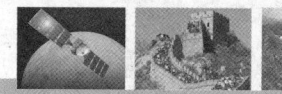

【案例 2-1】 某项目公开招标投标，A 建筑企业中标，中标价 6 586 万元。随后 A 企业与业主签订了施工合同，合同价款为 6 600 万元。签订合同不久，业主要求 A 建筑企业必须再次签订一个施工合同用于备案，合同价款为 4 800 万元，并承诺实际履行时以合同价款为 6 600 万元的合同为准。A 建筑企业迫于业主方的压力签订了第二个合同。一年后，工程合格竣工，A 建筑企业共拿到工程款 4 500 万元，公司负责人多次催要剩余 2 100 万元工程款未果，遂起诉。法庭上，业主方称：备案的合同价款为 4 800 万元，根据我国相关法律规定，若签订阴阳合同的，以备案合同为准。所以只愿意支付剩余的 300 万元工程款。你认为业主方的说法正确吗？请说明理由。

评析：业主方的说法是错误的。《招标投标法》第四十六条规定："招标人和中标人应当自中标通知书发出之日起三十日内，按照招标文件和中标人的投标文件订立书面合同。招标人和中标人不得再行订立背离合同实质性内容的其他协议。"案例中，虽然第二个合同为备案合同，但是合同的内容极大地背离了中标人的投标文件，可认为是无效合同，因此简单地以备案合同作为结算依据是不妥的。

2.1 合同的订立与效力

2.1.1 合同的订立

1. 合同的概念、特征和分类

1）合同的概念

合同也称契约，是指平等主体的自然人、法人、其他组织之间设立、变更、终止民事权利义务关系的协议。

2）合同的特征

（1）合同是一种民事法律行为。合同不是一种事实行为，而是一种法律行为。合同是当事人在自愿的基础上达成的协议，是以发生一定民事法律后果为目的的法律行为，不具有发生民事法律后果目的的行为不是合同。

（2）合同是双方的或多方的民事法律行为。合同的主体必须有两个或者两个以上，合同的成立是双方或多方当事人意思表示一致的产物，所以合同是双方或多方的民事法律行为，不是单方的法律行为。

（3）合同当事人的法律地位平等。在合同关系中，当事人的法律地位平等，应通过协商的方法签订合同，任何一方不得凭借行政权力、经济实力将自己的意思强加给另一方。

（4）合同是当事人合法的行为。合同的订立和内容必须合法，合同中确定的权利和义务必须是双方当事人依法可以行使的权利和承担的义务。

3）合同的分类

根据不同的标准，可将合同分为不同的种类。对合同进行分类的意义在于可以帮助当事人更好地订立和履行合同，正确地运用法律和处理合同纠纷。一般来说，对合同可以做如下分类。

（1）有名合同与无名合同：以法律是否对合同规定有确定的名称及调整规则为标准，

可将合同分为有名合同与无名合同。

有名合同是指法律上已经确定了一定的名称及规则的合同，又称典型合同。《民法典》所规定的买卖合同、赠与合同、借款合同、租赁合同、承揽合同、保管合同、运输合同等19类合同，以及在一些单行法律中所规定的合同，如《保险法》中所规定的保险合同，都属有名合同。

无名合同是指法律上尚未确定一定的名称及规则的合同，又称非典型合同。合同法不但不禁止当事人订立无名合同，而且还鼓励当事人订立无名合同。

有名合同与无名合同的主要区别在于两者的法律适用不同。有名合同可直接适用《民法典》合同篇/第二分篇/典型合同和其他相关的单行法律的具体规定。而无名合同则只能在适用《民法典》合同篇第一分篇通则中规定的一般规则的同时，参照适用分篇典型合同或者其他法律中最相类似的规定。

（2）双务合同与单务合同：以合同当事人是否要互负相应义务为标准，可将合同分为单务合同与双务合同。

双务合同是指当事人双方互负给付义务的合同。也就是说，双务合同中的一方当事人享有的权利，即为另一方当事人所负有的义务，而另一方当事人享有的权利，则是一方当事人所负有的义务。买卖合同、租赁合同等均为双务合同。绝大多数的合同为双务合同。

单务合同是指只有一方当事人负有给付义务的合同。也就是说，单务合同中的一方当事人只享有权利，不负有给付义务，而另一方当事人只负有给付义务，不享有权利。一般性的赠与合同、借用合同就属于单务合同。

（3）有偿合同与无偿合同：以合同当事人权利的获得是否以支付相应代价为标准，可将合同分为有偿合同与无偿合同。

有偿合同是指当事人从合同中得到利益要支付相应代价的合同。买卖合同、租赁合同都属有偿合同。

无偿合同是指当事人从合同中得到利益而不需要付出相应代价的合同。赠与合同、借用合同都属无偿合同。

（4）诺成合同与实践合同：根据合同是在当事人意思表示一致时成立，还是在当事人意思表示一致后，仍需有实际交付标的物的行为才能成立，可将合同分为诺成合同与实践合同。

诺成合同是指在当事人意思表示一致时即告成立的合同。大多数的合同都属诺成合同。

实践合同是指在当事人意思表示一致后，仍需有实际交付标的物的行为才能成立的合同。如保管合同就属于实践合同，这种合同要求当事人就保管物的质押的意思表示达成一致后，还要求被保管人必须将保管物移交给保管人占有，合同才能成立并生效。通常要确定某种合同是否是实践合同，应根据法律的规定及交易惯例而定。

（5）要式合同与不要式合同：以法律、法规是否特别要求合同必须符合一定的形式才能成立为标准，可将合同分为要式合同与不要式合同。

要式合同是指合同成立必须采用特定形式的合同。不要式合同是法律对合同的成立未规定特定形式的合同。

（6）主合同与从合同：以合同是否具有从属性为标准，可将合同分为主合同与从合同。

主合同是无须以其他合同存在为前提即可独立存在的合同。

从合同是必须以其他合同的存在为前提才可存在的合同。如保证合同相对于主债务合同而言即为从合同。由于从合同要依赖主合同的存在而存在，所以从合同又被称为"附属合同"。

2. 合同法的概念和适用范围

1) 合同法的概念

合同法是调整平等主体之间合同关系的法律规范的总称。

我国现行的关于合同的法律规定主要体现在《民法典》合同篇里。其立法的目的是保护当事人的合法权益，维护社会经济秩序，促进社会主义现代化建设。

2) 合同法的适用范围

《民法典》第四百六十三条规定："本编调整因合同产生的民事关系。"

《民法典》第四百六十四条第二款规定："婚姻、收养、监护等有关身份关系的协议，适用有关该身份关系的法律规定；没有规定的，可以根据其性质参照适用本编规定。"该条明确规定了我国合同法的适用范围，合同法调整的是平等主体之间的民事关系。在此需要注意的是，政府的经济管理活动，属于行政管理关系，不是民事关系，不适用《民法典》合同篇内容；企业、单位内部的管理关系，不是平等主体间的关系，也不适用《民法典》合同篇内容；有关婚姻、收养、监护等有关身份关系的协议，虽然是平等主体间的关系，但也不适用《民法典》合同篇的规定，由其他法律调整。

3. 合同订立的形式

1) 合同订立的概念

合同的订立是指两个或者两个以上的当事人，依法就合同的主要条款通过协商一致，达成协议的法律行为。

订立合同的形式，是合同双方当事人之间明确相互权利和义务的方式，是双方当事人意思表示一致的外在表现。

合同的当事人可以是自然人，也可以是法人或者其他组织。订立合同当事人必须具备与所订立合同相适应的民事权利能力和民事行为能力。当事人也可以依法委托代理人订立合同。因此，在订立合同时，应当注意了解对方是否具有相应的民事权利能力和民事行为能力，是否受委托及委托代理的事项、权限等。

2) 订立合同的形式

合同的形式是指合同当事人达成的协议的表现形式。《民法典》规定，当事人订立合同可以有三种形式：书面形式、口头形式和其他形式。

（1）书面形式。书面形式是合同书、信件、电报、电传、传真等可以有形地表现所载内容的形式。以电子数据交换、电子邮件等方式能够有形地表现所载内容，并可以随时调取查用的数据电文，视为书面形式。

法律、行政法规规定采用书面形式的，应当采用书面形式，如我国法律规定，建设工程合同应当采用书面形式，应以招标的方式订立。当事人约定采用书面形式的，应当采用书面形式。书面形式虽然没有口头形式迅速、简便，但由于有据可查，有利于保障交易安全、减少纠纷,发生纠纷时也易于分清责任,因此在实践中,书面形式是当事人最普遍采用的一种合同约定形式。

(2)口头形式。口头形式的合同是指当事人之间就合同内容达成一致的口头协议。例如,居民在菜市场买菜的行为就是口头形式的合同。口头形式的合同迅速、简便,缺点是发生纠纷时难以取证,不易分清责任。所以,对于不即时清结的和较为重要的合同,不宜采用口头形式。

(3)其他形式。除书面形式和口头形式外,合同还可以以其他形式订立。法律没有列举具体的其他形式。一般认为,不属于上述两种形式,但根据当事人的行为或者特定情形能够推定合同成立的其他形式(推定形式),或者根据交易习惯所采用的其他形式(如默示形式),都属于法律上认可的合同的其他形式。

如《民法典》第四百九十条明确规定,当事人采用合同书形式订立合同的,自当事人均签名、盖章或者按指印时合同成立。在签名、盖章或者按指印之前,当事人一方已经履行主要义务,对方接受时,该合同成立。法律、行政法规规定或者当事人约定合同应当采用书面形式订立,当事人未采用书面形式但是一方已经履行主要义务,对方接受时,该合同成立。在上述两种情况下,合同均不具备应具备的书面形式,但可以通过当事人的行为推定合同成立。

【案例2-2】监理工程师王某为了工作方便,于2018年5月租了李某位于开发区的一套住房,约定租期为一年。到2019年5月一年期满后,王某没有搬出而是继续居住,并且以同样标准继续支付了2019年6月的房租,房东李某也没有表示任何异议。

请分析,监理工程师王某与房东李某之间是否仍然存在合同关系?

评析:监理工程师王某与房东李某之间仍然存在合同关系。

因为虽然监理工程师王某与房东李某之间的合同已经到期,但是,王某仍然继续居住并且支付了租金,房东李某也没有表示异议,故根据合同形式的相关法律规定可以推定双方都默认了租房合同的继续存在。

4. 合同的内容

合同的内容是指合同当事人约定享有的债权和承担的债务。合同的内容通过合同的条款来体现,由当事人约定,依合同种类的不同而有所不同。

1)合同的主要条款

合同的条款可以分为主要条款和一般条款。主要条款又称必要条款,是指合同必须具备的条款,它决定着合同的类型和当事人的基本权利与义务,因此具有重要意义。不同种类的合同,其主要条款也是有所区别的。

根据《民法典》第四百七十条第1款的规定,合同一般包括以下条款。

(1)当事人的名称或者姓名和住所。当事人的名称和姓名用以确定合同的当事人,因当事人是合同权利和合同义务的主体,订立合同须有当事人。法人和其他组织订立合同的,合同中应写明名称;自然人签订合同的,合同中应写明姓名。当事人的住所关系到文书的送达、合同的履行地、诉讼管辖等重要问题,因此在合同中还要写明当事人的住所。

(2)标的。标的是合同当事人权利和义务共同指向的对象。若合同不规定标的,就会失去目的和意义。标的是一切合同的主要条款，不可或缺。合同的标的可以是物（包括实物和货币），也可以是行为，还可以是智力成果。如买卖合同的标的是货物，借款合同的标的是货币，运输合同的标的是劳务行为。

（3）数量。数量是以数字和计量单位来表示标的的尺度，以此确定当事人权利和义务的大小。当事人应当约定具体的计量单位、计量方法，尽量使用法定的计量单位。对因物理属性可能发生自然增减的标的，当事人可在合同中对数量做机动性的规定，如可在合同中规定合理的磅差、正负尾差等。

（4）质量。质量是指标的的具体特征，是标的内在素质和外观形态的综合，包括标的品种、规格、型号、等级、标准、技术要求等。质量条款必须符合我国《产品质量法》等法律、法规的规定。标的的质量条款是合同中非常重要的内容，应尽量明确、详细、具体，以免发生合同纠纷。标的质量有国家标准或行业标准的，按国家标准或行业标准；没有国家标准或行业标准的，由双方当事人协商确定。

（5）价款或报酬。价款或报酬是有偿合同的必备条款。价款是指取得标的物所应支付的代价；报酬是指当事人接受对方提供的劳务、服务而应支付的代价。价款或报酬除法律规定必须执行国家定价的以外，由当事人议定，在合同中应当明确规定其数额、计算标准、结算方式和程序。

（6）履行期限、地点和方式。履行期限是指当事人在合同中约定的交货、付款和完成一定工作任务的时间界限。它是衡量合同能否如期履行的标准，必须在合同中明确、具体地规定。履行地点是指当事人享受权利、履行义务的地点、场所，它关系着验收地点的确定、运费的负担、风险的承担，而且还是确定诉讼管辖的依据之一。所以，履行地点必须在合同中明确规定。履行方式是指合同当事人以何种方法履行义务，包括交货方式、付款方式、结算方式等，也必须在合同中明确规定。

（7）违约责任。违约责任是指当事人不履行合同义务或者履行合同义务不符合约定时，按照法律或者合同的规定所应承担的法律责任。违约责任是合同具有法律约束力的重要体现，约定违约责任的目的是促使当事人履行合同，使守约方免受或少受损失。法律、法规对违约责任有规定的，按规定执行；法律、法规没有规定的，由当事人双方协商确定。

（8）解决争议的方法。解决争议的方法是指合同当事人在合同纠纷发生后，以何种方法解决。解决争议的方法主要有：当事人协商和解；第三人调解；仲裁；诉讼。当事人可以选择解决合同争议的方法。如果意图通过诉讼解决争议，可以不进行约定；但要通过其他途径解决，则要经过事先或者事后的约定。如果选择通过仲裁解决，还应当明确选择仲裁机构，否则将无法确定仲裁条款的效力。另外，在涉外合同中，除法律有特别规定的以外，当事人还可以选择处理合同争议所适用的法律。

《民法典》第四百七十条规定的上述合同条款，对于买卖合同而言，都属主要条款，而对其他类型的合同而言，并非都是主要条款。比如，根据《民法典》第七百九十四条的规定，勘察设计合同的主要条款包括提交有关基础资料和文件（包括预算）的期限、质量要求、费用及其他协作等条款；根据《民法典》第七百九十五条的规定，施工合同的主要条款包括工程范围、建设工期、中间交工工程的开工和竣工时间、工程质量、工程造价、技术资料交付时间、材料和设备供应责任、拨款和结算、竣工验收、质量保修范围和质量保证期、双方相互协作等条款。

一般条款是指合同主要条款以外的条款,并非合同必须具备的条款。

合同主要条款的确定标准主要有以下几种:法律直接规定为主要条款的,如《民法典》规定借款合同中应有借款币种的条款,该条款即为主要条款;由合同的类型和性质决定的,如价款条款在买卖合同中应属主要条款,不能缺少,而对赠与合同而言就不是主要条款;当事人特别约定的,如买卖合同中一方当事人提出必须就交货地点达成协议,否则合同不成立,那么交货地点条款在该买卖合同中就是主要条款。

扫一扫看承包范围约定不明案例

2)合同的格式条款

在合同条款中还要引起重视的是格式条款的相关问题。《民法典》第四百九十六条规定,格式条款是当事人为了重复使用而预先拟定,并在订立合同时未与对方协商的条款。格式条款的适用可以简化签约程序,加快交易速度,减少交易成本。但是,由于格式条款是由一方当事人拟订的,相对人不参与订约的协商过程,只能对一方提出的格式条款表示接受或者不接受,双方地位实际上并不平等,其条款内容难免有不够公平之处。为防止提供格式条款的一方利用格式条款损害相对人的合法权益,我国《民法典》通过加重提供格式条款人的责任,以求得格式条款双方当事人利益的实际平衡。具体表现为以下三点。

(1)提供格式条款的一方应当遵循公平原则确定当事人之间的权利和义务,并采取合理的方式提请对方注意免除或者限制其责任的条款,按照对方的要求,对该条款予以说明。

(2)格式条款具有《民法典》规定的合同无效和免责条款无效的情形,或者提供格式条款一方免除其责任、加重对方责任、排除对方主要权利的,该条款无效。

(3)对格式条款的理解发生争议的,应当按照通常理解予以解释。对格式条款有两种以上解释的,应当做出不利于提供格式条款一方的解释。格式条款与非格式条款不一致的,应当采用非格式条款。

5. 合同的订立过程

《民法典》规定:"当事人订立合同,可以采取要约、承诺方式或者其他方式。"即一般情况下,合同的订立包括要约和承诺两个阶段。

1)要约

(1)要约的概念。要约又称发价、发盘、出价、出盘或报价等,是指希望和他人订立合同的意思表示,是一方当事人向对方提出签订合同的建议和要求。发出要约的当事人称为要约人,要约所指向的相对方称为受要约人。

要约应具备下列条件。

首先,内容要具体确定。内容具体确定包括:第一,要约必须是特定人的意思表示;第二,受要约人一般也是特定的,但在一些特殊情况下,要约人也可以向不特定的人发出要约;第三,要约的内容必须具有足以决定合同内容的主要条款。例如,勘察设计合同必须包括提交有关基础资料和文件(包括预算)的期限、质量要求、费用及其他协作等主要条款;并且要约的内容必须明确,不能含糊不清,令人费解。

其次,要约经受要约人承诺,要约人即受该意思表示约束。要约是一种法律行为,要约人受到要约的约束:当要约已送达给受要约人后,在要约的有效期限内,要约人不得擅自撤回要约或者变更要约内容。也就是说,如对方接受要约,合同即告成立。

(2)要约邀请。要约邀请又称要约引诱,是希望他人向自己发出要约的意思表示。与要约不同,要约邀请不属于订立合同的行为,只是合同准备阶段,没有法律约束力的行为,如寄送的价目表、拍卖公告、招标公告、招股说明书等为要约邀请。在此需要注意的是,商业广告视其内容确定是要约还是要约邀请,若内容符合要约规定条件的,则视为要约,否则是要约邀请。

【案例2-3】甲公司向包括乙公司在内的十余家公司发出关于某建设项目的招标书。乙公司在接到招标书后向甲公司发出了投标书。甲公司经过决标,确定乙公司中标,并向其发出中标通知书。请分析甲公司发出招标书和乙公司发出投标书行为的性质。

评析:甲公司发出招标书的行为在性质上属于要约邀请;乙公司发出投标书的行为在性质上属于要约。

因为甲公司发出招标书的行为是希望收到招标书的公司能够向自己发出要约的意思表示,故属于要约邀请;而乙公司发出投标书的行为是希望能够和甲公司订立合同的意思表示,故属于要约。

(3)要约生效时间。《民法典》规定,在要约生效时间上,以非对话方式做出的要约,到达相对人时生效。以非对话方式做出的采用数据电文形式的要约,相对人指定特定系统接收数据电文的,该数据电文进入该特定系统时生效;未指定特定系统的,相对人知道或者应当知道该数据电文进入其系统时生效。当事人对采用数据电文形式的要约的生效时间另有约定的,按照其约定。

需要注意的是,要约到达受要约人,并不是指要约一定要实际送达受要约人或者其代理人手中,要约只要送达受要约人通常的地址、住所或者能够控制的地方(如信箱等)即为送达。

(4)要约的撤回、撤销与失效。

要约的撤回是指要约人在要约发出以后、生效之前,使要约不发生法律效力的意思表示。《民法典》规定,要约可以撤回,撤回要约的通知应当在要约到达受要约人之前或者与要约同时到达受要约人。法律规定要约可以撤回,原因在于这时要约尚未发生法律效力,撤回要约不会对受要约人产生任何影响,也不会对交易秩序产生不良影响。

要约的撤销是指要约人在要约生效后,使要约丧失法律效力的意思表示。也就是说,要约已经到达受要约人,在受要约人承诺前,要约人可以撤销要约。《民法典》规定,要约可以撤销。撤销要约的通知应当在受要约人发出承诺之前到达受要约人。由于撤销要约可能会给受要约人带来不利影响,损害受要约人的利益,所以法律规定有下列情形之一的,要约不得撤销。

① 要约中规定了承诺期限或者以其他形式表明要约是不可撤销的。

② 受要约人有理由信赖要约是不可撤销的,并已经为履行合同做了准备工作,则不可撤销要约。

除上述两种情况外,要约均是可以撤销的。

要约的失效是指要约丧失了法律拘束力。要约失去效力后,要约人不再受要约的约束,受要约人也终止了承诺的权利。要约失效的原因很多,根据我国《民法典》的规定,要约失效主要有以下几种情况。

① 拒绝要约的通知到达要约人。
② 要约人依法撤销要约。
③ 承诺期限届满，受要约人未做出承诺。
④ 受要约人对要约的内容做出实质性变更。

【案例2-4】建筑设备租赁公司鸿安公司2016年5月6日向设备生产公司万盛公司发出购买安装设备的要约，称对方如果同意该要约条件，请在10日内予以答复，否则将另找其他公司签约。第3天，正当万盛公司准备回函同意要约时，鸿安公司又发一函，称前述要约作废，已与别家公司签订合同。万盛公司认为10日尚未届满，要约仍然有效，自己同意要约条件，要求对方遵守要约。双方发生争议，起诉至法院。要求分析鸿安公司的要约是否生效，要约能否撤回或撤销。

评析：鸿安公司的要约已经生效。因为，根据《民法典》第一百三十七条的规定，要约到达受要约人时生效，鸿安公司发出的要约已经到达受要约人，所以该要约已经生效。

鸿安公司的要约不能撤回也不能撤销。根据《民法典》第一百四十一条的规定，在要约生效前，要约可以撤回，鸿安公司发出的要约已经生效，因此不能撤回。要约人在要约生效后、受要约人承诺前，可以撤销要约。但是《民法典》第四百七十六条规定，有下列情形之一的，要约不得撤销：（一）要约人确定了承诺期限或者以其他形式明示要约不可撤销；（二）受要约人有理由认为要约是不可撤销的，并已经为履行合同做了准备工作。

本案中，鸿安公司的要约称对方如果同意该要约条件，请在10日内予以答复，属于要约中明确规定了承诺期限，所以不得撤销。

2）承诺

（1）承诺的概念。承诺也称接受，是指受要约人同意要约的意思表示，承诺生效时合同成立。承诺应当具备下列条件。

① 承诺必须由受要约人向要约人做出。受要约人包括其本人及其合法代理人。
② 承诺必须是向要约人做出。
③ 承诺的内容应当与要约的内容一致。如果承诺的内容与要约的内容不一致，则构成一项新的要约，或称为反要约。但如果承诺中只是对要约的非实质性内容做了变更，一般不会影响承诺的效力。《民法典》第四百八十九条规定："承诺对要约的内容做出非实质性变更，除要约人及时表示反对或者要约人已表明承诺不得对要约的内容做出任何变更的以外，该承诺有效，合同的内容以承诺的内容为准。"

在此需要注意的是，有关合同标的、数量、质量、价款或者报酬、履行期限、履行地点和方式、违约责任和解决争议方法等的变更，是对要约内容的实质变更。

④ 承诺必须在规定的期限内做出。如果要约规定了有效期限，则应该在该期限内承诺；如果没有规定有效期限，则应当在合理期限内做出承诺。受要约人超过了规定的有效期限或合理期限做出承诺，则视为承诺迟延或称为逾期承诺。一般而言，逾期的承诺被视为一项新的要约，只有要约人及时通知受要约人该承诺有效，才会使该承诺成为有效的承诺。

⑤ 承诺必须表明受要约人决定与要约人订立合同。这就要求受要约人的承诺必须清楚明确，不能含糊。

不符合上述条件的承诺，不能认为是承诺。

（2）承诺的方式。承诺的方式是指受要约人将其承诺的意思传达给要约人所采用的方式。承诺应当以通知的方式做出，但根据交易习惯或者要约表明可以通过行为做出承诺的除外。

（3）承诺的期限。承诺应当在要约确定的期限内到达要约人。

要约没有确定承诺期限的，承诺应当依照下列规定到达：如果要约是以对话方式做出的，应当即时做出承诺，但当事人另有约定的除外；如果要约是以非对话方式做出的，承诺应当在合理期限内到达。

承诺期限的计算：要约是以信件或者电报做出的，承诺期限自信件载明的日期或者电报交发之日开始计算。信件未载明日期的，自投寄该信件的邮戳日期开始计算。要约是以电话、传真等快速通信方式做出的，承诺期限自要约到达受要约人时开始计算。

（4）承诺的生效。《民法典》第四百八十四条规定，以通知方式做出的承诺，生效的时间适用本法第一百三十七条的规定。承诺不需要通知的，根据交易习惯或者要约的要求做出承诺的行为时生效。由此可知，确定承诺生效的时间应区分两种情况。

① 承诺于表示同意的通知到达要约人时生效。如果表示同意的通知在要约人所规定的时间内未到达要约人，或未规定时间，在一段合理的时间内未到达要约人，承诺无效。但受要约人在承诺期限内发出承诺，按照通常情形能够及时到达要约人，因其他原因承诺到达要约人时超过期限的，除要约人及时通知受要约人因承诺超过期限不接受该承诺的以外，该承诺有效。关于承诺到达生效时间的确定与要约到达受要约人时生效时间的确定方法相同，应区分对话方式、邮寄方式和数据电文方式，采取不同的确定标准。

② 承诺不需要通知的，根据交易习惯或者要约的要求做出承诺的行为时生效。如以发送货物或者支付货款等行为来表示同意，则无须向要约人发出通知，承诺于该项行为做出时生效。这种情况，实际上是到达生效原则的一种例外。

（5）承诺的撤回。承诺的撤回是指受要约人在发出承诺通知以后，在承诺正式生效之前撤回其承诺。

根据《民法典》第一百四十一条的规定，承诺可以撤回。撤回承诺的通知应当在承诺通知达到要约人之前或者与承诺同时到达要约人。

【案例2-5】2017年5月2日，某建筑公司向A建材公司发出要约，主要内容为需要购买一批沙子，并约定采用电子邮件方式做出承诺，承诺日期为2017年5月5日上午9点。A建材公司收到要约后，经过研究决定同意要约，并于2017年5月5日上午8点30分以电子邮件的形式做出了承诺。但是，由于建筑公司所在地区的网络出现故障，直到5月6日上午12点30分才收到电子邮件。而在此期间，建筑公司误以为A建材公司并不打算出售沙子，故已向B建材公司发出要约，并已获得承诺，且已开始进行沙子的运输事宜。此后，建筑公司已及时向A建材公司进行解释，要求撤销。A建材公司认为本公司为进行销售已做了准备工作，要求建筑公司进行相关赔偿。你认为此建筑公司与A建材公司之间的承诺是否有效？

评析：该承诺是否有效由建筑公司决定。根据《民法典》的规定，采用数据电文形式订立合同的，收件人指定特定系统接收数据电文的，该数据电文进入该特定系统的时间，视为到达时间。同时，《民法典》第四百八十七条规定："受要约人在承诺期间内发出承诺，按照通常情形能够及时到达要约人，但因其他原因承诺到达要约人时超过承诺期限的，除要约人及时通知受要约人因承诺超过期限不接收该承诺的以外，该承诺有效。"

6. 合同成立的时间与地点

（1）合同成立的时间。《民法典》第四百八十三条规定："承诺生效时合同成立。"这是关于合同成立时间法律上的一般性规定，对于特殊情况，《民法典》又规定了确认合同成立的不同时间标准：当事人约定采用合同书形式订立合同的，自双方当事人签字或者盖章时合同成立；当事人采用信件、数据电文等形式订立合同的，可以在合同成立之前要求签订确认书，签订确认书时合同成立。

（2）合同成立的地点。合同成立的地点可能关系到案件的管辖地。在涉外合同中，合同的成立地点还可能涉及选择法律适用的问题。因此，明确合同成立的地点十分重要。《民法典》规定，承诺生效的地点为合同成立的地点；采用数据电文形式订立的合同，收件人主营业地为合同成立的地点，没有主营业地的，其经常居住地为合同成立的地点，当事人另有约定的，按其约定；采用合同书形式订立合同的，双方当事人签字或者盖章的地点为合同成立的地点，若双方当事人未在同一地点签字或者盖章的，则以最后一方签字或者盖章的地点为合同成立的地点。

【案例 2-6】甲建筑公司向乙水泥厂发出购买水泥的要约，称如果对方同意其条件，将答复意见发至其电子邮箱中。乙水泥厂应约将承诺发至其邮箱中，即开始准备履行合同。但是甲建筑公司经办人却因为在外开会，一直未打开邮箱查看，致使甲建筑公司以为乙水泥厂未做出承诺。1 个月后，当乙水泥厂要求甲建筑公司履行合同义务时，甲建筑公司称双方并未签订合同，故没有履行义务。

请分析，甲建筑公司与乙水泥厂之间是否存在合同关系？

评析：甲建筑公司与乙水泥厂之间存在合同关系。

根据《民法典》第四百八十三条的规定，承诺生效时合同成立。承诺通知到达受要约人时生效。采用数据电文形式订立合同的，数据电文进入收件人指定系统的时间视为到达时间。故乙水泥厂应约将承诺发至甲建筑公司指定的邮箱中，承诺即生效，合同也即成立，甲建筑公司与乙水泥厂之间存在合同关系。

7. 缔约过失责任

1）缔约过失责任的概念和特点

缔约过失责任是指在合同订立过程中，一方因违背其依据诚实信用原则所产生的义务，而致使另一方的信赖利益损失时所应承担的损害赔偿责任。

缔约过失责任发生于合同不成立或者合同无效的缔约过程。构成缔约过失责任要有以下三个条件。

（1）当事人有过错，主要是指一方违背其依据诚实信用原则应负的义务。

（2）有损害后果发生，主要是指造成他人信赖利益的损失。

（3）当事人的过错行为和造成的损失有因果关系。

一般情况下，当事人根据自愿和诚实信用原则进行协商，决定是否订立合同。协商不成也无须承担责任。但是如果当事人违背诚实信用原则，给对方造成了损失，就应当承担损害赔偿责任。

2）缔约过失责任的表现情形

根据《民法典》的规定，缔约过失责任的表现主要有以下几种。

（1）假借订立合同，恶意进行磋商。

（2）故意隐瞒与订立合同有关的重要事实或者提供虚假情况。

（3）泄露或不正当地使用在订立过程中知悉的对方的商业秘密。

（4）其他违背诚实信用原则的行为。主要包括：要约人违反有效的要约；违反初步协议；违反附随义务；合同无效和被撤销；无权代理等。

3）缔约过失责任的赔偿范围

缔约过失造成的是信赖利益损失。因此缔约过失责任应当以信赖利益作为赔偿的基本范围。信赖利益的损失限于直接损失，即因为信赖合同的成立和生效所支出的各种费用，如电话费、交通费等。

2.1.2 合同的效力

合同的效力是指合同是否有效。有效的合同对当事人具有法律约束力，国家法律予以保护；无效合同不具有法律约束力。我国《民法典》对合同的效力规定了四种情况：依法成立的有效合同；无效合同；可撤销合同；效力待定合同。

1. 依法成立的有效合同

【案例2-7】某钢铁公司需要进行高炉改造工程，由于改造工程工程量不大并且其中采用了一些特殊工艺，经有关部门批准，钢铁公司将改造任务直接发包给了甲施工公司。但是双方并没有签订书面合同。次年，施工单位按约定合格完成了工程，但钢铁公司一直拖欠工程款没有支付。钢铁公司声称："建设工程应当采用书面形式订立合同，但本工程并没有采用书面形式，因此是无效的。"你认为，钢铁公司的说法正确吗？

评析：钢铁公司的说法是不正确的。

根据《民法典》第四百九十条的规定，法律、行政法规规定或者当事人约定采用书面形式订立合同，当事人未采用书面形式但一方已经履行主要义务，对方接受的，该合同成立。

根据《民法典》的规定，合同生效主要有以下几种情况。

（1）依法成立的合同，自成立时生效。未依法成立的合同，虽已成立，但不一定产生法律约束力，这需要按欠缺合同生效条件的程度，分别按无效合同、可撤销合同、效力待定合同处理。

（2）依法成立的合同，若法律、行政法规规定应当办理批准、登记等手续的，合同办理了批准、登记等手续后生效。依照法律、行政法规规定：合同应办理批准手续，或者办理批准、登记等手续才生效的，在一审法庭辩论终结前当事人仍未办理批准手续，或者仍未办理批准、登记等手续的，该合同应被认定未生效；法律、行政法规规定合同应当办理登记手续，但未规定登记后生效的，当事人未办理登记手续不影响合同的效力，但合同标的物所有权及其他物权不能转移。

（3）附条件合同的生效。附条件合同是指当事人在合同中特别规定一定的条件，以条件的

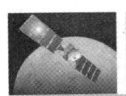

是否成立来决定合同效力的发生或消灭的合同。合同中所附的条件必须具备以下条件。

① 是将来发生的事实，已发生的事实不能作为条件。

② 是不确定的事实，即条件是否成立，当事人不能肯定。

③ 是当事人任意选择的事实，而非法定的事实。

④ 是合法的事实，不得以违反法律或违反社会公共利益的事实作为所附条件。

⑤ 所限制的是合同效力的发生或消灭，而不涉及合同的内容，所以所附条件不能与合同的内容相矛盾。

根据条件对合同本身所起的作用，可将条件分为两类：一是生效条件，又称延缓条件，是指限制合同效力发生的条件，生效条件一旦成立，合同的效力就产生；二是解除条件，又称消灭条件，是限制合同效力消灭的条件，解除条件一旦成立，合同效力就消灭。

当事人对合同的效力可以约定附条件。当事人为自己的利益不正当地阻止条件成立的，视为条件已成立；不正当地促成条件成立的，视为条件未成立。

（4）附期限合同的生效。附期限的合同是指当事人在合同中约定一定的期限，并把期限的到来作为合同效力的发生或消灭根据的合同。

当事人在合同中既可附生效期限（又称始期），又可附终止期限（又称终期）。附生效期限的合同，在期限到来以前，合同虽已成立，但尚未生效，待所附生效期限到来时，合同的效力才发生。附终止期限的合同，在所附期限到来之前，合同继续有效，而在期限到来时，合同效力消灭。

【案例 2-8】 2017 年 1 月，工程师张某与如意居房地产公司签订房屋买卖合同，购买了位于如意居小区二期的住房一套，但没有向房地产管理部门办理登记。2017 年 6 月，该房地产公司又将该套住房卖给了刘某，也没有向房地产管理部门办理登记。为此，三方发生纠纷。

请分析如意居房地产公司分别和张某、刘某签订的合同是否有效？此案应该如何办理？

评析：如意居房地产公司分别和张某、刘某签订的合同都是没有法律效力的。

根据《民法典》第五百零二条的规定，依法成立的合同，若法律、行政法规规定应当办理批准、登记等手续的，合同办理了批准、登记等手续后生效。

《城市房地产管理法》第六十条第三款规定："房地产转让或者变更时，应当向县级以上地方人民政府房产管理部门申请房产变更登记。"因此，房屋买卖合同必须经过登记才能生效，如未登记，即不生效力（区别于无效）。所以上述两个合同尚未生效。

从公平原则出发，张某与房地产公司签订的合同，虽没有发生法律效力，但是双方意思表示一致的结果，该合同已经成立（但未生效），只要履行登记手续即可生效。而刘某与房地产公司的合同，因房地产公司有过错而不成立；如果刘某在签订合同的时候没有与房地产公司恶意串通，则有权要求房地产公司承担缔约过失责任。

2．无效合同

【案例 2-9】 某装饰公司承揽了某栋楼的装修工程，合同中约定整栋大楼的卫生间保修期为 2 年。竣工后 3 年，该工程出现了质量问题，装饰公司以已过保修期限为由拒绝承担保修责任，你认为装饰公司的理由成立吗？

评析：不成立。

根据《民法典》第一百五十三条的规定，违反法律、行政法规的强制性规定的民事法律行为无效。

《建设工程质量管理条例》第四十条规定："在正常使用条件下，建设工程的最低保修期限为：（一）基础设施工程、房屋建筑的地基基础工程和主体结构工程，为设计文件规定的该工程的合理使用年限；（二）屋面防水工程、有防水要求的卫生间、房间和外墙面的防渗漏，为5年；（三）供热与供冷系统，为2个采暖期、供冷期；（四）电气管线、给排水管道、设备安装和装修工程，为2年。"

《建设工程质量管理条例》第四十条规定属于国家强制性规定。装修合同擅自将防水卫生间的保修期改为2年，违反了国家强制性规定。因此，装修合同中该条款属于违法条款，是无效的条款，装修公司必须继续承担保修责任。

1）无效合同的概念

无效合同是指合同因违反了法律、行政法规或社会公共利益，国家不予承认和保护的不发生法律效力的合同。

扫一扫看无效施工合同案例

无效合同具有以下特征。

（1）无效合同具有明显的违法性。无效合同的违法性，表现在违反了法律和行政法规的强制性规定或违反了社会公共利益。对无效合同实行国家干预。

这种干预主要表现在：法院和仲裁机构不待当事人请求确认合同无效，便可依职权主动审查合同是否具有无效因素，如发现合同存在无效因素，便应主动确认合同无效。另外，有关国家行政机关也可以对一些无效合同予以查处，追究有关无效合同当事人的行政责任。

（2）无效合同具有不可履行性。当事人在订立无效合同后，不得依据合同实际履行，也不存在对不履行合同违约责任的承担。

（3）无效合同自始无效。合同一旦确认无效，就将产生溯及力，使合同自订立之时起就不具有法律效力。没有履行的，不再履行；对已经履行的，应当通过返还财产、赔偿损失等方式使当事人的财产恢复到合同订立之前的状态。

【案例2-10】2018年6月，某机械公司（甲方）与某建筑安装公司（乙方）签订了建设工程施工合同，对机械公司内部厂房进行改造，并在合同中约定，从乙方施工到完成工程量的50%后，甲方按月计划报表的50%支付工程款。合同签订后，乙方于2018年8月进场施工，并于2020年8月依合同约定合格验收，但甲方未按照合同约定支付工程款。2020年12月乙方起诉甲方，要求支付1 000万元的工程决算款，并支付相应的滞纳金及利息。甲方声称，合同条款中含有垫资条款，所以，合同应属于无效合同，甲方不应承担违约责任。你认为甲方的主张正确吗？

评析：不正确。虽然垫资条款违反了政府行政主管部门的规定，但是不违反法律、行政法规的禁止性、强制性规定，不属于合同无效的情形。本合同应为有效。

《最高人民法院关于审理建设工程施工合同纠纷案件适用法律问题的解释（一）》第二十五条规定："当事人对垫资和垫资利息有约定，承包人请求按照约定返还垫资及其利息的，人民法院应予支持，但是约定的利息计算标准高于垫资时的同类贷款利率或者同期贷款市场报价利率的部分除外。当事人对垫资没有约定的，按照工程欠款处理。当事人对垫

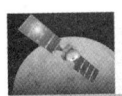

第 2 章 合同法律制度

资利息没有约定，承包人请求支付利息的，人民法院不予支持。"因此可以看到，司法实践中是不反对工程垫资的。

《最高人民法院关于适用〈中华人民共和国合同法〉若干问题的解释（二）》第 14 条规定："《合同法》第五十二条第（五）项规定的'强制性规定'是指效力性强制性规定。"虽然《合同法》因为《民法典》的颁布而废止，但是关于《合同法》的司法解释体现了最高人民法院司法适用的精神，在新的《民法典》司法解释出来之前，《合同法》的司法解释可以参照适用。因此，在适用该项规定时应注意把握以下两点。

（1）应注意认定合同无效依据的法律规范的效力层次，其只能是法律和行政法规的强制性规定，行政规章、地方性法规有强制性规定的，不能以适用该项规定为由否定合同的效力。

（2）该强制性规定应为效力性强制性规定。在对效力性强制性规定进行理解与适用时，应注意准确把握效力性强行性规定及管理性强行性规定的区分标准。

2）无效合同的情形

根据《民法典》的规定，下列合同无效。

（1）无民事行为能力人签订的合同无效。

（2）合同双方以虚假的意思表示实施的民事法律行为无效。

（3）违反法律、行政法规的强制性规定的合同无效。但是，该强制性规定不导致该合同无效的除外。

（4）违背公序良俗的合同无效。

（5）合同双方恶意串通，损害他人合法权益的合同无效。

无效合同根据其无效的程度和范围分为全部无效合同和部分无效合同两种。上述五种合同属全部无效合同。有些合同只是部分条款无效，其余条款的法律效力不受影响，这些合同就属部分无效合同。《民法典》对合同中免责条款的无效规定就说明了这种情况。免责条款是指当事人在合同中规定的免除或限制一方或双方当事人违约责任的条款。对当事人自愿订立的免责条款，法律是不加干涉的。但如果合同中的免责条款违反法律规定、违背诚实信用原则，法律必须加以禁止。《民法典》规定合同中的下列免责条款无效：造成对方人身伤害的；因故意或者重大过失造成对方财产损失的。

【案例 2-11】2018 年 6 月，经过招标投标，甲建设单位与乙施工单位根据法律规定签订了工程承发包合同，合同中约定工程款为 7 000 万元，竣工验收后全部付清。几天后，甲建设单位经理向乙施工单位提出重新签订合同的要求，并要求将合同价改为 5 000 万元，否则就不将工程发包给乙施工单位。经过研究，乙施工单位签订了第二个合同。2019 年 7 月，工程按时竣工并验收合格。乙施工单位要求甲建筑公司按第一个合同中的工程款支付。你认为乙施工单位能得到第一个合同中所规定的工程款吗？

评析： 这两个合同属于阴阳合同，违反《招标投标法》，是无效合同。工程应当据实结算。

【案例 2-12】张某准备将自己闲置的一套住房以 500 万元的价格出售给孙某，双方在签订合同的时候，张某提出：为了规避过户时缴纳税费，应该签订一份 400 万元的合同，对外声称价格为 400 万元，实际价格为 500 万元，这样双方均可以节约一笔可观费用。孙某同意。请分析双方签订的房屋买卖合同的效力。

评析： 该合同属于无效合同。根据《民法典》的规定，违反法律、行政法规强制性规

117

定的合同无效，双方签订虚假合同偷税漏税，违反了税法相关规定，合同无效。

3. 可撤销合同

1）可撤销合同的概念

可撤销合同是指当事人在订立合同时，因意思表示不真实，通过有撤销权的当事人行使撤销权，可使已经生效的合同变更或归于无效的合同。

可撤销合同具有下列特征。

（1）可撤销合同主要是意思表示不真实的合同。无论是有重大误解的合同，还是显失公平的合同，它们有一个共同的特征，即当事人的意思表示不真实。

（2）可撤销合同需由撤销权人主动行使撤销权。可撤销合同中依法享有撤销权的人通常是指利益受到损害的当事人。

（3）可撤销合同中的撤销权人可以撤销合同，也可以不撤销而只是变更合同。

【案例 2-13】甲建筑公司（以下简称甲公司）与乙汽车制造公司（以下简称乙公司）签订了一份塔吊买卖合同。由于甲公司的业务员丙对塔吊型号不太熟悉，在签订合同时，将甲公司原先想买的 b 型号塔吊写成了 a 型号塔吊。虽然乙公司提供的型号不是甲公司原想购买的 b 型号塔吊，但 a 型号塔吊销量也不错。甲公司按照合同约定提货并支付了货款。如何认定此次买卖行为？如果甲公司又反悔，可以退回塔吊、要回货款吗？

评析：

（1）丙的行为属于重大误解的行为。重大误解行为是可撤销的合同行为。依据《民法典》第一百四十七条的规定，因重大误解而订立的合同，当事人一方有权请求人民法院或者仲裁机构撤销合同。本案中，丙对购买标的发生了误解，并且价值巨大，应认定为重大误解，属于可撤销的合同行为。

（2）甲公司不能再行使撤销权。根据《民法典》第一百五十二条的有关规定，具有撤销权的当事人知道撤销事由后明确表示或者以自己的行为放弃撤销权的，撤销权消灭。本案中，甲公司在明知塔吊型号有错的情况下，仍按合同约定提货，并支付货款，应视为以自己的行为放弃了撤销权。

2）可撤销合同的情形

根据《民法典》的规定，有下列几种可撤销合同。

（1）在重大误解的情况下订立的合同。

（2）显失公平的合同。

（3）一方或者第三方以欺诈、胁迫的手段，使对方在违背真实意思的情况下订立的合同。

3）撤销权的行使

对于重大误解合同或显失公平合同，当事人任何一方均有权申请撤销合同；对于以欺诈、胁迫的手段使对方在违背真实意思的情况下订立的合同，只有受损害方当事人才可以行使撤销权。撤销权的行使不一定必须通过诉讼的方式。如果撤销权人主动向对方做出撤销的意思表示，而对方未表示异议，则可以直接撤销合同；如果对撤销问题双方发生争议，则必须提起诉讼或仲裁，要求人民法院或仲裁机构予以裁决。

撤销权人必须在法律规定的期限内行使撤销权。《民法典》第一百五十二条规定，有下

列情形的,撤销权消灭。

（1）当事人自知道或者应当知道撤销事由之日起一年内、重大误解的当事人自知道或者应当知道撤销事由之日起九十日内没有行使撤销权。

（2）当事人受胁迫,自胁迫行为终止之日起一年内没有行使撤销权。

（3）当事人知道撤销事由后明确表示或者以自己的行为表明放弃撤销权。

当事人自民事法律行为发生之日起五年内没有行使撤销权的,撤销权消灭。

被撤销的合同与无效合同一样,自始没有法律约束力。对因该合同取得的财产,当事人应承担下列民事责任:一是返还财产;二是折价补偿;三是赔偿损失。

4. 效力待定合同

1）效力待定合同的概念

效力待定合同是指已经成立的合同欠缺有效条件,尚未确定能否发生当事人预期的法律效力,只有经过权利人的追认,才能发生法律效力的合同。

此类合同与无效合同及可撤销合同的不同之处在于,行为人并未违反法律的禁止性规定及社会公共利益,也不是因意思表示不真实而导致合同可撤销,主要是由有关当事人缺乏缔约能力、代订合同的资格及相关的处分能力所造成的。

2）效力待定合同的种类

（1）限制民事行为能力人订立的依法不能独立订立的合同。根据我国法律规定,8周岁以上不满18周岁的未成年人和不能完全辨认自己行为的精神病患者,可以实施某些与其年龄、智力和精神健康状况相适应的民事行为,其他民事活动由其法定代理人代理,或在征得其法定代理人同意后实施。如果限制民事行为能力人订立了与其年龄、智力和精神健康状况不相适应的合同,这类合同就属效力待定合同。《民法典》规定,限制民事行为能力人订立的这类合同,经法定代理人追认后,该合同有效。法定代理人未做表示的,视为拒绝追认。合同被追认之前,善意相对人有撤销的权利,撤销应当以通知的方式做出。但纯获利益的合同或者与其年龄、智力、精神健康状况相适应而订立的合同,不必经法定代理人追认,合同当然有效。

（2）因无权代理而订立的合同。无权代理合同是指行为人在没有代理权、超越代理权或者代理权终止后仍以被代理人名义订立的合同。这种合同也是效力待定的合同。

无权代理的合同,经被代理人追认后,使合同成为有效代理合同。未经被代理人追认,对被代理人不发生法律效力,由行为人自己承担责任。相对人可以催告被代理人在1个月内予以追认,被代理人未做表示的视为拒绝追认。合同被追认之前,善意相对人有撤销的权利,撤销应当以通知的方式做出。相对人有理由相信行为人有代理权的,该代理行为有效,即属所谓的表见代理。

5. 合同被确认无效或者被撤销的法律后果

合同被确认无效或被撤销后,确认或撤销的效力将溯及既往,合同自成立之日起无效,而不是从确认之日起或撤销之日起无效。

合同被确认无效或被撤销后,虽不能产生当事人预期的法律效果,但并不是不产生相应的法律后果。其相应的法律后果主要包括以下三种。

（1）返还财产。返还财产是使当事人的财产关系恢复到合同签订以前的状态，不论接受财产的一方是否具有过错，都负有返还财产的义务。如果不能返还或者没有必要返还，应当折价补偿。

（2）赔偿损失。有过错的一方应当赔偿对方所受的损失；双方都有过错的，应当各自承担相应的责任。

（3）追缴财产。在当事人一方或双方故意违法的情况下，应当将故意违法当事人的财产收缴国库，这是法律对不法行为人实施的制裁措施。如《民法典》第一百五十七条规定，民事法律行为无效、被撤销或者确定不发生效力后，行为人因该行为取得的财产，应当予以返还；不能返还或者没有必要返还的，应当折价补偿。有过错的一方应当赔偿对方由此所受到的损失；各方都有过错的，应当各自承担相应的责任。法律另有规定的，依照其规定。

【案例2-14】甲建筑公司（以下简称甲公司）与乙混凝土搅拌公司（以下简称乙公司）于2019年1月1日签订了一份混凝土供货合同，约定由乙公司向甲公司提供建筑工地所用混凝土，交货后甲公司按月结算货款。在订立合同的过程中，乙公司对混凝土的质量提供了虚假证明。1月15日，乙公司交付第一批混凝土时，甲公司收货以后发现质量有问题而拒绝付款，并拒绝接受剩余的混凝土。因未能及时买进混凝土，甲公司由于停止施工造成损失100万元，该合同没有造成影响国家和社会利益的后果。1月30日，甲公司向法院起诉，要求废止该合同，法院于11月5日经审理废止了该合同。请回答：
（1）该合同效力如何？
（2）如果该合同不具有法律效力，从何时开始不具有法律效力？
（3）该合同所引起的财产后果应该如何处理？

评析：
（1）该合同属于可撤销合同。

根据《民法典》的规定，一方以欺诈、胁迫的手段，使对方在违背真实意思的情况下订立的合同，属于可撤销合同，所以，该合同属于可撤销合同。

（2）从1月1日起不具有法律效力。

根据《民法典》的规定，合同被确认无效或者被撤销后，确认或撤销的效力将溯及既往，合同自成立之日起无效，而不是从确认之日起或撤销之日起无效。

（3）返还财产，赔偿损失。

甲公司将已经收到的混凝土返还，不能返还的可以折价补偿；乙公司赔偿甲公司的损失100万元。

2.2 合同的履行与担保

2.2.1 合同的履行

1. 合同履行的概念和原则

1）合同履行的概念

合同履行是指合同生效后，双方当事人按照合同的规定，全面适当地完成各自的合同

扫一扫看工程项目履约开工问题案例

义务，享受各自的合同权利，使双方当事人的合同目的得以实现的行为。

合同的履行是《民法典》法律约束力的首要表现。当事人应当按照约定全面履行自己的义务。合同生效后，当事人不得因姓名、名称的变更或者法定代表人、负责人、承办人的变动而不履行合同义务。

2）合同履行应遵循的原则

（1）适当履行原则。适当履行原则又称正确履行原则或全面履行原则，是指当事人按照合同规定的标的、数量、质量，由适当的主体在适当的履行期限、地点以适当的履行方式，全面完成合同义务的履行原则。

（2）实际履行原则。实际履行原则是指当事人应按照合同规定的标的去履行，不能用其他标的代替的履行原则。当违约时，违约方不能以偿付违约金、赔偿金代替履行，只要对方当事人要求继续履行合同就应当实际履行。

（3）协作履行原则。协作履行原则是指当事人不仅要适当履行自己的合同义务，而且应基于诚实信用原则协助对方当事人履行合同义务的履行原则。

（4）经济履行原则。经济履行原则是指要求当事人在履行合同时，讲求经济利益，以付出最小的履行成本，获取最佳的合同利益的履行原则。

2. 合同履行的规则

1）当事人就有关合同内容约定不明确时的确定规则

合同生效后，当事人就质量、价格或者报酬、履行地点等内容没有约定或者约定不明确的，可以签署补充协议；不能达成补充协议的，按照合同有关条款或者交易习惯确定。当事人就有关合同内容约定不明确，依照上述规定仍不能确定的，适用下列规定。

（1）质量要求不明确的，按照国家标准、行业标准履行；没有国家标准、行业标准的，按照通常标准或者符合合同目的的特定标准履行。

（2）价款或者报酬不明确的，按照订立合同时履行地的市场价格履行；依法应当执行政府定价或政府指导价的，按照规定履行。

（3）履行地点不明确，给付货币的，在接受货币一方所在地履行；交付不动产的，在不动产所在地履行；其他标的，在履行义务一方所在地履行。

（4）履行期限不明确的，债务人可以随时履行，债权人也可以随时要求履行，但应当给对方必要的准备时间。

（5）履行方式不明确的，按照有利于实现合同目的的方式履行。

（6）履行费用的负担不明确的，由履行义务的一方负担。

2）执行政府定价的履行规则

《民法典》第五百一十三条规定，执行政府定价或者政府指导价的，在合同约定的交付期限内政府价格调整时，按照交付时的价格计价。逾期交付标的物的，遇价格上涨时，按照原价格执行；价格下降时，按照新价格执行。逾期提取标的物或者逾期付款的，遇价格上涨时，按照新价格执行；价格下降时，按照原价格执行。

3. 合同履行中的抗辩权

抗辩权是指在双务合同中，一方当事人享有的依法对抗对方要求或否认对方权利主张的权利。履行抗辩权的设置，使当事人可以在法定情况下对抗对方的请求权，而当事人的拒绝履行行为不但不构成违约，而且还可以更好地维护当事人的合法权益。履行抗辩权主要包括同时履行抗辩权、先履行抗辩权和不安抗辩权。

（1）同时履行抗辩权。同时履行抗辩权是指双务合同的当事人，履行义务没有先后顺序，一方在对方未履行前，有拒绝对方请求自己履行合同义务的权利。一方在对方履行义务不符合约定时，有权拒绝其相应的履行要求。

（2）先履行抗辩权。先履行抗辩权是指双务合同中的当事人履行义务有先后顺序，先履行义务的一方当事人未履行时，后履行一方当事人有拒绝对方请求履行合同义务的权利。

（3）不安抗辩权。不安抗辩权是指双务合同中的当事人履行义务有先后顺序，先履行义务的一方当事人，有证据证明后履行一方当事人财产状况明显恶化，不能或可能不能履行合同义务时，在对方当事人未恢复履行能力或提供适当担保之前，有暂时中止履行合同义务的权利。

《民法典》第五百二十七条规定，应当先履行债务的当事人，有确切证据证明对方有下列情形之一的，可以中止履行。

（1）经营状况严重恶化。

（2）转移财产、抽逃资金以逃避债务。

（3）丧失商业信誉。

（4）有丧失或者可能丧失履行债务能力的其他情形。

但当事人没有确切证据而中止履行合同义务的，应当承担违约责任。当事人中止履行合同义务的，应当及时通知对方。对方提供适当担保后，应当恢复履行。中止履行后，对方在合理期限内未恢复履行能力并且未提供适当担保的，中止履行的一方即可以解除合同。

4．合同的保全

合同的保全是指法律为防止因债务人的财产不当减少或不增加而给债权人的债权带来损害，允许债权人行使撤销权或代位权，以保护其债权的一种制度。

合同的保全主要包括代位权与撤销权两种形式。

1）代位权

代位权是指当债务人怠于行使其到期债权，危害到债权人的债权时，债权人可以向人民法院请求以自己的名义代位行使债务人债权的权利。

债权人依法行使代位权应当符合下列条件。

（1）债权人对债务人的债权合法。债权人与债务人之间必须有合法的债权债务关系存在，否则，代位权就失去了存在的基础。如果债权债务关系并不成立，或者具有无效或可撤销的因素而应当被宣告无效或者可能被撤销，或者债权债务关系已经被解除，或者债务人的债权是一种自然债权，则债权人并不应该享有代位权。

（2）债务人怠于行使其到期债权，对债权人造成损害。债务人怠于行使到期债权，意味着债务人不仅对次债务人享有债权，而且此种权利必须到期。如果没有到期，就谈不上怠于行使。"债务人怠于行使到期债权，对债权人造成损害"是指债务人不履行其对债权人的到期债务，又不以诉讼或仲裁方式向其债务人主张其享有的具有金钱给付内容的到期债权，致使债权人的到期债权未能实现。

（3）债权人对债务人的债权已到期。债权人对债务人享有的债权必须已届清偿期，债权人才能行使代位权，这一点是代位权与撤销权在构成要件上的区别所在。

（4）债务人的债权不是专属于债务人自身的债权。专属于债务人自身的债权，是指基于扶养关系、抚养关系、赡养关系、继承关系产生的给付请求权和劳动报酬、退休金、养老金、抚恤金、安置费、人寿保险、人身伤害赔偿请求权等权利。

债权人行使代位权应当以自己的名义行使，而不是以债务人的名义行使。债权人依法提起代位权诉讼的，由被告（次债务人）住所地人民法院管辖。代位权的行使范围以债权人的债权为限。债权人行使代位权的必要费用由债务人承担。在代位权诉讼中，债权人胜诉的，诉讼费用由次债务人负担，从实现的债权中优先支付，然后由次债务人向债务人求偿。

债权人向次债务人提起的代位权诉讼经人民法院审理后认定代位权成立的，由次债务人向债权人履行清偿义务，债权人与债务人、债务人与次债务人之间相应的债权债务关系即予消灭。

2）撤销权

撤销权是指债权人对债务人实施的危及债权人利益的减少财产行为，可以请求人民法院予以撤销的权利。撤销权行使的结果是恢复债务人的财产与权利。

因债务人放弃其到期债权或者无偿转让财产，对债权人造成损害的，债权人可以请求人民法院撤销债务人的行为。债务人以明显不合理低价转让财产，对债权人造成损害，并且受让人知道该情形的，债权人也可以请求人民法院撤销债务人的行为。撤销权的行使范围以债权人的债权为限。债权人行使撤销权的必要费用由债务人负担，第三人有过错的，应当适当分担。

债权人撤销权的行使期限为：自债权人知道或者应当知道撤销事由之日起 1 年内行使。自债务人的行为发生之日起 5 年内没有行使撤销权的，该撤销权消灭。

【案例 2-15】甲公司将承建的工程中的土方分包给乙公司施工，乙公司按期完成了工程，已过一年之久，整体工程已完工，但甲公司却不支付工程款给乙公司，且甲公司也不向发包人催要工程款。问乙公司应如何行使自己的权利？

评析：乙公司可以行使代位权，向发包人主张工程款。因为乙公司对甲公司的债权合法、确认并已到期，甲公司怠于行使自己对发包人的债权，故乙公司可以以自己的名义向发包人所在地法院提起代位权诉讼。

5. 合同的变更、转让、终止和解除

【案例 2-16】甲公司公开招标，乙公司中标，甲、乙双方签订建设工程施工合同。工程施工过程中，因对工程图纸进行变更，工程量将发生变化，涉及变更的内容的计价方式在建设工程施工合同中没有涉及，故甲公司与乙公司协商一致，签订补充协议。问甲公司与乙公司签订的补充协议是否有法律依据？

评析：有。甲公司与乙公司签订补充协议，该协议内容是对建设工程施工合同的补充完善，符合法律规定的合同变更要求。根据《民法典》的规定，当事人协商一致，可以变更合同。

1)合同的变更

依法成立的合同具有法律约束力,受法律保护,当事人必须全面履行。但是,在合同的履行过程中,由于主、客观情况的变化,使原合同的履行不可能或不必要时,为了减少不必要的损失,当事人可以依法变更合同。

合同的变更是指合同没有履行或没有完全履行时,当事人双方根据客观情况的变化,依照法律规定的条件和程序,对原合同进行修改或补充。合同的变更是在合同的主体不改变的前提下对合同内容的变更,合同性质和标的性质并不改变,实质上仍是一个合同。

《民法典》第五百四十三条规定,当事人协商一致,可以变更合同,法律、行政法规规定变更合同应当办理批准、登记手续的,依照其规定。合同依法变更后,当事人依照变更后的合同享有权利和履行义务。当事人对变更的内容约定不明确的,推定为未变更。

2)合同的转让

合同的转让是指合同的当事人将其合同的权利和义务全部或部分转让给第三人。合同的转让是指合同主体的变更,分为债权转让、债务转让及合同权利和义务的概括转让。

(1)债权转让。合同的债权转让也称债权让与,是指不改变合同的内容,由债权人将合同的债权全部或部分转让给第三人。但有下列三种情形的,合同债权不得转让:根据合同的性质不得转让(主要指合同在基于当事人的身份关系而订立的情况下,合同债权不得转让);当事人约定不得转让;依照法律规定不得转让。

债权人转让债权,不需要经债务人同意,但应当通知债务人。未经通知,该转让对债务人不发生效力。债务人接到债权转让通知后,债权转让行为就生效,债务人对让与人的抗辩可以向受让人主张。债权人转让权利的通知不得撤销,但经受让人同意的除外。

(2)债务转让。合同的债务转让也称债务承担,是指债务人将合同的债务全部或部分转让给第三人。

债务人转让合同债务,应当经债权人同意,只有在取得债权人的同意后,才对债权人产生法律效力。债务人转让债务后,新债务人可以主张原债务人对债权人的抗辩。新债务人应当承担与主债务有关的从债务,但该从债务专属于原债务人自身的除外。

(3)合同权利和义务的概括转让。合同权利和义务的概括转让一般由合同的一方当事人与合同之外的第三人通过签订转让协议转让,约定由第三人取代合同转让人的地位,享有合同中转让人的一切权利并承担转让人在合同中的一切义务。合同权利和义务的概括转让与债权或债务转让不同,后者仅是债权、债务的单一转让,而合同权利和义务的概括转让则是债权与债务一并转让。

根据《民法典》第五百四十五条的规定,当事人一方经对方同意,可以将自己在合同中的权利和义务一并转让给第三人。权利和义务一并转让的,适用债权转让与债务转让的有关规定。法律、行政法规规定转让权利或者转让义务应当办理批准、登记手续的,应依照其规定办理相应手续。当事人订立合同后合并的,由合并后的法人或者其他组织行使合同权利、履行合同义务。当事人订立合同后分立的,除债权人和债务人另有约定的以外,由分立后的法人或者其他组织对合同的权利和义务享有连带债权,承担连带债务。

【案例 2-17】甲公司承建某工程,工程已完工,甲公司与发包人已办理工程结算,现因甲公司欠丙银行贷款到期不能归还,经甲公司与丙银行协商,甲公司将对发包人的工程款债权转让给丙银行，双方签订了债权转让协议。问甲公司的转让行为是否有效？

评析：有效。因为甲公司对发包人的债权合法有效，甲公司对丙银行承担债务，甲公司将债权转让给丙银行，只要丙银行同意受让就可以，该债权转让仅需通知发包人即生效。

3）合同的终止

合同终止即合同权利和义务的终止，是指由于某种法律事实的发生使当事人之间的权利和义务关系消灭。合同终止一般是因为合同的目的已经达到，或者是因为某种情况不需要继续存在合同关系了。

根据《民法典》的规定，有下列情形之一的，合同的权利和义务终止。

（1）债务已经按照约定履行。

（2）合同解除。

（3）债务相互抵消。

债务相互抵消有法定抵消和合意抵消两种。法定抵消是指当事人互负到期债务，且债务的标的物种类、品质相同的，任何一方可以将自己的债务与对方的债务在相同数额范围内抵消，但依照法律规定或者按照合同性质不得抵消的除外。当事人主张抵消的，应当通知对方。抵消不得附条件或者附期限。合意抵消是指当事人互负债务，无论标的物种类、品质相同与否，经双方协商一致抵消债务。

（4）债务人依法将标的物提存。

提存是指由于债权人的原因致使债务人无法向债权人清偿债务时，债务人将合同的标的物交付给特定的提存机关，从而产生与债务清偿完全相同效果的合同消灭制度。

《民法典》规定，有下列情形之一，难以履行债务的，债务人可以将标的物提存。

① 债权人无正当理由拒绝受领。

② 债权人下落不明。

③ 债权人死亡未确定继承人或者丧失民事行为能力未确定监护人。

④ 法律规定的其他情形。

标的物不适于提存或者提存费用过高的，债务人依法可以拍卖或者变更标的物，提存所得的价款。

标的物提存后，除债权人下落不明的以外，债务人应当及时通知债权人或者债权人的继承人、监护人。标的物提存后，毁损、灭失的风险由债权人承担。提存期间，标的物的孳息归债权人所有。提存费用由债权人负担。债权人可以随时领取提存物，但债权人对债务人负有到期债务的，在债权人未履行债务或者提供担保之前，提存部门根据债务人的要求应当拒绝其领取提存物。债权人领取提存物的权利，自提存之日起 5 年内不行使便消灭，提存物扣除提存费用后归国家所有。

（5）债权人免除债务。

（6）债权债务同归于一人。

（7）法律规定或者当事人约定终止的其他情形。

合同的权利和义务终止后，当事人应当遵循诚实信用原则，根据交易习惯履行通知、协助、保密等义务。

4）合同的解除

合同的解除是指合同生效后但合同义务没有履行或者没有完全履行，因发生了法定、约定情况或者当事人协商一致，而使合同关系消灭。

合同的解除分为约定解除和法定解除两种情况。

约定解除是指当事人双方在合同成立后，没有履行或者没有完全履行前，通过协商一致解除合同或者在订立合同时就约定了解除合同的条件，当条件成立时合同自然被解除。

法定解除是指在合同成立后，没有履行或者没有完全履行前，由于出现了法定解除情形，当事人一方行使法定解除权而使合同终止。

《民法典》规定，有下列情形之一的，当事人可以解除合同。

（1）因不可抗力致使不能实现合同目的。

（2）在履行期限届满之前，当事人一方明确表示或者以自己的行为表明不履行主要债务。

（3）当事人一方迟延履行债务，经催告后在合理期限内仍未履行。

（4）当事人一方迟延履行债务或者有其他违约行为致使不能实现合同目的。

（5）法律规定的其他情形。

当事人依法主张解除合同的，应当通知对方。合同自通知到达对方时解除。对方有异议的，可以请求人民法院或者仲裁机构确认解除合同的效力。法律、行政法规规定解除合同应当办理批准、登记手续的，依照其规定。

合同解除后，尚未履行的，终止履行；已经履行的，根据履行情况和合同性质，当事人可以要求恢复原状或采取其他补救措施，并有权要求赔偿损失。合同的权利义务终止，不影响合同中结算和清理条款的效力。

关于解除权的期限，若法律规定或者当事人约定解除权行使期限，期限届满当事人不行使的，该权利消灭；若法律没有规定或者当事人没有约定解除权行使期限，经对方催告后在合理期限内不行使的，该权利消灭。

【案例2-18】 甲公司公开招标，乙公司中标，双方就甲公司开发的"学府雅苑"楼盘签订了建设工程施工合同，由乙公司对该工程进行施工，合同约定乙公司必须按合同约定完成施工任务，不得将工程转包、违法分包。可是工程施工过程中，甲公司发现工程质量总是出问题，而乙公司是一个具有丰富经验的一级施工企业，经查发现，该工程并不是乙公司实际施工，乙公司将工程转包给了王某施工。问本案应该如何解决？

评析： 甲公司可向法院起诉乙公司要求确认建设工程施工合同无效，并要求乙公司对给甲公司造成的损失进行赔偿。

《民法典》第一百五十三条第一款规定，违反法律、行政法规的强制性规定的民事法律行为无效。但是，该强制性规定不导致该民事法律行为无效的除外。

《民法典》第七百九十一条规定，发包人可以与总承包人订立建设工程合同，也可以分别与勘察人、设计人、施工人订立勘察、设计、施工承包合同。发包人不得将应当由一个承包人完成的建设工程支解（《民法典》在订立时更正了用词，用"支解"代替了"肢解"）成若干部分发包给数个承包人。

总承包人或者勘察、设计、施工承包人经发包人同意，可以将自己承包的部分工作交由第三人完成。第三人就其完成的工作成果与总承包人或者勘察、设计、施工承包人向发包人承担连带责任。承包人不得将其承包的全部建设工程转包给第三人或者将其承包的全部建设工程支解以后以分包的名义分别转包给第三人。

禁止承包人将工程分包给不具备相应资质条件的单位。禁止分包单位将其承包的工程再分包。建设工程主体结构的施工必须由承包人自行完成。

《最高人民法院关于审理建设工程施工合同纠纷案件适用法律问题的解释（一）》第一条规定，建设工程施工合同具有下列情形之一的，应当依据《民法典》第一百五十三条第一款的规定，认定无效。

（1）承包人未取得建筑业企业资质或者超越资质等级的。

（2）没有资质的实际施工人借用有资质的建筑施工企业名义的。

（3）建设工程必须进行招标而未招标或者中标无效的。

承包人因转包、违法分包建设工程与他人签订的建设工程施工合同，应当依据《民法典》第一百五十三条第一款及第七百九十一条第二款、第三款的规定，认定无效。

2.2.2 合同的担保

合同担保是指为保障合同债权的实现，由当事人双方依照法律的规定，经过协商一致而设定的法律措施。设定担保的根本目的是保证合同的切实履行，既保障合同债权人实现其债权，又促使合同债务人履行其债务。

根据《民法典》的规定，我国合同担保制度由保证、抵押、质押、留置和定金等几种担保方式组成。

合同的担保一般在订立合同的同时成立，既可以是单独成立的书面合同，包括当事人之间具有担保性质的信函、传真等，又可以是主合同中的担保条款。担保合同是主合同的从合同，主合同无效，担保合同也无效。担保合同另有约定的，按照约定。担保合同被确认无效后，债务人、担保人、债权人有过错的，应当根据其过错各自承担相应的民事责任。

1. 保证

保证是指由债务人以外的第三人为债务人的债务履行做担保，当债务人不履行债务时，由第三人按照约定履行债务或者承担责任的行为。其中，为债务人的债务履行做担保的第三人称为保证人；被担保的债务人称为被保证人。

1）保证人的资格

《民法典》规定，具有代为清偿债务能力的法人、其他组织或者公民可以作为保证人。除经国务院批准，为使用外国政府或国际经济组织贷款进行转贷担保外，国家机关不得作为保证人；以公益为目的的非营利法人、非法人组织不得作为保证人。企业法人的分支机构、职能部门不得作为保证人，但企业法人的分支机构有法人书面授权的，可以在授权范围内提供保证。

2）保证的内容和方式

（1）保证的内容应由保证人与债权人以书面形式在保证合同中订立，保证合同应当包括以下内容。

① 被保证的主债权种类、数额。

② 债务人履行债务的期限。
③ 保证的方式。
④ 保证担保的范围。
⑤ 保证的期间。
⑥ 双方认为需要约定的其他事项。

（2）保证的基本方式有两种，即一般保证和连带责任保证。

① 一般保证。当事人在保证合同中约定，债务人不能履行债务时，由保证人承担一般保证责任的，为一般保证。一般保证的成立以债权人和保证人有明确约定为要件。一般保证的保证人在合同纠纷未经审判或仲裁，并在债务人财产依法强制执行仍不能清偿债务前，对债权人可拒绝承担保证责任。但是，债务人住所变更，致使债权人要求其履行债务发生重大困难；或者法院受理债务人破产案件，中止执行程序的；或者保证人以书面形式放弃先诉抗辩权的，保证人应承担保证责任。

② 连带责任保证。当事人在保证合同中约定保证人与债务人对债务承担连带责任的，为连带责任保证。如果连带责任保证的债务人在主合同规定的债务履行期限届满时没有履行债务，债权人可以直接要求保证人在其保证范围内承担责任。

当事人在保证合同中对保证方式没有约定或者约定不明确的，则按一般保证承担保证责任。

3）保证期间

保证期间指保证人承担保证责任的时间范围。超过保证期限的，保证人不承担保证责任。债权人与保证人可以约定保证期间，但是约定的保证期间早于主债务履行期限或者与主债务履行期限同时届满的，视为没有约定；没有约定或者约定不明确的，保证期间为主债务履行期限届满之日起六个月。

债权人与债务人对主债务履行期限没有约定或者约定不明确的，保证期间自债权人请求债务人履行债务的宽限期届满之日起计算。

4）保证责任

保证责任即保证人在担保事项出现时应承担的法律责任，保证责任的范围包括主债权及利息、违约金、损害赔偿金和实现债权的费用。

（1）保证责任的免除。根据《民法典》的规定，有下列情形之一的，保证人不承担民事责任：第一，主合同当事人双方串通、骗取保证人提供保证的；第二，合同债权人采取欺诈、胁迫等手段，使保证人在违背真实意思的情况下提供保证的。

（2）保证人的数量与保证责任的关系。同一债务有两个以上保证人的，保证人应当按照保证合同约定的保证份额承担保证责任。未约定保证份额的，债权人可以请求任何一个保证人在其保证范围内承担保证责任。

（3）主合同变更对保证责任的影响。债权人和债务人未经保证人书面同意，协商变更主债权债务合同内容，减轻债务的，保证人仍对变更后的债务承担保证责任；加重债务的，保证人对加重的部分不承担保证责任。

债权人和债务人变更主债权债务合同的履行期限，未经保证人书面同意的，保证期间不受影响。

(4) 债权和债务转让对保证责任的影响。债权人转让全部或者部分债权，未通知保证人的，该转让对保证人不发生效力。

保证人与债权人约定禁止债权转让，债权人未经保证人书面同意转让债权的，保证人对受让人不再承担保证责任。在保证期间内，债权人许可债务人转让债务的，应当取得保证人的书面同意，保证人对未经其同意转让的债务部分不再承担保证责任。

(5) 保证与物的担保并存时的规定。同一债权既有保证又有物的担保，应优先执行物的担保，保证人仅对物的担保以外的债权承担保证责任。如果债权人放弃物的担保，保证人在债权人放弃权利的范围内免除保证责任。

(6) 保证人的追偿权。保证人承担保证责任后，享有追偿权，即有权向债务人追偿其代为清偿的部分。保证人自行履行保证责任时，其实际清偿额大于主债权范围的，保证人只能在主债权范围内对债务人行使追偿权。

【案例2-19】某县所属的甲城投公司修建一条道路，与乙施工企业签订了建设工程施工合同，合同约定乙施工企业需垫资施工，乙施工企业要求甲城投公司提供担保，该县政府财政局出具了一份保证书给乙施工企业，为乙施工企业的工程款支付提供保证。

请分析该县政府财政局出具的保证担保的行为是否符合法律规定？该保证合同是否有效？

评析：县政府财政局的保证担保的行为不符合法律规定，该担保无效。

《民法典》规定，除经国务院批准，为使用外国政府或国际经济组织贷款进行转贷担保外，国家机关不得作为保证人，所以，县政府财政局为合同做保证担保的行为不符合法律规定，该担保无效。

2. 抵押

1) 抵押和抵押物

抵押是指债务人或第三人的特定财产在不转移占有的前提下，将该财产作为债权的担保，当债务人不履行债务时，债权人有权依法以该财产折价或者以拍卖、变卖该财产的价款优先受偿。在抵押法律关系中，提供财产的债务人或者第三人称为抵押人；债权人享有的当债务人不履行债务时以变卖抵押物优先受偿的权利称为抵押权；享有抵押权的债权人称为抵押权人。

用于抵押的财产称为抵押物，抵押人只能以法律规定可以抵押的财产提供担保；法律规定不可以抵押的财产，抵押人不得用于提供担保。根据《民法典》的规定，债务人或者第三人有权处分的下列财产可以抵押。

(1) 建筑物和其他土地附着物。

(2) 建设用地使用权。

(3) 海域使用权。

(4) 生产设备、原材料、半成品、产品。

(5) 正在建造的建筑物、船舶、航空器。

(6) 交通运输工具。

(7) 法律、行政法规未禁止抵押的其他财产。

根据《民法典》的规定，下列财产不得抵押。

（1）土地所有权。

（2）耕地、宅基地、自留地、自留山等集体所有的土地使用权（但法律另有规定的除外）。

（3）学校、幼儿园、医院等以公益为目的的事业单位和社会团体的教育设施、医疗卫生设施和其他社会公益设施。

（4）所有权、使用权不明或者有争议的财产。

（5）依法被查封、扣押、监管的财产。

（6）依法不能抵押的其他财产。

此外，我国法律对房地产的抵押做了专门规定，实行房与地同时抵押的原则。以依法取得的国有土地上的房屋抵押的，该房屋占有范围内的国有土地使用权同时抵押。以出让方式取得的国有土地使用权抵押的，应当将抵押时该国有土地上的房屋同时抵押。乡（镇）、村企业的土地使用权不得单独抵押，以乡（镇）、村企业的厂房等建筑物抵押的，其占用范围内的土地使用权同时抵押。

2）抵押合同和抵押物登记

抵押合同是指通过当事人协商确定以某项特定财产抵押用来担保债务履行而订立的协议。我国法律规定，抵押人和抵押权人应当以书面形式订立抵押合同。抵押合同应当包括以下内容：被担保的主债权种类、数额；债务人履行的期限；抵押物的名称、数量、质量、状况、所在地、所有权权属或使用权权属；抵押担保的范围，包括主债权及利息、违约金、损害赔偿金和实现抵押权的费用；当事人认为需要约定的其他事项。

当事人以法律规定需要办理抵押登记的财产抵押的，应当向有关部门办理抵押物登记，抵押合同自登记之日起生效。

抵押物不同，办理登记的部门也就不同。

（1）以无地上定着物的土地使用权抵押的，为核发土地使用权证书的土地管理部门。

（2）以城市房地产或乡（镇）、村企业的厂房等建筑物抵押的，为县级以上地方人民政府规定的部门。

（3）以林木抵押的，为县级以上林木主管部门。

（4）以航空器、船舶、车辆抵押的，为运输工具的登记部门。

（5）以企业的设备和其他动产抵押的，为财产所在地的工商行政管理部门。

当事人以上述财产以外的财产抵押的，可以自愿办理抵押物登记，登记部门为抵押人所在地的公证部门。是否办理抵押物登记，不影响抵押合同的生效，抵押合同自签订之日起生效。但未办理登记的抵押合同，不得对抗第三人。

3）抵押的效力

《民法典》规定，抵押权因抵押物灭失而消灭。因抵押物灭失所得的赔偿部分，应作为抵押财产。抵押人对特定财产设定抵押后并不丧失对该财产的所有权，仍有权对已抵押的财产进行处分，但要受到抵押权效力的影响，主要表现如下。

（1）抵押人将已抵押的财产出租的，应当书面告知承租人。抵押权实现后，租赁合同在有效期内对抵押物的受让人继续有效。抵押人将已抵押的财产出租时，如果抵押人未书面告知承租人该财产已抵押的,抵押人对出租抵押物造成承租人的损害承担赔偿责任。

(2)抵押人将已出租的财产抵押的,抵押权实现后,原租赁关系不受该抵押权的影响。

(3)抵押期间,抵押人可以转让抵押财产。当事人另有约定的,按照其约定。抵押财产转让的,抵押权不受影响。抵押人转让抵押财产的,应当及时通知抵押权人。抵押权人能够证明抵押财产转让可能损害抵押权的,可以请求抵押人将转让所得的价款向抵押权人提前清偿债务或者提存。转让的价款超过债权数额的部分归抵押人所有,不足部分由债务人清偿。

4)抵押担保债权的清偿顺序

债务履行期限届满,抵押权人未受清偿的,可以与抵押人协议以抵押物折价或者以拍卖、变卖该抵押物所得的价款受偿;协议不成的,抵押权人可以向人民法院提起诉讼。抵押物折价或者拍卖、变卖后,其价款超过债权数额的部分归抵押人所有,不足部分由债务人清偿。

同一财产向两个以上债权人抵押的,应遵循以下原则。

(1)抵押权已经登记的,按照登记的时间先后确定清偿顺序。

(2)抵押权已经登记的先于未登记的受偿。

(3)抵押权未登记的,按照债权比例清偿。

同一债权有两个以上抵押人的,当事人对其提供的抵押财产所担保的债权份额顺序没有约定或约定不明的,抵押权人可以就其中任一或者各个财产行使抵押权。抵押人承担担保责任后,可以向债务人追偿,也可要求其他抵押人清偿其应当承担的份额。

3. 质押

质押是指债务人或者第三人将动产或权利交与债权人占有,作为债务履行的担保。在质押法律关系中,提供动产或权利的债务人或第三人称为出质人;提供担保的动产或权利称为质物;债权人享有的当债务人不履行债务时以变卖质物优先受偿的权利称为质权;享有质权的债权人称为质权人。质押分为动产质押与权利质押。

1)动产质押

动产质押是指债务人或第三人将动产移交债权人占有,将该动产作为债权的担保。设立动产质押必须由出质人与质权人订立质押合同。

(1)质押合同。质押合同应当以书面形式订立。除合同另有约定外,质押合同自成立之时生效。质权自出质人交付质押财产时设立。质押合同应当包括以下内容:被担保的主债权种类、数额;债务人履行债务的期限;质物的名称、数量、质量、状况;质押担保的范围;质物移交的时间;当事人认为需要约定的其他事项。

除质押合同另有约定外,质押担保的范围包括主债权及利息、违约金、损害赔偿金、质物保管费用和实现质权的费用。

(2)质权人的权利和义务。

质权人享有的权利如下。

① 留置质物的权利。质权人在债务人未清偿债务之前有权留置质物,并有收取留置质物所产生的孳息的权利。

② 请求担保权。如果质物有损坏或者价值有明显减少的可能，足以危害质权人权利的，质权人可以要求出质人提供相应的担保。出质人不提供的，质权人可以拍卖或者变卖质物，并与出质人协商将拍卖或者变卖所得价款用于提前清偿所担保的债权或者向与出质人约定的第三人提存。

③ 优先受偿权。债务履行期限届满时质权人未受清偿的，可以与出质人协议以质物折价，也可以依法拍卖、变卖质物。质物折价或者拍卖、变卖后，其价款优先清偿债务，其价款超过债权数额的部分归出质人所有，不足部分由债务人清偿。

质权人的义务如下。

① 质权人负有妥善保管质物的义务。因保管不善致使质物灭失或者毁损的，质权人应当承担民事赔偿责任。质权人在质权存续期间，未经出质人同意，擅自使用、出租、处分质物，如果因此给出质人造成损失的，由质权人承担赔偿责任。

② 质权人返还质物的义务。债务履行期限届满，债务人履行债务，或者出质人提前清偿所担保的债权的，质权人应当返还质物。

2）权利质押

权利质押是指以所有权以外的财产为标的物而设置的债权担保。

（1）可以质押的权利。《民法典》规定，下列权利可以质押。

① 汇票、支票、本票、债券、存款单、仓单、提单。

② 可以转让的基金份额、股权。

③ 依法可以转让的商标专用权、专利权、著作权中的财产权。

④ 依法可以质押的其他权利，包括公路桥梁、公路隧道或者公路渡口等不动产的收益权。

（2）权利质权生效时间。权利质权根据出质标的不同，生效的时间也不同。

① 以汇票、支票、本票、债券、存款单、仓单、提单出质的，质权自权利凭证交付质权人时设立；没有权利凭证的，质权自办理出质登记时设立。

② 以基金份额、股权出质的，质权自办理出质登记时设立。

③ 以注册商标专用权、专利权、著作权等知识产权中的财产权出质的，质权自办理出质登记时设立。

权利出质后，出质人不得转让或许可他人使用，但质权人许可的除外。出质人未经质权人同意而转让或者许可他人使用已出质权利的，应认定为转让或许可使用行为无效。如果因此给质权人或者第三人造成损失的，由出质人承担民事责任。出质人所得的转让费、许可费应当向质权人提前清偿所担保的债权或者向与质权人约定的第三人提存。

4. 留置

留置是指债权人按照合同约定占有债务人的动产，债务人不按照合同约定的期限履行债务的，债权人有权扣留该动产，以该动产折价或者以拍卖、变卖该动产的价款优先受偿的一种债权担保方式。

因保管合同、运输合同、加工承揽合同及其他法律规定可以留置动产的合同而发生的债权，债务人不履行债务的，债权人有留置权。

留置权人与债务人应当约定留置财产后的债务履行期限;没有约定或者约定不明确的,留置权人应当给债务人六十日以上履行债务的期限,但是鲜活易腐等不易保管的动产除外。债务人逾期未履行的,留置权人可以与债务人协议以留置财产折价,也可以拍卖、变卖留置财产所得的价款优先受偿。

留置担保的范围包括主债权及利息、违约金、损害赔偿金、留置物保管费用和实现留置权的费用。留置物折价或者拍卖、变卖后,其价款超过债权数额的部分归债务人所有,不足部分由债务人清偿。

【案例2-20】王某经营防火门公司,李某向王某定做防火门20扇,约定先交付8万元定金,待防火门全部完成并送货到工地后,李某须支付该20扇防火门的货款。完工后王某将防火门送至工地,但李某却不支付货款。久经协商未果,王某将其中的10扇防火门运来公司,要求李某支付全部货款,才将防火门送至工地。问王某的行为是否合法?是否有依据?

评析:合法,王某行使的是留置权。

根据《民法典》的规定,留置是指债权人按照合同约定占有债务人的动产,债务人不按照合同约定的期限履行债务的,债权人有权扣留该动产,以该动产折价或者以拍卖、变卖该动产的价款优先受偿的一种债权担保方式。故李某在没有支付货款前,王某可以行使留置权。

5. 定金

定金是指合同当事人一方为保证合同的履行,在合同成立后、履行前预先向对方当事人交付一定数额的货币。定金与预付款不同,预付款是合同当事人一方为履行付款义务而预先向对方当事人支付一定数额的款项,无担保作用,若对方不履行合同也无惩罚作用。

《民法典》规定,当事人可以约定一方向对方给付定金作为债权履行的担保。债务人履行债务后,定金应当抵作价款或者收回。给付定金的一方不履行约定的债务的,无权要求返还定金;收受定金的一方不履行约定的债务的,应当双倍返还定金。定金应当以书面形式约定。当事人在定金合同中应当约定交付定金的期限。定金合同自实际交付定金时成立。定金的数额由当事人约定,但不能超过主合同标的额的20%。

当事人一方不完全履行合同的,应当按照未履行部分所占合同约定内容的比例,适用定金罚则。

此外,《民法典》还规定,当事人既约定违约金又约定定金的,在对方违约时,可以选择适用违约金或定金条款。但两者不可以并用。

【案例2-21】甲通过中介购买王某的房子,双方签订定金合同,约定房价300万元,甲向王某交付定金100万元,后王某反悔,与张某签订了房屋买卖合同,并办理房屋过户手续。甲要求王某返还定金100万元,并支付100万元定金赔偿款。问甲的主张能被支持吗?

评析:不能被支持。甲可以要求王某返还已交付的定金,但要求定金赔偿100万元没有法律依据。根据《民法典》的规定,定金的数额由当事人约定,但不能超过主合同标的额的20%。该房屋约定的价款是300万元,定金不能超过60万元,故甲只能要求王某支付60万元的定金赔偿款。

2.3 违约责任

2.3.1 违约责任的构成要件

1. 违约责任的概念

违约责任即违反合同的民事责任,是指当事人不履行合同义务或者履行合同义务不符合约定时,依照法律规定或者合同约定所承担的法律责任。当事人双方有违反合同的,应当各自承担相应的责任。

违约责任具有以下特点。

(1)违约责任的产生是以合同当事人不履行合同义务为条件的。合同债务是违约责任发生的前提,违约责任是债务不履行的后果,债务是因,责任是果,无债务则无责任。

(2)违约责任具有相对性。合同关系的相对性,决定了违约责任的相对性。违约责任只能在特定的当事人之间,即在有合同关系的当事人之间发生,合同关系以外的人,不负违约责任,合同当事人也不对合同关系以外的人承担违约责任。

(3)违约责任主要具有补偿性。违约责任的补偿性是指违约责任的目的在于弥补或补偿违约行为造成的损害后果。当然,强调违约责任的补偿性不能完全否认违约责任有时也具有惩罚性的特征。

(4)违约责任可以由当事人约定。当事人可以在法律规定的范围内,在合同中对违约责任做出事先的约定。当事人可以约定一定数额的违约金,可以约定损害赔偿的计算方法,也可以通过约定免责条款以限制或免除其在将来可能的责任。对违约责任的事先约定,从根本上说是由合同自由原则决定的。

(5)违约责任是民事责任的一种形式。刑事责任、行政责任中不存在违约责任这种责任形式,违约责任属于民事责任所特有的一种责任形式。

【案例 2-22】2016 年 5 月 18 日,甲公司与乙公司签订建设工程施工合同,由乙公司承建甲公司开发的商品房,合同对于工期、质量都做了约定,违反约定要承担违约责任,其中延误工期一天要承担 10 000 元罚款,合同约定工程于 2016 年 6 月 25 日开工,竣工日期是 2018 年 6 月 24 日。后因乙公司原因,工程直到 2019 年 1 月 10 日才竣工。问甲公司是否可以要求乙公司给予延期违约金?

评析:可以。甲公司与乙公司签订的建设工程施工合同合法有效,双方均应遵照合同履行,因乙公司原因导致工期延误,按合同约定,乙公司需要向甲公司赔偿工期延误的违约金,计算方式为实际延误的天数乘以 10 000 元。

2. 违约责任的构成要件

违约责任的构成要件有以下三个。

(1)违约行为的存在。违约行为是合同当事人不履行或不完全履行合同义务的行为。

（2）有损害后果。损害必须是实际已经发生的，尚未发生的损害不能赔偿。损害又必须是可以计算的，只有可以计算的才能赔偿。

（3）违约行为与损害后果之间有因果关系。损害后果是由违约行为直接造成的，因果关系不仅决定了违约责任的成立，而且决定了承担违约责任的范围。

3. 违约责任的归责原则

违约责任的归责原则是指确定违约当事人的民事责任的原则。违约责任必须遵循一定的归责原则来确认违约的构成要件、举证责任、免责事由及损害赔偿范围。

违约责任的归责原则有两项：过错责任原则和严格责任原则。

（1）过错责任原则。过错责任原则以过错的存在作为追究违约责任的要件。对于过错的存在采取两种方式确认，一是适用"谁主张，谁举证"的原则，由权利人举证证明违约当事人存在过错，否则不能追究违约责任；二是在特定情况下适用"举证责任倒置的原则"，若有违约行为存在，可推定违约当事人主观上有过错，并可追究当事人的违约责任。违约当事人如欲免除违约责任，必须举证证明自己不存在过错。

（2）严格责任原则。严格责任原则又称无过错责任原则，是指违约事实发生后，确认违约责任主要考虑违约的结果是否因违约方的行为造成，而不考虑违约方的违约是因为故意还是过失造成的。从举证方面来看，只要权利方能够证明违约结果是由违约方的违约行为引起的，即可要求违约方承担违约责任。

《民法典》第五百七十七条规定，当事人一方不履行合同义务或者履行合同义务不符合约定的，应当承担继续履行、采取补救措施或者赔偿损失等违约责任。由此可以看出，我国违约责任实行的是严格责任原则。《民法典》虽规定了严格责任原则，但并不排斥过错责任原则。因此，违约责任以严格责任原则为主，过错责任原则为辅。

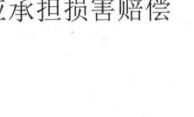

4. 违约行为的形态

（1）预期违约。当事人在合同履行期限届满之前，便明确表示或以自己的行为表示将不履行合同的为预期违约。预期违约的，对方可以在履行期限届满之前要求其承担违约责任。

（2）拒绝履行。拒绝履行是指在合同履行期到来后，一方当事人无正当理由拒绝履行合同规定的全部义务。

（3）不适当履行。不适当履行是指当事人虽有履行行为，但不符合合同约定。不适当履行包括：

① 部分履行行为，如未以合同规定的数量交付货物。

② 瑕疵履行行为，指履行的标的不符合合同约定的质量要求，可分为违约瑕疵履行和损害瑕疵履行。由于违约瑕疵履行尚未造成人身损害或财产损失，对违约行为可以采取补救措施；而损害瑕疵履行由于已造成人身损害或财产损失，所以违约方还应承担损害赔偿责任。

③ 履行方式不适当，如未按约定的方式交货。

④ 履行地点不适当，如未在合同规定的地点交付货物。

⑤ 其他行为，如违反告知义务等。

（4）迟延履行。迟延履行是指合同当事人的履行违反了履行期限的规定。广义上包括债务人给付迟延和债权人受领迟延；狭义的仅指债务人的给付迟延。

债务人给付迟延是指债务人在履行期限到来后，能够履行而无正当理由未能按期履行的行为。其构成要件为：①须有合法债务存在；②履行须可能；③未按期履行；④迟延履行无正当理由。给付迟延依法应承担如下法律后果：①支付违约金或赔偿因给付迟延而给付债权人造成的损失，若给付迟延造成债权人丧失履行利益的，债权人可依《民法典》第五百六十三条的规定解除合同，请求赔偿损失；②对在迟延期间因不可抗力造成标的物毁损丢失的，债务人依法承担履行不能的责任，并不得以不可抗力为由主张免责。但根据诚实信用原则，若债务人能够证明即使其不迟延给付也会发生标的物毁损丢失的，则可免责；③符合《民法典》第五百一十三条规定的情况，承担交易价格风险责任。

债权人受领迟延通常是指债权人在债务人于履行期内履行时无正当理由未能及时接受债务履行的行为。其构成要件为：①须有合法债权存在；②债务人已按期做出实际履行，且履行适当；③债权人未按期接受履行；④债权人受领迟延无正当理由。债权人受领迟延，依法应向债务人支付违约金或赔偿因受领迟延而给债务人造成的损失，如保险费、提存费、运输费等；若为金钱给付义务，债务人可停止支付受领迟延期间的债务利息；符合《民法典》第五百一十三条规定的情况，债权人还应承担交易价格风险责任。

【案例2-23】发包方单方毁约赔偿

原告：某建筑公司

被告：某工程建设单位

一、诉辩主张和事实认定

2018年9月，原、被告双方签订的建设工程施工合同规定，承包方承建发包人的一栋公寓楼，工期为6个月，同年10月开工，合计工程费4 200万元。因发包人原因，施工许可证一直没有办下来，后因种种原因，发包人要将工程交给其他建筑公司施工，与某建筑公司协商解除双方签订的建设工程施工合同，某建筑公司不同意解除合同，但发包人执意解除，并要求某建筑公司清场。发包方正式发文通知："本公司决定解除合同，请在10日内清场，望予以谅解和支持。"为此，承包方向法院起诉，要求发包方赔偿实际损失250万余元。

二、处理理由和处理结果

法院结合有关本案的证据，分析了双方的陈述，研究了与此案有关的法律规定后认为：这份建设工程施工合同是经双方协商同意签订的有效合同，应受到法律保护，发包方未经对方同意擅自解除合同，是单方毁约行为，应负违约责任。

经法院调解，双方自愿达成协议，由发包方负解除合同的责任，赔偿承包方160万元。

评析：人民法院对此案的处理是正确的，理由如下。

这份合同经双方协商订立，内容合法，条款齐全，责任明确，是有效的合同。发包方在未取得对方同意的情况下，以无根据的所谓理由单方解除合同，属于违约行为，应承担违约责任。

2.3.2 承担违约责任的形式及免责规定

1. 承担违约责任的形式

根据《民法典》的规定,违约的当事人承担违约责任的形式主要有继续履行、采取补救措施、赔偿损失、支付违约金、给付定金或双倍返还定金等。具体适用哪种违约责任,由当事人根据自己的要求加以选择。

1)继续履行

继续履行又称实际履行、强制实际履行,是指债权人在债务人不履行合同义务时,可请求人民法院或者仲裁机构强制债务人实际履行合同义务。

当事人因违约支付了违约金或者赔偿金,也不能因此而代替合同的履行,对未履行的原合同债务仍应继续履行。

《民法典》第五百八十条规定,当事人一方不履行非金钱债务或者履行非金钱债务不符合约定的,对方可以要求履行,但有下列情形之一的除外。

(1)法律上或者事实上不能履行。

(2)债务的标的不适于强制履行或者履行费用过高。

(3)债权人在合理的期限内未要求履行。

2)采取补救措施

补救措施是指债务人履行合同义务不符合约定,债权人在请求人民法院或者仲裁机构强制债务人实际履行合同义务的同时,可根据合同履行情况要求债务人采取的补救履行措施。如《民法典》第五百八十二条规定,当事人履行合同义务时,质量不符合约定的,应当按照当事人的约定承担违约责任。对违约责任没有约定或者约定不明确的,当事人可以协议补充,不能达成补充协议的,受损害方根据标的性质及损失的大小,可以合理选择要求对方承担修理、更换、重做、退货、降低价格或者报酬等违约责任。

3)赔偿损失

当事人一方不履行合同义务或者履行合同义务不符合约定的,在履行义务或采取补救措施后,对方还有其他损失的,应当赔偿损失。损失赔偿额应相当于因违约所造成的损失,包括合同履行后可以获得的利益,但不得超过违反合同一方订立合同时预见到或者应当预见到的因违反合同可能造成的损失。

《民法典》还规定,当事人一方违约后,对方应当采取适当措施防止损失扩大,没有采取适当措施致使损失扩大的,不得就扩大的损失要求赔偿。当事人因防止损失扩大而支出的合理费用,由违约方承担。

4)支付违约金

违约金是指按照当事人的约定或者法律规定,一方当事人违约时应当根据违约情况向对方支付的一定数额的货币。

违约金责任的成立条件主要有两个:一是有违约行为的存在,各种违约形态,如拒绝履行、不适当履行、迟延履行等,都可以导致违约金的支付;二是有违约金的约定。我国对违约金都是实行约定违约金,如果当事人在合同中没有有关违约金的预先约定,在一方违约时,另一方就不能要求违约方支付违约金,而只能采取其他救济方法。

违约金的数额明显高于或者低于实际损害的,当事人可以请求人民法院或者仲裁机构予以减少或增加。《最高人民法院关于审理商品房买卖合同纠纷案件适用法律若干问题的解释》规定:"当事人以约定的违约金过高为由请求减少的,应当以违约金超过造成损失的30%为标准适当减少;当事人以约定的违约金低于造成的损失为由请求增加的,应当以违约造成的损失确定违约金数额。"违约方支付违约金后,还应当履行合同债务。

5)给付定金或双倍返还定金

根据《民法典》的规定,当事人可以约定一方向对方给付定金作为履行合同的担保。给付定金的一方不履行约定的债务的,无权要求返还定金;收受定金的一方不履行约定的债务的,应当双倍返还定金。

当事人既约定违约金,又约定定金的,一方违约时,对方可以选择适用违约金或者定金条款。

因当事人一方的违约行为,侵害对方人身、财产权益的,受害方有权依照《民法典》要求其承担违约责任或者依照其他法律要求其承担侵权责任。

【案例2-24】甲房地产开发公司(以下简称甲公司)与王某签订了一份商品房认购书,王某向甲公司缴纳了20万元定金。约定七日内,双方签订正式的商品房买卖合同,在此期间,该楼盘所在地发布了新的政策,该楼盘房价大涨,甲公司拒绝与王某签订商品房买卖合同,请问王某可以怎样维权?

评析:王某可以要求甲公司返还双倍定金。根据《民法典》的规定,收受定金一方违约,应双倍返还定金给定金给付人。

2. 违约责任的免除

违约责任的免除是指没有履行或没有完全履行合同义务的当事人,可以依照法律的规定或者合同的约定不承担违约责任。

《民法典》规定以下三种免责事由。

(1)不可抗力。不可抗力是指不能预见、不能避免并不能克服的客观情况,包括自然现象和社会现象两种。自然现象包括地震、台风、洪水、海啸等,社会现象包括战争、海盗、罢工等。

消防员抢救地震受害者

《民法典》第五百九十条规定:"因不可抗力不能履行合同的,根据不可抗力的影响,部分或者全部免除责任,但法律另有规定的除外。当事人迟延履行后发生不可抗力,不能免除责任。"

当事人一方因不可抗力不能履行合同的,应当及时通知对方,以减轻可能给对方造成的损失,并应当在合理的期限内提供证明。

(2)免责条款。免责条款是合同双方当事人在合同中预先约定的,当出现约定的事由或条件时,可免除违约方违约责任的条款。

(3)法律的特殊规定。在法律有特殊的免责规定时,可以依法免除违约方的违约责任。如《民法典》第八百三十二条规定,承运人对运输过程中货物的毁损、灭失承担赔偿责任,但承运人证明货物的毁损、灭失是因不可抗力、货物本身的自然性质或合理损耗,以及托运人、收货人的过错造成的,不承担损害赔偿责任。

【案例2-25】王小姐于2018年8月和"华丽洋房"的开发商签订了购房合同,购买位于该小区的商品房一套,合同约定交房时间为2019年6月10日。到期后,开发商未能如期交房。于是王小姐起诉开发商违约,要求其承担违约责任。开发商辩称有下列不可抗力情形影响了工程进度,应该免责:首先,工程在建过程中,发现了勘察时没有发现的地质软层;其次,长期阴雨天气;最后,公司采购的原材料在运输过程中遇到火灾。请问本案应该如何处理?

评析:开发商应该承担违约责任。

根据《民法典》的规定,能够免除违约责任的不可抗力是指不能预见、不能避免并不能克服的客观情况。而本案中开发商的辩称理由是应当预见的风险因素,不属于不能预见、不能避免并不能克服的客观情况,故不能免除违约责任。

2.4 建设工程合同法律规范

2.4.1 建设工程合同概述

1. 建设工程合同的含义和特征

1)建设工程合同的含义

建设工程合同是勘察单位、设计单位、施工单位与建设单位为完成某项工程项目的勘察、设计、施工、安装工作而签订的合同。其中,勘察、设计、施工单位一方称为承包方,建设单位一方称为发包方或委托方。

2)建设工程合同的特征

建设工程合同也称建设工程承发包合同,它具备完成工作合同的一般特征,即它的标的是完成工作成果,并且具备诺成、双务、有偿的特征。其特点如下。

(1)建设工程合同的标的是建设工程项目,并非一般的加工定做物。建设工程项目是指各类房屋建筑和非房屋建筑(包括桥梁、铁路、矿井、码头等),以及其附属设施的建造和与其配套的线路、管道、设备的安装活动。这些工程项目投资大、周期长、不可移动,对规模和质量都有特定的要求。

(2)建设工程合同的承包方要受到严格的主体条件限制。建设工程合同的承包方要受到严格的主体条件限制是由合同标的的特殊性决定的。根据《建筑法》第十二条、第十三条的规定,承包方应该具备下列条件。

① 有符合国家规定的注册资本。
② 有与其所从事的建筑活动相适应的具有法定执业资格的专业技术人员。
③ 有从事相关建设工程项目所应有的技术设备。
④ 具有法律、法规规定的其他条件。
⑤ 在符合上述条件的情况下,经资质审查合格,已取得相应的资质证书并取得合法的营业执照。

具备上述条件的建设单位，在签订建设工程合同时不得超越其资质等级许可从事的建设工程项目范围，否则签订的合同无效。

（3）国家对建设工程承包合同实行严格的管理和监督，如投资银行的投资管理，政府监督与责任制度的规范，推行建设工程监理制度和实施建筑许可证制度等。

（4）建设工程合同主体之间具有严密的协作性。建设工程合同涉及面广，不仅需要勘察、设计、施工、安装等单位的密切协作，而且需要业主与承包商通力协作、密切配合，共同完成建设工程合同明确的工程建设任务。

2. 建设工程合同的种类

根据不同的标准可以对建设工程合同做不同的分类。

1）按照承发包的内容分类

（1）建设工程勘察设计合同。

（2）建设工程施工合同。

2）按照合同的标的分类

（1）总承包合同。总承包合同是指发包人将工程项目的勘察、设计、施工、安装等全部工作交给同一个承包人承包而订立的合同，承包人因此称为总承包人。业主仅面对一个承包商。

（2）分项工程承包合同。分项工程承包合同是指发包人将工程项目分成若干不同的部分，分别就其中不同的部分与承包人订立独立的承包合同，各个承包人只对自己承包的部分向发包人负责，这些承包商之间则属于平行的关系。

这是最常见的工程承包合同，但是应该注意分项工程承包合同不同于分包合同和转包合同。

分包合同是指总承包人或分项承包人在与发包人签订了总承包合同或分项工程承包合同后，再将其所承包的工程的一部分交给第三人承包完成而签订的合同。

按照《建筑法》第二十九条的规定，建筑工程总承包单位可以将承包工程中的部分工程发包给具有相应资质条件的分包单位；但是除总承包合同约定的分包外，必须经建设单位许可。

签订施工总承包合同的，建设工程的主体结构施工必须由总承包单位自行完成。分包合同的当事人是总承包人与分承包人，分承包人一般不与发包人产生直接的法律关系；建设工程总承包单位按照总承包合同的约定对建设单位负责；分包单位按照分包合同的约定对总承包单位负责；总承包单位和分包单位就分包工程对建设单位承担的是连带责任。

为了保证建筑工程的质量，维护建设单位的合法权益，根据《建筑法》第二十四条的规定，禁止分包单位将其承包的工程再分包。

转包合同是指总承包人将建筑工程合同中自己的权利义务转让给第三人享有或者承担，自己退出与建设单位的承包合同关系而与第三人签订的合同。根据《建筑法》第二十八条的规定，禁止承包单位将其承包的全部建筑工程转包给他人，禁止承包单位将其承包的全部建筑工程肢解以后以分包的名义分别转包给他人。根据该规定可以得知，承包单位经发包人的同意将部分建筑工程转包给第三人，法律是没有禁止的，应该合法有效。

3. 建设工程合同的订立

建筑工程的质量关系到人民生命财产的安全，为此，我国对建筑工程的质量实行了全方位的控制，其中较为重要的措施之一就是根据我国《建筑法》第十九条的规定，强制要求建设工程合同的签订需要以招标发包的方式进行，只有那些不适于招标发包的，才可以采取直接发包的方式（此内容在第1章有详细介绍）。

以招标发包的方式签订建设工程承包合同的，合同的缔结必须经过招标、投标和定标三个过程（此内容在第1章有详细介绍）。

根据《建筑法》第二十四条的规定，建设单位不得将建筑工程肢解发包。《民法典》第七百九十一条规定，发包人可以与总承包人订立建设工程合同，也可以分别与勘察人、设计人、施工人订立勘察、设计、施工承包合同。发包人不得将应当由一个承包人完成的建设工程支解成若干部分发包给数个承包人。《民法典》在订立时更正了用词，用"支解"代替了"肢解"。

所谓支解发包，是指将应当由一个承包单位完成的建筑工程支解成若干部分发包给几个承包单位，它不包括建筑工程的总发包或分项发包。建筑工程的总发包或分项发包是合法的，并不为法律所禁止。

对于以直接方式缔结建设工程合同的，适用《民法典》规定的要约承诺的一般程序。

2.4.2 建设工程勘察设计合同

建设工程勘察设计合同是指委托方与承包方为完成特定的勘察设计任务，明确相互之间权利和义务关系的协议。建设单位或者建设工程承包单位称为委托方，勘察设计单位称为承包方。建设工程勘察设计合同作为建设工程合同形式的一种，具备建设工程合同的法律特征。

建设工程勘察设计合同的法律依据是《民法典》《建筑法》和《建设工程勘察设计管理条例》等法律法规。

设计合同签约示例

根据《建设工程勘察设计管理条例》的规定，签订建设工程勘察设计合同必须具备下列条件。

(1) 签订建设工程勘察设计合同的双方必须具有法人地位。

(2) 签订建设工程勘察设计合同必须符合国家规定的基本建设程序。

签订建设工程勘察设计合同的意义如下。

(1) 有利于委托方与承包方明确各自的权利和义务，自觉履行义务，行使相应的权利，保证勘察设计任务的顺利完成。

(2) 为监理工程师在项目设计阶段的监理工作提供可行的法律依据。

(3) 有利于双方增强法律意识，加强对勘察、设计工作的管理。

(4) 有利于预防和解决纠纷。

1. 建设工程勘察设计合同的主要条款

根据《民法典》和《建设工程勘察设计管理条例》的规定，建设工程勘察设计合同应

该包括以下内容。

（1）工程概况、工程名称、地点、规模。

（2）发包方提供的资料的具体内容、技术要求和期限。

（3）承包方勘察的范围、进度和质量，设计的阶段、进度、质量和设计文件的份数及交付的日期。

（4）勘察设计的收费依据、收费标准及支付方法。

（5）违约责任。

（6）争议的解决方式。

（7）其他的约定内容。

2. 建设工程勘察设计合同当事人的权利和义务

合同的订立，其主要内容是明确双方主体的权利和义务。建设工程勘察设计合同是双务性合同，合同中双方当事人的权利和义务是对应的，发包方的权利是承包方的义务，承包方的权利也是发包方的义务。所以，下面只介绍双方的义务，其权利不再赘述。

根据《民法典》《建设工程勘察设计管理条例》等法律法规的规定，合同双方当事人的义务包括发包方和承包方的义务。

1）建设工程勘察设计合同发包方的主要义务

（1）发包方应该向工程勘察项目的承包方提供勘察范围图和建筑平面布置图、勘察技术要求及附图；向工程设计承包方提供设计任务书、选址报告、满足初步设计要求的勘察资料，以及经过批准的资源、燃料、水电、运输等方面的协议条件。

（2）向勘察设计项目的承包方提供必要的生活和工作条件，以保证勘察设计工作的顺利进行。

（3）负责勘察现场的通水、通电、通路和场地的平整工作。

（4）及时向有关部门申请取得各个设计阶段的批准文件，明确设计的范围和深度。

（5）尊重勘察设计方的勘察设计成果，不得私自修改，不得转借他人。

（6）合同中含有保密条款的，发包方应该承担设计文件的保密责任。

（7）按照规定或者合同的约定给付勘察、设计费用。

2）建设工程勘察设计合同承包方的主要义务

（1）按照勘察设计合同的要求向委托方按时提交勘察成果和设计文件。

（2）初步设计经过上级主管部门审查以后，在原定任务书范围内的必要的修改由承包方负责，承包方对于勘察工作中的遗漏事项应该及时进行补充勘察，并且自行承担补充勘察的相关费用。

（3）对勘察设计的成果负有瑕疵担保义务。勘察人、设计人对于自己提交的工作成果质量应该承担担保责任。无论工程建设进入哪个阶段，只要发现属于勘察人、设计人的勘察设计成果的质量瑕疵而引起工程返工、窝工、建设费用增加的，都应该由勘察人、设计人来承担相应的损失。

（4）承包方对自己所承担设计任务的建设项目应该配合施工，进行施工前设计技术交底，解决施工中的有关设计问题，负责设计变更和修改预算，参加试车考核及工程竣工验收。对于大中型工业项目和复杂的民用工程，还应该派现场代表，并参加隐蔽工程验收。

【案例2-26】2018年3月甲房地产开发公司（以下简称甲公司）与乙设计公司（以下简称乙公司）签订建设工程设计合同，约定将甲公司名下的职工宿舍楼的设计工作交给乙公司。双方在合同中约定：乙公司需按时完成设计任务，按照甲公司要求出具图纸。合同签订后，乙公司出现设计错误，由于设计人员错误造成工程质量事故损失，问乙公司要承担什么责任？

评析：由于设计人员错误造成工程质量事故损失，设计人员除负责采取补救措施外，还应免收直接受损失部分的设计费，并赔偿甲公司的相应损失。

3. 建设工程勘察设计合同当事人的违约责任

1）发包方的违约责任

发包方因为所提供的勘察设计资料不准，或者没有按照合同的约定支付勘察设计费用，应承担相应的违约责任。主要表现在以下几个方面。

（1）发包方如果没有按照约定履行合同，则无权要求返还定金。

（2）由于变更计划，提供的资料不准确，未按期提供勘察设计工作必需的资料或工作条件，因而造成勘察设计工作的返工、窝工、停工或者修改设计的，发包方应该按照承包方实际消耗的工作量增付费用。因为发包人责任造成重大返工或者重做设计的，应该另外增加勘察设计费用。

（3）勘察设计的成果按期、按质、按量交付后，发包方没有按照合同规定或者约定的日期交付费用的，应该支付逾期的违约金。支付数额与办法由双方按照法律规定协商解决。

（4）发包方未能按期接收承包方的工作成果的，应该支付逾期的违约金。

2）承包方的违约责任

承包方的责任主要是未能按照合同的约定提交勘察设计文件，以及由于勘察设计错误而应该承担的相关违约责任。主要表现在以下几个方面。

（1）承包方如果没有按照约定履行合同，则应该双倍返还定金。

（2）因为勘察设计质量低劣引起返工的，勘察设计单位应该承担返工所支出的各种费用。

（3）未能按期提交勘察设计文件，拖延工期造成损失的，由承包方继续完成勘察设计，承担相应部分的勘察设计费用，并赔偿拖延工期所造成的损失。

（4）由于勘察设计错误而造成工程重大质量事故的，承包方除免收损失部分的勘察设计费用外，还应该承担一定的赔偿责任。

2.4.3 建设工程施工合同

建设工程施工合同是发包方（建设单位或总包单位）和承包方（施工单位）为了完成特定的建筑安装工程任务、明确相互之间权利和义务关系的协议。建设工程施工合同是建筑、安装合同的总称。建设工程施工合同是建设工程合同的一种形式。因此，建设工程施工合同也具有建设工程合同的法律特征。

根据相关的法律规定，签订建设工程施工合同应该满足下列条件。

（1）工程的初步设计和总概算已经获得批准。

（2）投资已经列入国家和地方工程项目建设计划，建设资金已经落实。

（3）有满足承包要求的设计文件和技术资料。

（4）场地、水源、电源、气源已经具备或者在开工前完成。

（5）材料和设备的供应能够保证工程连续正常施工。

（6）合同的当事人应该具有法人资格。

（7）合同的双方当事人都具有履行合同的能力。

签订建设工程施工合同的意义如下。

（1）有利于发包方与承包方明确各自的权利和义务，自觉履行义务，行使相应的权利，保证工程建设的顺利完成。

（2）为监理工程师在项目的建设施工过程中的监理工作提供可行的法律依据。

（3）有利于双方增强法律意识，加强对建筑工程施工的管理。

（4）有利于预防和解决纠纷。

1. 建设工程施工合同的主要条款

根据《民法典》和其他相关法律制度的规定，建设工程施工合同应该包括以下内容。

（1）工程名称、地点。

（2）建设工期、中间交工工程的开工时间和竣工时间。

（3）工程质量。

（4）工程造价。

（5）承包工程的预付款、工程进度款及工程决算的支付时间与方式。

（6）材料和设备的供应责任。

（7）当一方提出迟延开工日期或终止工程的全部或者一部分时，有关工期的变更、承包金额的变更或者损失的承担及估算方法。

（8）由于价格变动而变更承包金额或者工程内容的规定和估算方法。

（9）竣工验收。

（10）违约责任。

（11）争议的解决方式。

（12）其他。

2. 建设工程施工合同当事人的权利和义务

1）建设工程施工合同发包方的主要义务

（1）办理土地的征用、青苗树木的赔偿、房屋的拆迁，以及清除地面、架空和地下障碍等前期工作，使施工场地具备施工条件，并在开工后继续负责解决以上事项的遗留问题。

（2）将施工所需要的水、电、电信线路从施工场地外部接至合同所约定的地点，保证施工的正常需要。

（3）开通施工场地和外界公共道路的通道，以及合同所约定的内部交通干道，并应该保证畅通，满足施工过程的运输需要。

（4）向承包方提供施工场地的工程地质及地下的管网线路资料，保证数据的真实准确，以保证施工的需要。

（5）办理施工所需要的各种证件、批件和临时用地、占道，以及铁路专用线的审批手续（证明承包商自身资质的证件除外）。

（6）将水准点与坐标控制点以书面形式交给承包方，并进行现场交验。

（7）组织承包商与设计单位进行图纸会审，与承包商进行设计交底。

（8）协调处理对施工现场周围地下管线和邻近建筑物、构筑物的保护，并应该承担相关的费用。发包方如果不按照约定完成上述的工作而造成工程延误，应该承担由此造成的经济支出，赔偿承包方的经济损失，工期也应该相应顺延。

2）建设工程施工合同承包方的主要义务

（1）在设计证书允许的范围内，按照发包方的要求完成施工组织设计或者与工程配套的设计，经发包方批准后方可使用。

（2）向发包方提供工程进度计划（年、季度、月份计划）及相应进度的统计报表和工程事故报告。

（3）按照工程的需要提供非夜间施工使用的照明、看守、围栏和警卫等，如果承包方没有履行上述义务而造成工程、财产及人身的伤害，由承包方承担相应的经济责任。

（4）遵守地方政府和有关部门对施工场地交通和施工噪声等的相关管理制度，经过发包方同意以后办理有关手续，发包方承担相关的费用，但是由于承包方自身原因导致的罚款应该由承包方自行承担。

（5）按照协议条款约定的数量和标准，向发包方提出施工现场所需要的办公和生活用房屋和设施，所需要的费用由发包方承担。

（6）已经竣工的工程在没有验收交付之前，承包方应该按照合同约定负责保护工作。保护期间发生毁损的，承包方自费修复。要求承包方采取特殊措施保护的单位工程部位和相应的经济支出，在合同内约定。发包方提前使用工程的，发生毁损的修复费用由发包方承担。

（7）按照合同的约定做好施工现场的地下管线和邻近建筑物、构筑物的保护工作。

（8）保证施工现场清洁符合有关规定，交工前应该清理现场达到合同的要求，承担因为违反有关规定造成的损失和罚款（合同签订后颁发的规定和由于非承包方原因造成的损失和罚款除外）。如果承包方不履行上述义务，应该对发包方的损失予以经济赔偿。

3. 建设工程施工合同当事人的违约责任

1）发包方的违约责任

（1）未能按照合同的约定履行相应的责任，应该赔偿承包方的经济损失，并且导致工程日期顺延。

（2）对建筑工程中途的停建、缓建或者由于设计变更、设计错误造成的返工，应该采取措施弥补或者减少损失，同时赔偿承包方因此而产生的损失。

（3）发包方提前使用或者擅自动用没有验收的工程的，产生的质量或者其他问题的责任应该由发包方承担。

（4）逾期验收工程的，应该支付违约金。

（5）不按照合同约定拨付款项的，按照银行有关延期付款办法和工程价款结算办法的有关规定处理。

2）承包方的违约责任

（1）所承建工程不符合合同约定的，应该无偿维修或者返工。由于维修或者返工造成逾期交付的，也应该支付违约金。

（2）交付工程的时间不符合合同约定的，也应该支付违约金。

（3）由于承包方的责任，造成发包方提供的材料、设备丢失或者损坏的，应该承担赔偿责任。

【案例2-27】2018年3月，某市市政管理委员会与某建筑安装公司签订了一份工程建设合同。合同规定：由该建筑安装公司承建位于该市西区的供水管线工程，由市政管理委员会提供该工程的设计图样。合同对工期、质量、验收、拨款、结算等都做了详细规定。2018年6月，在对供水管线工程进行隐蔽之前，承包方建筑安装公司通知该市市政管理委员会派人前来进行检查。然而，市政管理委员会由于种种原因迟迟未派人到施工现场进行检查。由于未经检查，该建筑安装公司只得暂时停工，并顺延工程日期十余天，该公司为此蒙受了近100万元的损失。工程逾期完工后，发包人市政管理委员会拒绝承担该建筑安装公司因停工所受的损失，反而以承包人逾期完工应承担责任为由，将其诉至法院。

评析：本案的纠纷是因隐蔽工程的验收而产生的。

所谓隐蔽工程，是指被其他建筑物遮掩的工程，包括地基工程、钢筋工程、承重结构工程、防水工程、装修与设备工程，以及供水、供气、供热管线和电气管线等。隐蔽工程在整体工程竣工后不便于验收，而隐蔽工程的质量又至关重要，因此《民法典》专门规定了隐蔽工程的检查和验收。《民法典》第七百九十八条规定："隐蔽工程在隐蔽以前，承包人应当通知发包人检查。发包人没有及时检查的，承包人可以顺延工程日期，并有权要求赔偿停工、窝工等损失。"

根据本条的规定，隐蔽工程在隐蔽以前，承包人应当通知发包人检查。一般是在承包人自检合格以后48小时内通知发包人检查。发包人接到承包人的通知以后，应当在合同约定的时间或合理时间内，开始对隐蔽工程进行检查，检查合格后双方共同签署"隐蔽工程验收签证"及相应记录。发包人没有按期对隐蔽工程进行检查的，承包人应当催告发包人在合理期限内进行检查，并可以顺延工程日期，同时要求发包人赔偿因此造成的停工、窝工、材料和构件积压的损失。

如果承包人未通知发包人检查而自行封闭隐蔽工程，发包人事后有权要求对已隐蔽的工程进行检查，承包人应当按照要求破坏已覆盖的工程并于检查后修复，检查的费用由承包人承担。如果承包人已经通知发包人检查而发包人未及时检查，事后发包人又要求检查的，检查费用的承担需分两种情况而定：一是对隐蔽工程检查后发现该项工程符合质量标准的，检查费用由发包人承担；二是对隐蔽工程检查后发现该工程不符合质量要求的，检查费用应当由承包人承担。

本案中承包人建筑安装公司在供水管线工程隐蔽之前通知了发包人市政管理委员会前来检查，而市政管理委员会迟迟不来检查，致使承包人被迫停工十余天，造成近100万元的经济损失。市政管理委员会没有及时检查与该工程逾期完工有直接关系，应当对此承担

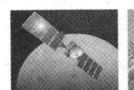

责任。所以，法院驳回了该市政管理委员会的诉讼请求，并责令其承担承包人建筑安装公司所受经济损失 100 万元。

【案例 2-28】框架厂房工程承包纠纷

原告：某市帆布厂

被告：某市区修建工程队

一、诉辩主张和事实认定

2015 年 10 月 5 日，原、被告订立了建筑工程承包合同，合同规定：被告为原告建造框架厂房，跨度 12 米，总造价为 3 000 万元；承包方式为包工包料；开、竣工日期为 2015 年 11 月 2 日和 2017 年 3 月 10 日。自工程开工至 2016 年年底，原告给付被告工程款、材料垫付款共 2 110 万元。到合同规定的竣工期限，被告未能完工，而且已完工程质量部分不合格。为此，原告诉至法院。受诉法院查明：被告在工商行政管理机关登记的经营范围为维修和承建小型非生产性建筑工程，无资格承包此项工程。经有关部门鉴定：已完工程造价应为 1 980 万元；未完工程折价为 1 110 万元；已完工程的厂房屋面质量不合格，返工费为 56 万元。

二、判决理由和判决结果

受诉法院审理认为：工商企业法人应在工商行政管理机关核准的经营范围内进行经营活动，超范围经营的民事行为无效。本案被告承包建筑厂房，超越了自己的技术等级范围。根据《合同法》的规定，判决如下：原、被告所订立的建筑工程承包合同无效；被告返还原告多付的工程款 130 万元；被告偿付原告因工程质量不合格所需的返工费 56 万元。

评析：建筑企业从事承建活动时，必须严格遵守核准登记的建筑工程承建技术质量等级范围。建筑企业的技术资质等级是指该企业自身能够保质保量完成某类工程而必须具备的能力和条件，如技术人员、技术工人的水平、施工经验、固定资本及流动资金的规模等。这些能力和条件，表明一个建筑企业的履约能力。因此，国家有关建筑业管理法规规定，建筑企业必须经国家有关管理部门按其资质能力及有关规定核准经营范围，严格按照核准的经营范围从事承建活动，禁止超技术等级承建工程。本案被告的经营范围为承建小型非生产性建筑工程和维修项目，其技术等级不能承建与原告所订合同规定的生产性厂房。因此，被告对合同无效及工程质量问题应负全部责任，承担工程质量的返工费，并返还原告多付的工程费。

【案例 2-29】工程竣工验收标准约定问题

原告：某省 SS 建材装饰有限公司

被告：某市世纪金榜文化有限公司

一、诉辩主张和事实认定

原告起诉认为，其承建的世纪金榜办公楼工程已经完工，被告尚欠原告 521 755.11 元，应当支付全部欠款并支付利息。

被告辩称：根据原、被告及本涉案及的其他当事人之间的证据材料，被告不需要支付原告任何款项，实际上，被告尚保留追究原告的违约责任的权利。根据 2015 年 3 月 26 日

原、被告之间签订的石材订货合同第 15 条的约定，由原告向被告承诺涉案石材幕墙工程能够获得"泰山杯"，如不能获得，原告自愿支付被告违约金 30 万元。该约定为原告自愿向被告承诺的，但涉案幕墙工程并没有获得"泰山杯"，原告应为自己所做出的承诺承担相应的履行义务，故被告支付石材款项时，扣除了 30 万元作为原告应承担的违约金。

原告认为合同中对此内容确有约定，工程也确实没有获得"泰山杯"，但认为该工程的承建单位系城安公司，城安公司没有申报所以原告也无法申报。还说明城安公司向其解释未申报的原因，一是发包方没有提供完整的申报资料，二是建设单位与总承包商汇帮中心签订的建设工程施工合同中约定的工程质量标准是合格，没有约定为优良，导致不符合申报的条件，所以无法申报。

二、判决理由和判决结果

一审法院认为，关于"泰山杯"的评选办法在双方于 2015 年 3 月 26 日签订石材订货合同前即已存在，也就是说原告应当知晓"泰山杯"如何评选及其向被告供应石材是否存在当选的可能性，在此情形下原告仍然将该项内容约定进双方的合同中，即应当有承担这种后果的预期，而不是在签订合同时简单地进行约定，而在面临承担责任时又想办法进行推卸。原告为不承担该项违约金还提出建设单位与汇帮中心约定的工程质量标准是合格，没有约定为优良，导致不符合申报的条件。但汇帮中心与城安公司的建设工程施工合同签订时间为 2014 年 2 月 1 日，而原告与被告约定 30 万元违约金承担的合同签订时间为 2015 年 3 月 26 日。如果按原告所述，因工程质量标准为合格，不可能参加"泰山杯"的评选，那么从两份合同签订的时间先后来说，原告对此应为明知，却仍然与被告在 2015 年 3 月 26 日签订的石材订货合同中进行了约定，则原告自己应当承担该项违约责任。

评析：

（1）分包单位以总包合同约定的"合格"标准对抗分包合同约定的"泰山杯"标准失败原因。

本案中原告疏忽大意，理所当然地认为，被告在与总承包商签订的总承包合同中约定的验收标准只是"合格"，达不到获取"泰山杯"的标准，因此即使建设单位要求自己一定要获取"泰山杯"，也是无效的。

但是法院对其辩护意见不予认可。法院认为原告应当知晓"泰山杯"如何评选及其向被告供应石材是否存在当选的可能性，在此情形下原告仍然将该项内容约定进双方的合同中，即应当有承担这种后果的预期，而不是在签订合同时简单地进行约定，而在面临承担责任时又想办法进行推卸。既然已经约定了原告必须获得"泰山杯"的条件，否则要承担 30 万元的违约责任，那么原告未能履行该项约定，自然应该承担 30 万元的违约责任。对施工单位来说，真是得不偿失。

（2）施工单位忽视质量条款后果严重。

工程质量条款是施工合同的重要条款，一个项目的工程质量标准直接决定项目的验收标准，以及施工单位的成本投入标准。对施工单位而言，自然是质量标准越低越好，标准越低，其越能通过低成本完成工作量。

但施工单位又常常忽视质量条款，原因之一是因为施工单位在签订合同中处于弱势地位，不太具有话语权，只能屈从于建设单位的意思表示；原因之二是对质量条款认识不

够，认为如果工程本身达不到一定的标准，即使约定了高标准的验收条款也是无效的，对自己没有约束力。但是合同一旦签订就是具有法律约束力的，一旦约定了高标准的验收条款，后期又意图以"显失公平"理由对抗，常常招致失败。

（3）"显失公平"有特定的适用前提。

施工单位往往以"显失公平"来对抗合同中对自己不利的条款，但是"显失公平"的适用有特定前提，对施工单位而言"显失公平"的适用有很大难度。一是施工单位难以取证证明存在"显失公平"情形；二是合同法律"显失公平"规定了一年的撤销权，而施工合同往往工期长久，且对验收标准的纠纷通常在最后决算阶段才会暴露出来，这时往往都已过了撤销权行使时间，对施工单位非常不利。

【案例2-30】发包人违约不支付工程款纠纷

某市新世界房地产公司与欧典建筑公司签订了一份建筑工程合同。合同约定由欧典建筑公司负责承建一批商品房，建筑面积为40 000平方米，工程价款决算为11 600万元。合同规定：新世界房地产公司预付工程价款的20%，并提供设计图样及各种技术指标和内部设施计划，欧典建筑公司包工包料，按照合同约定日期交付验收技术资料；任何一方不按照合同约定履行义务的，要支付工程造价5%的违约金。合同正式签订后，双方依约履行，工程施工进展顺利。欧典建筑公司按期完成了这批商品房屋建设任务。该工程验收合格后，新世界房地产公司却提出因资金不足暂无法支付工程款。经欧典建筑公司再三催促，新世界房地产公司仍未支付。在迫不得已的情况下，欧典建筑公司向法院提起诉讼，要求拍卖这批商品房，以拍卖所得支付工程款。

评析：发包人在工程建设完成后，对竣工验收合格的工程应予以接受，并应当按照约定的方式和期限进行工程决算，向承包人支付工程款，这是发包人的主要义务之一。发包人未按合同约定的期限支付价款的，应当承担逾期付款的违约责任。但是，如果发包人不向承包人支付价款，如何保障承包人工程价款债权的实现呢？

《民法典》第八百零七条规定："发包人未按照约定支付价款的，承包人可以催告发包人在合理期限内支付价款。发包人逾期不支付的，除根据建设工程的性质不宜折价、拍卖外，承包人可以与发包人协议将该工程折价，也可以请求人民法院将该工程依法拍卖。建设工程的价款就该工程折价或者拍卖的价款优先受偿。"

优先受偿权是指由法律规定的特定债权人就债务人的全部财产或特定财产优先受偿的权利。优先权作为一种担保物权，除具有担保物权的从属性、物上代位性、不可分性等一般特征外，与其他担保物权相比，具有以下几方面的不同点。

（1）优先权是法定担保物权，其设定基于法律的直接规定，而不允许当事人任意创设。

（2）优先权是无须公示的担保物权。民法上担保物权的设定均需要以公示为生效要件，如抵押权以登记为公示，质押以交付占有为公示，否则，担保物权不成立或不能产生对抗第三人的效力。而优先权基于其权利的法定性，既无须登记，也无须以占有债务人的财产为公示要件。

（3）优先权的顺位和效力由法律直接规定，当同一物上存在数个优先权或者发生优先权与其他担保物权的竞合时，优先权人之间或者优先权人与其他担保物权人之间的受偿顺序均由法律直接规定，且在效力上不动产特别优先权原则上优先于一般抵押权。不动产特别优先权多为费用性担保物权,理论上应优先于抵押权等融资性担保物权。

按照《民法典》的规定,承包人优先权的行使应当具备以下条件。

(1)承包人必须按照合同规定全部履行了自己的义务,即工程按期完工、质量合格、已经经过竣工验收。如果工程存在质量问题或未按期竣工,即承包人存在违约行为,发包人拒绝付款的,承包人不得行使优先权。

(2)承包人在发包人未按照合同约定支付工程款时,一般应当先行催告,要求发包人在合理期限内支付工程款,发包人在催告期限届满后仍不付款的,承包人可以行使优先权。

(3)优先权的实现方式有两种:一是协议方式,即承包人与发包人协议将工程折价,工程款以折价价款优先受偿;二是拍卖方式,即由承包人向人民法院申请依法将工程拍卖,承包人就该工程拍卖所得价款优先受偿。

(4)优先权的行使是有限制的,即并非所有建设工程合同的承包人都能行使优先权。因建设工程的性质不宜折价、拍卖的特殊工程及保密工程,承包人不得行使优先权,如政府办公楼、高速公路、铁路、桥梁等。

本案中,建设工程发包人新世界房地产公司在承包人欧典建筑公司如约履行建设工程承包合同,按期保质完成商品房施工并经验收合格后仍然不支付工程款,其行为已构成违约,欧典建筑公司在多次催讨后可依法行使承包人优先权。后在法院的调解下,当事人双方达成协议,将竣工的商品房交付拍卖人进行拍卖,承包人就拍卖价款优先受偿。

【案例2-31】发包人违约承担违约金纠纷

原告:江苏省某A建筑有限公司(以下简称A建筑公司)

被告:青海省某B投资有限公司(以下简称B投资公司)

一、诉辩主张和事实认定

A建筑公司承建被告下属某项目,双方于2014年8月21日签订补充协议,约定:"自本协议签订之次日,乙方(A建筑公司)组织工人复工,甲方(B投资公司)在双塔主体封顶后七日内支付乙方进度款600万元,在2014年12月15日前,再支付进度款1 000万元;如甲方未在约定的期限内支付工程进度款、工程竣工结算款和保证金,应支付乙方违约金,违约金以甲方实际欠款金额为基数,每逾期一日,按逾期金额的0.1%支付违约金;鉴于甲方知晓乙方是通过社会融资的方式建设的,仅对本协议第一条第一款金额(1 600万元)和第一条第二款金额(150万元),融资费率每月为融资额度的5%,因此,甲方对上述违约责任约定的合理性有充分理解,并承诺在违约以后,无权请求人民法院减轻违约责任。"

2018年A建筑公司起诉请求:因质保期已过,B投资公司支付剩余工程款890万元;因B投资公司逾期支付工程进度款,应向A建筑公司支付违约金,按月利率2%计算,暂计3 224.144 3万元(详见违约金计算明细)。

A建筑公司认为,双方约定的违约金为日0.1%,即年利率36.5%,现A建筑公司自愿降低违约金的计算标准,按年利率24%主张,符合法律规定,并不过高,应予支持。

二、判决理由和判决结果

一审判决B投资公司按月息2%向A建筑公司支付逾期支付工程进度款的违约金。双方均不服,提起上诉。

二审法院认为：

（1）对逾期支付工程进度款1 000万元的违约金的确定。在补充协议中，双方对违约后果进行了特别约定，B投资公司知晓A建筑公司是通过社会融资的方式建设的，融资费率每月为融资额度的5%，B投资公司对逾期付款应承担的后果已充分认知，并承诺在违约后无权请求人民法院减轻违约责任。现A建筑公司对其中逾期支付的1 000万元进度款，自动降低违约金计算标准，按照月息2%主张违约金，低于双方特别约定的标准，不属于相关法律及司法解释规定的违约金约定过高应予调整的情形。

（2）关于已生效判决确定的90%的进度款中剩余未付4 635.7万元工程款的违约金的确定。涉案补充协议约定"如甲方未在约定的期限内支付工程进度款、工程竣工结算款和保证金，应支付乙方违约金，违约金以甲方实际欠款金额为基数，每逾期一日，按逾期金额的0.1%支付违约金。"二审法院认为，本案合同当事人之间违约金的约定是否过高，应以B投资公司违约给A建筑公司造成的实际损失为基础来认定。A建筑公司未举证证明具体的损失数额，也未提供其主张违约金月息2%标准的相应事实根据，故其主张按照月息2%标准来确定违约金依据不足。予以纠正，应当按照同期银行贷款利率上浮30%确定损失。

评析：

（1）本案的裁判要点。合同当事人之间违约金的约定是否过高，应以违约方造成的实际损失为基础来认定，而守约方的实际损失如何确定，应由守约方举证证明对其造成的具体损失数额或提供造成损失的相应事实依据。如果事先双方承诺在违约后无权请求人民法院减轻违约责任，对该部分违约金主张无须再行举证证明。

（2）本案中每日0.1%违约金的约定是否过高应以B投资公司违约给A建筑公司造成的实际损失为基础来认定。

《民法典》第五百八十五条规定："当事人可以约定一方违约时应当根据违约情况向对方支付一定数额的违约金，也可以约定因违约产生的损失赔偿额的计算方法。约定的违约金低于造成的损失的，当事人可以请求人民法院或者仲裁机构予以增加；约定的违约金过分高于造成的损失的，当事人可以请求人民法院或者仲裁机构予以适当减少。"《最高人民法院关于适用<中华人民共和国合同法>若干问题的解释（二）》第二十九条规定："当事人主张约定的违约金过高请求予以适当减少的，人民法院应当以实际损失为基础，兼顾合同的履行情况、当事人的过错程度以及逾期利益等综合因素，根据公平原则和诚实信用原则予以衡量，并做出裁决。当事人约定的违约金超过造成损失的百分之三十的，一般可以认定为合同法第一百一十四条第二款规定的过分高于造成的损失。"本案合同当事人之间违约金的约定是否过高，应以B投资公司违约给A建筑公司造成的实际损失为基础来认定。而A建筑公司的实际损失如何确定，应由A建筑公司举证证明对其造成的具体损失数额或提供造成损失的相应事实依据。这里，将A建筑公司的实际损失分为了两部分。

① 合同约定的1 000万元进度款违约金约定是否偏高解读。本案中双方仅对逾期支付进度款1 000万元的违约金进行了特别约定，B投资公司对逾期付款应承担的后果已充分认知，并承诺在违约后无权请求人民法院减轻其违约责任，故对该部分违约金主张无须再行举证证明。

② 对4 635.7万元进度款的违约金计算是否偏高解读。对主体封顶后欠付的工程进度款4 635.7万元的违约金承担，双方并未特别约定，A建筑公司未举证证明具体的损失数

额，也未提供其主张违约金月息2%标准的相应事实根据。

违约金从性质上看主要以补偿损失为主，兼具一定的惩罚性，对涉案补充协议同一合同项下的保证金违约金，已生效判决认定按照中国人民银行发布的同期同类贷款利率上浮30%支付违约金，体现了违约金补偿和惩罚功能的并用。故对涉案补充协议同一合同项下的4 635.7万元工程进度款的违约金按此标准确定，既符合案件实际又体现法律适用的统一性。因该4 635.7万元系剩余工程欠款而非借款，不应当参照《最高人民法院关于审理民间借贷案件适用法律若干问题的规定》第二十六条关于借贷利率未超过年利率24%的规定，支持A建筑公司月息2%的违约金主张。

2.5 FIDIC合同

2.5.1 FIDIC合同条件与标准化

FIDIC是"国际咨询工程师联合会"的缩写。该组织在每个国家或地区只吸收一个独立的咨询工程师协会作为团体会员，至今已有60多个发达国家和发展中国家或地区的成员，因此它是国际上最具权威性的咨询工程师组织。我国已于1996年正式加入FIDIC组织。

1. FIDIC合同条件

为了规范国际工程咨询和承包活动，FIDIC先后发表过很多重要的管理性文件和标准化的合同文件范本，目前作为惯例已成为国际工程界公认的标准化合同格式，有适用于工程咨询的《业主-咨询工程师标准服务协议书》；适用于施工承包的《土木工程施工合同条件》《电气与机械工程合同条件》《设计-建造与交钥匙工程合同条件》《土木工程分包合同条件》。1999年9月，FIDIC又出版了新的《施工合同条件》《工程设备与设计-建造合同条件》《EPR交钥匙合同条件》《合同简短格式》。这些合同文件不仅被FIDIC成员国广泛采用，而且世界银行、亚洲开发银行、非洲开发银行等金融机构也要求在其贷款建设的土木工程项目中使用以FIDIC合同文件文本为基础编制的合同条件。

这些合同条件的文本不仅适用于国际工程，而且稍加修改后同样适用于国内工程，我国有关部委编制的适用于大型工程施工的标准化范本都以FIDIC编制的合同条件为蓝本。

1）土木工程施工合同条件

《土木工程施工合同条件》是FIDIC最早编制的合同文本，也是其他几个合同条件的基础。该文本适用于业主（或业主委托第三人）提供设计的工程施工承包，以单价合同为标准化合同格式。这个合同条件的主要特点表现为：条款中责任的约定以招标选择承包商为前提，合同履行过程中建立以工程师为核心的管理模式。

2）电气与机械工程合同条件

《电气与机械工程合同条件》适用于大型工程的设备提供和施工安装，承包工作范围包括设备的制造、运送、安装和保修几个阶段。这个合同条件是在《土木工程施工合同条件》基础上编制的，针对相同情况制定的条款完全照抄《土木工程施工合同条件》的规定。与《土木工程施工合同条件》的区别主要表现为：一是该合同涉及的不确定风险的因素较少，但实施阶段管理程序较复杂，因此条目少、款数多；二是支付管理程序与责任划分基于总价合同。这个合同条件一般适用于大型项目中的安装工程。

3）设计-建造与交钥匙工程合同条件

FIDIC 编制的《设计-建造与交钥匙工程合同条件》是适用于总承包的合同文本，承包工作内容包括设计、设备采购、施工、物资供应、安装、调试、保修。这种承包模式可以减少设计与施工之间的脱节或矛盾，而且有利于节约投资。该合同文本是基于不可调价的总价承包编制的合同条件。土建施工和设备安装部分的责任，基本是套用《土木工程施工合同条件》和《电气与机械工程合同条件》的相关约定。交钥匙合同条件既可以用于单一合同施工的项目，又可以用于多合同项目中的一个合同，如承包商负责提供各项设备、单项构筑物或整套设施的承包。

4）土木工程施工分包合同条件

FIDIC 编制的《土木工程施工分包合同条件》是与《土木工程施工合同条件》配套使用的分包合同文本。分包合同条件可用于承包商与其选定的分包商，或与业主选定的分包商签订的合同。其既要保持与主合同条件中有关分包工程部分规定的权利和义务约定一致，又要区分负责实施分包工作当事人改变后两个合同之间的差异。

2. 合同文本的标准化

1）FIDIC 文本格式

FIDIC 出版的所有合同文本结构，都是以通用条件、专用条件和其他标准化的文件格式编制的。

（1）通用条件。所谓"通用"，其含义是工程建设项目不论属于哪个行业，也不管处于何地，只要是土木工程类的施工均可适用。条款涉及内容如下：合同履行过程中业主和承包商各方的权利与义务，工程师（交钥匙合同中为业主代表）的权利和职责，各种可能预见事件发生后的责任界限，合同正常履行过程中各方应遵循的工作程序，以及因意外事件而使合同被迫解除时各方应遵循的工作准则等。

（2）专用条件。专用条件是相对于"通用"而言的，要根据准备实施的项目的工程专业特点，以及工程所在地的政治、经济、法律、自然条件等地域特点，针对通用条件中条款的规定加以具体化。可以对通用条件中的规定进行相应的补充完善、修订，或取代通用条件中条款的规定加以具体化；同样也可以对通用条件中没有规定的条款进行补充，专用条件中条款序号与通用条件中要说明条款的序号对应，通用条件和专用条件内相同序号的条款共同构成对某一问题的约定责任。如果通用条件内的某一条款内容完备、适用，专用条件可不再重复列此条款。

（3）标准化的文件格式。FIDIC 编制的标准化合同文本，除通用条件和专用条件以外，还包括标准化的投标书（及附录）和协议书的格式文件。

投标书的格式文件只有一页内容，是投标人愿意遵守招标文件规定的承诺表示。投标人只需填好投标报价并签字后，即可与其他材料一起构成有法律效力的投标文件。投标书附件列出了通用条件和专用条件内涉及工期和费用内容的明确数值，与专用条件中的条款序号和具体要求相一致，以使承包商在投标时予以考虑。这些数据经承包商填写并签字确认后，合同履行过程中作为双方遵照执行的依据。

协议书是业主与中标承包商签订施工承包合同的标准化格式文件，双方只要在空格内填入相应内容并签字盖章，合同即可生效。

2）标准化合同文本的优点

（1）合同体系完整、严密，责任明确。从合同生效之日起到合同解除为止，正常履行过程中可能涉及的各种情况，以及特殊情况下发生的有关问题，在合同的通用条件内都明确划分了参与合同管理有关各方的责任界限，而且还规范了合同履行过程中应遵循的管理程序，条款内容基本覆盖了合同履行过程中可能发生的各种情况。

（2）责任划分较为公正。合同条件适用于通过竞争性招标选择承包商实施的承包合同，各种风险以一个有经验的承包商在投标阶段能否合理预见来划分责任界限。合同条件属于双务、有偿合同，力求使当事人双方的权利和义务达到总体的平衡，风险分担尽可能合理。

这样的文本格式既可以使业主编制招标文件时避免遗漏某些条款，又可以令承包商投标和签订合同时更关注于专用条件中体现的招标工程项目有哪些特殊或专门的要求或规定。

2.5.2　FIDIC 土木工程施工合同条件

《土木工程施工合同条件》是 FIDIC 最早编制的合同文本，也是其他几个合同条件的基础。其主要特点表现为：条款中责任的约定以招标选择承包商为前提；合同履行过程中建立以工程师为核心的管理模式；以单价合同为基础（也允许部分工作以总价合同承包）。建设部和国家行政管理局联合颁发的《建设工程施工合同示范文本》采用了很多《土木工程施工合同条件》的条款。

1. 合同履行中涉及的几个时间概念

（1）合同工期。合同工期是所签合同内注明的完成全部工程或分部移交工程的时间，加上合同履行过程中因非承包商应负责原因导致变更和索赔事件发生后，经工程师批准顺延工期之和。合同内约定的工期指承包商在投标书附录中承诺的竣工时间。合同工期的日历天数是衡量承包商是否按合同约定期限履行施工义务的标准。

（2）施工期。从工程师按合同约定发布的"开工令"中指明的应开工之日起，至工程移交证书注明的竣工日止的日历天数为承包商的施工期。将施工期与合同工期进行比较，判定承包商的施工是提前竣工还是延误竣工。

（3）缺陷责任期。缺陷责任期即国内施工合同文本所指的工程保修期，自工程移交证书中写明的竣工日开始，至工程师颁发解除缺陷责任证书为止的日历天数。尽管工程移交前进行了竣工检验，但工程移交证书只是证明承包商的施工工艺达到了合同规定的标准，设置缺陷责任期的目的是考验工程在动态运行条件下是否达到了合同中技术规范的要求。因此，从开工之日起至颁发解除缺陷责任证书日止，承包商要对工程的施工质量负责。合同工程的缺陷责任期及分阶段移交工程的缺陷责任期，应在专用条件内具体约定。次要部位工程通常为半年，主要工程及设备大多为一年，个别重要设备也可以约定为一年半。

（4）合同有效期。自合同签字日至承包商提交给业主的"结清单"生效日止，施工合同对业主和承包商均具有法律约束力。颁发解除缺陷责任证书只是表示承包商的施工义务终止，即证明承包商的工程施工、竣工和保修义务满足合同条件的要求，但合同约定的权利和义务并未完全结束，还剩有管理和结算等手续。结算单生效指业主已按工程师签发的最终支付证书中的金额付款，并退还承包商的履约保函。结清单一经生效，承包商在合同内拥有的索赔权利也自行终止。

2. 合同价格

合同条件中通用条件第1.1款规定："合同价格指中标通知书中写明的，按照合同规定，为了工程的实施、完成及其任何缺陷的修补应付给承包商的金额。"但应注意，中标通知书中写明的合同价格仅指业主接受承包商投标书中为完成全部招标范围内工程报价的金额，不能简单地理解为是承包商完成施工任务后应得到的结算款额。因为合同条件内很多条款都规定，工程师根据现场情况发布非承包商应负责原因的变更指令后，如果导致承包商施工中发生额外费用所应给予的补偿，以及批准承包商索赔给予补偿的费用，都应增加到合同价格上去，所以签约原定的合同价格在实施过程中会有所变化。大多数情况下，承包商完成合同规定的施工义务后，累计获得的工程款也不等于原定合同价格与批准的变更和索赔补偿款之和，可能比其多，也可能比其少。究其原因，涉及以下几方面因素的影响。

1）合同类型特点

《土木工程施工合同条件》适用于大型复杂工程，采用单价合同的承包方式。为了缩短建设周期，通常在初步设计完成后就开始施工招标，在不影响施工进度的前提下陆续发放施工图，因此承包商据以报价的工程量清单中各项工作内容项下的工程量一般为概算工程量。在合同履行过程中，承包商实际完成的工程量可能多于或少于清单中的估计量。单价合同的支付原则是，按承包商实际完成工程量乘以清单中相应工作内容的单价，结算该部分工作的工程款。

2）可调价合同

大型复杂工程的施工期较长，通用条件中包括合同工期内因物价变化对施工成本产生影响后计算调价费用的条款，每次支付工程进度款时均要考虑约定可调价范围内项目在当地市场的价格涨落变化。而这笔调价没有包含在中标价格内，仅在合同条款中约定了调价原则和调价费用的计算方法。

3）发生应由业主承担的事件造成的损失

在合同履行过程中，可能因业主的行为或其他应承担风险责任的事件发生导致承包商增加施工成本的，合同相应条款都规定应对承包商受到的实际损失给予补偿。

4）承包商的质量责任

在合同履行过程中，如果承包商没有完全或正确地履行合同义务，业主可凭工程师出具的证明，从承包商应得的工程款内扣减该部分给业主带来损失的款额。合同条件明确规定的情况有如下几种。

（1）不合格材料和工程的重复检验费用由承包商承担。工程师对承包商采购的材料和施工的工程通过检验后发现质量没有达到规定的标准，承包商应自费改正并在相同条件下进行重复检验，重复检验所发生的额外费用由承包商承担。

（2）承包商没有改正忽视质量的错误行为。当承包商不能在工程师限定的时间内将不合格的材料或设备移出施工现场，以及在限定时间内没有或无力修复缺陷工程，业主可以雇用其他人来完成，该项费用应从承包商处扣回。

（3）折价接收部分有缺陷工程。某项处于非关键部位的工程施工质量未达到合同规定的标准，如果业主和工程师经过适当考虑后，确信该部分的质量缺陷不会影响总体工程的运行安全，为了保证工程按期发挥效益，可以与承包商协商后折价接收。

5）承包商延误工期或提前竣工

（1）因承包商责任的延误竣工。签订合同时双方需约定日拖期赔偿和最高赔偿限额。如果因承包商应负责原因竣工时间迟于合同工期，将按日拖期赔偿额乘以延误天数计算拖期违约赔偿金，但以约定的最高赔偿限额为赔偿业主延迟发挥工程效益的最高款额。

如果合同内规定有分阶段移交的工程，在整个合同工程竣工日期以前，工程师已对部分阶段移交的工程颁发了工程移交证书，且证书中注明的该部分工程竣工日期未超过约定的分阶段竣工时间，则全部工程剩余部分的日拖期违约赔偿额应相应折减。折减的原则是，用拖延竣工部分的合同金额除以整个合同工程的总金额所得比例，再乘以拖期赔偿额，但不影响约定的最高赔偿限额。

（2）提前竣工。承包商通过自己的努力使工程提前竣工是否应得到奖励，在土木工程施工合同条件中列入可选择条款一类。业主要看提前竣工的工程或区段是否能让其得到提前使用的收益，而决定该条款的取舍。如果招标工作内容仅为整体工程中的部分工程且这部分工程的提前竣工不能单独发挥效益，则没有必要鼓励承包商提前竣工，可以不设奖励条款。若选用奖励条款，则需要在专用条件中具体约定奖金的计算办法。FIDIC编制的《土木工程施工合同条件应用指南》中说明，当在合同内约定部分区段工程的竣工时间和奖励办法时，为了使业主能够在完成全部工程之前占有并启用工程的某些区段提前发挥效益，约定的区段完工日期应固定不变，也就是说，不因该区段的施工过程中出现非承包商应负责原因，工程师批准顺延合同工期而对计算奖励的应竣工时间予以调整（除非合同中另有规定）。

6）包含在合同价格之内的暂定金额

某些项目的工程量清单中包括"暂定金额"款项，尽管这笔款额计在合同价格内，但其使用却由工程师控制。暂定金额实际上是一笔业主方的备用金，工程师有权依据工程进展的实际需要，用于施工或提供物资、设备及技术服务等内容的开支，也可以作为供意外用途的开支。工程师有权全部使用、部分使用或完全不用。工程师可以发布指示，要求承包商或其他人完成暂定金额项内开支的工作，因此只有当承包商按工程师的指示完成暂定金额项内开发的工作任务后，才能从中获得相应资金。由于暂定金额是用于招标文件规定承包商必须完成的承包工作之外的费用，承包商报价时不将承包范围内发生的间接费、利润、税金等摊入其中，所以未获得暂定金额的支付并不损害其利益。

2.5.3 FIDIC设计-建造与交钥匙工程合同条件

FIDIC编制的《设计-建造与交钥匙工程合同条件》是适用于总承包的合同文件，承包工作内容包括设计、设备采购、施工、物资供应、安装、调试、保修。土建施工和设备安装部分的责任，基本上套用土木工程施工合同条件和电气与机械工程合同条件的相关约定。

1. 合同管理的特点

1）参与合同管理的有关各方

（1）合同当事人。交钥匙合同的当事人是业主和承包商，而不指任何一方的受让人。合同中的权利和义务表现为当事人之间的关系。

（2）参与合同管理有关方的关系。在合同履行过程中，参与合同管理有关各方除业主、承包商和分包商之外，还包括业主代表和承包商代表。

① 业主代表。业主雇用的工程师作为业主代表，在授权范围内负责合同履行过程中的监督和管理，但无权解除承包商的任何合同责任。

② 承包商代表。承包商雇用并经业主同意而授权任命负责合同履行管理的负责人。职责为与业主代表共同建立合同正常履行中的管理关系，以及对承包商和分包商的设计、施工提供一切必要的监督。承包商代表可以是总承包单位分立出来的管理机构，也可以雇用工程师作为代表。合同条件规定的职责包括：以其全部时间指导施工文件的编制和工程的实施；受理合同范围内的所有通知、指示、同意、批准、证书签证、决定及其他联络事项；对设计和施工提供一切必要的监督；负责协调管理，包括现场与业主签订合同的其他承包商之间的工作。

2）合同文件

构成对业主与承包商有约束力的总承包合同文件是指合同协议书、中标函、业主的要求、投标书、专用条件、通用条件、资料表、支付申请表、承包商的建议书九个方面的内容。当各文件间出现矛盾或歧义时，只有业主代表有权解释。

"业主的要求"是招标文件中发出的工作范围、标准、设计准则、进度计划等要求，作为承包商投标阶段据以报价的基础，还包括合同履行过程中业主对上述内容所做的任何变更或修正的书面通知。"承包商的建议书"和"资料表"是承包商随"投标书"一同递交的两个文件，前者是工程的初步设计方案和实施计划，后者是与承包工程有关的主要资料和数据（其中包括估计工程量清单和价格取费表等）。

2. 工程质量管理

交钥匙合同的承包工作是从工程设计开始到完成保修责任的全部义务，因此工作内容不像单独施工合同那样明确、具体。业主仅提出功能、设计准则等基本要求，承包商完成设计后才能确定工程实施细节，进而编制施工计划并予以完成。

1）质量保证体系

承包商应按合同要求编制质量保证体系。在每一设计和施工阶段开始前，均应将所有工作程序的执行文件提交业主代表，遵照合同约定的细节要求对质量保证措施加以说明。业主代表有权审查和检查其中的任何方面，对不满意之处可令其改正。

2）对设计的质量控制

（1）承包商应保证设计质量。

① 承包商应充分理解"业主的要求"中提出来的项目建设意图，依据业主提供及自行勘测考察现场情况的基本资料和数据，遵守设计规范要求完成设计工作。

② 业主代表对设计文件的批准，不解除承包商的合同责任。

③ 承包商应保障业主不因其责任的侵犯专利权行为而受到损害。

（2）业主代表对设计的监督。

① 对设计人员的监督。未在合同专用条件中注明的承包商设计人员或设计分包者，承包工程任何部分的设计任务前必须征得业主代表的同意。

② 保证设计贯彻业主的建设意图。尽管设计人员或设计分包者不直接与业主发生合同关系，但承包商应保障他们在所有合理时间内能随时参与与业主代表的讨论。

③ 对设计质量的控制。为了缩短工程的建设周期，交钥匙合同并不严格要求完成整个工程的初步设计或施工图设计后再开始施工。允许某一部分工程的施工文件编制完成，经过业主代表批准后即可开始实施。业主代表对设计的质量控制主要表现在以下几个方面。

- ◆ 批准施工文件。承包商应遵守规范的标准，编制足够详细的施工文件，内容除设计文件外还应包括对供货商和施工人员实施工程提供的指导，以及对竣工后工程运行情况的描述。当施工文件的每一部分编制完毕提交审查时，业主代表应在合同约定的"审核期"内（不超过21天）完成批准手续。

- ◆ 监督施工文件的执行。任何施工文件获得批准前或审核期限届满前（二者较迟者），均不得开始该项工程部分的施工。施工应严格按施工文件进行。如果承包商要求对已批准文件加以修改，应及时通知业主代表，随后按审核程序再次获得批准后才可执行。

- ◆ 对竣工资料的审查。竣工检验前，承包商提交竣工图纸、工程至竣工的全部记录资料、操作和维修手册请业主代表审查。

3）对施工的质量控制

施工和竣工阶段的质量控制条款基本上套用电气与机械工程合同条件的规定，但增加了竣工后检验的内容。"竣工后检验"指某些大型工业项目在工程或区段竣工交付运行一段时间后，检验工程或设备的各项技术指标参数是否达到"业主的要求"中的规定和"承包商的建议书"中承诺的可接受"最低性能标准"。如果合同规定有竣工后的检验，由承包商提供检测设备，业主在承包商指导下进行。

（1）业主原因延误检验。业主在设备运行期间无故拖延竣工后检验致使承包商产生附加费用时，应连同利润加到合同价格内。如果非承包商原因未能在合同期内完成竣工后检验，则不再进行此项工作，视为竣工后检验已通过。

（2）竣工后检验不合格。

① 未能通过竣工后检验时，承包商首先向业主提交调整和修复的建议。只有业主同意并在其认为合适的时间，才可以中断工程运行，进行这类调整或修复工作，并在相同条件下重复检验工作。

② 竣工后检验未能达到规定可接受的最低性能标准的，按专用条件内约定的违约金计算办法，由承包商承担该部分工程的损害赔偿费。

3. 支付管理

1）合同计价类型

交钥匙合同在通用条件中规定采用不可调价的总价合同，但也允许双方在专用条件内

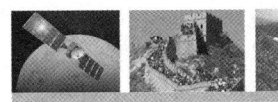

约定物价浮动的调整和税费变化的调整方法，代换通用条件中的规定。

2）工程进度款的条件

（1）支付方式。合同条件规定了两种方式：一是承包商每个月末按业主代表要求的格式提交支付报表和证明材料，经批准签证后报业主支付；二是在专用条件内约定按实际进度达到里程碑计划时，依据合同约定的金额或总价百分比分阶段支付。

（2）申请工程进度款支付证书的主要内容。

① 按月支付的申请表。承包商在每个月末提交的进度款支付申请表的主要内容为：首先说明截至当月末已编制的施工文件和已实施工程的估算合同价值，然后进一步说明本月支付时涉及而又未含在上述估算中的有关项目，包括投标基准日后由于法规、政策变化导致增加或扣减的款项；本月应扣留的保留金；动员预付款和材料预付款应支付和扣还的款项；任何经业主代表批准应支付的索赔款等。最后还应写明以前业主已支付过的进度款累计额，以便确定本月实际应支付的款额。

② 按里程碑进度支付表。承包商的按里程碑进度支付申请表内容与按月支付申请表基本相同，但不包括材料预付款。

4. 进度控制

承包商在业主代表批准的进度计划基础上实施工程，但每个月需向业主代表报送进度报告。报告内容主要包括：设计、采购、制造、货物到达现场、施工、安装、调试及运行的进展情况说明；设备制造期间的检查、实验报告和运抵现场的实际日期或计划日期；任何可能导致环境或社会公共利益蒙受损害事件的报告；实际进度与计划进度的对比；计划采取的措施等。

5. 变更

1）业主代表与承包商协商变更

业主代表将变更意图通知承包商，并提交实施变更的建议书。建议书的内容包括：

（1）拟定的设计和将要实施工作的说明书及实施的进度计划。

（2）对已批准进度计划进行修改的建议书。

（3）调整合同价格、竣工时间和修改合同（若需要）的建议书。

收到承包商的建议书后，业主代表应予以答复，决定是否实施变更。

2）业主代表指令变更

业主代表根据工程的实际进展情况，可以直接发布变更指令，要求承包商执行。如果根据承包商后续提交的实施变更建议书又决定不进行变更，则承包商为此导致的费用（包括设计、服务费）应得到补偿。

3）承包商提出变更要求

承包商应按业主代表批准的施工文件和进度计划实施工程。如果承包商从双方的利益出发，认为某一建议能导致降低工程施工、维护和运行费用，可以提高永久工程投产后的工作效率或价值，可能为业主带来其他利益等情况，任何时候都可以提出变更建议。只有经过业主代表批准后，才允许实施此类变更。

2.5.4 FIDIC 土木工程施工分包合同条件

1. 分包工程的管理特点

1) 分包工程的合同责任

分包工程属于主合同内承包商对业主承担义务承包范围内的工作,双方在合同中约定相互之间的权利和义务,但它又是承包商与分包商签订合同的标的物,分包商仅对承包商承担合同责任。由于分包工程同时存在于主从两个合同内的特点,承包商又居于两个合同当事人间的特殊地位,因此承包商会将主合同中对分包工程承担的风险合理地转移给分包商。

(1) 分包工程的合同价格。承包商采用邀请招标或议标方式选择分包商时,通常要求对方就分包工程进行报价,然后与其协商而形成合同。分包合同的价格应为承包商发出"中标通知书"中指明的价格。

(2) 分包合同的订立。在邀请分包商报价及签订合同时,为了能让分包商合理预计分包工程施工中可能承担的风险,以及分包工程的施工满足主合同要求顺利进行,应使分包商充分了解在分包合同中应承担的义务。承包商除提供分包工程的合同条件、图纸、技术规范和工程量清单外,还应提供主合同的投标书附录、专用条件的副本及通用条件中任何不同于标准化范本条款规定的细节。承包商应允许分包商查阅主合同,或应分包商要求提供一份主合同副本。但以上允许查阅和提供的文件中,不包括主合同中承包商的工程量报价单及报价细节。因为在主合同中分包工程的价格是承包商合理预计风险后,在自己的施工组织方案基础上对业主进行的报价,而分包商则应根据对分包合同的理解向承包商报价。此外,承包商在分包合同履行过程中负有对分包商的施工进行监督、管理、协调的责任,应收取相应的分包管理费,并非将主合同中该部分工程的价格都转付给分包商,因此分包合同的价格不一定等于主合同中所约定的该部分工程价格。

(3) 划分分包合同责任的基本原则。

① 保护承包商的合法权益不受损害。分包合同条件中包括以下条款。

◆ 分包商应承担并履行与分包工程有关的主合同规定承包商的所有义务和责任,保障承包商免于承担由于分包商的违约行为,业主根据主合同要求承包商负责的损害赔偿或任何第三方的索赔。如果发生此类情况,承包商可以从应付给分包商的款项中扣除这笔金额,且不排除采用其他方法弥补所受到的损失。

◆ 不论是承包商选择的分包商,还是业主选定的指定分包商,均不允许与业主有任何私下约定。

◆ 为了约束分包商踏实履行合同义务,承包商可以要求分包商提供相应的履约保函,并在工程师颁发解除缺陷责任证书后的 28 天内将保函退还分包商。

◆ 没有征得承包商同意,分包商不得将任何部分转让或分包出去,但分包合同条件也明确规定,属于提供劳务和按合同规定标准采购材料的分包行为,可以不经过承包商批准。

② 保护分包商分包权益的规定如下。

◆ 任何不应由分包商承担责任事件导致的竣工期限延长、施工成本增加和修复缺陷的费用,均应由承包商给予补偿。

◆ 承包商应保障分包商免于承担非分包商责任引起的索赔、诉讼或损害赔偿，保障程度应与业主按主合同保障承包商的程度相类似（但不超过此程度）。

2）分包合同的管理关系

分包工程的施工涉及两个合同，因此比主合同的管理复杂。

（1）业主对分包合同的管理。业主不是分包合同的当事人，对分包合同权利和义务如何约定也不发表意见，与分包商没有任何合同关系。但作为工程项目的投资方和施工合同的当事人，业主对分包合同的管理主要表现为对分包工程的批准。

（2）工程师对分包合同的管理。工程师仅与承包商建立监理与被监理的关系，对分包商在现场的施工不承担协调管理义务，只是依据主合同对分包工作内容及分包商的资质进行审查，行使确认权或否定权，对分包商使用的材料、施工工艺、工程质量进行监督管理。为了准确地区分合同责任，工程师就分包工程施工发布的任何指示均应发给承包商代表。分包合同内明确规定，分包商接到工程师的指示后不能立即执行，需得到承包商代表同意才可实施。

（3）承包商对分包合同的管理。承包商作为两个合同的当事人，不仅对业主承担整个合同工程按预期目标实现的义务，而且对分包工程的实施负有全面管理责任。承包商需委派代表对分包商的施工进行监督、管理和协调，承担如同主合同履行过程中工程师的职责。承包商的管理工作主要通过发布一系列指示来实现。接到工程师就分包工程发布的指示后，应将其要求列入自己的管理工作内容，并及时以书面确认的形式转发给分包商令其遵照执行，也可以根据现场的实际情况自主地发布有关的协调、管理指令。

2. 分包工程施工管理

1）进度管理

（1）分包工程的开工令。开工令是计算合同工期和施工期的起始时间。主合同工程的开工令由工程师发布，而分包工程的开工令则由承包商发布。如果现场有几个独立承包商同时施工，且分包商的施工有可能与其他承包商产生交叉干扰，则还需报工程师批准后才可以向分包商发布开工指示。

（2）批准分包商的施工计划。分包商的施工计划是承包商施工进度计划的组成部分。分包商应按照分包合同的约定，在开始分包工程施工前将施工方案、进度计划及保障措施提交承包商代表批准。经过承包商代表批准的施工进度计划不仅要求分包商遵照执行，承包商代表也需按此计划进行分包工程的协调和管理。当实际进度与计划进度不符时，有权要求分包商修改进度计划，并相应提出保证按时竣工采取的措施。

2）对分包工程的质量监督

确保分包工程的质量是分包商的基本义务，只有分包工程的保修期满，表明质量符合主合同中的各项技术指标要求，才能解除分包商对分包工程的质量责任。承包商的管理主要体现在以下几个方面。

（1）监督分包商的施工工艺。分包工程施工过程中，承包商代表要随时监督分包商的施工操作，对任何忽视质量的行为发出有关指示，要求其及时改正。

（2）对工程质量的检验。分包工程的施工达到中间验收条件或具备隐蔽条件时，应及时通知工程师,并与其共同检验。承包商对分包工程的质量只有监督权,而无确认权,只有工程师才有质量认可权。

(3) 督促分包商修复有缺陷的工程部位。凡是由分包商责任引起的工程质量缺陷,不论是承包商代表指出的,还是工程师要求改正的缺陷部位,分包商均应在限定的期限内修复。如果分包商不按指示执行,为了履行主合同的义务,承包商有权将该部分工程接收回来,由承包商自己或雇用其他人来修复和完成,所发生的各种费用都应从付给分包商的款额内扣回。

(4) 分包工程的移交。尽管承包商与分包商就分包工程的施工签订合同,但分包工程不向承包商单独办理移交手续。当主合同内规定分包工程是可以分阶段移交的单位工程时,承包商代表应与分包商共同按主合同规定的程序向业主移交手续;若主合同内没有此项规定,则待整个合同工程施工完成后,承包商将分包工程作为移交工程的一部分同时办理移交手续。

3) 分包工程的支付管理

不论是施工期内的阶段支付,还是竣工后的结算支付,承包商都要进行两个合同的支付管理。

(1) 分包合同的支付程序。分包商在合同约定的日期,向承包商报送该阶段施工的支付报表。承包商代表经过审核后,将其列入主合同的支付报表内一并提交工程师批准。承包商应在分包合同约定的时间内支付分包工程款,逾期支付要计算拖期利息。

(2) 承包商代表对支付报表的审查。接到分包商的支付报表后,承包商代表首先对照分包合同工程量清单中的工作项目、单价或价格,复核取费的合理性和计算的正确性,并依据分包合同的约定扣除预付款、保留金、对分包施工支援的实际应收款项、分包管理费等,核准该阶段应付给分包商的金额。然后,再将分包工程完成工作的项目内容及工程量,按主合同工程量清单中的取费标准计算,填入向工程师报送的支付报表内。

(3) 承包商不承担逾期付款责任的情况。如果属于工程师不认可分包商报表中的某些款项,业主拖延支付给承包商经过工程师签证后的应付款,分包商与承包商或与业主之间因涉及工程量或报表中某些支付要求发生争议时,承包商代表在应付款日之前及时将扣发或缓发分包工程款的理由通知分包商,则承包商不承担逾期付款责任。

3. 分包工程变更管理

承包商代表接到工程师依据主合同发布的涉及分包工程变更指令后,以书面确认方式通知分包商,也有权根据工程的实际进展情况自主发布有关变更指令。

承包商执行了工程师发布的变更指令,进行变更工程量计量及对变更工程进行估价时应请分包商参加,以便合理确定分包商应获得的补偿款额和工期延长时间。承包商依据分包合同单独发布的指令大多与主合同没有关系,通常属于增加或减少分包合同规定的部分工作内容,以及为了整个合同工程的顺利实施,改变分包商原定的施工方法、作业次序或时间等。若变更指令的起因不属于分包商的责任,承包商应给分包商相应的费用补偿和分包合同工期的顺延。如果工期不能顺延,则要考虑赶工措施费用。进行变更工程估价时,应参考分包合同工程量表中相同或类似工作的费率来核定。如果没有可参考项目或表中的价格不适用于变更工程,则应通过协商确定一个公平合理的费用加到分包合同价格内。

4. 分包合同的索赔管理

在分包合同履行过程中，当分包商认为自己的合法权益受到损害时，不论事件的发生是业主或工程师的责任，还是承包商应承担的义务，分包商都只能向承包商提出索赔要求，并保持影响事件发生后的现场同期记录。

1) 应由业主承担责任的索赔事件

分包商向承包商提出索赔要求后，承包商应首先分析事件的起因和影响，并依据两个合同判明责任。如果认为分包商的索赔要求合理，且原因属于主合同约定应由业主承担风险责任或行为责任的事件，要及时按照主合同规定的索赔程序，以承包商的名义就该事件向工程师递交索赔报告。承包商应定期将该阶段为此项索赔所采取的步骤和进展情况通报分包商。这类事件可能有如下几种。

（1）应由业主承担风险的事件，如施工中遇到了不利的外界障碍、施工图纸有错误等。

（2）业主的违约行为，如拖延支付工程款等。

（3）工程师的失职行为，如发布错误的指令、协调管理不力导致对分包工程施工的干扰等。

（4）执行工程师指令后对补偿不满意，如对变更工程的估价认为过少等。

当事件的影响仅使分包商受到损害时，承包商的行为属于代为索赔。若承包商就同一事件也受到了损害，分包商的索赔就作为承包商索赔要求的一部分。索赔获得批准，顺延的工期加到分包工期上去，得到支付的索赔款按照公平合理的原则转交给分包商。

承包商处理这类分包商索赔事件时还应注意两个基本原则：一是从业主处获准的索赔款为承包商就该索赔对分包商承担责任的先决条件；二是如果分包商没有按规定的程序及时提出索赔，导致承包商不能按主合同规定的程序提出索赔，则承包商不仅不承担责任，而且为了减小事件影响，由承包商为分包商采取的任何补救措施费用均应由分包商承担。

2) 应由承包商承担责任的索赔事件

此类索赔产生于承包商与分包商之间，工程师不参与索赔的处理，双方通过协商解决。原因往往是承包商的违约行为或分包商执行承包商代表的指令。分包商按规定程序提出索赔后，承包商代表要客观地分析事件的起因和产生的实际损害，然后依据分包合同分清责任。

综合案例 10　固定总价施工合同执行纠纷

原审原告（上诉人）：某市政建设工程有限公司
原审被告（上诉人）：某生态研究所

一、基本案情

2016 年间，被告生态研究所将其园区建设以招标的方式公开发包。后原告市政建设工程有限公司承包了园区内的部分道路和排水工程。在此期间，原、被告分别签订过六份建设工程施工合同，约定施工范围分别是：（1）生态所与产业园一标段道路和排水工程；（2）生态所与产业园二标段道路工程；（3）生态所与产业园二标段排水工程；（4）研究生公寓与二期住宅排水工程;(5)二期住宅道路工程;(6)停车场道路与排水工程。其中针对后三份合同,规定如下。

针对研究生公寓与二期住宅排水工程的施工合同。该份合同系双方于工程施工结束后补签,双方约定价款为固定总价 5 985 220 元。现该工程已施工完毕并实际使用。2018 年 8 月 25 日,原告市政建设工程有限公司工作人员赵卓为被告生态研究所出具承诺书 1 份,其承诺该工程最终结算按合同价金额包死,不再另行追加工程造价。

针对二期住宅道路工程的施工合同。该份合同系双方于工程施工结束后补签。双方约定价款为固定总价 5 966 710 元。现该工程已施工完毕并实际使用。2019 年 7 月 27 日,原告市政建设工程有限公司工作人员赵卓为被告生态研究所出具承诺书 1 份,其承诺该工程最终结算按合同价金额包死,不再另行追加工程造价。

针对停车场道路与排水工程的施工合同。该份合同系双方于工程施工结束后补签。双方约定价款为固定总价 5 904 230 元。现该工程已施工完毕并实际使用。2019 年 6 月 30 日,原告市政建设工程有限公司工作人员赵卓为被告生态研究所出具承诺书 1 份,其承诺该工程最终结算按合同价金额包死,不再另行追加工程造价。

二、一审判决理由和判决结果

一审法院认为,关于停车场、研究生公寓、二期住宅道路和排水工程,原、被告签订有三份约定固定总价共计为 1800 万元的施工合同,该三份合同工程量列表中均记载了施工范围。该施工范围与原告主张的施工面积及竣工验收备案中验收的面积、鉴定结论计算的面积存有较大差异。况且,对于签订固定总价的合同,也应当明确施工范围。据此可以认定,原告签订的共计为 1800 万元造价的施工范围,应当仅限于合同约定范围内的施工量,合同范围以外的施工量,应当据实结算。因此要求鉴定机构对三份合同进行造价鉴定。

依据鉴定结论,原告市政建设工程有限公司施工的生态所与产业园一标段道路和排水工程造价为 52 523 380 元,生态所与产业园二标段道路和排水工程造价为 8 362 660 元,停车场、研究生公寓、二期住宅道路和排水工程造价为 27 083 880 元,一期、二期道路和排水工程调整人工费 2 391 010 元,以上共计 90 360 930 元。被告生态研究所已付 520 万元,余款 38 360 930 元被告生态研究所应当支付,被告逾期支付,应当承担逾期支付的利息。

一审判决后,双方不服提起上诉。

上诉人生态研究所认为,双方签订的三个固定总价合同系工程竣工后签订的,包括之后本案实际承包人赵卓出具的承诺书,都是双方协商后确定了我方应当给付工程款的金额,并且合同上原先写的是按实结算,但市政建设工程有限公司将其删掉,也盖章确认,所以即使实际工程量与结算工程量不符,也不能对该部分工程提起鉴定。

上诉人市政建设工程有限公司认为,关于三个固定总价合同,其在签订合同及承诺书时是被迫的,而且双方签过招标投标手续,其手中有中标通知书,招标投标中约定是据实结算,现双方签订的三份固定总价合同,显然违反招标投标约定,应是无效的,而且经鉴定,三份合同涉及的总工程量也超出固定总价价款一倍,应当据实结算。

三、二审判决理由和判决结果

二审法院认为,三份固定总价合同若原告是被胁迫签订的,可以行使撤销权。原告怠于行使撤销权，因此三份固定总价合同仍然有效，且由于三份合同是在相关工程竣工一年后才签订的，实际是双方对已完成工程量和价款协商后的确认结果。赵卓在 2011 年出具的承诺书，承诺对三项工程只按照合同约定价主张价款，保证不额外主张价款，虽然市政建设工程有限公司认为赵卓无权代表公司做出这种承诺，但赵卓作为工程中市政建设工程有限公司的代理人，其做出的承诺也辅助印证了双方签订三份固定总价合同时系真实意思表示，至于合同末尾手写的据实结算的条款，生态研究所所持有的合同上将该条款用删除线予以删除并加盖市政建设工程有限公司公章予以确认，市政建设工程有限公司在庭审中陈述盖章系被迫，同样由于其未行使撤销权，本院对该条款被删除予以认可，故市政建设工程有限公司以该单位自身持有的合同上没有删除该手写条款为由拒绝承认固定总价合同效力的观点不予认可，本院认可三份固定总价合同效力，双方均应按照合同约定履行。现合同涉及的工程已经竣工，生态研究所应当按照固定总价的约定给付市政建设工程有限公司工程款，原审判决并未否认三份固定总价合同效力，却又在固定总价之外另外计算超出固定总价部分的工程款，系违反了双方约定及《最高人民法院关于审理建设工程施工合同纠纷案件适用法律问题的解释》第二十二条"当事人约定按照固定价结算工程价款，一方当事人请求对建设工程造价进行鉴定的，不予支持"的规定，是错误的，超出固定总价部分的造价，不应予以支持。

同时，二审法院驳回各方当事人其他诉讼请求。

四、案例评析

（1）固定总价合同有适用前提，否则无法起到固定总价合同的效果。

固定总价合同俗称"闭口合同""包死合同"。所谓"固定"，是指这种价款一经约定，除业主增减工程量和设计变更外，一律不调整。所谓"总价"，是指完成合同约定范围内工程量及为完成该工程量而实施的全部工作的总价款。固定总价合同的适用有前提，在招标文件和合同中必须明确规定工程范围，工程设计比较详细，图纸完整、详细、清楚，承包商能够依据设计图纸进行具体的工程量计算。且工程量小、工期短，估计在工程实施过程中环境因素（特别是物价）变化小，工程条件稳定，与招标文件说明无明显差异。

（2）本案中部分项目符合固定总价合同适用前提。

本案中第四、五、六份合同约定为固定总价合同，其实是符合工程实际施工内容的，都是量小而工期短的施工内容，采用固定总价方式有利于施工单位开展施工和双方进行结算。本案发生的争议在于实际施工内容与总价合同施工范围稍有出入，但是总价合同是在工程完工之后双方才签订的，应当说双方对已完工程的总造价心中已然有数。原告事后想通过认定胁迫和认定实际施工范围与总价合同约定有出入来推翻固定总价合同，都被二审法院一一驳回。

（3）固定总价合同索赔机会少，施工单位要谨慎签订。

对于固定总价合同，建设单位往往在合同中明确只有建设单位变更设计和增减工程量才可以调整合同价款，这样一来施工单位索赔的机会大大减少，而建设单位对工程造价的控制就能做到基本不突破预算。因此，固定总价合同也是建设单位对付施工单位"低中标、勤签证、高索赔"的妙招。施工单位对固定总价合同的施工范围要有明确掌握，谨慎分析项目适用固定总价合同是否对自己的利益有损。即使是在胁迫情况下签订的总价合同，也要注意在法定期限内行使法律赋予的撤销权，维护自己的利益。

综合案例 11　主张突破固定总价按实结算纠纷

一、诉辩主张

原告诉称：2016 年 10 月间，原告以娄底分公司名义参与被告组织的 35 kV 九圩变电站增容改造工程投标活动并中标。

同年 11 月 20 日，原告以娄底分公司为乙方，与被告（甲方）签订了《2016 年 35 kV 及以下县级电网解决"卡脖子"金城江 35 kV 九圩变电站增容改造工程施工合同》（以下简称施工合同），约定工程实行中标合同价承包，合同价款为 3 757.38 万元，并明确"中标合同价已考虑工程建设期间物价变化和政策性调整等风险因素，在合同实施期间不因市场变化及政策性变化而变动。除本合同第十四条所列特殊情况外，上述承包合同价款不做调整"。

合同第十四条规定："按中标价款承包，超支不补，节余归己。除满足下列条件：

1. 业主工程项目计划有重大调整；
2. 因不可抗力的自然灾害；
3. 按实际完成施工图工程量及设计修改、签证增减工程量进行合同价款调整；
4. 甲方认可的其他特殊情况可进行合同总价调整外，其他一律不做调整。"

2017 年 8 月 16 日，工程通过竣工验收。同年 10 月，原告按合同中标的工程价款，向被告递交了《关于金城江 35 kV 九圩变电站主变增容扩建工程结算的报告》（即工程结算书）。但被告反悔，要求原告按实际完成的工程量进行结算。为此，双方发生纠纷。

原告向法院提起诉讼，要求法院依法判令被告给付尚欠原告的工程余款 1 578.09 万元及利息。

被告辩称：原告将合同中"按中标价款承包，超支不补，节余归己"理解为中标合同价绝对不变是不准确的，因为在同一条款的第 3 项已明确要"按实际完成施工图工程量及设计修改、签证增减工程量进行合同价款调整"，故被告按原告实际完成的工程量调整合同价款是理所当然的。双方在合同中明确约定要"按甲方（即被告）确认的工程量，依据构成合同价款相应的单价和取费标准，计算出已完工程的价款"并报"广西电网公司组织审计并出具审计报告"后才能最终定论。因此，该合同的中标价并不是结算依据。

二、判决理由和判决结果

广西某某市某某区人民法院经审理后认为，原告通过参与被告组织的招标投标活动，中标后与被告签订施工合同，其合同内容未违反国家法律法规规定，该合同合法有效，双方当事人均应按照合同的约定享受权利和承担义务。原告所中标的工程价款双方已在合同中明确"中标合同价已考虑工程建设期间物价变化和政策性调整等风险因素，在合同实施期间不因市场变化及政策性变化而变动。除本合同第十四条所列特殊情况外，上述承包合同价款不做调整"。该合同为固定承包价的建设工程合同，如要进行合同价款调整，必须符合双方合同第十四条所列的特殊情况，才能按实际完成施工图工程量及设计修改、签证增减工程量进行。

这是双方在合同中对调整合同价款约定的限制条件，并非工程竣工后的结算方法。由

于原、被告双方未发生签证增减工程量的特殊情形，故原告请求被告按合同承包价款给付其工程款符合双方合同约定，且原告承包的工程在质保期内未发生质量问题。据此，对原告提出被告应按合同约定的价款给付其尚欠工程款 1 578.09 万元的诉讼请求，法院予以支持。

三、案例评析

从本案案情来看，是关于工程价款结算的案例，分析如果合同约定之间存在矛盾，固定总价合同应否调整的问题。

1. 合同性质：固定总价合同

根据合同第十四条规定"按中标价款承包，超支不补，节余归己……"，可以看出是总价不做调整，不是单价不做调整。对于固定单价合同，承包人在投标时，按估计的工程量清单确定合同价；此价是名义总价，量是暂定量；结算时的工程量是实际完成的工程量。本施工合同约定不符合以上特点，不属于固定单价合同。

总价不做调整，"超支不补，节余归己"，应为"总价包干合同""闭口合同"。

为什么会有超支、节余？

作为固定总价合同，承包人按照招标时的图纸在约定的工期内"图纸上有的内容均应当完成"（即按图包干）。由于按图包干存在一些预料不到的风险（包括施工条件变化、工程量估算错误、漏算、错算等），故而会超支，也可能节余，从而原、被告约定"超支不补，节余归己"。工程量清单只能作为参考，工程量的风险归承包人，符合固定总价的典型特点。

2. 对"按实际完成施工图工程量"的理解

（1）质量是工程建设的核心目标，工程量只是一个方面。建设工程项目的质量要求是由业主（或投资者、项目法人）提出的，即建设工程项目的质量总目标是业主的建设意图通过项目策划，包括项目的定义及建设规模、系统构成、使用功能和价值、规格档次标准等的定位策划和目标决策来确定的。因此，在工程勘察设计、招标采购、施工安装、竣工验收等各个阶段，项目参与各方均应围绕着致力于满足业主方要求的质量总目标而努力。在这个质量目标里，对工程量的要求只是其中的一部分。

（2）在竣工验收阶段进行的是竣工质量验收。施工单位按照合同规定的施工范围和质量标准完成施工任务，且自检合格后，依次报请竣工预验收和工程验收。施工单位向建设单位提交工程竣工验收报告的前提条件是"完成建设工程设计和合同约定的各项内容"。在正式验收过程中，首先由建设、勘察、设计、施工、监理单位分别汇报工程合同履约情况及工程施工各环节施工满足设计要求，质量符合法律、法规和强制性标准的情况。

（3）完成施工图工程量与通过竣工验收不具有一一对应关系。如前所述，工程量只是工程竣工质量验收的一个方面。在完成建设工程设计的各项内容后，由于工程量计算错误、施工条件改变、施工组织方案优化等因素，不排除存在实际工程量没有达到施工图工程量的情形。

3. 按实结算突破了固定总价合同的基础

当总价合同采用清单计价方式时，只是按规定格式标价，其实施原则是"按清单标价,按图纸施工"。合同中既约定了"中标合同价……除本合同第十四条所列特殊情况外,上述承包合同价款不做调整""按中标价款承包,超支不补,节余归己",又约定了"除满足下列条件……3. 按实际完成施工图工程量及设计修改、签证增减工程量进行合同价款调整",两处是矛盾、对立的。应该如何考量呢?法院的判决说理部分给出了有力论证。

被告辩称,中标合同价绝对不变是不准确的,这一说法是正确的。但是,在同一条款的第 3 项已明确要"按实际完成施工图工程量及设计修改、签证增减工程量进行合同价款调整",故被告按原告实际完成的工程量调整合同价款是理所当然的。这一观点是不正确的。

由于已经约定了总价包干,工程量的风险由承包人承担。被告依然主张"按原告实际完成的工程量调整合同价款",明显地增加了承包人的风险。工程量的变化,涉及承包人的投入能否得到回报,是合同价款约定的关键因素。在投标报价时,承包人已经根据图纸核算了工程量,对于在总价范围内完成施工图纸确定的施工范围有一个估算。总价合同是以总报价为基础进行结算的。如果随着施工的进行,结算时工程款又要随着工程量再出现变化,而这种变化的风险又要施工方承担,无疑是不公平的。

综上,被告主张"按原告实际完成的工程量调整合同价款",属于要求按实结算,破坏了总价合同的基础,不能得到法院的支持。

综合案例 12　建设工程验收合格后出现质量问题如何承担责任案例

原告、反诉被告、二审上诉人:某市二建公司

被告、反诉原告、二审被上诉人:某市恒森公司

一、审理经过

某市二建公司因与恒森公司本诉支付工程余款、反诉赔偿屋面渗漏重做损失建设工程施工合同纠纷一案,向江苏省苏州市中级人民法院提起诉讼。该院于 2015 年做出一审判决,二建公司、恒森公司均不服,向江苏省高级人民法院提起上诉。该院于 2016 年做出裁定,撤销原判并发回重审。

二、一审诉辩主张

重审中,原告二建公司诉称,2004 年 10 月 15 日,原、被告签订建设工程施工合同一份,约定由原告承建吴江恒森国际广场的土建工程。2005 年 7 月 20 日,涉案工程全部竣工验收合格,并同时由被告恒森公司接收使用。被告仅支付了 26 815 307 元,余款计 16 207 442 元拒不支付。请求判令:(1)被告支付工程余款及逾期付款违约金 153 922.39 元,合计 16 361 364.39 元;(2)被告赔偿由于设计变更造成原告钢筋成型损失 6 万元。

被告恒森公司辩称,被告已按约定要求支付工程款,请求驳回原告二建公司诉讼请求。同时,被告恒森公司反诉称:(1)反诉被告偷工减料,未按设计图纸施工,质量不合格,导致屋面广泛渗漏,该部分重做的工程报价为 3 335 092.99 元,请求判令反诉被告赔偿该损失;(2)双方约定工程竣工日期为 2005 年 4 月中旬,实际工程竣工日期为 2005 年 7 月 20 日,逾期91.5 天,反诉被告应赔偿延误工期违约金 915 万元。

二建公司针对恒森公司的反诉辩称:(1)工程已竣工验收合格,对已竣工验收合格的

工程,《建设工程质量管理条例》规定施工单位仅有保修义务;(2)屋面渗漏系原设计中楼盖板伸缩缝部位没有翻边等原因造成,且工程竣工后恒森公司的承租方在屋顶擅自打螺丝孔装灯,破坏了防水层;(3)根据双方会议纪要,恒森公司已承认是地下室等各种因素导致工期延误,明确不追究原合同工期,不奖也不罚,故对反诉请求不予认可。

三、一审法院查明

江苏省苏州市中级人民法院一审查明:

2004年10月15日,二建公司与恒森公司依法签订建设工程施工合同,其中约定由二建公司承建恒森公司发包的吴江恒森国际广场全部土建工程,合同价款30 079 113元,开工日期为2004年10月31日,竣工日期为2005年4月28日。同日,双方签订补充协议约定:开工日期计划为2004年10月2日(以开工令为准),竣工日期为2005年3月11日,工期为141天(春节前后15天不计算在内)。每延迟一天,二建公司支付违约金10万元。土建工程造价按标底暂定为3 523万元,竣工结算经吴江市有资质的审计部门审计核实后,按审计决算总价下浮9.5%为本工程决算总价。补充协议还对付款方式进行了约定,并约定留总价5%款项作为保修保证金,两年后返还。

2004年10月30日,二建公司致函恒森公司,认为因设计变更造成其钢筋成型损失约6万元,要求恒森公司承担该损失。2004年11月10日,恒森公司致函二建公司,认为应对成型钢筋尽量利用,对确实无法利用的,由二建公司上报明细,经双方核对后,由恒森公司给予补偿。嗣后,二建公司未报损失明细。

2005年1月6日,二建公司与恒森公司签订会议纪要,双方确认二建公司为总包单位,由二建公司收取恒森公司分包合同总价1%总包管理费。该会议纪要同时明确,由于工期延误引发的争议已经双方协商解决,因地下室等各种因素的制约导致工期延误,双方不追究原合同工期,双方同意既不奖也不罚,但恒森公司法定代表人强调必须在2005年4月中旬全部竣工通验。

2005年4月20日,二建公司与恒森公司签订补充合同,约定恒森公司将恒森国际广场室外铺装总体工程发包给二建公司施工,工程总价暂按270万元计,最终结算价按江苏省建安2004定额审计下浮12%确认,室外工程工期为2005年4月20日至2005年6月20日。

2005年6月27日,二建公司与恒森公司就工程现场签证单确认问题等事项订立会议纪要,协商确认工程于6月底前全部竣工,如不能如期竣工,根据原因由责任方承担责任。

施工期间,恒森公司陆续将水电、消防、暖通通风、二次装修、幕墙工程分别分包给第三方施工。其中幕墙分包工程固定总价205万元,另四份协议均约定由二建公司按分包合同总价2.5%向分包单位收取配合管理费。经确认,二建公司已收取配合管理费323 750元。

涉案工程于2005年7月20日竣工验收。工程竣工后,恒森公司将其中建筑面积22 275平方米的房屋出租。原一审中经现场勘查,承租人在屋顶场地中央打螺丝孔安装照明灯4盏。

原一审中,二建公司申请对工程造价进行审计,恒森公司申请对屋面渗漏的重做损失进行鉴定。一审法院依当事人申请,委托苏州市价格认证中心(以下简称认证中心)、苏州天正房屋安全司法鉴定所(以下简称天正鉴定所)及苏州东吴建筑设计院有限责任公司(以下简称东吴设计院)对相关事项予以鉴定。

认证中心的鉴定意见为：二建公司施工工程造价为 35 034 260.23 元，其中屋面结构层以上实际施工部分造价为 1 677 635 元。

天正鉴定所经鉴定确定，屋面渗漏部位主要位于伸缩缝、落水管、出屋面排气管及屋面板；二建公司实际施工部分与原设计图纸相比，屋面防水构造做法中无 50 毫米厚粗砂隔离层、干铺无纺布一层、2.0 毫米厚聚合物水泥基弹性防水涂料层及 20 毫米厚水泥砂浆找平层，伸缩缝部位另缺 3.0 毫米厚防水卷材。鉴定意见为：屋面构造做法不符合原设计要求，屋面渗漏范围包括伸缩缝、部分落水管道、出屋面排气管及局部屋面板。

东吴设计院鉴定明确，因现有屋面板构造做法与原设计不符，局部修复方案不能保证屋面渗漏问题彻底有效解决（主要指局部维修施工带来其余部位的渗漏），建议将原防水层全面铲除，重做屋面防水层，并出具了全面设计方案。该全面设计方案中包括二建公司在实际施工中未施工工序，并在原设计方案伸缩缝部位增加了翻边。

认证中心根据东吴设计院上述全面设计方案出具的鉴证价格为 3 975 454 元。

重一审中，一审法院委托苏州市建设工程质量检测中心就本案原设计方案中伸缩缝部位无翻边设计是否符合国家和地方强制性标准及屋顶安装 4 盏路灯与屋面渗漏是否存在因果关系进行鉴定。该检测中心出具书面鉴定意见为：伸缩缝设计样式及用材均为参考而并无统一的强制性规范。所调查 4 处路灯基座，3 处未见螺栓破坏现有防水层现象，其中一处路灯基座位置现有防水层存在局部破损现象，但就其对屋面防水层整体防水功能的影响程度无法做出明确判断。

重一审中，认证中心出具汇总表一份，明确在全面设计方案的总修复费用中，屋面防水构造做法中未施工的 50 毫米厚粗砂隔离层、干铺无纺布一层、2.0 毫米厚聚合物水泥基弹性防水涂料层及 20 毫米厚水泥砂浆找平层的工程款为 755 036.46 元；伸缩缝部位 50 毫米厚粗砂隔离层、干铺无纺布一层、2.0 毫米厚聚合物水泥基弹性防水涂料层、3.0 毫米厚防水卷材的工程款为 13 267.56 元；伸缩缝部位翻边的工程款为 8 713.30 元。

一审法院认定本案争议焦点为：（1）工程价款如何认定；（2）因屋面渗漏，二建公司作为施工单位应如何承担责任；（3）二建公司是否应承担延误工期的违约责任。

1. 关于工程价款如何认定的问题

诉讼中，二建公司、恒森公司均同意以鉴定造价 35 034 260.23 元作为工程款结算的依据，并一致认可已支付工程款 26 815 307 元。二建公司同时认为，工程价款还应加上总包管理费 15 万元及钢筋成型损失 6 万元。

一审法院认为，因诉讼中双方一致认可按司法鉴定造价为工程款结算依据，应予准许。关于总包管理费问题，施工期间双方曾确定二建公司为总包单位，二建公司可收取恒森公司分包合同总价 1%总包管理费，此系双方真实意思表示，应予确认。恒森公司分包合同总价为 1 500 万元，故恒森公司应按约支付 15 万元。关于钢筋成型损失问题，双方曾约定恒森公司给予损失补偿的前提是由二建公司上报无法利用钢筋的明细，现因二建公司未能提供因设计变更导致无法利用的钢筋数量明细，应视为该部分成型钢筋已合理用于本案工程中，施工方未实际发生成型钢筋损失，故对二建公司该项诉讼请求不予支持。另外，因保修期限届满，且屋面广泛性渗漏问题将在本案中做出处理，故恒森公司应退还保修保证金。综上，一审法院认定恒森公司应付工程总价款为 35 184 260.23 元（35 034 260.23 元+

150 000 元），扣除恒森公司已付工程款 26 815 307 元，恒森公司尚应支付二建公司工程价款 8 368 953.23 元。恒森公司欠付工程款的利息可参照双方确认的补充协议中的付款期限计算。

2. 关于屋面渗漏，二建公司作为施工单位应如何承担责任的问题

一审认为，结合鉴定意见及现场情况，应确认屋面渗漏系二建公司未按原设计图纸施工导致隐患及承租人擅自安装路灯破坏防水层两方面因素所致，其中未按设计图纸施工为主要原因，路灯破坏防水层为局部和次要原因。二建公司提出的原设计不合理的问题，因标准或规范中对伸缩缝部位设计翻边并无强制性要求，其也无其他依据得出伸缩缝部位无翻边必然会漏水的结论，故对二建公司该抗辩不予支持。

对于二建公司主张自己仅应承担保修义务，而不应承担全面修复费用的问题，一审认为，因现有屋面板构造做法与原设计不符，存在质量隐患，局部修复方案不能保证屋面渗漏问题得到彻底解决，还会因维修施工带来其余部位的渗漏；况且，二建公司因偷工减料造成质量不符合设计要求是全面性而非局部性的问题。东吴设计院建议将原防水层全面铲除，重做屋面防水层，并由此出具全面设计方案，该方案与原设计方案相比，仅增加了伸缩缝翻边设计。因此，可以认定全面设计方案宜作为彻底解决本案屋面渗漏的修复方案。鉴于诉讼双方目前已失去良好的合作关系，由二建公司进场施工重做防水层缺乏可行性，故恒森公司可委托第三方参照全面设计方案对屋面缺陷予以整改，并由二建公司承担整改费用。

关于对全面设计方案修复费用 3 975 454 元应如何承担的问题，一审认为，全面设计方案相较原设计，伸缩缝部位增加了一道翻边，由此增加的费用 8 713.30 元应扣除。二建公司在实际施工中少做的工序并未计入工程总价款，而全面设计方案中包含了该几道工序，基于权利和义务相一致的原则，该部分费用应扣除。但屋面渗漏主要系二建公司施工原因造成，工程实际修复时建筑行业人工、材料价格均有上涨，此事实上增加了恒森公司的负担，该上涨部分的费用应由二建公司承担。经鉴定，2004 年 10 月 15 日，二建公司工程屋面结构层以上实际施工部分工程价款为 1 677 635 元，而 2009 年 4 月 27 日，相同工程量工程价款为 3 198 436.68 元（全面修复总费用 3 975 454 元-屋面防水构造做法中增做部分 755 036.46 元-伸缩缝部位增做部分 13 267.56 元-伸缩缝翻边 8 713.30 元）。因此，屋面防水构造做法与伸缩缝部位中应做而未做的部分在 2004 年 10 月 15 日的实际工程价款为 402 988.66 元，而在 2009 年 4 月 27 日相应工程价款则为 768 304.02 元，两者之间的差额 365 315.36 元应由二建公司承担。另外，承租人在屋顶打洞装灯破坏防水层，也是导致屋面渗漏的原因之一，故应当相应减轻二建公司的责任。鉴于该处路灯位于屋面停车场中央较高位置及该路灯仅对屋面板渗漏有影响，而实际渗漏部位还包括伸缩缝、落水管、出屋面排气管等多部位，酌情认定应予扣除修复工程款金额 15 万元。综上，二建公司应支付的修复费用合计为 3 413 752.04 元。

3. 关于二建公司是否应承担延误工期的违约责任

一审认为，根据双方补充协议，二建公司应于 2005 年 3 月 11 日完工，否则按每天 10 万元承担违约责任；实际施工期间，因地基工程施工失败，双方约定由二建公司接替原地基工程施工单位实施地下室围护的抢险施工及围护桩加固工作，该项工作并非总包单位合

同内容，属于增加工程，必然导致工期延长，故双方就工期协商约定互不追究原合同工期，既不奖也不罚，但恒森公司并未放弃工期要求，在承诺不针对原工期奖罚的同时要求二建公司必须于2005年4月中旬竣工。此外，恒森公司将室外铺装工程另行发包给二建公司施工，并明确室外铺装工程工期至2005年6月20日止，结合双方于2005年6月27日会议纪要中做出的工程应于6月底前竣工，否则根据原因由责任方承担责任的意思表示，可认为双方因地下室及工程量增加等原因，已协商将竣工时间延长至2005年6月30日。事实上，本案工程于2005年7月20日竣工，二建公司逾期完工20天，二建公司未能举证证明该20天存在可据实延长的情形，故逾期完工20天的责任应由二建公司承担。因恒森公司投资建房的目的之一是对外招租开设大卖场以获取租金收益，二建公司逾期完工必然导致恒森公司迟延接收使用房屋并获得租金收益，结合恒森公司将所建房屋对外实际出租的状况及规模，一审法院酌定由二建公司赔偿工期延误损失25万元。

四、重一审判决结果

重一审法院做出如下判决：
（1）恒森公司支付二建公司工程价款 8 368 953.23 元；（2）恒森公司支付二建公司工程余款利息；（3）二建公司赔偿恒森公司屋面修复费用 3 413 752.04 元；（4）二建公司赔偿恒森公司工期延误损失 250 000 元；（5）驳回二建公司及恒森公司的其他诉讼请求。

五、二审诉辩主张

二审上诉人诉称：（1）涉案工程已竣工验收合格，施工单位仅应履行保修义务，一审法院判决二建公司承担屋面整体重做费用没有法律依据；（2）原设计方案有缺陷，此也是造成屋面渗漏的原因，一审法院对原设计缺陷的责任未加认定错误；（3）双方合同已约定工程总价款下浮 9.5%，故修复费用也应下浮 9.5%；（4）0～100 毫米厚 c30 细石混凝土找平层系为配合伸缩缝翻边而增加的工序，原设计方案中没有此工序，该费用应予扣除；（5）一审法院确认屋面渗漏原因中，路灯破坏防水层为次要原因，仅减轻二建公司 15 万元赔偿责任不公平。综上，请求依法改判。

被上诉人恒森公司答辩认为：（1）二建公司认为涉案工程已验收合格，故只承担保修义务的理由不能成立，因为屋面渗漏系二建公司擅自减少工序而导致，不全面重做已不能有效解决渗漏，二建公司理应承担全面赔偿责任；（2）实际施工部分的工程款下浮是基于双方在施工合同中的约定，而全面设计方案的工程造价，是二建公司作为施工人向恒森公司承担的赔偿责任，不应下浮；（3）0～100 毫米厚 c30 细石混凝土找平层费用不应扣除，因全面设计方案是为彻底解决屋面渗漏而设计的，而层面渗漏是二建公司未按设计施工导致的，因此，不应扣除全面设计方案中的任何费用。请求驳回上诉，维持原判。

六、二审法院查明

江苏省高级人民法院查明事实与一审相同。

二审法院另查明：东吴设计院鉴定人员在二审庭审中陈述，涉案工程原设计方案无 0～100 毫米厚 c30 细石混凝土找平层工程，该工程是为配合伸缩缝部位翻边设计而增设的。该部分费用合计 536 379.74 元。经双方当事人确认，二审争议焦点为：（1）屋面渗漏的质量问题是否存在设计方面的原因；屋面渗漏的质量问题应按何种方案修复。（2）若选择全面设计方案修复，全面设计方案的费用应如何分担；全面设计方案的费用是否应下浮 9.5%；全面设计方案的费用中，0~100 毫米厚 c30 细石混凝土找平层费用是否应当扣除。

七、二审判决理由和判决结果

江苏省高级人民法院二审认为：

（1）屋面广泛性渗漏属客观存在并已经是法院确认的事实，竣工验收合格证明及其他任何书面证明均不能对该客观事实形成有效对抗，故二建公司根据验收合格抗辩屋面广泛性渗漏，其理由不能成立。其依据《建设工程质量管理条例》，进而认为其只应承担保修责任而不应重做的问题，同样不能成立。因为该条例是管理性规范，而本案屋面渗漏主要系二建公司施工过程中偷工减料而形成，其交付的屋面本身不符合合同约定，且已对恒森公司形成仅保修无法救济的损害，故本案裁判的基本依据为民法通则、合同法等基本法律而非该条例，根据法律位阶关系，该条例在本案中只作为参考。本案中屋面渗漏质量问题的赔偿责任应按谁造成、谁承担的原则处理，这是符合法律的公平原则的。

（2）屋面渗漏的质量问题不在于原设计而在于二建公司偷工减料，未按设计要求施工，故应按全面设计方案修复。二建公司上诉提出，原设计方案中伸缩缝部位无翻边设计，不符合苏 J9503 图集要求；原设计方案中屋面伸缩缝未跨越坡低谷点，设计坡度不够；原设计方案中屋面伸缩缝以两种不匹配材料黏合，并认为上述设计缺陷均是造成屋面渗漏的原因。对二建公司所提出的异议，工程质量检测中心曾于 2012 年 3 月 15 日出具鉴定意见，对原设计方案是否有缺陷以及与屋面渗漏是否存在因果关系做出说明。二审庭审中，工程质量检测中心的鉴定人员也出庭接受了质询。关于原设计方案中伸缩缝部位无翻边设计的问题，二审认为，苏 J9503 图集并非强制性规定，伸缩缝翻边仅是为进一步保险起见采取的更有效的防水措施，伸缩缝是否做翻边与屋面渗漏之间无必然联系，施工方如果按照原设计规范保质保量施工，结合一般工程施工实际考量，屋面不会渗漏。二建公司欲以原设计方案伸缩缝部位无翻边设计减轻其自身责任的上诉理由缺乏依据。关于原设计屋面伸缩缝未跨越坡低谷点的问题，二审认为，增大屋面坡度并跨越坡低谷点，其虽有利防水防漏，但二建公司严格按原设计标准施工即能防止渗漏，故二建公司该上诉理由亦不能成立。关于原设计屋面伸缩缝以两种不匹配材料黏合的问题，二审认为，不同种类材料原本难以完全匹配，且国家并没有相关规范或标准对材料黏合匹配做出禁止性规定，此点与屋面渗漏亦无必然联系，故二建公司该上诉理由也不能成立。退而言之，合同双方在合同的履行中均应认真而善意地关注对方的权利实现，这既属于合同的附随义务，亦与自身的权利实现紧密关联，因而二建公司的此类抗辩更应事前沟通而不应成为其推卸责任的充分理由。

关于本案屋面渗漏应按何种方案修复的问题，二审认为，根据《合同法》第一百零七条、第二百八十一条的规定，因施工方原因致使工程质量不符合约定的，施工方理应承担无偿修理、返工、改建或赔偿损失等违约责任。本案中，双方当事人对涉案屋面所做的工序进行了明确约定，然而二建公司在施工过程中，擅自减少多道工序，尤其是缺少对防水起重要作用的 2.0 毫米厚聚合物水泥基弹性防水涂料层，其交付的屋面不符合约定要求，导致屋面渗漏，理应对此承担违约责任。鉴于恒森公司几经局部维修仍不能彻底解决屋面渗漏问题，双方当事人亦失去信任的合作基础，为彻底解决双方矛盾，原审法院按照司法鉴定意见认定按全面设计方案修复，并判决由恒森公司自行委托第三方参照全面设计方案对屋面渗漏予以整改，二建公司承担与改建相应责任有事实和法律依据，亦属必要。

（3）全面设计方案修复费用应在考虑案情实际的基础上合理分担。二审认为，在确定赔偿责任时，应以造成损害后果的各种原因及原因力大小为原则。一审法院根据天正鉴定所及工程质量检测中心的鉴定意见，认定屋面渗漏二建公司未按设计图纸施工为主要原因，路灯破坏防水层为局部和次要原因。一审法院在鉴定机构就破坏防水层的路灯对屋面防水层整体防水功能的影响程度无法做出明确判断的情况下，鉴于屋面渗漏位置与路灯位置的关系、路灯局部破坏防水层对屋面渗漏整体情形的影响力大小等因素，且二建公司擅自减少工序在先，即使没有该处路灯螺栓孔洞影响防水层，也难避免屋面渗漏的事实，酌情减轻二建公司 15 万元赔偿责任尚属得当。至于全面设计方案的费用应否下浮 9.5%的问题，二审认为，承担全面设计方案的工程造价，是二建公司作为施工人向恒森公司承担的违约责任，与工程实际施工工程款结算分属不同的法律关系，二建公司要求比照施工工程款下浮 9.5%的方式计算全面设计方案修复费用，缺乏合同依据和法律依据。关于全面设计方案费用中，0~100 毫米厚 c30 细石混凝土找平层费用 536 379.74 元是否应当扣除的问题，二审认为，0~100 毫米厚 c30 细石混凝土找平层是涉案工程原设计方案没有的，系全面设计方案中为配合伸缩缝部位翻边设计而增加的，由此增加的费用 536 379.74 元应从总修复费用中扣除。综前所述，二建公司在本案中应支付的修复费用合计为 2 877 372.30 元（3 198 436.68 元+365 315.36 元-150 000 元-536 379.74 元）。

综上，江苏省高级人民法院重二审判决如下：

维持一审判决主文第一项、第二项、第四项、第五项；变更一审判决主文第三项为：二建公司赔偿恒森公司屋面修复费用 2 877 372.30 元。

八、案例评析

由于涉及公共利益问题，建设工程在完工后，需要经过主管部门的竣工验收，竣工验收合格方可投入使用，因此，竣工验收合格是建设工程施工合同的重要条款。一般来说，工程竣工验收合格即可推定工程质量合格，但现实中存在取得竣工验收合格证明后发现工程存在明显质量问题的情况，并非取得了工程竣工验收合格文件，施工单位即可对工程存在的明显质量问题免责。施工单位作为工程的施工方，应当严把工程质量关，确保工程质量达标，否则，即使取得工程竣工验收证明也不能确保免被追责。

另外，施工方应当严格按照图纸施工，不能擅自变更或偷工减料。如认为施工图纸存在问题，可以在施工过程中向建设方提出合理化建议，由建设方决定是否变更，同时应注意保存变更签证、变更获得同意的资料或者建设方拒绝变更的资料。施工方承担质量责任的方式为修理、返工、改建。如施工方拒绝的，建设方有权委托第三方进行整改，相关费用则由施工方承担，或者由建设方在工程款、质保金中予以扣除；对于建设方来讲，其与施工方就工程质量做出的在法定标准之上的约定，也应被认定为合法有效，建设方有权据此要求施工方承担未按约定施工造成的质量责任。

综合案例 13　按建设工程清单计价还是定额计价纠纷

原审原告（上诉人）：某市恒远建设集团有限公司
原审被告（上诉人）：某市棚改办公室

一、基本案情

2009年8月26日，某市棚改办公室（以下简称棚改办）为甲方，恒远建设集团有限公司（以下简称恒远公司）为乙方，签订了施工协议一份，主要内容为：（1）乙方对甲方开发的城子河区城花居住区C区2、3、4、6、7、8、10、11、12号楼，面积约47 219平方米进行施工，按竣工图实际面积进行结算；（2）施工内容包括土建、装饰、采暖、给排水、消防、电气工程；（3）工期自2009年9月（未记载具体日期）至2010年8月10日，乙方在2009年10月30日之前完成一层以上主体工程；（4）质量标准为合格；（5）毛坯房，工程造价为包工、包料、包机械，施工费按建筑面积920元/平方米计算，其中七层顶板与屋面板间利用空间改作储藏间的面积不另行计算建筑面积；（6）工程量清单的工程数量有误或者设计变更引起工程量增减，不超过合同价款的±5%，合同价款不予调整，超过的经甲、乙双方协商处理。施工协议另对合作方式、工程款支付方式、违约责任等事项进行了约定。在签订施工协议的同时，棚改办向恒远公司出具了补充说明一份，对部分工程内容做出了变更。2009年9月30日，恒远公司进场开始对2、3、4、6、7、8号楼进行施工（由于棚改办未能依约提供10、11、12号楼场地，恒远公司于2010年7月开始对10、11、12号楼施工）。

双方后就涉案工程补办了招标投标手续。棚改办编制了项目编号为YXGC2009-13的招标文件，对城子河区城花居住区以其C区工程进行招标（其中二标段即为涉案城子河区城花居住区C区2、3、4、6、7、8、10、11、12号楼），招标文件记载工程计价方式为"工程量清单报价"，在招标文件后附的工程量清单中，对"项目名称""计量单位""工程量"进行了表述，但未对"项目特征"进行表述。恒远公司就涉案工程进行投标，在投标文件中，恒远公司以定额计价的方式编制了工程预（结）算书，确定了32 318 066.01元的投标总报价。棚改办向恒远公司出具中标通知书，通知恒远公司为中标人。2009年11月11日，恒远公司与棚改办签订了施工合同，约定的主要内容为：恒远公司承建城花居住区C区二标段工程（即2、3、4、6、7、8、10、11、12号楼），工程内容为建筑面积35 034平方米，五层、底框架上砖混结构，合同工期自2009年11月12日至2010年12月8日，质量标准为合格，合同价款为32 224 012.06元，合同价款的确定方式为50.2（1）（采用固定单价方式确定合同价款。执行《建设工程工程量清单计价规范》和黑龙江省关于工程量清单计价的有关规定），合同价款的调整因素包括：工程量的偏差，工程变更，法律、法规、国家有关政策及物价的变化，一周内因非承包人原因停水、停电、停气造成的停工累计超过8小时。

恒远公司于2011年11月对2、3、4、6、7、8、10、11、12号共九栋楼施工完毕，恒远公司、棚改办双方及监理单位、设计单位、勘察单位、施工图审查单位共同进行了竣工验收，确认九栋楼的工程质量均符合国家有关标准和设计要求。

2014年10月，棚改办对恒远公司承建的2、3、4、6、7、8、10、11、12号楼及裙房进行了工程结算审核（按照920元/平方米，并按照定额计价对部分工程价款进行了调整），审核造价为45 997 203.87元，并形成《关于城花居住区C区工程（第二标段）工程审核说明》，主要内容为：本工程结算按照双方约定920元/平方米单价，在此基础上进行增减调整。2、3、4、6、7、8号楼于2009年9月开工，单价不调整。10、11、12号楼由于建设单位动迁的原因,于 2010 年 7 月开工,人工及材料给予调整,参考 2009—2011 年人工及材料价格(2009—2011 年结算文件及鸡西市材料价格信息)。实际施工与图纸不符的按图纸、行业相关资料及现场察看进行增减调整。由于没有施工单位的安全文明施工评价及规费批件,合同中各项费用没有约定,所以变更、签证增减调整项目的安全文明施工费及规费暂按施工单位 2009 年 9 月 6 日的投标文件进行调整。截至 2015 年 5 月 31 日,棚改办向恒远公司共计支付了工程款 45 960 500 元。

恒远公司对棚改办审核结算的工程价款有异议,故于 2015 年提起本案诉讼。

二、一审判决理由和判决结果

在审理过程中,恒远公司申请对涉案工程造价按照工程所在地建设行政主管部门制定的工程计价标准(定额计价)、取费标准及材料价格信息鉴定工程造价,一审法院依法委托了黑龙江海隆工程造价咨询有限公司进行了鉴定,鉴定结论为 65 427 144.07 元。棚改办申请对涉案工程造价按照合同约定价款 920 元/平方米的固定价款鉴定工程造价,另按照实际施工日期鉴定涉案工程材料及人工差价,一审法院亦依法委托黑龙江海隆工程造价咨询有限公司进行了鉴定,鉴定结论 1:53 506 377.87 元,其中:(1)固定价款工程造价为 44 286 316 元;(2)阁楼部分的工程造价为 5 398 742.75 元(阁楼部分每平方米造价为 1 309.23 元);(3)人工差价为 2 702 646.75 元;(4)材料差价为 1 118 672.37 元。鉴定结论 2:对涉案工程造价按照合同约定价款 920 元/平方米的固定价款鉴定工程造价,另按照实际施工日期鉴定涉案工程材料及人工差价(只对 10、11、12 号三栋及涉及的部分商服的 2011 下半年部分)的结论为:51 839 855.20 元,其中:(1)固定价款工程造价为 44 286 316 元;(2)阁楼部分的工程造价为 5 398 742.75 元(阁楼部分每平方米造价为 1 309.23 元);(3)人工差价为 1 693 868.83 元;(4)材料差价为 460 927.62 元。

一审法院认为,关于涉案工程应据何计算的问题,《最高人民法院关于审理建设工程施工合同纠纷案件适用法律问题的解释》第二条规定:"建设工程施工合同无效,但建设工程经竣工验收合格,承包人请求参照合同约定支付工程价款的,应予支持。"涉案工程现已竣工验收并交付使用,故双方应就涉案工程进行结算。关于涉案工程,双方先后签订了施工协议、施工合同,棚改办依据施工协议约定审核确认了工程造价(并按照定额计价对部分工程价款进行了调整),恒远公司对此不认同。原审法院认为,施工协议虽系双方真实意思表示,但涉案工程为棚户区改造工程,属于使用国有资金的项目,住房和城乡建设部《建设工程工程量清单计价规范》(GB 50500—2008)1.0.3 规定:"全部使用国有资金或者国有资金为主的工程建设项目,必须采用工程量清单计价。"施工协议中关于工程价款"920 元/平方米"的约定违反了上述效力性强制性规定,其关于价款的约定无效,故不应依据棚改办审核确认的工程造价进行结算,亦不应依据棚改办申请的鉴定结论确认工程造价。依据住房和城乡建设部《建设工程工程量清单计价规范》(GB 50500—2008)1.0.3 的规定,涉案工程应采取工程量清单计价签订招标投标文件、施工合同,亦应依照工程量清单计价方式进行结算。但本案中,虽招标文件中要求工程计价方式为"工程量清单报价",但作为招标文件附件的工程量清单缺少"项目特征"描述,导致投标单位无法报价投标,因此原因,恒远公司通过定额计价的方式编制了工程预(结)算书向棚改办投标,棚改办亦认可了此投标方式,恒远公司中标。如前所述,因招标文件中的"工程量清单"有瑕疵,故在本案审理中亦无法委托鉴定机构依据该工程量清单确认涉案工程造价。

一审法院判决：（1）确认施工协议、施工合同、招标文件、投标文件及中标通知书无效；（2）棚改办于本判决生效之日起十日内向恒远公司支付欠付工程款 11 401 378.65 元；（3）驳回恒远公司的其他诉讼请求。

一审判决后，原、被告双方均提起上诉。

三、二审判决理由和判决结果

二审法院基本采纳了一审法院的观点，只在利息起算问题上认为，根据《最高人民法院关于审理建设工程施工合同纠纷案件适用法律问题的解释》第十八条"利息从应付工程价款之日计付。当事人对付款时间没有约定或者约定不明的，下列时间视为付款时间：（一）建设工程已实际交付的，为交付之日……"的规定，在双方当事人对付款时间没有约定的情况下，涉案工程于 2011 年 11 月 18 日并竣工并验收合格交付使用，棚改办应自 2011 年 11 月 19 日起按照中国人民银行发布的同期同类贷款利率向恒远公司支付拖欠工程款的利息。

二审法院于 2018 年 5 月 18 日判决：（1）维持鸡西市中级人民法院（2015）鸡民初字第 37 号民事判决第一、三项；（2）变更鸡西市中级人民法院（2015）鸡民初字第 37 号民事判决第二项为：棚改办于本判决生效之日起十日内向恒远公司支付欠付工程款 11 401 378.65 元及利息（自 2011 年 11 月 19 日起按照中国人民银行发布的同期同类贷款利率计算至给付之日止）；（3）驳回棚改办的上诉请求。

后因恒远公司不服二审判决，向最高人民法院提起再审申请，最高人民法院于 2018 年 11 月 16 日驳回恒远公司的再审申请。

四、案例评析

（1）本案的最大焦点在于采用哪种方式进行工程计价，是采用定额计价还是采用合同约定的 920 元/平方米固定单价计价。

本涉案项目为使用国有资金项目，根据住房和城乡建设部《建设工程工程量清单计价规范》（GB 50500—2008）1.0.3 的规定，"全部使用国有资金或者国有资金为主的工程建设项目，必须采用工程量清单计价"，施工协议关于工程价款"920 元/平方米"的约定违反了上述效力性强制性规定，其关于价款的约定无效，故不应依据棚改办审核确认的工程造价进行结算，亦不应依据棚改办申请的鉴定结论确认工程造价。

（2）最高人民法院对另行签订的施工合同与经过备案的中标合同实质内容不一致的，采用备案的中标合同作为结算依据。

在本案中，施工协议约定的结算方式为固定平方米单价，施工合同约定的结算方式为清单计价，二者属于不同的结算方式。《最高人民法院关于审理建设工程施工合同纠纷案件适用法律问题的解释》第二十一条规定："当事人就同一建设工程另行订立的建设工程施工合同与经过备案的中标合同实质性内容不一致的，应当以备案的中标合同作为结算工程款的根据。"且双方均认可施工合同为当事人的真实意思表示，故对诉争工程应按照清单计价进行结算。

（3）本案参照定额计价方式确定工程价款并无不当。

按照清单计价规范，构成分部分项工程量清单应当含有"项目特征"，对拟建工程项目的实际予以描述。由于诉争工程的招标文件所附工程量清单缺少清单报价所必需的"项目特征"描述，且 2009 年之前，当地建设行政主管部门未编制与清单规范配套的估价表，国有投资项目采用定额投标,恒远公司作为投标单位按照定额编制预算投标报价并中标,导致本案无法依据投标文件进行清单计价结算,原审法院根据恒远公司的定额投标文件,参照定额计价方式确认工程价款并无不当。

综合案例 14 项目开、竣工时间争议

原审原告(反诉被告、被上诉人):万城公司
原审被告(反诉原告、上诉人):某物流公司

一、基本案情

2012 年 6 月 12 日,瑞鑫房地产公司作为发包人,万城公司作为承包人签订合同协议书,约定万城公司承建瑞鑫商业城工程,合同工期为 2012 年 3 月 20 日开工,2012 年 11 月 30 日竣工。开工日期具体以开工报告为准。2014 年 3 月 11 日,双方签署了《瑞鑫商业城(仓储园区)工程竣工资料移交目录》。2014 年 5 月 10 日,万城公司与瑞鑫房地产公司及监理单位兰州华铁工程监理咨询有限公司共同签署了《瑞鑫国际商业城"定远仓储物流园"工程实体移交手续》,2014 年 9 月 26 日,瑞鑫房地产公司与万城公司对瑞鑫仓储园区仓储楼工程进行了结算,双方审定工程造价 209 043 300 元。2015 年 8 月 17 日,瑞鑫房地产公司更名为某物流公司。2016 年 1 月 25 日,某物流公司与万城公司签订《关于甘肃万城建筑工程有限责任公司工程款抵房协议》,其中约定:两项抵款共计 11 452 144 元抵顶于乙方;乙方同意抵顶,为办理产权的需要双方就该房屋抵顶于 2016 年 1 月 25 日签订房屋买卖合同。万城公司认可自 2012 年 6 月 15 日至 2017 年 6 月 26 日,收到某物流公司支付的工程款 135 126 099 元(包括以房抵款 10 008 376 元),扣除甲供材料款 65 902 500 元(商品砼 22 358 100 元,钢材 43 544 400 元),尚有 8 014 701 元未付。

后因某物流公司未支付工程款,万城公司向一审法院起诉请求:依法判令某物流公司给万城公司支付工程款 8 014 701 元,并承担利息 730 413.73 元(2016 年 9 月 10 日至 2018 年 4 月 29 日,按同期贷款利率 5.6%计算 594 天),诉讼期间的利息由法院判决利随本清;本案诉讼费、保全费由某物流公司承担。

某物流公司向一审法院反诉请求:(1)判令万城公司支付迟延竣工违约金 510 万元;(2)本案诉讼费用由万城公司承担。

二、一审判决理由和判决结果

一审法院认为,根据双方于 2014 年 9 月 26 日签署的《瑞鑫仓储园区仓储楼工程结算书》,双方审定涉案工程造价为 209 043 300 元,万城公司认可自 2012 年 6 月 15 日至 2017 年 6 月 26 日,收到某物流公司支付的工程款 135 126 099 元(包括以房抵款 10 008 376 元),扣除甲供材料款 65 902 500 元(商品砼 22 358 100 元,钢材 43 544 400 元),尚有 8 014 701 元未付,某物流公司欠付工程款事实清楚。某物流公司提出万城公司主张的欠付工程款数额比实际付款数额多出 100 000 元,万城公司经核查后予以确认,故万城公司主张的欠付工程款数额应为 7 914 701 元,予以支持。

关于欠付工程款的利息支付问题。根据查明的事实,双方于 2014 年 3 月 11 日进行了涉案工程竣工资料的移交,实体工程自 2013 年 5 月 16 日至 2014 年 5 月 10 日分次全部移交给了发包方,2014 年 9 月 26 日双方进行了工程结算。依据双方约定,某物流公司应在结

算审核完成后将剩余工程款付至工程总造价的 90%，扣留 10%的质保金后一次付清，工程质保金待一年届满后 14 日内返还（不计利息）。因此，本案欠付工程款的利息计付之日应从结算审核完成之次日起算，某物流公司应从结算审核完成后即 2014 年 9 月 27 日起计付欠付工程款利息，万城公司的此项主张成立，予以支持。

关于某物流公司请求判令万城公司支付迟延竣工违约金 510 万元的问题。某物流公司主张万城公司未按合同约定组织施工，导致工程迟延竣工，应承担违约责任。而万城公司则辩称，双方在合同中虽约定了合同工期从 2012 年 3 月 20 日开工，2012 年 11 月 30 日竣工，但同时也约定了开工日期具体以开工报告为准。某物流公司于 2013 年 3 月 6 日才取得涉案工程的建设工程施工许可证，涉案工程工期应依法顺延，且工期顺延的原因在某物流公司而不在万城公司。一审法院认为，建设工程施工单位应在取得施工许可证后三个月内施工，未取得建设工程施工许可证擅自施工的属违法建设。本案中，双方关于工期的约定违反了上述法律规定，应属无效条款。依据查明的事实，某物流公司于 2013 年 3 月 6 日才取得涉案工程的建设工程施工许可证，万城公司依法应在取得施工许可证后三个月内施工。双方在合同中也约定了"开工日期具体以开工报告为准"。但是在审理中双方均未提交开工报告，应视为双方对涉案工程工期约定不明。依据双方 2014 年 5 月 10 日签署的《瑞鑫国际商业城"定远仓储物流园"工程实体移交手续》第四项的记载，万城公司已于 2013 年 5 月 16 日将 12#楼，2013 年 6 月 28 日将 10#楼、15#楼，2013 年 7 月 15 日将 9#楼，2013 年 7 月 20 日将 13#楼，2013 年 7 月 25 日将 16#楼，2013 年 7 月 29 日将 6#楼，2013 年 9 月 22 日将 4#楼，2013 年 12 月 24 日将 22#楼分别交于建设方入驻使用。2014 年 5 月 10 日将剩余 13 栋仓储楼向发包方移交。由于双方对涉案工程的工期约定不明，某物流公司主张万城公司迟延竣工无事实依据，故对其要求万城公司支付迟延竣工违约金 510 万元的反诉请求不予支持。

综上，一审法院做出（2018）甘 01 民初 495 号民事判决：（1）某物流公司自本判决生效之日起十日内向万城公司支付欠付的工程款 7 914 701 元，并从 2014 年 9 月 27 日起至实际付款之日按中国人民银行同期贷款利率支付利息；（2）驳回某物流公司的反诉请求。

三、二审判决结果

某物流公司不服，提起上诉，二审法院经过审查，于 2019 年 3 月 22 日作出二审判决，驳回了某物流公司的上诉请求，维持原判。

四、案例评析

（1）本案主要纠纷点在对工期起始点有争议。

本案中，发包人某物流公司认为合同约定了工期为 2012 年 3 月 20 日开工，2012 年 11 月 30 日竣工，事实上工程到 2014 年年底才竣工，因此要求承包人万城公司承担迟延竣工违约金 510 万元。

但因为某物流公司于 2013 年 3 月 6 日才取得涉案工程的建设工程施工许可证，万城公司认为涉案工程工期应依法顺延，且工期顺延的原因在某物流公司。

（2）涉案法院审判认为双方关于工期的约定违反了《建筑法》关于施工许可证的规定，应属无效条款。既然工期条款无效，因此涉案工程属于工期约定不明。

《建筑法》第七条第一款规定："建筑工程开工前，建设单位应当按照国家有关规定向工程所在地县级以上人民政府建设行政主管部门申请领取施工许可证；但是，国务院建设行政主管部门确定的限额以下的小型工程除外。"该法第九条规定："建设单位应当自领取施工许可证之日起三个月内开工。因故不能按期开工的，应当向发证机关申请延期；延期以两次为限，每次不超过三个月。既不开工又不申请延期或者超过延期期限的，施工许可证自行废止。"根据上述规定，建设工程施工单位应在取得施工许可证后三个月内施工，未取得建设工程施工许可证擅自施工的属违法建设。本案中，双方关于工期的约定违反了上述法律规定，应属无效条款。既然工期条款无效，因此涉案工程属于工期约定不明。

依据双方 2014 年 5 月 10 日签署的《瑞鑫国际商业城"定远仓储物流园"工程实体移交手续》第四项的记载，万城公司已在不同时间段完成了各部分工程的移交，已经履行完毕合同义务。由于双方对涉案工程的工期约定不明，某物流公司主张万城公司迟延竣工无事实依据。

（3）工期约定不明对施工单位的不利影响。

一般来说，工期约定不明建设单位难以追究施工单位的违约责任。但是工期约定不明对施工单位的不利影响可能有：因为工期约定不明，本应属于建设单位履行的义务延迟履行，比如甲供材料延迟供应、工程款延迟支付，因为工期约定不明，施工单位难以以超过约定工期为由要求建设单位承担违约责任。

（4）根据最新《建设工程施工合同司法解释二》的规定，施工许可证完成时间与实际开工时间不一致的，以实际开工时间为准。

《建设工程施工合同司法解释二》第五条规定："当事人对建设工程开工日期有争议的，按照以下情形予以认定：（一）开工日期为发包人或者监理人发出的开工通知载明的开工日期；开工通知发出后，尚不具备开工条件的，以开工条件具备的时间为开工日期；因承包人原因导致开工时间推迟的，以开工通知载明的时间为开工日期。（二）承包人经发包人同意已经实际进场施工的，以实际进场施工时间为开工日期。（三）发包人或者监理人未发出开工通知，亦无相关证据证明实际开工日期的，应当综合考虑开工报告、合同、施工许可证、竣工验收报告或者竣工验收备案表等载明的时间，并结合是否具备开工条件的事实，认定开工日期。"

以上三种情形归纳起来可以这样理解：实际开工日期优先于开工通知（或开工报告），实际开工日期和开工通知（或开工报告）优先于合同约定。施工许可证载明开工时间不必然作为开工时间的认定标准。据最高人民法院的条文释义，有其他文件证明力的强弱排行，总的来说是开工报告时间证明力>施工合同时间证明力>施工许可证时间证明力>竣工备案表时间证明力。

综合案例 15 争议解决仲裁条款效力问题

原审原告（上诉人）：青田胜源鞋业有限公司
原审被告（被上诉人）：温州华杰建设工程有限公司

一、基本案情

青田胜源鞋业有限公司向一审法院起诉请求：（1）请求判决被告向原告提交全部竣工验收资料与竣工报告，并配合原告办理工程竣工验收与备案手续；（2）请求判决被告立即配合办理竣工结算并确定结算造价（最终以工程造价司法鉴定结果为准）；(3) 请求判决确认在竣工结算中应扣减费用 781 594.55 元（包括但不限于原告垫付水电费 97 532.79 元、垫付材料款 225 590 元、代缴开具发票税金 161 850 元、按总造价 1.5%计算的未创丽水"九龙杯"费用 296 621.76 元等）；(4) 请求判令被告赔偿原告垫付水电费、材料款、发票税金等费用按银行贷款月利率 0.73%计算至实际支付之日止的利息损失暂计 176 795.75 元（暂计算至 2016 年 8 月 15 日，其中：97 532.79 元自 2012 年 1 月 1 日起算；161 850 元自 2012 年 1 月 17 日起算；132 000 元自 2010 年 2 月 8 日起算；20 000 元自 2010 年 10 月 19 日起算；73 590 元自 2012 年 1 月 18 日起算）；(5) 请求判决确认原告有权扣取项目经理及专业人员未到位与工程质量违约金 2 000 000 元；(6) 请求判决被告支付工期逾期违约金 593 243.52 元（暂以合同价的 3%计，最终以结算价的 3%计算为准）；(7) 请求判令被告赔偿原告超付进度款按银行贷款月利率 0.73%计算的利息损失 800 951.82 元（暂以超付 1 625 473 元自 2009 年 12 月 28 日计算至 2016 年 8 月 15 日，最终以鉴定结论为准计算至结算归还之日止）；(8) 请求判令被告赔偿因停工产生的值班人员工资 93 080 元与水电费 16 000 元，合计 109 080 元；(9) 请求判令被告赔偿因停工造成的原告期望得到的利益经济损失暂计 12 000 000 元（最终以鉴定结论为准）；(10) 本案诉讼费、保全费、鉴定费等均由被告承担。

二、一审判决理由和判决结果

一审法院经审查认为，原、被告于 2007 年 12 月 16 日签订了青田胜源鞋业有限公司新建厂房工程施工合同。在该合同履行过程中，双方发生纠纷，被告向温州仲裁委员会申请仲裁，原告参与了仲裁并提出了反请求申请。温州仲裁委员会一并审理并做出了（2012）温仲裁字第 951 号仲裁裁决书，该仲裁裁决书认定的受理依据系申请人的申请及青田胜源鞋业有限公司新建厂房工程施工合同中约定的仲裁条款，现裁决书已发生法律效力并经执行和解。鉴于温州仲裁委员会已确认了涉案合同的仲裁条款效力，且原告在温州仲裁委员会对（2012）温仲裁字第 951 号案件首次开庭前未对仲裁协议的效力提出异议，故被告在本案中对原审法院受理该案提出的异议成立，原告应向仲裁机构申请仲裁。

一审法院裁定：驳回青田胜源鞋业有限公司的起诉。

青田胜源鞋业有限公司的上诉请求：撤销原审裁定，指令原审法院继续审理；一、二审诉讼费用由被上诉人温州华杰建设工程有限公司负担。

三、二审判决理由和判决结果

在二审程序中，上诉人青田胜源鞋业有限公司向温州市中级人民法院申请确认仲裁协议效力。因该审理结果影响本案的处理，本院裁定中止审理。温州市中级人民法院审理后做出（2016）浙 03 民特 67 号民事裁定，认为对具体采取何种方式解决争议并未做出选择，在双方无进一步明确约定的情况下，双方实际并未达成由温州仲裁委员会仲裁的意见。因此，在双方未达成仲裁协议或者仲裁条款的情况下，上诉人青田胜源鞋业有限公司请求确认仲裁协议无效的请求不成立，故裁定驳回青田胜源鞋业有限公司的申请。

二审法院认为，温州市中级人民法院做出（2016）浙 03 民特 67 号民事裁定已经确定双方当事人对具体采取何种方式解决争议并未做出选择，双方未达成仲裁协议或者仲裁条款。故在此情况下，双方因履行青田胜源鞋业有限公司新建厂房工程施工合同产生的纠纷应由人民法院管辖。原审裁定驳回起诉错误，本院予以纠正。

二审法院裁定如下：(1)撤销浙江省青田县人民法院（2016）浙 1121 民初 3576 号民事裁定；(2)本案指令浙江省青田县人民法院审理。

四、案例评析

本案是典型的针对仲裁协议效力问题的一个纠纷。原告起诉要求一审法院对建设工程施工合同纠纷进行审查并做出判决，一审法院以原、被告曾在此前就相关工程纠纷在温州仲裁委员会开庭审理为由，认为双方之前已经形成有效仲裁协议，因此案件应当由仲裁委员会审理，据此驳回原告诉请。原告不服提起上诉，二审法院认为双方之间并未达成有效仲裁协议，因此撤销了原审裁定。本案中针对仲裁协议约定效力问题有以下两个关键的裁判点。

（1）仲裁协议的约定必须明确具体，否则将导致约定无效。

按照《最高人民法院关于适用〈中华人民共和国仲裁法〉若干问题的解释》第七条的规定"当事人约定争议可以向仲裁机构申请仲裁也可以向人民法院起诉的，仲裁协议无效"，故涉案施工合同中的仲裁协议不符合法律规定，系无效条款，自始不发生任何法律效力。原、被告曾于 2007 年 12 月递交青田住建局备案的施工合同，其专用条款第 37 条中规定了以下内容："本合同在过程中发生的争议，由双方当事人协商解决，协商不成的，按下列两种方式解决：(一)提交温州仲裁委员会仲裁；(二)依法向人民法院起诉。"这种约定并未明确指出温州仲裁委员会的管辖权，因此视同未约定。

（2）原审法院无权对仲裁条款的效力进行审查，裁定程序违法。

《最高人民法院关于适用〈中华人民共和国仲裁法〉若干问题的解释》第十二条第一款规定："当事人向人民法院申请确认仲裁协议效力的案件，由仲裁协议约定的仲裁机构所在地的中级人民法院管辖。"原审法院受理本案后，若被告对原审法院管辖权有异议的，应按照上述法律规定向仲裁协议约定的仲裁机构所在地的中级人民法院即温州市中级人民法院申请确认仲裁协议效力。按照上述法律规定，除温州市中级人民法院外，原审法院及其他任何法院对约定温州仲裁委员会仲裁的仲裁协议效力均无审查权。

综合案例 16　施工过程签证效力纠纷

一审原告、被上诉人：A 县建筑工程公司
一审被告、上诉人：广海房地产开发有限公司

一、基本案情

2009 年 6 月 8 日，广海房地产开发有限公司（以下简称广海公司）作为甲方、A 县建筑工程公司作为乙方签订一份建设工程施工合同，合同约定：建筑面积约 43 000 平方米，工程价款采用包干价格合同方式，双方协商确定 590 元/平方米结算，不存在工程变更签证及材料价格调整，暂定为 25 370 000 元；工程款支付为工程通过竣工验收合格及备案后，支付到该单位工程已完成工程量的 95%，工程保修款为竣工结算总价的 5%，至保修期满后支付；甲方因销售需要或其他原因对工程进行的变更，乙方必须无条件执行与配合，严格按甲方确定的工期完成相应变更（不产生任何签证及费用）。合同还对双方的其他权利和义务做了相应约定。而备案的中标合同中的专用条款对工程变更没有约定。合同签订后，A 县建筑工程公司即进场施工，在施工过程中变更了部分工程，即 1#～17#楼的基础超深部分，2#、4#、6#、8#、10#、12#、16#、17#楼车库及杂物房高度部分，1#、3#、5#楼车库

第2章 合同法律制度

及杂物房高度、主体结构、页岩多孔砖换蒸压加气砼砌块部分；增加了部分工程，即围墙、排水沟部分、道路土方回填部分及 7#、9#、11#、14#楼卷闸门安装部分。2012 年 9 月 4 日，建设工程竣工经验收合格并交付广海公司使用。截至 2011 年 12 月 31 日，广海公司共支付 A 县建筑工程公司工程款 26 615 315 元。A 县建筑工程公司要求广海公司支付工程尾款及变更、增加工程量的工程款未果，遂于 2017 年 1 月 4 日向法院起诉。

二、一审判决理由和判决结果

一审法院认为：本案存在两份合同，除 2009 年 6 月 8 日签订的合同外，在建设局还有一份备案合同，本案应当以备案合同为准。实际施工工程量，经鉴定变更的工程量和增加的工程量，合计为 29 780 277.5 元。扣除广海公司已支付工程款 26 615 315 元，广海公司尚欠 3 164 962.5 元未付。广海公司辩称，广海公司没有义务向 A 县建筑工程公司支付超出合同范围新增加工程量的工程款和非因广海公司的原因不按原设计要求进行工程变更的施工费用。《最高人民法院关于审理建设工程施工合同纠纷案件适用法律问题的解释》第二十一条规定："当事人就同一建设工程另行订立的建设工程施工合同与经过备案的中标合同实质性内容不一致的，应当以备案的中标合同作为结算工程价款的根据。"第十九条规定："当事人对工程量有争议的，按照施工过程中形成的签证等书面文件确认。……"根据上述规定，双方备案的合同对工程变更没有约定，广海公司对变更的工程同意 A 县建筑工程公司施工，并在施工过程中形成签证，现双方对工程量发生争议，应按签证单确认工程量。

一审法院判决：广海公司支付 A 县建筑工程公司工程款 3 164 962.5 元和利息（以 3 164 962.5 元为本金，自 2012 年 9 月 4 日起至付清之日止按中国人民银行同期同类贷款利率计算，以 100 000 元为限额）。

上诉人广海公司不服一审判决，提起上诉，请求撤销一审判决，驳回被上诉人的诉请。其认为：（1）本案讼争工程所依据的合同依法只应为双方于 2009 年 6 月 8 日签订的建设工程施工合同，而不应是仅作为报建备案用途的建设工程施工合同，因为本工程并不是必须招标的工程，而且事实上并没有进行工程施工招标，因此自然不存在所谓的"中标合同"之说。一审判决认定没有事实根据和法律依据，系认定事实不清，适用法律错误，依法应予纠正。（2）关于车库、杂物房、架空层层高部分和基础新增部分，本案讼争的全部工程均未变更层高设计，而现在发现实测层高数据高于工程施工图设计的根本原因是被上诉人不按图纸施工所致（被上诉人并未按设计要求回填至工程施工图纸标高，就直接进行工程上部施工），而这完全由于被上诉人的施工过错所导致的结果依法应由被上诉人承担完全的过错责任。（3）关于工程量增加部分，被上诉人提出的签证事项与双方合同约定不符，依法应当不给予签证，且被上诉人在形成形式上同样也属于无效签证，不具有合法性，依法不能作为本案的定案证据。本案合同为总包干价，合同已经约定项目工程不存在任何变更也不存在任何签证。且签证单上的监理人员签字和建设单位人员签字并不是合同指定的总监人员和建设单位项目负责人，签证无效。从"签证单"的形成形式上看，监理单位的郑崇贵、甲方施工员黄亨向均属于无权签证，故该"签证单"依法不具有法律效力，不能作为定案的证据。本工程的总监理工程师是邓国森，而不是郑崇贵。郑崇贵依法依约均不具有签署任何批准文件的权力。甲方派驻工程师是陈斌盛，而不是黄亨向。因此，上诉人一方具有意见、批准签署权的人只能是陈斌盛，其他任何人的签署均属于无权行为，当然不具有法律效力。对于以上总监理工程师邓国森、甲方工地代表陈斌盛的职权及相关授权均明确于合同条款之中，作为合同当事人的被上诉人本身自然是非常清楚的。被上诉人明知相关人员不享有授权或代理权仍与其办理的签证行为，同样属于无效的民事行为（即无效签证），对上诉人自然不发生任何约束力。

三、二审判决理由和判决结果

二审法院认为：（1）本案应当适用 2009 年 6 月 8 日签订的合同。首先，根据本院二审查明的事实，本案双方当事人均无备案的建设工程施工合同原件，该合同上也无具体签订日期，其形式要件存在重大瑕疵。其次，如以该备案合同为双方的结算依据，则对合同价款亦应当按该合同计算，但广海公司已向 A 县建筑工程公司支付的工程款 26 615 315 元已大大超过了该合同约定的 23 747 200 元，A 县建筑工程公司亦未依据该备案合同向广海公司主张工程款，而是依据 2009 年 6 月 8 日签订的建设工程施工合同主张工程款。再次，本案的工程并非通过招标投标程序确定，因此在融水县住房和城乡建设局备案的建设工程施工合同仅为备案合同，并非备案的中标合同，与《最高人民法院关于审理建设工程施工合同纠纷案件适用法律问题的解释》第二十一条的规定不符，一审法院适用《最高人民法院关于审理建设工程施工合同纠纷案件适用法律问题的解释》第二十一条有误，应当予以纠正。（2）对于工程的车库及杂物房是否应当按照全面积计算工程价款问题，广海公司虽主张车库及杂物房的高度与原设计不符，但根据本案证据，广海公司在本案工程的施工及验收过程中均未对此提出异议，仅在请求工程款时提出抗辩，有不符常理之处。对于层高是否经过现场变更设计，A 县建筑工程公司举出工作联系单、车库及杂物房修改的平面图、竣工图等证据，广海公司仅提出抗辩，并无其他证据予以反驳，从证据的盖然性看，A 县建筑工程公司的证据处于优势地位，一审法院根据本案实际情况采信较为适当。根据实际测量，相关的车库及杂物房高度均已超过 2.2 米，按合同约定应当按全面积计算建筑面积。（3）关于基础部分的工程变更造价问题，本案双方于 2009 年 6 月 8 日签订的合同中约定"本合同造价采用包干价格合同方式，双方协商确定 590 元/平方米结算，不存在工程变更签证及材料价格调整"，因该基础工程属于合同规定的本案承包范围之内，其是否变更不影响双方按照建筑面积以 590 元/平方米结算价款，故该变更部分签证价款应当不予另行计算，一审法院支持工程的基础部分变更签证的工程造价共计 1 158 700.16 元有误，本院予以纠正。

二审法院于 2018 年判决如下：广海公司支付 A 县建筑工程公司工程款 2 006 262.34 元和利息（以 2 006 262.34 元为本金，自 2012 年 9 月 4 日起至付清之日止按中国人民银行同期同类贷款利率计算，以 100 000 元为限额）。

四、案例评析

（1）争议焦点分析：合同约定了不存在签证变更，事后产生了签证变更，是否需对施工单位据实结算。

本案最主要的争议点在于，在施工合同中约定了"不存在工程变更签证及材料价格调整""甲方因销售需要或其他原因对工程进行的变更，乙方必须无条件执行与配合，严格按甲方确定的工期完成相应变更（不产生任何签证及费用）"等字眼，实际施工中发生了工程变更，且产生了并不规范的签证单，对此是否应当对施工单位据实结算。这个问题没有标准答案，只能在实际案例中通过事后的资料进行具体的论证，这对施工单位而言是极为不利的，因为在合同明确规定不存在签证、风险全由施工单位承担的情况下，施工单位需要在事后推翻这一约定存在极大的难度。这样的条款等于施工单位将自己的权利和义务置于不确定的风险境地。本案中施工单位因为工程变更增加的工程量，只有部分得到了法院的采信和支持，对施工单位而言是个巨大的损失。

（2）备案合同不一定能对抗"黑合同"。

本案的争议点还有究竟以哪一份合同为判案依据，2009年6月8日签订的合同约定不存在任何变更和签证，备案合同则无此规定。施工单位认为应当适用《最高人民法院关于审理建设工程施工合同纠纷案件适用法律问题的解释》第二十一条规定："当事人就同一建设工程另行订立的建设工程施工合同与经过备案的中标合同实质性内容不一致的，应当以备案的中标合同作为结算工程价款的根据。"但涉案项目并未进行过招标投标，建设单位反驳此备案合同并非第二十一条所述的"备案的中标合同"，不能适用该条款。最终二审法院采纳了2009年6月8日签订的合同作为定案依据，对施工单位极为不利。

（3）施工单位应重视合同中对工程签证相关事项的约定。

对施工单位而言，签订建设工程施工合同时务必注意签证条款，不可因为着急承揽工程而对施工合同的权利和义务掉以轻心或者采取无所谓的态度，认为可以通过事后的签证、变更推翻合同约定。须知，事后的签证变更要推翻合同约定是件比较困难的事，即使尽到全力，也未必能取得完全的效果。本案中施工单位最后也只拿到部分的签证、变更工程款。

本案中，事后双方当事人以及监理人员做出涉案的全部签证、签发的工作联系单的行为已经改变、取代了双方当事人持有合同中专用条款第八条"工程变更"约定的事实，所以对施工单位超出设计层高的施工予以了按全面积进行计算。但是对基础增加部分，受困于2009年6月8日签订的合同约定的包干单价，二审法院并未支持该部分的签证费用。所以，一旦合同将签证事项约定死了，想通过事后的签证变更改变合同约定是存在极大难度的。

而对于签证单的效力问题，涉及实际签证签字人员与合同约定不符，导致双方存在争议，建设单位有了不认可签证单的理由，幸亏施工单位提供了其他证明资料佐证监理人员和建设单位人员签字的效力性，否则签证费用能否得到还是个未知数。

思考与练习题2

扫一扫看本练习题参考答案

一、单项选择题

1. 甲公司于2005年3月5日向乙企业发出签订购买钢材合同的要约信函，3月8日乙企业收到甲公司声明该要约作废的传真。3月10日乙企业收到该要约的信函。根据《民法典》的规定，甲公司发出传真声明要约作废的行为属于（　　）。

　　A．要约撤回　　　　　　　　B．要约撤销
　　C．要约生效　　　　　　　　D．要约失效

2. 甲装潢公司与乙公司签订一份买卖木材的买卖合同，约定提货时付款。甲装潢公司提货时称公司出纳员突发急病，支票一时拿不出来，要求先提货，过两天再把货款送来，乙公司拒绝了甲装潢公司的要求。乙公司行使的这种权利在法律上称为（　　）。

A．不安抗辩权　　　　　　　　　　B．先履行抗辩权

C．后履行抗辩权　　　　　　　　　D．同时履行抗辩权

3．南方安装公司与国华机械厂在签订合同时约定，由南方安装公司将一张 10 万元的国债单据交付国华机械厂作为合同的担保。该担保方式在法律上称为（　　）。

A．抵押　　　　B．动产质押　　　　C．留置　　　　D．权利质押

4．向阳公司与玉华公司签订了一份关于设备检修的合同，后向阳公司未能按要求履行合同，造成了玉华公司损失 30 万元，但是由于玉华公司没有及时采取措施，又多损失了 10 万元，根据《民法典》的规定，向阳公司应该赔偿玉华公司（　　）万元。

A．30　　　　B．10　　　　C．40　　　　D．20

5．张三和李四于 2005 年 2 月 1 日订立一份买卖枪支的合同，合同规定履行日期为 3 月 2 日，3 月 9 日张三发现合同违反了法律的禁止性规定，4 月 7 日该合同被当地法院宣告无效。该合同从（　　）开始不受法律保护。

A．2 月 1 日　　　B．3 月 2 日　　　C．3 月 9 日　　　D．4 月 7 日

6．若合同双方对争议的解决方式没有达成协议，则（　　）。

A．只能通过仲裁方式解决争议

B．只能通过诉讼方式解决争议

C．任何一方可以选择仲裁或者诉讼方式解决争议

D．任何一方可以同时选择仲裁和诉讼方式解决争议

7．某工程承包人与材料供应商签订了材料供应合同。条款内未约定交货地点，运费也没有明确，则材料供应商把货物备齐后应该（　　）。

A．将材料送到施工现场

B．将材料送到承包人指定的仓库

C．通知承包人自己提货

D．将材料送到施工现场并向承包人收取运费

8．债权转让时，（　　）。

A．须征得债务人的同意

B．无须征得债务人的同意，但是应该办理公证手续

C．无须征得债务人的同意，也无须通知债务人

D．无须征得债务人的同意，但是必须通知债务人

9．当事人对合同变更的内容约定不明确的，（　　）。

A．推定为未变更　　　　　　　　　B．认定为已经变更

C．按照合同约定不明处理　　　　　D．约定不明的内容无效

10．甲、乙二人签订一份钢材买卖合同，双方约定甲先付款，乙后发货。当合同的履行期限届至，甲由于担心收不到货而没有付款，于是乙在发货期限届至也没有发货，此时，乙行使的权利是（　　）。

A．先履行抗辩权　　　　　　　　　B．后履行抗辩权

C．同时履行抗辩权　　　　　　　　D．不安抗辩权

11．甲、乙二人签订一份钢材买卖合同，双方约定甲应于 2003 年 10 月 20 日交货，乙应于同年 10 月 30 日付款。10 月上旬，甲渐渐发现乙财产状况恶化，已经不具备支付货款

的能力，并且有确切证据证明。于是，甲提出终止合同，但乙未允许。基于上述情形，甲于10月20日未按照约定交货。依据《民法典》的有关规定，下列表述中正确的是（   ）。

　　A．甲有权不按照合同约定交货，除非乙提供了相应的担保

　　B．甲无权不按照合同约定交货，但是可以仅先支付部分货物

　　C．甲无权不按照合同约定交货，但是可以要求乙提供相应的担保

　　D．甲应该按照合同约定交货，如果乙不支付货款，可以追究其违约责任

12．施工合同履行中，总承包单位将土方开挖分包给了甲分包商，将基础部分分包给了乙分包商，但是甲分包商工期延误，现场又有监理单位，乙分包商为此应向（   ）提出要求承担违约责任。

　　A．发包方　　　　B．总承包方　　　　C．甲分包商　　　　D．监理单位

13．某材料采购方口头将材料采购的任务委托给材料供应方，但是双方没有签订书面合同，供应方将委托采购的材料交给采购方并进行了交验后，由于采购方拖欠材料款引发纠纷，此时应当认定（   ）。

　　A．双方没有合同关系　　　　　　　B．合同没有成立

　　C．采购方不承担责任　　　　　　　D．合同已经成立

14．B公司授权其采购员去采购A公司的某产品100件，采购员拿着公司的空白合同书与A公司订立了购买200件某产品的合同，由此发生纠纷后，应当（   ）。

　　A．要求B公司支付200件产品的货款

　　B．B公司可以向A公司无偿退货

　　C．由A公司支付100件产品，B公司支付相应的货款

　　D．由A公司支付200件产品，B公司支付相应的货款

二、多项选择题

1．法律、行政法规规定必须采用书面形式订立的合同，当事人在订立合同的时候可以采取的形式有（   ）。

　　A．合同书　　　　B．信件　　　　C．电子邮件　　　　D．电传

2．南昌的甲公司向北京的乙房地产开发商购买坐落于广州的房产一座，双方对履行地没有约定，则以下说法正确的是（   ）。

　　A．合同成立，甲公司履行地为广州　　　　B．合同成立，甲公司履行地为北京

　　C．合同成立，乙公司履行地为南昌　　　　D．合同成立，乙公司履行地为广州

3．根据法律规定，下列财产中不得用于抵押的有（   ）。

　　A．抵押人所有的机器

　　B．抵押人依法有权处分的国有土地使用权

　　C．医院的医疗卫生设施

　　D．依法被扣押的财产

4．在对方当事人有下列（   ）情形之一时，负有先履行义务的当事人可以中止履行。

　　A．经营状况严重恶化

　　B．转移财产、抽逃资金以逃避债务

　　C．丧失商业信誉

D. 有丧失或者可能丧失履行债务能力的其他情形

5. 根据《民法典》的规定，下列各项中属于无效合同的有（　　）。
   A. 订立时显失公平的合同　　　　　B. 有损社会公共利益的合同
   C. 重大误解情况下订立的合同　　　D. 恶意串通损害第三人利益的合同

6. 乙欠甲 30 万元，丙欠乙 50 万元，乙欠甲 30 万元到期不还，又不向丙索取 50 万元的债务。此时甲可以向法院请求以自己的名义（　　）。
   A. 向丙索取 50 万元的债务　　　　B. 向丙索取 30 万元的债务
   C. 要求乙负担行使代位权的必要费用　D. 自己负担行使代位权的必要费用

7. 下列属于要约邀请的有（　　）。
   A. 寄送价目表　　　　　　　　　　B. 拍卖公告
   C. 招标公告　　　　　　　　　　　D. 招股说明书
   E. 商店内商品的价签

8. 以（　　）出质的，质押合同自登记之日起生效。
   A. 依法可以转让的股票
   B. 依法可以转让的商标专用权
   C. 依法可以转让的专利权、著作权中的财产权
   D. 依法可以转让的支票
   E. 依法可以转让的仓单、提单

9. 甲、乙二人签订一份钢材买卖合同，双方约定甲应于 2013 年 10 月 20 日交货，乙应于同年 10 月 30 日付款。10 月上旬，甲渐渐发现乙财产状况恶化，已经不具备支付货款的能力，并且有确切证据证明。基于上述情形，甲于 10 月 20 日未按照约定交货。依据《民法典》的有关规定，此时，乙行使的权利有（　　）。
   A. 先履行抗辩权　　　　　　　　　B. 后履行抗辩权
   C. 同时履行抗辩权　　　　　　　　D. 不安抗辩权
   E. 先诉抗辩权

10. 甲、乙二人签订一份钢材买卖合同，双方约定甲应于 2015 年 10 月 20 日交货，乙应于同年 10 月 30 日付款。乙在 10 月 20 日前若发生下列情况的（　　），甲可以依法中止履行合同。
    A. 经营状况不理想　　　　　　　　B. 转移财产以逃避债务
    C. 在其他合同的履行中丧失诚信　　D. 丧失履行能力
    E. 抽逃资金以逃避债务

11. 某公司将其价值 500 万元的房产抵押给银行，第一次从银行抵押贷款 200 万元，抵押贷款的最高比例为 70%，该公司现准备第二次将该房产抵押给银行，最多能够获得（　　）万元的贷款。
    A. 350　　　　B. 300　　　　C. 150　　　　D. 不能重复抵押

12. 某项目设计费用为 100 万元，合同中约定定金为 15%，发包方已经支付定金，但是承包方不履行合同，此时，承包方应该返还给发包方（　　）费用。
    A. 100 万元　　　　　　　　　　　B. 15 万元
    C. 30 万元　　　　　　　　　　　D. 依据发包方损失定

第3章 建筑工程纠纷处理的法律制度

教学导航

扫一扫看
本章教学
课件

知识重点	1. 工程建设常见纠纷与防范； 2. 纠纷处理程序
知识难点	1. 证据的种类、保全和应用； 2. 仲裁裁决的效力与执行
学习要求	掌握建筑工程纠纷处理的基本程序，证据的种类、保全和应用；熟悉民事诉讼法、仲裁法的有关内容；了解工程建设中常见纠纷的成因与防范措施
推荐教学方式	积极采用实践性模拟法庭形式，进行纠纷处理。使学生直观地掌握纠纷处理程序
建议学时	12学时

【案例 3-1】 甲房地产开发商与乙施工企业签订建设工程施工合同，由乙施工企业对甲房地产开发商的"君悦华庭"商住楼进行施工，合同造价 6 900 万元。合同约定工程开工日期为 2018 年 1 月 1 日，合同竣工日期为 2019 年 5 月 1 日。到 2019 年 11 月 30 日，工程完工并办理结算，但甲房地产开发商却一直拖欠支付结算后的工程款，故乙施工企业向法院起诉甲房地产开发商支付工程款。甲房地产开发商在答辩期内向法院提出反诉，要求乙施工企业承担延误工期的损失。请就甲房地产开发商与乙施工企业的纠纷进行分析。

评析：本案是建设工程施工合同纠纷，甲房地产开发商与乙施工企业在履行合同的过程中均存在违约，甲房地产开发商不支付工程款，须向乙施工企业承担支付工程款的责任，但由于乙施工企业未能在合同约定的期间内竣工，也应对甲房地产开发商承担延误工期的责任。

3.1 建筑工程纠纷的处理

3.1.1 工程建设常见纠纷的成因与防范措施

建筑工程纠纷是指工程建设当事人对建筑过程中的权利和义务产生了不同的理解，从而发生的争议。

建筑工程纠纷的发生和存在，不利于工程建设的顺利进行，有损于工程各方当事人的经济利益。同时，建筑工程纠纷的解决过程耗时、耗力、耗财，并且有损于当事人各方以后的合作。

所以在工程建设过程中，合理预防才是解决纠纷最合理、最经济的方式。而要想合理预防纠纷的发生，前提是必须熟悉纠纷，了解纠纷发生的原因。下面将分别介绍不同种类的常见纠纷的成因及防范措施。

1. 施工合同主体纠纷的成因与防范措施

1）纠纷成因

（1）因承包商资质不够导致的纠纷。

（2）因无权代理与表见代理导致的纠纷。

（3）因联合体承包导致的纠纷。

（4）因"挂靠"问题而产生的纠纷。

扫一扫看挂靠导致合同无效案例

扫一扫看《最高人民法院关于审理建设工程施工合同纠纷案件适用法律问题的解释（一）》

2）防范措施

（1）加强对建筑市场承包商资质的监管。

（2）加强对承包商资质的审查，避免与不具备相应资质的承包商订立合同。

（3）施工合同各方应当加强对授权委托书的管理，避免无权代理和表见代理的产生。

（4）避免与无权代理人签订合同。

（5）联合体承包应当规范、自愿。

（6）避免"挂靠"。

2. 施工合同工程款纠纷的成因与防范措施

扫一扫看未办理施工许可证纠纷案例

1）纠纷成因

（1）承包商竞争过于激烈。

（2）"三边工程"引起的工程造价失控。

（3）从业人员法律意识薄弱。

（4）施工合同调价与索赔条款的重合。

（5）合同缺陷。

（6）双方理解分歧。

（7）工程款拖欠。

2）防范措施

（1）签订书面合同。

（2）避免合同总价与分项工程单价之和不符。

（3）避免约定不明与理解分歧。

（4）避免合同缺项。

（5）协调合同内容冲突。

（6）预防风险。

（7）调价条款与索赔条款重合的处理。

3. 施工合同质量纠纷的成因与防范措施

扫一扫看施工合同质量纠纷案例

1）纠纷成因

（1）建设单位不顾实际地降低造价，缩短工期。

（2）不按建设程序运作。

（3）在设计或施工中提出违反法律、行政法规和建筑工程质量、安全标准的要求。

（4）将工程发包给没有资质的单位或者将工程任意肢解进行发包。

（5）建设单位未将施工图设计文件报县级以上人民政府建设行政主管部门或者其他有关部门审查。

（6）建设单位采购的建筑材料、建筑构配件和设备不合格或给施工单位指定厂家，明示、暗示使用不合格的材料、构配件和设备。

（7）施工单位脱离设计图纸、违反技术规范，以及在施工过程中偷工减料。

（8）施工单位未履行属于自己在施工前产品检验的强化责任。

（9）施工单位对于在质量保修期内出现的质量缺陷不履行质量保修责任。

（10）监理制度不严格。

2）防范措施

（1）应当严格按照建筑程序进行工程建设。

（2）对造价和工期的要求应当符合客观规律。

（3）应当按照法律、行政法规和建筑工程质量、安全标准的要求进行设计和施工。

（4）标段的划分应当合理，不能随意肢解工程。

（5）施工图设计文件应当按照规定进行审查。

(6) 加强对建筑材料、建筑构配件和设备采购的管理。

(7) 应当按照设计图纸、技术规范进行施工。

(8) 强化施工前产品检验的责任。

(9) 完善质量保修制度。

(10) 完善监理制度,加强质量监督管理。

4. 施工合同分包与转包纠纷的成因与防范措施

扫一扫看施工合同转包纠纷案例

1) 纠纷成因

(1) 因资质问题而产生的纠纷。

(2) 因履约范围不清而产生的纠纷。

(3) 因转包而产生的纠纷。

(4) 因配合与协调问题而产生的纠纷。

(5) 因违约和罚款问题而产生的纠纷。

(6) 因各方对分包管理不严而产生的纠纷。

2) 防范措施

(1) 加强对分包商资质的管理。

(2) 在分包合同中明确各自的履约范围。

(3) 严格禁止转包。

(4) 加强有关各方的配合与协调。

(5) 避免违约和罚款。

(6) 加强对分包的管理。

5. 施工合同变更和解除纠纷的成因与防范措施

扫一扫看单方面解除施工合同纠纷案例

1) 纠纷成因

(1) 工程本身具有的不可预见性。

(2) 设计与施工及不同专业设计之间的脱节。

(3) "三边工程"导致大量变更产生。

(4) 大量的口头变更导致事后责任无法分清。

(5) 单方解除合同。

2) 防范措施

(1) 使工程有计划性。

(2) 避免设计与施工及不同专业设计之间的脱节。

(3) 避免"三边工程"。

(4) 规范口头变更。

(5) 规范单方解除合同。

6. 施工合同竣工验收纠纷的成因与防范措施

扫一扫看工程竣工验收纠纷案例

1) 纠纷成因

(1) 隐蔽工程竣工验收产生的纠纷。

（2）未经竣工验收提前使用产生的纠纷。

2）防范措施

（1）严格按照规范和合同约定进行隐蔽工程竣工验收。

（2）避免未经竣工验收提前使用。

7．施工合同审计纠纷的成因与防范措施

1）纠纷成因

（1）有关各方对审计监督权的认知偏差。

（2）审计机关的独立性得不到保证。

（3）工程造价的技术性问题也是导致纠纷产生的原因。

2）防范措施

（1）正确认知审计监督权。

（2）确保审计机关的独立性。

（3）规范审计工作。

8．建设工程物资采购合同质量、数量纠纷的成因与防范措施

1）纠纷成因

（1）合同约定不明确。

（2）检查验收不严格、不及时。

2）防范措施

（1）合同约定应当明确。

（2）严格检查验收制度。

（3）到货后及时验收。

9．建设工程物资采购合同履行期限、地点纠纷的成因与防范措施

扫一扫看发包人原因逾期竣工案例

1）纠纷成因

（1）合同约定不明确。

（2）不按合同约定履行。

2）防范措施

（1）合同约定应当明确。

（2）严格按照合同约定履行。

10．建设工程物资采购合同价款纠纷的成因与防范措施

1）纠纷成因

（1）合同约定不明确。

（2）履行期间价格的变动。

2）防范措施

（1）合同约定应当明确。

（2）按照《民法典》的规定处理履行期间价格的变动。

11. 建设工程勘察设计合同纠纷的成因与防范措施

1）纠纷成因

（1）建设工程勘察设计质量纠纷。

（2）建设工程勘察设计期限纠纷。

（3）建设工程勘察设计变更纠纷。

2）防范措施

（1）严格建设工程勘察设计的质量与期限管理。

（2）避免和减少建设工程勘察设计变更。

12. 建设工程监理合同纠纷的成因与防范措施

1）纠纷成因

（1）监理工作内容的纠纷。

（2）监理工作缺陷纠纷。

2）防范措施

（1）合同约定应当明确。

（2）严格按照合同约定完成各自的职责。

（3）出现监理工作缺陷，应当按照规定补救和承担相应的责任。

13. 相邻关系纠纷的成因与防范措施

1）纠纷成因

没有正确处理节水、排水、通行、通风、采光等方面的相邻关系。

2）防范措施

做好规划，严格按照有利生产、方便生活、团结互助、公平合理的精神进行建设。

14. 环境保护纠纷的成因与防范措施

1）纠纷成因

建设项目施工对环境的影响主要体现在两个方面：一方面是对自然环境造成了破坏；另一方面是施工产生的粉尘、噪声、振动等对周围生活居住区的污染和危害。

2）防范措施

施工单位应当严格按照国家规定的标准、规范和合同的约定进行施工。

15. 施工中的安全措施不当产生的损害赔偿纠纷的成因与防范措施

1）纠纷成因

在工程施工过程中，没有按照需要设置明显标志、采取安全措施。

2）防范措施

在工程施工过程中，按照需要设置明显标志、采取安全措施，避免给他人造成损害。

第3章 建筑工程纠纷处理的法律制度

16. 施工中搁置物、悬挂物造成损害赔偿纠纷的成因与防范措施

1）纠纷成因

施工中对搁置物、悬挂物管理不当,给他人造成人身和财产损害。

2）防范措施

施工单位应当严格管理搁置物、悬挂物。

3.1.2 工程建设纠纷的处理程序

1. 建筑工程纠纷处理的基本形式和特点

建筑工程纠纷处理的基本形式有和解、调解、仲裁、诉讼四种。

1）和解

和解是指建筑工程纠纷当事人在自愿友好的基础上,互相沟通、互相谅解,从而解决纠纷的一种活动。和解通常没有第三方的参与。

由于和解方便易行,并且有利于纠纷的顺利解决,所以,工程建设发生纠纷时,当事人应首先考虑通过和解解决纠纷。事实上,在工程建设过程中,绝大多数纠纷都可以通过和解解决。建筑工程纠纷和解具有以下特点。

（1）简便易行,能经济、及时地解决纠纷。

（2）纠纷的解决依靠当事人的妥协与让步,没有第三方的介入,有利于维护合同双方的友好合作关系,使合同能更好地得到履行。

（3）和解协议不具有强制执行的效力,和解协议的执行依靠当事人的自觉履行。但是和解协议具有合同意义上的效力。

【案例3-2】甲建筑公司承建了一个商住楼工程,将该工程的土方分包给乙劳务公司施工,后因业主没有支付工程款,甲公司也没有按合同约定支付工程款给乙公司,乙公司委托律师事务所发律师函给甲公司,要求甲公司支付工程款,否则将向法院起诉甲公司。甲公司为避免诉讼,即与乙公司达成和解协议,约定了分期支付工程款给乙公司。

评析：和解是解决纠纷的一种方式,可以免去诉讼成本,对于事实清楚、争议不大的纠纷,和解方式是一种最经济、及时的解决方式。对建筑领域的纠纷,提倡以和解的方式进行解决。

2）调解

调解是指建设工程当事人对法律规定或者合同约定的权利、义务发生纠纷,第三者依据一定的道德和法律规范,通过摆事实、讲道理,促使双方互相做出适当的让步,平息争端,自愿达成协议,以求解决建筑工程纠纷的活动。这里讲的调解是狭义的调解,不包括诉讼和仲裁程序中在审判庭和仲裁庭主持下的调解。

建筑工程纠纷调解具有以下特点。

（1）有第三者介入作为调解人,对调解人的身份没有限制,但以双方都信任者为佳。

（2）能够较经济、较及时地解决纠纷。

（3）有利于消除合同当事人的对立情绪,维护双方的长期合作关系。

需要注意的是,调解协议不具有强制执行的效力,调解协议的执行依靠当事人的自觉履行。但是调解协议具有合同意义上的效力。

3）仲裁

在汉语中,"仲"有"在当中"的意思,"裁"表示衡量、判断,因此,"仲裁"的字面意思是"居中判断"。仲裁也称"公断",是当事人双方在纠纷发生前或纠纷发生后达成协议,自愿将纠纷交给他们共同选定的第三者,由第三者在事实上做出判断,在权利和义务上做出裁决的一种解决纠纷的方式。这种纠纷解决方式必须是自愿的,因此必须有仲裁协议。如果当事人之间有仲裁协议,纠纷发生后又无法通过和解和调解解决,则应及时将纠纷提交仲裁机构仲裁。

仲裁作为一种解决纠纷的有效方式,在现实生活中被广泛应用,与其他解决纠纷的方式相比更为灵活、便利。在我国,仲裁的基本法律是 1994 年 8 月 31 日第八届全国人民代表大会常务委员会第 9 次会议审议通过,并于次年 9 月 1 日起施行的《中华人民共和国仲裁法》(以下简称《仲裁法》)。

现代仲裁制度中的仲裁有别于调解、诉讼。建筑工程纠纷仲裁具有以下特点。

（1）体现当事人的意思自治。这种意思自治不仅体现在仲裁的受理应当以仲裁协议为前提,而且体现在仲裁的整个过程中许多内容都可以由当事人自主确定。

（2）专业性。由于各仲裁机构的仲裁员都是各方面的专业人士,当事人完全可以选择纠纷领域的专业人士担任仲裁员。

（3）保密性。保密和不公开审理是仲裁制度的重要特点,除当事人、代理人,以及需要的证人和鉴定人外,其他人员不得出席和旁听仲裁开庭审理,仲裁庭和当事人不得向外界透露案件的任何实体及程序问题。

（4）裁决的终局性。仲裁裁决做出后是终局的,对当事人具有约束力。

（5）执行的强制性。仲裁裁决具有强制执行的法律效力,当事人可以向人民法院申请强制执行。由于中国是《承认及执行外国仲裁裁决公约》的缔约国,中国的涉外仲裁裁决可以在世界上的 100 多个公约成员国得到承认和执行。

4）诉讼

建筑工程纠纷双方当事人之间的诉讼实质上主要属于民事诉讼,是指工程建设当事人依法请求人民法院行使审判权,审理双方之间发生的纠纷,做出由国家强制保证实现其合法权益,从而解决纠纷的审判活动。合同双方当事人如果未约定仲裁协议,则只能以诉讼作为解决纠纷的最终方式。

建筑工程纠纷诉讼具有以下特点。

（1）程序和实体判决严格依法。与其他解决纠纷的方式相比,诉讼的程序和实体判决都应当严格依法进行。

（2）当事人在诉讼中对抗的平等性。诉讼当事人在实体和程序上的地位平等。原告起诉,被告可以反诉;原告提出诉讼请求,被告可以反驳诉讼请求。

（3）二审终审制。建筑工程纠纷当事人如果不服第一审人民法院判决,可以上诉至第二审人民法院。建筑工程纠纷经过两级人民法院审理,即告终结。

（4）执行的强制性。诉讼判决具有强制执行的法律效力,当事人可以向人民法院申请强制执行。

2. 仲裁处理

1）仲裁程序

仲裁程序是指仲裁法和仲裁机构的仲裁规则规定的仲裁法律关系主体（包括仲裁员、双方当事人和其他仲裁参与人）进行仲裁活动的先后顺序、方式和步骤。由于仲裁的"准司法性"，仲裁程序和诉讼程序既类似又有区别。

（1）仲裁程序和诉讼程序的某些规则是相同的。从程序的启动看，二者都遵循"不告（或者不申请）不理"的原则；从当事人的主体资格看，仲裁程序中的申请人和被申请人的资格标准与诉讼中的原告和被告的资格标准是一致的；从证据方面看，举证责任的分担原则和证据的种类也是相同的，举证责任都应该坚持"谁主张，谁举证"的原则。另外，在仲裁程序和诉讼程序中也都有临时保全措施、调解、和解与时限等制度。

（2）仲裁程序和诉讼程序又有明显的区别。从宏观的角度看，诉讼程序作为法定程序的一种，当事人一般无权约定或者选择诉讼程序，而仲裁则不同，当事人可以选择仲裁机构和仲裁员。从微观的角度看，二者的具体程序也存在一定的具体差别。比如，仲裁不存在诉讼中的一些强制性措施，不能拘传当事人，不得强迫证人出庭作证，对妨害仲裁程序的人最多也只能进行缺席判决，而不可以采取强制措施。

2）仲裁的申请和受理

（1）当事人申请仲裁的条件。当事人发生合同纠纷或者其他财产权益纠纷以后，依照双方自愿达成的仲裁协议，以自己的名义请求仲裁机构通过仲裁方式给予法律保护的活动，称为仲裁申请。

一般来说，仲裁程序的启动坚持"不申请不理"的原则，即仲裁权的行使具有被动性，可见仲裁程序由当事人的申请开始。但是，当事人的申请并不必然引起仲裁程序的开始。只有当事人的申请符合法定的条件，仲裁程序方可启动。

纠纷发生后，当事人申请仲裁应当符合下列条件。

① 有仲裁协议。
② 有具体的仲裁请求、事实和理由。
③ 属于仲裁委员会的受理范围。

当事人申请仲裁，应该向仲裁委员会递交仲裁协议、仲裁申请书及副本。

仲裁申请书应当载明下列事项：当事人的姓名、性别、年龄、职业、工作单位和住所，法人或其他组织的名称、住所，法定代表人或者主要负责人的姓名、职务；仲裁请求和所根据的事实、理由；证据和证据的来源、证人姓名和住所。

（2）仲裁委员会的受理。当事人申请仲裁，仲裁程序并没有启动，只有当事人的申请被仲裁机构受理后，仲裁程序才开始。换言之，只有当事人的"申请"与仲裁机构的"受理"相结合，才能真正启动仲裁程序。

受理是指仲裁机构经过审查，对符合法定条件的仲裁申请予以立案的仲裁活动。当事人的仲裁申请一经仲裁机构受理，即产生如下法律后果。

① 仲裁程序开始。某一仲裁机构一旦受理了当事人的仲裁申请，就表明了仲裁程序的正式开始，该仲裁机构就取得了对这一案件的仲裁管辖权，可以按照仲裁程序开始有关的

仲裁活动。同时也表明，当事人不得向其他仲裁机构申请仲裁，即使申请了，其他机构也不得受理。

② 申请人和被申请人取得了仲裁当事人资格，成为仲裁当事人，并依法在仲裁活动中享有权利和承担义务。

③ 当事人和仲裁机构之间产生仲裁法律关系。

仲裁委员会收到仲裁申请书之日起 5 日内，对申请是否符合法定条件进行审查，认为符合受理条件的，应当受理，并通知当事人，既要通知申请人又要通知被申请人，通知的方式既可以是书面的也可以是口头的；认为不符合受理条件的，应当书面通知当事人不予受理，并说明理由。

仲裁委员会受理仲裁申请后，应当在仲裁规则规定的期限内将仲裁规则和仲裁员名册送达申请人，并将仲裁申请书副本和仲裁规则、仲裁员名册送达被申请人。被申请人收到仲裁申请书副本后，应当在仲裁规则规定的期限内向仲裁委员会提交答辩书。仲裁委员会收到答辩书后，应当在仲裁规则规定的期限内将答辩书副本送达申请人。被申请人未提交答辩书的，不影响仲裁程序的进行。

（3）仲裁庭的组成。

① 仲裁庭的组成形式。仲裁庭的组成，无论对仲裁机构依法仲裁，还是对当事人通过仲裁活动来保护自己的合法权益，意义都非常重大。因此，仲裁庭的组成是仲裁程序中的一个重要环节。我国《仲裁法》从第三十条到第三十八条，对仲裁庭的组成问题做出了具体规定。

仲裁庭可以由 3 名或者 1 名仲裁员组成。由 3 名仲裁员组成的，设首席仲裁员。

② 仲裁员的产生。当事人约定由 3 名仲裁员组成仲裁庭的，应当各自选定或者各自委托仲裁委员会主任指定一名仲裁员，第三名仲裁员由当事人共同选定或者共同委托仲裁委员会主任指定。第三名仲裁员是首席仲裁员。当事人约定由 1 名仲裁员成立仲裁庭的，应当由当事人共同选定或者共同委托仲裁委员会主任指定仲裁员。

当事人没有在仲裁规则规定的限期内约定仲裁庭组成的方式或者选定仲裁员的，由仲裁委员会主任指定。

【案例 3-3】某建筑公司与某建设单位就工程质量纠纷进行了仲裁。建筑公司选择了仲裁员小张对此次纠纷进行仲裁。经过小张的调查审理，做出的裁决并不利于建筑公司。对此，建筑公司提出异议，认为自己选定的仲裁员没有为本方服务。你如何看待这一事件？

评析：《仲裁法》第七条规定："仲裁应当根据事实，符合法律规定，公平、合理地解决纠纷。"所以，仲裁员进行仲裁需要保持客观公正，而不是为选定他的一方服务。

（4）开庭和裁决。

① 开庭与否的决定。仲裁应当开庭进行，当事人协议不开庭的，仲裁庭可以根据仲裁申请书、答辩书及其他材料做出裁决。仲裁不公开进行，但当事人协议公开的，可以公开进行，但涉及国家秘密的除外。

② 不到庭或者未经许可中途退庭的处理。仲裁委员会应该在仲裁规则规定的期限内将开庭日期通知双方当事人。当事人有正当理由的，可以在规定的期限内请求延期开庭。是否延期由仲裁庭决定。

第3章 建筑工程纠纷处理的法律制度

申请人经书面通知，无正当理由不到庭或者未经仲裁庭许可中途退庭的，可以视为撤回仲裁申请。被申请人经书面通知，无正当理由不到庭或者未经仲裁庭许可中途退庭的，可以缺席裁决。

③ 证据的提供。当事人应当对自己的主张提供证据。仲裁庭认为有必要收集的证据，可以自行收集。对于专门性问题，仲裁庭认为需要鉴定的，可以交由当事人约定的鉴定部门鉴定，也可以由仲裁庭指定的鉴定部门鉴定。根据当事人的请求或者仲裁庭的要求，鉴定部门应当派鉴定人到庭，当事人经仲裁庭许可，可以向鉴定人提问。

在证据可能灭失或者以后难以取得的情况下，当事人可以申请证据保全。当事人申请证据保全的，仲裁委员会应当将当事人的申请提交证据所在地的基层人民法院。

④ 开庭中的辩论。当事人在仲裁过程中有权进行辩论。辩论终结时，首席仲裁员或者独任仲裁员应当征询当事人的最终意见。

⑤ 当事人自行和解。当事人申请仲裁后，可以自行和解。达成和解协议的，可以请求仲裁庭根据和解协议做出裁决书，也可以撤回仲裁申请。当事人达成和解协议，撤回仲裁申请后反悔的，可以根据仲裁协议申请仲裁。

⑥ 仲裁庭主持下的调解。仲裁庭在做出裁决前，可以先行调解。当事人自愿调解的，仲裁庭应当调解。调解不成的应该及时做出裁决。调解达成协议的，仲裁庭应当制作调解书或者根据协议的结果制作裁决书。调解书与裁决书具有同等法律效力。

调解书应当写明仲裁请求和当事人协议的结果。调解书由仲裁员签名，加盖仲裁委员会印章，送达双方当事人。调解书经双方当事人签收后，即产生法律效力。在调解书签收前当事人反悔的，仲裁庭应当及时做出裁决。

⑦ 仲裁裁决的做出。裁决应当按照多数仲裁员的意见做出，少数仲裁员的不同意见可以记入笔录。仲裁庭不能形成多数意见时，裁决应当按照首席仲裁员的意见做出。裁决书自做出之日起发生法律效力。

裁决书应当写明仲裁请求、争议事实、裁决理由、裁决结果、仲裁费用的承担和裁决的日期。当事人协议不愿写明争议事实和裁决理由的，可以不写。裁决书由仲裁员签名，加盖仲裁委员会印章，送达双方当事人。对裁决持有不同意见的仲裁员，可以选择签名也可以不签名。

（5）执行。仲裁委员会的裁决做出后，当事人应当履行。同时，国家建立了裁决的执行制度，在当事人不履行裁决时，强制当事人履行。如果没有执行制度，仲裁的法律效力将无从体现。由于仲裁委员会本身并无强制执行的权力，因此，当一方当事人不履行仲裁裁决时，另一方当事人可以依照《民事诉讼法》的有关规定向人民法院申请执行。接受申请的人民法院应当执行。

3. 诉讼程序

【案例3-4】2014年3月5日，甲施工单位承建了乙建设单位的工程，工程于2016年2月1日完工，双方办理结算的时间是2016年5月1日，按照合同约定，乙建设单位应于工程结算后的3个月内支付全部剩余工程款给甲施工单位。但是乙建设单位一直没有支付工程款给甲施工单位，甲施工单位于2020年2月1日向法院起诉乙建设单位支付工程款。在此期间，甲施工单位分别于2017年6月1日发律师函、2018年5月1日发催告函给乙建设

建筑工程法规原理与实务（第3版）

单位。问甲施工单位是否可以起诉乙建设单位支付工程款？该案是否过了诉讼时效？

评析：可以起诉，因为起诉是法律赋予当事人解决纠纷的方式。

本案诉讼时效没有过，根据法律规定，诉讼时效期间为3年，施工单位的诉讼时效期间始于2016年8月1日，截止于2019年8月1日。据案例可知，施工单位在诉讼时效期间分别于2017年6月1日通过发律师函、2018年5月1日发催告函给乙建设单位，主张自己的权利。所以，诉讼时效中断，应重新计算，甲施工单位的起诉时间终于2021年5月1日，甲施工单位于2020年2月1日向法院起诉，时效并未过。

建筑工程纠纷的诉讼程序，是指人民法院在依法解决纠纷的过程中所采用的审判程序，具体包括起诉和受理、第一审程序、第二审程序、审判监督程序等。

1）起诉和受理

（1）起诉的条件。如果当事人没有在合同中约定通过仲裁解决纠纷，则只能以诉讼作为解决纠纷的最终方式。纠纷发生后，如果需要通过诉讼解决纠纷，则首先应当向人民法院起诉。起诉是指公民、法人和其他组织认为自己的合法权益受到侵害或者与他人发生争议时，依法请求人民法院保护其合法权益的诉讼行为。根据我国《民事诉讼法》第一百零八条的规定，起诉必须符合下列条件。

① 原告是与本案有直接利害关系的公民、法人和其他组织。
② 有明确的被告。
③ 有具体的诉讼请求、事实和理由。
④ 属于人民法院受理民事诉讼的范围和受诉人民法院管辖。

（2）人民法院受理案件。受理是人民法院审查原告的起诉后，决定立案审理的诉讼行为。

立案受理的前提是当事人的起诉符合法定的条件，受理之前人民法院应该进行审查。

人民法院对符合规定的起诉必须受理，应当在7日内立案并通知当事人。认为不符合起诉条件的，应当在7日内裁定不予受理；原告对裁定不服的，可以提起上诉。人民法院受理起诉后，首先需要确定在第一审中适用普通程序还是简易程序。基层人民法院及其派出的法庭审理事实清楚、权利和义务关系明确、争议不大的简单民事案件，可以适用简易程序。建设工程中发生的纠纷一般都适用普通程序，因此在第一审程序中只介绍普通程序。

（3）被告答辩。根据《民事诉讼法》的规定，在民事诉讼中，当事人的诉讼地位和诉讼权利、义务是平等的，原告有提出诉讼请求的权利（起诉），被告有答辩的权利（应诉）。所谓答辩，是指被告对原告提出的诉讼请求及其理由和事实根据，提出反驳和辩解。答辩是当事人的一项诉讼权利，当事人可以提供答辩状也可以不提供。

人民法院应当在立案之日起5日内将起诉状副本发送被告，被告在收到之日起15日内提出答辩状。被告提出答辩状的，人民法院应当在收到之日起5日内将答辩状副本发送原告。被告不提出答辩状的，不影响人民法院审理。

法律允许口头起诉的，应该依照上述期限将口述笔录抄本发送被告或者口头通知被告，并依法限期被告提出答辩。

2）第一审程序

开庭审理又称法庭审理，是指在审判人员的主持下，在当事人及其他诉讼参与人的参与下，人民法院依照法定程序对案件进行口头审理的诉讼活动。

人民法院审理民事案件，除涉及国家秘密、个人隐私或者法律另有规定的以外，应当公开进行。离婚案件、涉及商业秘密的案件、当事人申请不公开审理的，可以不公开审理。

为开庭审理做准备的阶段称为预备阶段，内容包括：查明当事人和其他诉讼参与人是否到庭；宣读法庭纪律；核对当事人；宣布案由和审判人员；告知当事人有关的诉讼权利和义务，以及询问当事人是否提出回避申请。

（1）法庭调查。法庭调查是审判人员在当事人的参加下查明案情的阶段，也是案件进入实体审理的阶段。其任务是审查、核对各种证据，以查清案情，认定事实。通常法庭调查按照下列顺序进行。

① 当事人陈述。

② 告知证人的权利和义务，证人作证，宣读未到庭的证人证言。

③ 出示书证、物证和视听资料。

④ 宣读鉴定结论。

⑤ 宣读勘验笔录。

当事人的陈述应该按照先原告后被告的顺序进行；有第三人的，该第三人的陈述应该放在被告陈述后进行。根据《民事诉讼法》的规定，当事人在法庭上可以提出新的证据。当事人经法庭许可，可以向证人、鉴定人、勘验人发问。当事人要求重新进行调查、鉴定或者勘验的，是否准许，由人民法院决定。总之，与案件有关的证据必须在法庭调查阶段经过充分的调查核对和质证，才能作为认定事实的根据。

（2）法庭辩论。法庭辩论是在审判人员的组织下，当事人就经过法庭调查的事实和证据，为了维护自己的诉讼请求与对方当事人相互辩驳和论证的诉讼活动。任务是要求当事人就认定案件事实和适用法律等问题进行辩驳和论证。根据《民事诉讼法》第一百零七条的规定，法庭辩论按照下列顺序进行。

① 原告及其诉讼代理人发言。

② 被告及其诉讼代理人答辩。

③ 第三人及其诉讼代理人发言或者答辩。

④ 互相辩论。

法庭辩论终结，由审判长按照原告、被告、第三人的先后顺序征询各方最后意见。法庭辩论终结，应当依法做出判决。判决前能够调解的，还可以进行调解，调解不成的，应当及时判决。

（3）评议与判决阶段。评议与判决阶段是开庭审理的最后阶段，主要内容是：合议庭评议；做出判决，公开宣判；交代上诉权利、上诉期限和上诉二审法院。法庭辩论结束后，审判长宣布休庭，合议庭全体成员退庭进行评议。

根据已经查明的案件事实和证据，适用有关的法律政策，分清是非，明确责任，从而对当事人争议做出处理决定。同时，合议庭还应根据诉讼费用的承担原则，确定诉讼费用如何负担。合议庭评议实行少数服从多数的原则，但是对评议中的不同意见，必须如实记入笔录。评议笔录应该由合议庭成员签名。

根据《民事诉讼法》的规定，公开审理的案件可以当庭宣判，也可以定期宣判。当庭宣判，一般先由合议庭做出判决结论，待合议庭成员重新入庭后，由审判长宣布判决结论，并且在 10 日内发送判决书。不公开审判的案件，应当定期公开宣判。定期宣判由审判长当庭告知当事人定期宣判的时间和地点，根据情况，也可以另行通知定期宣判的时间和地点。定期宣判，应当在宣判后立即发给判决书。无论是当庭宣判还是定期宣判，人民法院都应该向当事人说明上诉权和上诉的期限。

（4）当事人拒不到庭或者未经许可中途退庭的处理。原告经传票传唤，无正当理由拒不到庭，或者未经法庭许可中途退庭的，可以按撤诉处理；被告反诉的，可以缺席判决。被告经传票传唤，无正当理由拒不到庭，或者未经法庭许可中途退庭的，可以缺席判决。

（5）审限要求。审限就是审判期限，指人民法院立案后审结案件的法定期限。《民事诉讼法》对适用普通程序、简易程序、二审程序等审理案件的期限都做了规定。

人民法院适用普通程序审理的案件，应当在立案之日起 6 个月内审结。有特殊情况需要延长的，由本院院长批准，可以延长 6 个月；还需要延长的，报请上级人民法院批准。

3）第二审程序

第二审程序是第二审人民法院根据当事人对第一审人民法院所做出的未发生法律效力的判决不服，提起上诉，对案件进行审理的程序。

（1）当事人提起上诉。上诉是当事人对第一审未生效的判决、裁定，在法定期限内声明不服，要求上一级人民法院进行审理并撤销或变更判决的诉讼行为。

当事人不服地方人民法院第一审判决的，有权在判决书送达之日起 15 日内向上一级人民法院提起上诉，不服地方人民法院第一审裁定的，有权在裁定书送达之日起 10 日内向上一级人民法院提起上诉。第二审人民法院应当对上诉请求的有关事实和适用法律进行审查。在此需要注意的是调解书不得上诉。

（2）第二审审理要求。第二审人民法院对上诉案件，应当组成合议庭，开庭审理。经过阅卷和调查，询问当事人，在事实核对清楚后，合议庭认为不需要开庭审理的，也可以直接判决、裁定。第二审人民法院审理上诉案件，可以在本院进行，也可以到案件发生地或者原审人民法院所在地进行。

（3）第二审的处理。第二审人民法院对上诉案件，经过审理，按照下列情形，分别处理。

① 判决认定事实清楚，适用法律正确的，判决驳回上诉，维持原判决。

② 判决适用法律错误的，依法改判。

③ 原判决认定事实错误，或者原判决认定事实不清、证据不足的，裁定撤销原判决，发回原审人民法院重审，或者查清事实后改判。

④ 原判决违反法定程序，可能影响案件正确判决的，裁定撤销原判决，发回原审人民法院重审。当事人对重审案件的判决、裁定，可以上诉。人民法院审理对原审判决的上诉案件，应当在第二审立案之日起 3 个月内审结。第二审人民法院的判决、裁定，是终审的判决、裁定。

4）审判监督程序

审判监督程序又称再审程序，是指为了保障法院裁判的公正，使已经发生法律效力但有错误的判决、裁定、调解协议得以改正而特设的一种程序。它并不是每个案件必经的程序。各级人民法院院长对本院已经发生法律效力的判决、裁定，发现确有错误，认为需要再审的，应当提交审判委员会讨论决定。最高人民法院对地方各级人民法院已经发生

法律效力的判决、裁定，上级人民法院对下级人民法院已经发生法律效力的判决、裁定，发现确有错误的，有权提审或者指令下级人民法院再审。当事人对已经发生法律效力的判决、裁定，认为有错误的，可以向原审人民法院或者上一级人民法院申请再审，但不停止对判决、裁定的执行。

另外，人民检察院是我国的法律监督机关，根据《民事诉讼法》的规定，人民检察院有权对人民法院的民事审判活动实行法律监督。具体的监督方式主要是针对人民检察院对人民法院发生法律效力的判决，认为确实有错误的，依照法定程序和方式，提请人民法院进行再审，即通过抗诉行使检察监督权。

3.1.3 证据的种类、保全和应用

证据是指能够证明案件事实的一切材料。人民法院审理案件必须查明案件事实，分清是非。而任何案件事实，都是在法院受理案件以前发生的，要查明和认定这些事实，就需要借助证据。所以，证据是人民法院认定事实的依据，是当事人维护自己合法权益的重要手段。法院认定的案件事实必须是有证据证明的事实。

我国法律规定，作为证明案件事实的证据必须具备下列条件。

（1）真实性。证据必须符合客观实际情况，是客观存在的事实，是不以审判人员的主观意志为转移的。任何假设、臆测、推想等主观想象的东西，都不能作为诉讼证据使用。

（2）关联性。关联性又称相关性，是指各个证据之间能够相互印证，证据和被证明的对象之间具有客观的联系。证据必须能够用来直接或者间接地证明待证对象的真伪和虚实。凡是与查明案情无意义或无关联的事实，都不得作为证据。

（3）合法性。必须是法律允许并且按照法定程序提取的事实，方可作为证据使用。采用非法手段取得的证据是不能被法院采用的。比如，通过刑讯逼供、欺诈等方式而取得的相关证据是不能被采用的，属于无效的证据。

1. 证据的种类

根据我国法律的规定，按照证据的表现形式，可以将证据分为以下七类。

（1）书证。凡是用文字、符号表达人们的思想，并能够证明案件事实的证据均称为书证，如合同文本、书信、借条等。

（2）物证。物证是指以其存在和存放的地点、外部特征及物质的特性来证明案件事实真相的证据，如买卖合同中的货物、损坏的机器设备等。

（3）视听资料。视听资料是用录音、录像磁带或者其他科学方法反映的形象和声音，以及计算机中储存的相关资料等，来证明案件事实的一种证据。随着科学技术的发展和各种新技术的推广使用，此种证据也越来越普遍。

（4）证人证言。凡是了解案件有关情况而接受人民法院询问，提供证据的人均称为证人，证人所做的有关案件事实的陈述称为证言。

（5）当事人的陈述。当事人的陈述是指当事人在诉讼中，向法院所做的关于案情的叙述。

（6）鉴定结论。鉴定结论是指专业人员就案件的有关情况向司法机关提供的专门性的书面鉴定意见。常见的鉴定结论主要有质量责任鉴定、损伤鉴定等。

（7）勘验笔录。勘验笔录是审判人员对物证或者现场进行勘察检验的记录。勘验笔录

应该把物证或者现场上一切与案件有关的客观情况，详细、如实地记录下来。

2. 证据的保全

（1）证据保全的概念。人民法院在审理案件的过程中所认定的事实必须有证据能够证明。然而有的证据由于时间过久或者其他原因，有灭失、毁坏或者难以提取的危险，为了保证当事人的权利，保证人民法院审判的顺利进行，以便将来能够利用这些证据，就需要设法将其保存下来，即采取证据保全的措施。

证据保全具体是指法院在起诉前或在对证据进行调查前，依据申请人、当事人的请求，或依职权对可能灭失或今后难以取得的证据，予以调查收集和固定保存的行为。可能灭失或今后难以取得的证据，具体是指：证人生命垂危；具有民事诉讼证据作用的物品极易腐坏变质；易于灭失的痕迹等。出现上述情况，诉讼参加人可以向人民法院申请保全证据，人民法院也可以主动采取保全措施。向人民法院申请保全证据，不得迟于举证期限届满前七日。

（2）证据保全的方法。人民法院采取证据保全的方法主要有以下三种。

① 向证人进行询问调查，记录证人证言。

② 对文书、物品等进行录像、拍照、抄写或者用其他方法加以复制。

③ 对证据进行鉴定或者勘验。获取的证据材料，由人民法院存卷保管。

3. 证据的应用

证据的应用是指应用证据来证明相关的案件事实，用以保护当事人的合法权利，保证法院对案件的顺利审理。

（1）证据的提供或者收集。当事人对自己提出的主张，有责任提供证据。当事人及其诉讼代理人因客观原因不能自行收集的证据，或者人民法院、仲裁机构认为审理案件需要的证据，人民法院或者仲裁机构应当调查收集并按照法定程序，全面、客观地审查核实证据。

（2）开庭质证。证据应当在开庭时出示，并由当事人互相质证。经过法定程序公证证明的法律行为、法律事实和文书，人民法院或者仲裁机构应当将其作为认定事实的根据，但有相反证据足以推翻公证证明的除外。书证应当提交原件，物证应当提交原物。提交原件或者原物确有困难的，可以提交复制品、照片、副本、节录本。提交外文书证，必须附有中文译本。

（3）专门性问题的鉴定。人民法院或者仲裁机构对专门性问题认为需要鉴定的，应当交由法定鉴定部门鉴定；没有法定鉴定部门的，由人民法院或者仲裁机构指定的鉴定部门鉴定。鉴定部门及其指定的鉴定人有权了解进行鉴定所需要的案件材料，必要时可以询问当事人、证人。鉴定部门和鉴定人应当提出书面鉴定结论，在鉴定书上签名或者盖章。建筑工程纠纷往往涉及工程质量、工程造价等专门性问题，在诉讼中一般需要进行鉴定。因此，在建筑工程纠纷中，鉴定是常用的举证手段。

当事人申请鉴定，应当在举证期限内提出。对需要鉴定的事项负有举证责任的当事人，在人民法院指定的期限内无正当理由不提出鉴定申请或者不预交鉴定费用或者拒不提供相关材料，致使对案件纠纷的事实无法通过鉴定结论予以认定的，应当对该事实承担举证不能的法律后果。

（4）重新鉴定。若当事人对人民法院委托的鉴定部门做出的鉴定结论有异议，申请重新鉴定，提供证据证明存在下列情形之一的，人民法院应予准许。

① 鉴定机构或者鉴定人员不具备相关鉴定资格的。
② 鉴定程序严重违法的。
③ 鉴定结论明显依据不足的。
④ 经过质证认定不能作为证据使用的其他情形。

对有缺陷的鉴定结论，可以通过补充鉴定、重新质证或者补充质证等方法解决的，不予重新鉴定。一方当事人自行委托有关部门做出的鉴定结论，另一方当事人有证据足以反驳并申请重新鉴定的，人民法院应准许。

3.2 处理建筑工程纠纷的相关法律制度

3.2.1 仲裁法律制度的有关规定

【案例 3-5】某建筑公司与某开发公司签订的施工承包合同中约定了解决纠纷的方法，双方同意采取仲裁的方式来解决纠纷。工程进行了 5 个月后，双方因为工程进度款的支付问题发生纠纷，建筑公司决定通过起诉维护自己的权益，向工程所在地法院起诉开发公司支付工程款。问法院在立案审查时会怎么处理该案？

评析：法院会裁定不予受理。《民事诉讼法》第一百一十一条规定："依照法律规定，双方当事人对合同纠纷自愿达成书面仲裁协议向仲裁机构申请仲裁的，不得向人民法院起诉，法院将告知原告向仲裁机构申请仲裁。"

仲裁是指由纠纷的各方当事人共同选定仲裁机构，依照法定程序对纠纷做出具有约束力的裁决的活动。

从仲裁的概念可以看出，仲裁具有以下三个要素。
（1）以双方当事人自愿协商为基础。
（2）由双方当事人自愿选择的中立第三者进行裁判。
（3）裁决对双方当事人都具有约束力。

根据《仲裁法》的规定，仲裁的适用范围是：平等主体的公民、法人和其他组织之间发生的合同纠纷和其他财产权益纠纷，可以仲裁。而关于婚姻、收养、监护、抚养、继承纠纷和依法应当由行政机关处理的行政争议则不能仲裁。至于劳动争议和农业集体经济组织内部的农业承包合同纠纷的仲裁，不属于《仲裁法》规定的仲裁范围。

1. 仲裁的基本原则

1）仲裁自愿原则

自愿原则是仲裁制度的基本原则，是仲裁制度存在和发展的基础，该原则主要体现在以下几个方面。
（1）双方当事人自愿协商是否将争议提交仲裁来解决。
（2）当事人将哪些争议事项提交仲裁，由双方当事人自行约定。
（3）当事人将争议提交哪个仲裁委员会仲裁，由双方当事人自行约定。
（4）仲裁庭如何组成，由谁组成，由当事人自主选定。

（5）双方当事人还可以自主约定仲裁的审理方式、开庭方式等有关的程序事项。

2）根据事实、符合法律规定、公平合理解决纠纷原则

这个原则是对"以事实为依据，以法律为准绳"原则的肯定和发展。即仲裁要坚持"以事实为依据、以法律为准绳"原则，同时，在法律没有规定或者规定不完备的情况下，仲裁庭可以按照公平合理的一般原则来解决纠纷。

3）独立仲裁原则

我国《仲裁法》明确规定仲裁应该依法独立进行，不受行政机关、社会团体和个人的干涉。独立仲裁原则体现在仲裁与行政脱钩，仲裁委员会独立于行政机关，与行政机关之间没有隶属关系，仲裁委员会之间也没有隶属关系。

2. 仲裁的基本制度

1）协议仲裁制度

当事人采用仲裁方式解决纠纷，双方必须达成仲裁协议。没有仲裁协议，一方申请仲裁的，仲裁委员会不予受理。此点和诉讼是不同的。

2）或裁或审制度

仲裁和诉讼是两种不同的解决纠纷的方式。当事人发生争议以后，只能在仲裁和诉讼中选择其中一种方式解决纠纷。有效的仲裁协议可以排除人民法院的管辖权。只有在没有仲裁协议或者仲裁协议无效，或者当事人放弃仲裁协议的情况下，法院才可以行使案件的管辖权。

3）一裁终局制度

仲裁实行的是一裁终局制度，也就是说，仲裁庭做出的裁决为终局裁决。裁决做出以后，当事人就同一纠纷再次申请仲裁或者向人民法院起诉的，仲裁委员会或者人民法院不予受理。

4）回避制度

仲裁员有下列情况之一的，必须回避，当事人也有权提出回避申请。

（1）是本案当事人或者当事人、代理人的近亲属。

（2）与本案有利害关系。

（3）与本案当事人、代理人有其他关系，可能影响公正仲裁的。

（4）私自会见当事人、代理人，或者接受当事人、代理人的请客送礼的。

仲裁员是否回避，由仲裁委员会主任决定。仲裁委员会主任担任仲裁员的，那么其回避由仲裁委员会集体决定。

3. 仲裁组织

1）仲裁委员会

仲裁委员会是依法成立的仲裁机构。仲裁委员会可以在直辖市或省、自治区人民政府所在地的市设立，也可以根据需要在其他地区的市设立，不按行政区划层层设立。仲裁委员会独立于行政机关，与行政机关无隶属关系。仲裁委员会之间也不存在隶属关系。

2）中国仲裁协会

中国仲裁协会是依法成立的社会团体法人。中国仲裁协会实行会员制。全国各地的仲裁委员会是中国仲裁协会的法定会员。中国仲裁协会的章程由全国会员大会制定。

中国仲裁协会是仲裁委员会的自律性组织，根据全国会员大会制定的章程对仲裁委员会及其组成人员、仲裁员的违纪行为进行监督。

中国仲裁协会依照《仲裁法》和《民事诉讼法》的有关规定制定仲裁规则和其他仲裁规范性文件。

4．仲裁协议

仲裁协议是当事人自愿将他们之间可能发生或者已经发生的纠纷提交仲裁机构进行仲裁，达成协议的文书。《仲裁法》规定，仲裁协议包括合同中订立的仲裁条款和以其他书面方式在纠纷发生前或者纠纷发生后达成请求仲裁的协议。

仲裁协议应该以书面形式订立。口头达成仲裁的意思表示无效。

1）仲裁协议的特点

（1）合同当事人均受仲裁协议的约束。
（2）仲裁协议是仲裁机构对纠纷进行仲裁的先决条件。
（3）仲裁协议排除了法院对纠纷的管辖权。
（4）仲裁机构应按照仲裁协议进行仲裁。

2）仲裁协议的内容

仲裁协议应该具有下列内容。
（1）有请求仲裁的意思表示。
（2）有仲裁事项。
（3）有选定的仲裁委员会。

3）仲裁协议的无效

仲裁协议一经依法成立，即具有法律效力。仲裁协议是合同的组成部分，是合同的内容之一。有下列情况的，仲裁协议无效。

（1）约定的事项超出法律规定的仲裁范围的。
（2）无民事行为能力人或者限制民事行为能力人订立的仲裁协议。
（3）一方采取胁迫手段，迫使对方订立仲裁协议的。
（4）在仲裁协议中，当事人对仲裁事项或者仲裁委员会没有约定或者约定不明确，当事人又达不成补充协议的，仲裁协议无效。

仲裁协议独立存在，合同的变更、解除、终止或者无效，不影响仲裁协议的效力。若当事人对仲裁协议的效力有异议，应在仲裁庭首次开庭前提出。

当事人对仲裁协议的效力有异议的，可以请求仲裁委员会做出决定或者请求人民法院做出裁定。一方请求仲裁委员会做出决定，另一方请求人民法院做出裁定的，由人民法院裁定。

当事人达成仲裁协议，一方向人民法院起诉没有声明有仲裁协议的，人民法院受理后，另一方在首次开庭前提交仲裁协议的，人民法院应当驳回起诉，但是仲裁协议无效的除外；另一方在首次开庭前未对人民法院受理该案件提出异议的视为放弃仲裁协议，人民法院应当继续审理。

5. 仲裁裁决的效力与执行

（1）仲裁裁决的效力。当事人一旦选择通过仲裁解决争议，仲裁委员会所做出的裁决就对双方都有约束力，双方都要认真履行，否则，权利人可以向法院申请强制执行。

（2）仲裁裁决的执行。仲裁委员会的裁决做出后，当事人应当自觉履行。如果当事人不履行裁决，仲裁委员会不能强制执行。因此，当一方当事人不履行仲裁裁决时，另一方当事人可以依据《民事诉讼法》的有关规定向有管辖权的人民法院执行庭申请执行。

当被申请人提出证据证明仲裁裁决不符合法律规定时，经人民法院合议庭审查核实，可做出裁定不予执行。

3.2.2 民事诉讼法律制度的有关规定

建设工程施工合同纠纷的诉讼，是指合同纠纷的一方当事人诉诸国家机关，由人民法院对建设工程施工合同纠纷案件行使国家审判权。人民法院按照《民事诉讼法》规定的程序进行审理，查清事实，分清是非，明确责任，认定双方当事人的权利、义务关系，解决纠纷。诉讼作为解决建设工程施工合同纠纷的手段和方式，由国家审判机关依法进行审理裁决，最具权威性；裁判发生法律效力后，以国家强制力保证裁决的实现。

通过诉讼解决建设工程施工合同纠纷，有利于增强合同当事人的法治观念；有利于及时、有效地打击利用建设工程施工合同进行违法犯罪活动；有利于维护社会经济秩序，保护当事人的合法权益，保证社会主义市场经济的健康发展。

建设工程施工合同纠纷的诉讼，是以《民事诉讼法》为依据的，所以下面简单地介绍一下《民事诉讼法》的相关知识。

1. 起诉和答辩

1）起诉

起诉是指原告向人民法院提起诉讼，请求司法保护的诉讼行为。

（1）起诉的方式。《民事诉讼法》第一百二十条规定，起诉应向人民法院递交起诉状。由此可见，《民事诉讼法》规定的起诉形式是以书面为原则的。虽然起诉以书面为原则，但当事人书写起诉状有困难的，也可以口头起诉，由人民法院记入笔录，并告知对方当事人。可见，我国起诉的形式以书面起诉为主，口头形式为例外。

（2）起诉状的内容。《民事诉讼法》第一百二十一条规定，起诉状应当记明下列事项。

① 当事人的姓名、性别、年龄、民族、职业、工作单位和住所，法人或其他经济组织的名称、住所和法定代表人或主要负责人的姓名、职务。

② 诉讼请求和所根据的事实与理由。

③ 证据和证据来源、证人姓名和住所。

2）答辩

人民法院对原告的起诉情况进行审查后，认为符合条件的，即立案，并于立案之日起 5 日内将起诉状副本发送到被告，被告在收到之日起 15 日内提出答辩状。被告不提出答辩状的，不影响人民法院的审理。

答辩是针对原告的起诉状而对其予以承认、辩驳、拒绝的诉讼行为。

（1）答辩的形式。书面形式：以书面形式向法院提交答辩状。口头形式：答辩人在开庭前未以书面形式提交答辩状，开庭时以口头方式进行的答辩。

（2）答辩状的内容。针对原告、上诉人诉状中的主张和理由进行辩解，并阐明自己对案件的主张和理由。即揭示对方当事人法律行为的错误之处、对方诉状中陈述的事实和依据中的不实之处；提出相反的事实和证据说明自己法律行为的合法性；列举有关法律规定，论证自己主张的正确性，以便请求人民法院给予司法保护。

扫一扫看《最高人民法院关于审理民事级别管辖异议案件若干问题的规定》

2. 诉讼管辖

诉讼管辖是指在人民法院系统中，各级人民法院之间，以及同级人民法院之间受理第一审民事案件的权限分工。诉讼管辖分为级别管辖、地域管辖、移送管辖和指定管辖。

1）级别管辖

级别管辖是指划分上下级人民法院之间受理第一审民事案件的分工和权限。它是在人民法院组织系统内部，纵向划分各级人民法院的管辖权限，是划分人民法院管辖范围的基础。根据人民法院组织法的规定，我国人民法院设四级：基层人民法院、中级人民法院、高级人民法院、最高人民法院。

最高人民法院管辖在全国有重大影响的案件和它认为应该由其审理的案件。依照法律规定，最高人民法院管辖的案件实行一审终审制，所做判决、裁定一经送达即发生法律效力。高级人民法院管辖在本辖区有重大影响的案件。中级人民法院管辖以下三类经济纠纷案件：重大的涉外案件；在本辖区有重大影响的案件；最高人民法院确定由其管辖的案件。除上述案件外的其他案件都由基层人民法院管辖。

建设工程施工合同纠纷发生后，当事人应根据合同标的大小、影响等确定向哪一级人民法院起诉。

2）地域管辖

地域管辖是指确定同级人民法院在各自的辖区内管辖第一审民事案件的分工和权限。它是在人民法院组织系统内部，横向确认人民法院的管辖范围，是在级别管辖的基础上确认的。地域管辖是根据不同民事案件的特点来确定的，一般原则是"原告就被告"，对其他特殊类型的案件，也是以当事人所在地、诉讼标的所在地或诉讼标的物所在地的人民法院管辖为原则的。

《民事诉讼法》规定，地域管辖有三种：一般地域管辖、特殊地域管辖、专属管辖。一般地域管辖是指根据当事人所在地确定有管辖权的人民法院。特殊地域管辖是指根据诉讼标的或诉讼标的物所在地确定有管辖权的人民法院。对特殊地域管辖，我国《民事诉讼法》采取列举的方式予以确定。专属管辖是指根据案件的特殊性质，法律规定必须由一定地区的人民法院管辖。专属管辖具有排他性。除上级人民法院指定管辖外，凡是法律明确规定专属管辖的案件，不能用一般地域管辖和特殊地域管辖的原则确定管辖的法院。此类案件只能由法律所确认的法院行使管辖权，其他法院无权管辖。此外，协议管辖也不能变更专属管辖的有关规定。

法律还规定，因侵权行为提起的诉讼，由侵权行为地或者被告住所地人民法院管辖。

需要注意的是，下列情况属于专属管辖。

（1）因不动产纠纷提起的诉讼，由不动产所在地人民法院管辖。

（2）因港口作业中发生纠纷提起的诉讼，由港口所在地人民法院管辖。

（3）因继承遗产纠纷提起的诉讼，由被继承人死亡时住所地或者主要遗产所在地人民法院管辖。

建设工程施工合同的管辖原则如下。

2004年颁布的《最高人民法院关于审理建设工程施工合同适用法律问题的解释》第二十四条规定："建设工程施工合同纠纷以施工行为地为合同履行地。"当时的思路是建设工程施工合同属于承揽合同，它不适用《民事诉讼法》第三十五条规定的专属管辖，应该适用《民事诉讼法》第二十四条关于一般管辖的规定，就是由被告所在地及合同履行地人民法院管辖。

但2015年2月4日颁布的《最高人民法院关于适用〈中华人民共和国民事诉讼法〉的解释》第二十八条规定，已经明确建设工程施工合同纠纷管辖为专属管辖，即由建设工程所在地人民法院管辖。根据该条规定，《民事诉讼法》第三十三条第一项规定的不动产纠纷是指因不动产的权利确认、分割、相邻关系等引起的物权纠纷。农村土地承包经营合同纠纷、房屋租赁合同纠纷、建设工程施工合同纠纷、政策性房屋买卖合同纠纷，按照不动产纠纷确定管辖。

3）移送管辖和指定管辖

（1）移送管辖。移送管辖是指某一人民法院受理案件后，发现自己对该案件没有管辖权，将案件移送有管辖权的人民法院审理。

（2）指定管辖。指定管辖是指有管辖权的人民法院由于特殊原因，不能行使管辖权的，由上级人民法院指定管辖。

人民法院之间因管辖权发生争议时，由争议双方协商解决；协商解决不了的，报请它们的共同上级人民法院指定管辖。

【案例3-6】 甲建设单位将工程发包给乙建筑企业，后因甲建设单位资金链断了，不能支付乙建筑企业工程款800万元，甲建设单位位于江西省南昌市青云谱区，工程所在地位于江西省南昌市南昌县，乙建筑企业所在地位于抚州市临川区，请问乙建筑企业可向哪个法院起诉甲建设单位主张工程款？

评析：根据《最高人民法院关于适用〈中华人民共和国民事诉讼法〉的解释》第二十八条的规定，《民事诉讼法》第三十三条第一项规定的不动产纠纷是指因不动产的权利确认、分割、相邻关系等引起的物权纠纷。农村土地承包经营合同纠纷、房屋租赁合同纠纷、建设工程施工合同纠纷、政策性房屋买卖合同纠纷，按照不动产纠纷确定管辖。故乙建筑公司可以向工程所在地江西省南昌市南昌县人民法院起诉。

3. 执行程序

对于已经发生法律效力的判决、裁定、调解书、支付令、仲裁裁决书、公证债权文书等，当事人应当自动履行。一方当事人拒绝履行的，另一方当事人有权向法院申请执行。

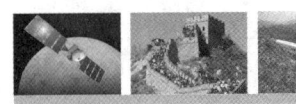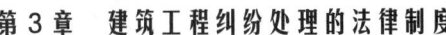

第3章 建筑工程纠纷处理的法律制度

执行是人民法院依照法律规定的程序，运用国家强制力，强制当事人履行已生效的判决和其他法律文书所规定的义务的行为，又称强制执行。执行所应遵守的规则，就是执行程序。

1）执行程序的一般规定

执行程序的一般规定包括执行的根据、执行管辖、执行异议的处理和执行和解等内容。

（1）执行的根据是指人民法院据以执行的法律文书，具体如下。

① 发生法律效力的民事判决、裁定。

② 发生法律效力并且具有财产内容的刑事判决、裁定。

③ 法律规定由人民法院执行的其他法律文书。如先予执行的民事裁定书，仲裁机构制作的发生法律效力的裁决书、调解书，公证机关制作的依法赋予强制执行效力的债权文书。

（2）执行管辖是指各人民法院之间划分对生效法律文书的执行权限。人民法院执行管辖因法律文书的种类不同而有区别。

① 人民法院做出生效的法律文书，由第一审人民法院执行。也即无论生效的裁判是由第一审人民法院做出的，还是由第二审人民法院做出的，均由第一审人民法院开始执行程序。

② 法律规定由人民法院执行的其他法律文书，由被执行人住所所在地或者被执行财产所在地人民法院执行。

（3）执行异议的处理。法律规定，在执行过程中，案外人对执行标的提出异议的，执行员应当按照法定程序进行审查。理由不成立的，予以驳回；理由成立的，由院长批准中止执行。发现判决、裁定确有错误的，按照审判监督程序处理。

（4）执行和解是执行中当事人自行达成和解协议时的处理。法律规定，在执行过程中，双方当事人自行和解达成协议的，执行员应当将协议内容记入笔录，由双方当事人签名或者盖章。一方当事人不履行和解协议的，人民法院可以根据对方当事人的申请，恢复对原生效法律文书的执行。

2）执行的申请和移送

申请执行是根据生效的法律文书，享有权利的一方当事人，在义务人拒绝履行义务时，在申请执行的期限内请求人民法院依法强制执行，从而引起执行程序的发生。移送执行是指人民法院的判决、裁定或者调解协议发生法律效力后，由审理该案的审判组织决定，将案件直接交付执行人员执行，从而引起执行程序的开始。

调解书和其他应当由人民法院执行的法律文书，当事人必须履行。一方拒绝履行的，对方当事人可以向人民法院申请执行。

法律还规定，对依法设立的仲裁机构的裁决，一方当事人不履行的，对方当事人可以向有管辖权的人民法院申请执行。受申请的人民法院应当执行。

被申请人提出证据证明仲裁裁决中有违反相关法律规定的，经人民法院组成合议庭审查核实，裁定不予执行。仲裁裁决被人民法院裁定不予执行的当事人可以根据双方达成的书面仲裁协议重新仲裁，也可以向人民法院起诉。

3）执行措施

执行措施的法律规定如下。

（1）向银行、信用合作社和其他有储蓄业务的单位，查询被执行人的存款情况，冻结、划拨被执行人应当履行义务部分的收入。

（2）查封、扣押、冻结并依照规定拍卖、变卖被执行人应当履行义务部分的财产。

（3）对隐瞒财产的被执行人及其住所或者财产隐匿地进行搜查。

（4）被执行人加倍支付迟延还债期间的债务利息。

（5）强制交付法律文书指定交付的财物或者票证。

（6）强制迁出房屋或退出土地。

（7）强制执行法律文书指定的行为。

（8）划拨或转交企业、事业单位、机关、团体的存款等。

4）执行中止和终结

（1）执行中止。在执行过程中，因某种特殊情况的发生而使执行程序暂时停止的为执行中止。《民事诉讼法》规定，有下列情形之一的，人民法院应当裁定中止执行：申请人表示可以延期的；案外人对执行标的提出确有异议的；作为一方当事人的公民死亡，需要等待继承人继承权利或者承担义务的；作为一方当事人的法人或者其他组织终止，尚未确定权利义务承受人的；人民法院认为应当中止执行的其他情形，如执行中双方当事人自行达成和解协议的，被执行人提供担保并经申请执行人同意的，被执行人依法宣告破产的等。中止的情形消失后，应当恢复执行。

（2）执行终结。在执行过程中出现了某些特殊情况，使执行程序无法或无须继续进行而永久停止执行的，为执行终结。《民事诉讼法》规定，有下列情形之一的，人民法院有权裁定终结执行：申请人撤销申请的；据以执行的法律文书被撤销的；作为被执行人的公民死亡，无遗产可供执行，又无义务承担人的；追索培养费、抚养费、抚育费案件的权利人死亡的；作为被执行人的公民因生活困难无力偿还借款，无收入来源又丧失劳动能力的；人民法院认为应当终止的其他情形。

【案例3-7】甲建筑企业承建某民办学校公寓楼的施工，工程完工后，经结算该民办学校应支付1400万元工程款给甲建筑企业，但该学校因经营不善，无力偿还工程款，甲建筑企业即向法院起诉该民办学校支付工程款。案件经过审理，法院判决该民办学校支付工程款1400万元、利息290万元给甲建筑企业。判决生效后，甲建筑企业向法院申请强制执行，并要求拍卖所建公寓楼。此时，该民办学校已资不抵债，欠了某银行贷款未归还，银行向法院申请该民办学校破产，法院依法裁定该民办学校进入破产程序。问甲建筑企业申请执行一案该怎样处理？

评析：中止执行。根据《民事诉讼法》的规定，有下列情形之一的，人民法院应当裁定中止执行：申请人表示可以延期的；案外人对执行标的提出确有异议的；作为一方当事人的公民死亡，需要等待继承人继承权利或者承担义务的；作为一方当事人的法人或者其他组织终止，尚未确定权利义务承受人的；人民法院认为应当中止执行的其他情形，如执行中双方当事人自行达成和解协议的，被执行人提供担保并经申请执行人同意的，被执行人依法宣告破产的等。中止的情形消失后，应当恢复执行。该民办学校已被银行申请破产，法院裁定该民办学校破产，故案件应该中止，甲建筑企业可进入破产分配程序，来实现自己的债权。

第3章 建筑工程纠纷处理的法律制度

综合案例17 建筑工程承包合同管辖纠纷

原告：鲁班建筑公司（以下简称鲁班公司）
被告：中铁十一局集团某公司（以下简称中铁十一局）
被告：中铁第十一工程局某项目经理部（以下简称襄十合同段）

一、一审诉辩主张

原告诉称：2001年5月18日，中铁十一局为发包方与鲁班公司签订工程施工承包合同，合同约定：湖北省襄十某公路段的工程量（路基土方、桥涵及附属工程）实行单价承包，由鲁班公司包工期、包质量、包安全、包工、包料、包合格验收。工程工期为：自2001年4月1日至2002年10月25日。工程质量不符合甲方提供的施工图纸、作业指导书、国家及湖北省高速公路相关规范、验收标准要求的，鲁班公司负责无条件返工，且工期不得顺延，由此造成的一切经济损失由鲁班公司自负。鲁班公司在施工中，其质量和进度如不能满足中铁十一局整体质量和进度计划要求的，中铁十一局有权对其承担的施工任务进行切割、调整。如现场施工管理和工程质量管理严重落后，必须无条件接受中铁十一局解除合同并清退出场的处理。合同在履行中如发生争议，鲁班公司和中铁十一局双方应依照合同条款协商解决，协商不成时，由襄樊铁路运输法院裁决。2002年3月30日，中铁十一局与鲁班公司签订了工程施工承包补充协议，双方对工期和工程款的支付做了约定。

二、湖北、河南两地法院受理情况

合同履行中，中铁十一局以工程施工承包合同及补充协议约定时限届满，鲁班公司对大量工程未予完成，且该工期届满4个月后，鲁班公司全部撤离工地，停止了施工，给中铁十一局造成很大经济损失为由，于2003年3月12日向襄樊铁路运输法院提起诉讼，要求解除与鲁班公司签订的工程施工承包合同及补充协议，并要求鲁班公司支付在承包合同约定范围内的剩余工程款约35万元（以下简称中铁之诉）。襄樊铁路运输法院当日以建筑工程承包合同纠纷立案受理。鲁班公司在答辩期内提出管辖权异议。2003年3月24日，襄樊铁路运输法院做出（2003）襄铁经初字第8-2号民事裁定，驳回鲁班公司对该案管辖权提出的异议。

同年3月13日，鲁班公司以中铁十一局为被告，以中铁十一局未按约定上报有关资料，导致工程款迟迟不能拨付，造成工地停工一个多月，要求中铁十一局支付拖欠的工程款为由向襄樊市中级人民法院提起诉讼，请求中铁十一局支付拖欠的工程款130万元并赔偿损失20万元（以下简称鲁班之诉），同日，襄樊市中级人民法院以建筑合同欠款纠纷立案受理。

针对两省两级法院分别受理的不同情况，湖北、河南省高级人民法院就案件的管辖权问题进行了协商未能解决，湖北省高级人民法院以[2003]鄂民立呈字第9号函报请最高人民法院指定管辖。

三、本案存在的分歧意见

湖北省高级人民法院认为：襄樊铁路运输法院对中铁之诉无管辖权，应移送襄樊市中级人民法院管辖。理由如下：

（1）本案为建筑工程承包合同纠纷，不属于铁路运输法院的受案范围。根据法（交）发[1990]8号《最高人民法院关于铁路运输法院对经济纠纷案件管辖范围的规定》，铁路运输法院受理的案件主要有三类：一是因铁路运输合同和铁路系统内部的经济纠纷；二是违反铁路安全保护法律、法规，对铁路造成的侵权纠纷；三是上级人民法院指定铁路运输法院受理的其他经济案件等。本案不属于上述任何情形之一，故铁路运输法院不应受理此案。

（2）双方当事人在合同中约定的管辖条款违反了法律规定，应确认为无效。双方当事人在合同中约定："合同在履行中如发生争议，鲁班公司和中铁十一局双方应依照合同条款协商解决，协商不成时，由襄樊铁路运输法院裁决。"该条款应确认为无效。其理由为：一是根据《最高人民法院关于铁路运输法院对经济纠纷案件管辖范围的规定》，铁路运输法院仅受理与铁路运输有关的经济合同纠纷和侵权案件。该案不属于专门法院的受案范围。二是该案为建筑工程承包合同纠纷，依照《民事诉讼法》第二十四条的规定，因合同纠纷提起的诉讼，由被告住所地或者合同履行地人民法院管辖。该案的合同履行地和被告住所地均在襄樊市，案件应由襄樊市中级人民法院受理。因此，双方当事人在合同中约定管辖的条款应确认为无效。

（3）河南省高级人民法院豫法（经）发[1991]94号《关于郑州铁路运输两级受理其他经济纠纷案件的意见》（以下简称《意见》）与最高人民法院有关管辖的规定相悖，不能作为受理本案的依据。1991年9月18日，河南省高级人民法院为了拓宽郑州铁路运输两级法院的受案范围，与湖北、陕西两省高级人民法院进行协商达成共识，并由河南省高级人民法院制定了该《意见》。随着审判工作的发展，管辖权争议案件日益增多。为此，最高人民法院于1994年12月22日做出法发[1994]29号《关于在经济审判工作中严格执行〈中华人民共和国民事诉讼法〉的若干规定》（以下简称《规定》），对管辖问题做出了非常严格的限制。该《规定》第8条规定："地方各级人民法院不得自行做出地域管辖的规定，已做规定的，一律无效。"河南省高级人民法院原做出的豫法（经）发[1991]94号文与最高人民法院的《规定》相冲突，不能做为在湖北省区域内的办案依据。

河南省高级人民法院认为：襄樊铁路运输法院对本案有管辖权；由于襄樊铁路运输法院受理在先，两案合并后移送郑州铁路运输中级法院审理较为妥当。理由如下。

（1）中铁之诉与鲁班之诉属于基于同一事实和同一法律关系而产生的争议，两案应合并审理。

（2）双方当事人在2001年5月18日所签合同的第十三条约定："合同在履行中如发生争议，鲁班公司和中铁十一局双方应依照合同条款协商解决，协商不成时，由襄樊铁路运输法院裁决。"该项约定是当事人双方的真实意思表示，且不违背法律规定，是有效条款。由于发生争议后当事人诉讼标的额超出了基层法院管辖范围，襄樊铁路运输法院受理后，可移送其上级法院郑州铁路运输中级人民法院审理。

（3）湖北、陕西、河南三省会谈纪要发布的豫高法（1991）94号文件中规定："根据《最高人民法院关于铁路运输法院对经济纠纷案件管辖范围的规定》第十二条规定，经与湖北、陕西两省高级人民法院协商，就郑州铁路运输两级法院受理的其他经济纠纷案件做如下规定：（一）当事人一方为铁路企业，事业单位的购销合同，建筑工程承包、企业承包、财产租赁合同、借款合同、加工承揽合同、联营合同、技术合同、票据等经济纠纷案件，可以由铁路法院受理。"该文件是三省高级人民法院协商同意下发的，至今没有废止，现仍

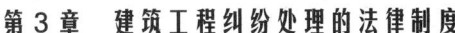

能适用。由于中铁十一局是铁路企业,根据此规定本案应由铁路法院管辖。

四、最高人民法院处理意见

最高人民法院研究认为:本案合同性质为建筑工程施工承包合同纠纷,从合同内容看,当事人约定的合同施工地"湖北省襄十某公路段的工程量(路基土方、桥涵及附属工程)"在湖北省襄樊市襄十某公路上,故襄樊市为该不动产所在地,根据《民事诉讼法》第三十四条第一款"因不动产提起的诉讼,由不动产所在地人民法院管辖"的专属管辖规定,本案双方当事人虽在书面合同中约定解决争议的方式为"合同在履行中如发生争议,鲁班公司和中铁十一局双方应依照合同条款协商解决,协商不成时,由襄樊铁路运输法院裁决",但因该协议选择管辖的约定违反了《民事诉讼法》第二十五条级别管辖和专属管辖的规定,应为无效约定,襄樊铁路运输法院对本案没有管辖权。鉴于本涉案及两省域,为确保案件公平、公正处理,根据《民事诉讼法》第三十七条第二款的规定,最高人民法院指定本案合并由陕西省西安市中级人民法院管辖。

五、案例评析

本案之所以发生管辖权争议,关键是因为对当事人在合同中选择管辖的约定是否有效存在分歧。本案系建筑工程承包合同纠纷,案件类型属于不动产纠纷案件。根据《民事诉讼法》第三十四条第一款"因不动产提起的诉讼,由不动产所在地人民法院管辖"的规定,根据《最高人民法院关于适用〈中华人民共和国民事诉讼法〉的解释》第二十八条的规定,《民事诉讼法》第三十四条第一项规定的不动产纠纷是指因不动产的权利确认、分割、相邻关系等引起的物权纠纷。农村土地承包经营合同纠纷、房屋租赁合同纠纷、建设工程施工合同纠纷、政策性房屋买卖合同纠纷,按照不动产纠纷确定管辖。本案应由该不动产所在地的普通法院专属管辖。双方当事人在合同中的约定违反了《民事诉讼法》第二十五条"合同的双方当事人可以在书面合同中协议选择被告住所地、合同履行地、合同签订地、原告住所地、标的物所在地人民法院管辖,但不得违反本法对级别管辖和专属管辖的规定"的规定,应为无效约定,故本案不应以协议管辖确定管辖权。

综合案例 18 某商住楼工程质量纠纷

原告:遂川某房地产开发公司
被告:某建筑公司

一、一审诉辩主张

原告诉称:2018 年 11 月原告向遂川法院起诉被告工程质量纠纷。原告将名下的某商住楼工程发包给被告施工,工程未完工,因原告未支付工程款,被告停工并向吉安市中级人民法院起诉要工程款,案件经过审理,双方调解结案,案件在执行过程中。现原告在整理资料时发现,被告施工的工程存在质量问题,故诉请法院,要求被告就质量问题向原告赔偿人民币 80 万元。

被告辩称:正如原告诉状所称,被告已于 2016 年 9 月向吉安市中级人民法院起诉,要求法院判令原告支付工程款等,经吉安市中级人民法院主持,双方达成调解书,调解书对

工程款及后续问题均做出约定，调解书第三条约定："由于该工程属未完工程，其中涉及工程质量验收和工程资料交接问题，双方一致同意由江西恒实建设监理咨询有限公司吉安分公司填写整理和负责完成工程质量验收等工作，被告有义务协助……原告在收到通知后七天内到遂川县城在有关资料上签字盖章……"。故本工程质量问题已经在调解书中一并解决。原告诉称，在前去相关部门查询相关资料时发现工程存在诸多不合格问题，对此种情况的解决办法，法律已有明确规定。根据《民事诉讼法》第一百七十九条的规定，裁判文书生效后，当事人发现新的证据，足以推翻原判决、裁定的，当事人可以申请再审，人民法院应当再审。据此，原告应当根据新发现的证据，向上级人民法院申请再审。综上所述，原告重新起诉的行为违反我国法律精神，也违反法律的具体规定。根据"一事不再审"的法律原则及《民事诉讼法》第一百七十九条规定，又根据《民事诉讼法》第一百一十一条"对判决、裁定已经发生法律效力的案件，当事人又起诉的，告知原告按照申诉处理"的规定，请法院依法驳回原告起诉，告知其按再审程序处理。

二、一审事实认定

（1）2015 年 5 月被告承建的原告开发的工程，由于原告不支付工程款，后被告向吉安市中级人民法院起诉原告拖欠工程款 475.641 316 万元，经双方友好协商，调解结案，吉安市中级人民法院做出了民事调解书。由于原告不按调解书支付工程款，被告申请了强制执行。

（2）2019 年 7 月遂川法院依建设方申请组织对工程进行司法鉴定，鉴定报告显示工程质量不合格。

三、处理结果

经过两次开庭审理，案件围绕被告是否要承担质量责任及质量鉴定报告是否有效展开辩论，后原告向法院申请撤诉，法院向原、被告双方送达了撤诉裁定书。

四、案例评析

本案是一起建筑工程质量纠纷，焦点为某建筑公司是否要承担质量责任，调解书是否已经解决了质量问题纠纷。

· 编者认为：本案属建筑工程合同纠纷。该合同纠纷已经由吉安市中级人民法院审理完毕。根据该院调解书第三条："由于该工程属未完工程，其中涉及工程质量验收和工程资料交接问题，双方一致同意由江西恒实建设监理咨询有限公司吉安分公司填写整理和负责完成工程质量验收等工作，被告有义务协助……原告在收到通知后七天内到遂川县城在有关资料上签字盖章……"，可见本工程质量及交接问题纠纷已经在调解书中一揽子解决了。

综合案例 19　未得到授权的分包行为的法律效力纠纷

上诉人：蒋某

被上诉人：鹭城公司

一、一审事实认定

鹭城公司与案外人永恩公司于 2016 年签订了建设工程施工合同一份。合同约定鹭城公司承包永恩公司综合研发大楼的幕墙门窗及部分墙装饰等工程；永恩公司在执行本合同时，所有合同行为或合同行政事宜，包括工程监督工程付款等，全部以鹭城公司代表人郑某为对象，永恩公司对鹭城公司代表人所通知的事项，视为已通知鹭城公司或其合作厂商；永恩公司委托案外人容广公司全权处理与项目有关的一切事项，包括对工程质量、安全、进度等的监督检查，对工程请款数据的审核，负责工程项目现场协调，并办理变更、验收手续和其他事宜；合同还对其他事项进行了约定。2017年1月23日，蒋某作为乙方，庞某作为甲方，双方签订了钢结构工程施工（个人）协议。协议约定：甲方将永恩公司综合研发大楼工程的三个天棚和一个雨篷钢结构部分（以提供修改后经甲方确认的施工蓝图为准）发包给乙方；合同价款为（一次包价）人民币（以下币种均为人民币）592 399元；在进场后30天内完成（饰物表面处理），除有天气因素外；第一次付款2017年2月14日支付6万元，第二次付款2017年4月10日支付47万元，第三次付款2017年4月30日支付62 399元（一次性付清）。郑某2017年1月30日在该合同上签字表示"同意合同成立"。该合同签订后，蒋某对上述合同项目进行了施工，该项目目前已经完工。鹭城公司支付了蒋某工程款401 000元。2018年4月11日，蒋某与鹭城公司签订协议书一份，协议约定：关于永恩公司大楼钢结构工程，经双方友好协商达成一致意见；钢结构工程造价因材料变更，增加24万元造价，双方无异议；有关蒋某工程款支付内部无分歧，请业主方按合约程序支付工程款。因蒋某认为鹭城公司目前尚欠238 206.76元工程款未支付，故诉至一审法院请求判令鹭城公司给付工程款238 206.76元。

二、一审判决结果

一审法院判决：鹭城公司应当于本判决生效之日起十日内支付蒋某工程款35 210元。

三、二审诉辩主张

蒋某不服一审法院判决，向二审法院提起上诉称，蒋某与庞某签订的协议约定工程款总价为592 399元，因原所用材料变更、增加工作总量等原因，最后结算造价增加了4万多元，双方最终确认总造价为639 206.76元，之后双方又协商，约定在鹭城公司已支付34万元工程款的基础上，增加24万元工程款，故工程总价共计58万元，在双方对工程价款已有明确约定的情况下，原审中鹭城公司申请审价，不应获得支持，原审法院依据审价结论判决是错误的，郑某是鹭城公司工程承包的代表人，应当有权签订分包合同，蒋某完全有理由相信郑某有权代表鹭城公司，郑某授权庞某签订的施工协议对蒋某和鹭城公司均发生法律效力，原审法院认定事实错误，适用法律不当，违法追加第三人，要求撤销原审判决，依法改判支持蒋某原审中的诉讼请求，由鹭城公司在原审判决基础上再支付工程款202 996.76元。

鹭城公司辩称：其没有与蒋某签订过施工协议及结算书，也不存在追认和执行情况，原审法院认定鹭城公司和蒋某对工程价款未做明确约定是正确的，本案进行审价符合相关规定，原审判决程序合法，要求维持原判。

四、二审判决理由和判决结果

蒋某与庞某签订施工协议，郑某在协议上签字同意合同成立，但蒋某未提供确实充分的证据证明郑某已取得鹭城公司的授权，现鹭城公司否认授权郑某对外签订合同，并对蒋某与庞某签订的施工协议不予认可，原审法院据此认定郑某签字行为不能代表鹭城公司并无不妥。同理，庞某在未得到授权的情况下，其签字亦不能代表鹭城公司，原审法院认定蒋某与鹭城公司间存在事实上的分包关系,并对蒋某提供的决算书不予采纳亦无不妥。蒋某认为其与庞某签订的施工协议对鹭城公司发生法律效力缺乏依据,本院不予采纳。关于工程价款,虽然蒋某与鹭城公司于 2018 年 4 月 11 日曾签订协议书,约定增加工程造价 24 万元,但对于原约定工程价款数额双方各执一词,蒋某主张 34 万元,而鹭城公司却主张 24 万元,鉴于双方对各自的主张均不能提供确实充分的证据予以证明,在此情况下,原审法院认定双方对于工程价款没有明确约定并无不当,本院予以赞同。现系争工程经审价,原审法院根据审价结论经核算确定鹭城公司应支付的工程款数额亦无不当。蒋某上诉认为双方就工程价款已有明确约定,原审法院委托审价错误,所述理由均不能成立,蒋某的上述主张,本院不予采纳。原审法院依法追加郑某、庞某作为第三人参加诉讼符合相关法律规定,所做判决并无不当,本院予以维持。判令驳回上诉,维持原判。

五、案例评析

对于存在挂靠或转包的建设工程,在施工过程中,实际施工人以自己的名义与第三人签订工程分包合同,而后因欠付工程款致使施工企业被起诉的情况,那么实际施工人是否取得施工企业的授权,其与第三人签订的分包合同就算有效呢?同样,施工企业派驻现场的管理人员,是否能以建筑企业名义与第三人签订分包协议呢?在现在司法审判实践中,不乏法院认定实际施工人的表见代理权而判决施工企业承担责任。编者认为,应参照该案例,严格认定代理权,不能扩大表见代理权,而将个人行为认定为建筑企业的行为。

综合案例 20 必须招标而没有招标的工程履行合同发生的争议

原告:赣州公司
被告:信丰公司
第三人:某县管理局

一、诉辩主张

原告诉称:2015 年 1 月 28 日,原、被告签订建设工程施工合同。合同约定,由原告承建被告某大厦图示土建项目(基础管桩除外),开工时间为 2015 年 3 月 6 日,竣工时间为同年 12 月 31 日,同时约定桩基础由被告提供验收资料。合同签订后,原告即投入资金做好施工准备。但被告却迟迟不提供基础管桩验收资料并办理交接手续,致使原告无法履行施工合同。2015 年 8 月 3 日,原告收到被告发来的通知,称"建筑合同已发生法律效力,可你公司长期以来迟迟未开工,已严重违约,并由你公司承担违约经济损失"。而实际上,原告为施工已做了大量准备工作,投入了大量的资金,被告不按约定提供基础管桩验收资料并办理交接手续才是不能开工的根本原因。被告的行为给原告带来极大的经济损失。为维护原告的合法权益,特提起诉讼,请求依法判令被告赔偿原告因终止合同造成的经济损失 844 870 元,并承担诉讼费用。

被告辩称:(1)2012 年,某县人民政府决定施行旧城改造,答辩人与县政府签订了改造开发合同。依据该合同规定,答辩人与第三人于 2013 年 2 月 25 日签订某县"一江两岸"房屋拆迁补偿安置协议。协议约定,由答辩人安置第三人房屋面积 3 752.31 平方米。后经答辩人与第三人协商,答辩人以土地置换方式安置第三人房屋面积后,由第三人补偿答辩人 155 万元，该宗土地由第三人建设，定名为某大厦。(2) 第三人是某大厦的实际建设单位和发包人。由于第三人属行政事业单位，不宜办理工程申报，2015 年 1 月 26 日，答辩人与第三人及原告共同签订了一份协议书。该协议对三方的权利和义务做了明确约定，答辩人在该项目中的义务只是负责项目申报、提供施工水电条件，房屋建成后，由第三人补偿答辩人 155 万元。(3) 协议签订后，答辩人履行了项目申报手续，对图纸进行了审核，并获得批准。因第三人属行政事业单位，故约定由答辩人与原告签订工程施工合同。2015 年 1 月，答辩人与原告签订建设工程施工合同，该合同第 47 条补充条款规定，第三人为答辩人的履约保证人，后因该条款违反有关担保的法律规定，故建设主管部门未予备案。此后，原告为达到承包该工程的目的，多次要求答辩人修改该担保条款。2015 年 1 月 28 日，答辩人与原告签订补充协议书，明确答辩人在该施工合同中不承担任何责任。在得到原告上述承诺后，第三人的保证条款被删除。2015 年 4 月 30 日，答辩人与原告第二次签订了建设工程施工合同。但答辩人根据与原告、第三人签订的协议及答辩人与原告签订的补充协议，未参与该工程的履约，对履约的情况一概不知。(4) 原告与第三人在实际履行合同中，因规避国家有关招标投标的法律规定，被纪检监察部门查处，工程被责令停工，答辩人没有过错。(5) 由于某大厦项目的实际建设单位是第三人，工程是否招标，答辩人既不知道也未参与，与答辩人无关。请求法院根据事实和法律，依法驳回原告的诉讼请求。

第三人述称：(1) 原告与被告 2015 年 1 月 28 日签订的建设工程施工合同的实际建设单位是第三人，使用的是国有资金。根据《招标投标法》规定必须进行招标投标，未经招标投标直接发包的合同属无效合同，应依法解除。(2) 某县纪律检查委员会、监察局对规避招标投标的行为已做出处理，导致合同无效，原、被告及第三人都有过错。(3) 2015 年 6 月第三人已通知原告停止施工，2015 年 9 月 7 日又以书面形式通知原告解除合同，并要求原告提交结算依据办理结算，但原告一直未提交。第三人认为，原告已施工部分应据实结算，实际损失应由原、被告及第三人根据公平、合理的原则分担。

二、事实认定

经审理查明：2013 年 2 月 25 日被告与第三人签订某县"一江两岸"房屋拆迁补偿安置协议。双方对第三人的房屋拆迁安置相关事宜做了约定。2015 年 1 月 26 日，原、被告及第三人签订协议书。三方约定：由第三人在某花园 3 号楼建设一栋九层高的大厦，该大厦及占地归第三人所有，被告负责该大厦工程建设的报建手续，税费由第三人承担；第三人除应免除被告安置补偿费用外，另行给付被告 155 万元差额款（大厦竣工后结算）；被告与第三人于 2013 年 2 月 25 日签订的某县"一江两岸"房屋拆迁补偿安置协议废止；被告应负责该大厦外围的公共基础设施建设，并允许第三人使用被告的水电设施，水电费用由第三人承担；大厦由原告负责承建，由原告全额垫资完成全部主体工程，主体工程完成一个月内第三人预付工程总造价的 70%给原告，工程竣工验收之日起一个月内第三人预付工程总造价的 20%给原告，余款 10%在六个月内付清；工程造价依据现行《全国建筑安装基础定额（江西省估价表）》及《江西省建筑安装取费定额》，按实际完成工作量计算工程总造价；工期约定于 2005 年 9 月 30 日前完成主体工程，12 月 31 日竣工。违约条款约定：第三人如未按约定付款，原告有权以所欠金额的 2%按月向第三人计取违约金，同时工期顺延；工程竣工验收之日起六个月内，第三人未付清原告全部工程款，原告有权拍卖其酒店房

产；由于第三人的原因造成工程停建或缓建，原告有权要求第三人及时办理工程决算和补偿损失，并在一个月内付清全部款项。2015年1月28日，原、被告签订补充协议书，该协议明确表明某大厦工程的实际履约人为原告和第三人，由原告和第三人享有2015年1月26日原、被告及第三人签订的协议书中约定的权利和义务，被告不承担任何责任；如第三人不履行协议约定的权利与义务，原告有权处置该项目的全部房地产，收益部分除偿还被告155万元差额款外，全部归原告所有以资抵工程款。同日，原、被告签订建设工程施工合同，约定由被告将某大厦工程发包给原告承建（基础管桩除外），开工日期为2015年3月6日，竣工日期为2015年12月31日，工程质量标准为合格，合同价款采用可调价格合同方式确定，暂定为360万元，以实际完成工程量清单，按国家及地方的有关法律法规和现行省颁《建筑安装工程定额》的有关规定和说明及通用条款规定的调整因素为该工程结算，并以审计结论为依据办理财务结算；工程款的支付方式和时间为，主体工程完成之日起一个月内预付工程总造价（预算）的70%，工程竣工验收之日起一个月内预付工程总造价（预算）的20%，余款（结算）在扣除质保金后六个月内付清；发包方的违约责任为，发包方未按约定及时支付工程款，承包方除有权以所欠全额的2%按月向发包方计取违约金外，同时适用通用条款的有关规定；合同还就相关事宜做了约定。上述合同、协议签订后，原告即投入资金、组织人员进入施工的前期准备工作，但因被告及第三人未提供施工必需的相关资料，致使原告无法施工。

2015年7月4日，某县监察局就某县管理局规避房管大楼招标投标问题做出监察决定书。认定第三人以被告名义办理房管大楼报建手续，并直接将该大楼的建设工程发包给原告的行为违反了《招标投标法》的规定，属于规避招标投标的行为，责成第三人中止与原告签订的建设工程施工合同及协议，重新按有关程序进行公开招标投标。2015年8月31日，某县纪律检查委员会就某县管理局办公大楼规避招标投标问题做出处理决定，认定第三人违反了《招标投标法》的规定，是弄虚作假、规避招标投标的违纪行为，责成第三人终止与原告签订的建设工程施工合同及协议。

三、判决理由和判决结果

法院依据查明的事实认定，2015年1月26日原、被告及第三人签订的协议书，同月28日原、被告签订的补充协议书及建设工程施工合同，因该工程项目的实际发包方（建设方）为第三人，而第三人所使用的资金属国有资金，依照《招标投标法》的相关规定，该工程项目必须进行招标。第三人在该工程项目发包时，以被告名义办理相关报建手续，该行为是一种规避法律的行为，其实质是以合法形式掩盖非法目的，违反国家法律的禁止性规定，故上述协议、合同无效。原、被告及第三人明知上述协议、合同违反国家法律规定，但为了各自的目的，仍然签订上述无效协议及合同，所以原、被告及第三人均有过错，各自应承担相应的责任。因原告在举证期限内提供的损失计算依据不足以证明原告的事实主张，故原告应承担举证不能的法律后果。判决驳回原告的诉讼请求。

四、案例评析

必须招标的工程无论采取什么方式规避招标，签订的合同终究会因违反法律规定而被视为无效。《招标投标法》规定，全部或部分使用国有资金投资或者国家融资的项目必须进行招标。违反法律规定，签订的工程施工合同自然无效。《最高人民法院关于审理建设工程

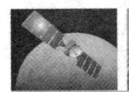

施工合同纠纷案件适用法律问题的解释》第一条第三项规定:"建设工程必须进行招标而未招标或者中标无效的,建设工程施工合同无效。"

综合案例 21 法院执行异议纠纷

申请人:陈某

被申请人:华城公司

一、异议请求及辩称主张

申请人请求:法院在执行申请执行人麻某、梁某与被执行人华城公司建设工程施工合同纠纷一案中,将被执行人华城公司依法转让给申请人的在某城市管理局的工程款进行了扣留,侵犯了申请人的合法权益,请求法院解除对涉案工程款的扣留,并中止执行华城公司在某城市管理局工程款中 5 000 000 元以内的债权。其异议理由为:2016 年 3 月 3 日,申请人和华城公司签订债权转让协议,协议将华城公司所有在东营市城市管理局的"西四路(北外环至黄河大坝段)工程第二标段"工程款中的 5 000 000 元转让给申请人。申请人和华城公司办理完债权转让的手续后,在申请人陈某向债务人某城市管理局送达书面债权转让通知书时,东营市城市管理局没有签字确认,于是申请人将通知书留置在了东营市城市管理局。后来,申请人陈某又通过短信的形式给某城市管理局副局长李某发送了有关债权转让内容的通知,债权转让已经发生法律效力,涉案工程款应属申请人所有。为证明其上述主张,申请人陈某向本院提供:建设工程施工合同复印件 1 份、工程施工分包合同复印件 1 份、工程量确认单复印件 1 份、债权转让协议复印件 1 份、债权转让通知书复印件 1 份、移动通信客户详单复印件 1 份、短信内容复印件 1 份、通信服务费发票复印件 1 份、企业变更情况复印件 1 份,加以佐证。

被申请人辩称:陈某和华城公司确实办理过债权转让,但债权转让通知的送达都是申请人办理的,至于他送没送到东营市城市管理局,我们不清楚。申请人、申请人执行人提交的所有证据均属实,没有意见。

二、事实认定

法院审理查明:在执行申请执行人麻某、梁某与被执行人华城公司建设工程施工合同纠纷一案中,申请人陈某以本院扣留的工程款系其所有为由,提出书面异议,请求法院解除对涉案工程款的扣留,并中止执行华城公司在某城市管理局工程款中 5 000 000 元以内的债权。本院受理后,依法组成合议庭进行了审查,现已审查终结。涉案扣留的债权,是华城公司承包的工程,工程合同价款为 28 487 978.87 元。目前,该工程已施工完毕,并且已拨付了工程款的 70%,尚未审计完毕。我们申请扣留的涉案工程款是华城公司的债权,异议人的异议依法不能成立,应予驳回。另外,2016 年 3 月 23 日上午,法院去某城市管理局扣留涉案工程款时,法官曾询问过某城市管理局的工作人员,其称涉案工程款既没有查封也没有转让。对申请人提供的证据,申请执行人的质证意见为:对建设工程施工合同复印件没有意见,但是复印的内容不全,缺页;对工程施工分包合同复印件有意见,是否是真实的不清楚,再说分包合同签订的时间与建设工程施工合同中的竣工时间差别太大,总合同是 2012 年竣工,分包合同是 2015 年签订的;对工程量确认单复印件不清楚;对债权转让协议复印件及债权转让通知书复印件不清楚;对移动通信客户详单复印件及短信内容复印件有意见，该三份证据，只能说明异议人曾经托人和某城市管理局李某协商过债权转让的事宜，并没有正式向某城市管理局送达债权转让通知书，即使能够作为债权转让的通知使用，通知送达人也不是债权人华城公司，该送达行为应为无效；对企业变更情况复印件没有意见。

三、判决理由和判决结果

本院认为，异议人陈某的异议主张能否成立的关键在于债权转让的形式是否符合法律规定，从其提供的证据及被执行人的陈述可以看出，申请人与被执行人华城公司之间确实存在债权转让的事实，但债权转让通知书的送达系申请人通过短信的方式发送给了债务人东营市城市管理局的李某，而非债权人华城公司进行通知，从维护交易安全和足以使债务人充分相信权利转移的角度出发，该债权转让的形式存有瑕疵，且在本院协助扣留通知书及执行裁定书时，某城市管理局在送达回执上并未提出或标注该债权已被转让或冻结，故申请人的异议不能阻却本院的执行，不能成立，本院不予支持，驳回申请人陈某的异议。

四、案例评析

根据《民法典》的规定，债权转让需由原债权人通知债务人，通知到债权转让就生效。本案中，债权转让通知的程序有问题，故债权转让不生效。

另根据《民事诉讼法》的规定，案外人对于涉及本人合法权益的，可以依法向法院提出执行异议，法院经审理查明，异议成立，裁定异议成立，撤销相应执行裁定书，异议不成立，裁定驳回异议。当事人不服，可依法提起异议之诉。

思考与练习题3

扫一扫看本练习题参考答案

一、单项选择题

1. 下列有强制执行效力的是（ ）。
   A．和解协议　　　　　　　　B．调解协议
   C．仲裁庭调解书　　　　　　D．法院在执行中当事人的和解协议
2. 具有一次性决定效力的是（ ）。
   A．和解　　B．调解　　C．仲裁　　D．诉讼
3. 仲裁庭做出的调解书经双方当事人（ ）即发生法律效力。
   A．签收后　　B．签收7天后　　C．签收15天后　　D．签收30天后
4. 仲裁庭的裁决书自（ ）发生法律效力。
   A．做出之日　　　　　　　　B．做出之日起7天后
   C．做出之日起15天后　　　　D．做出之日起30天后
5. 被告在收到起诉状副本之日起15天内提出答辩状。被告不提出答辩状的，（ ）。
   A．人民法院不得开庭审理　　B．人民法院可判决被告败诉
   C．不影响人民法院的审理　　D．人民法院可以缺席审理
6. 地域管辖的一般原则是（ ）。
   A．原告就被告　　　　　　　B．被告就原告
   C．由当事人所在地的人民法院管辖　　D．由诉讼标的所在地人民法院管辖

7. 建筑工程纠纷仲裁解决时，以下不正确的论述是（　　）。
   A. 当事人申请仲裁后，可以自行和解
   B. 仲裁庭做出裁决前，可以先行调解
   C. 仲裁庭调解达成协议的，仲裁庭应该制作调解书，不再制作裁决书
   D. 调解书与裁决书具有同等法律效力
8. 下列关于和解的说法正确的是（　　）。
   A. 能够较为经济、较为及时地解决纠纷
   B. 纠纷的解决有第三方的介入，对其身份没有限制，但最好为双方所信任
   C. 有利于消除合同当事人的对立情绪，维护双方的长期合作关系
   D. 达成的协议不具有强制执行的效力，其执行依靠当事人的自觉履行
9. 和解与调解相比，其主要区别是（　　）。
   A. 是否能够经济、及时地解决纠纷
   B. 纠纷的解决有无第三方介入
   C. 是否有利于维护双方的合作关系
   D. 达成的协议是否具有强制执行的效力
10. 下列各项中，关于仲裁过程中的证据提供、收集和应用，说法正确的是（　　）。
    A. 证据的提供应该由公安或者检察部门负责
    B. 仲裁庭认为有必要收集的证据，经当事人同意，可以收集
    C. 仲裁庭对专门性问题认为需要鉴定的，可以交由当事人约定的鉴定部门鉴定，也可以由仲裁庭指定的鉴定部门鉴定
    D. 当事人认为需要的，可以向鉴定人直接提问
11. 诉讼管辖中地域管辖的原则是（　　）原则。
    A. 被告就原告　　　　　　　　B. 原告就被告
    C. 诉讼标的物所在地　　　　　D. 当事人所在地
12. 仲裁裁决被人民法院裁定不予执行的，当事人（　　）。
    A. 只能重新申请仲裁
    B. 只能向人民法院起诉
    C. 必须重新决定解决争议的方式
    D. 可以重新申请仲裁，也可以向人民法院起诉
13. 合同变更、解除、终止或被确认无效后，（　　）。
    A. 仲裁协议也相应无效　　　　B. 仲裁裁决也相应无效
    C. 不影响仲裁协议的效力　　　D. 不影响仲裁裁决的效力
14. 表见代理导致的纠纷主要属于施工合同（　　）纠纷。
    A. 主体　　　　　　　　　　　B. 客体
    C. 质量　　　　　　　　　　　D. 变更

二、多项选择题

1. 在合同双方没有协议选择管辖法院的情况下，因为合同纠纷引起的诉讼，由（　　）人民法院管辖。

A. 原告住所地 B. 被告住所地
C. 合同履行地 D. 合同签订地
E. 标的物所在地

2. 下列各项中，关于施工合同质量纠纷的成因，说法正确的是（　　）。
   A. 建设单位不顾实际地降低造价、缩短工期
   B. 建设单位将工程发包给没有资质的单位或者将工程任意肢解进行发包
   C. 建设单位没有将施工图设计报县级以上人民政府建设行政主管部门或者其他有关部门审查
   D. 在工程施工过程中，没有按照要求设置明显标志、采取安全措施
   E. 单方解除合同

3. 根据《仲裁法》的规定，使得仲裁协议无效的情形包括（　　）。
   A. 约定的事项超出法律规定的仲裁范围的
   B. 无民事行为能力人或者限制民事行为能力人订立的仲裁协议
   C. 一方采取欺诈、威胁手段，使对方订立仲裁协议的
   D. 在仲裁协议中，当事人对仲裁事项或者仲裁委员会没有约定或者约定不明确，当事人又不能达成补充协议的
   E. 合同变更、解除、终止或者无效的

4. 人民法院采取证据保全的方法主要有（　　）。
   A. 听取当事人的陈述，并做记录
   B. 对文书、物品等进行录像、拍照、抄写或者用其他方法加以复制
   C. 委托有资格的专业机构对证据采取处理措施，延长证据的留存时间
   D. 向证人进行询问调查，记录证人证言
   E. 对证据进行鉴定或者勘验

5. 诉讼管辖可以分为（　　）。
   A. 级别管辖 B. 地域管辖
   C. 移送管辖 D. 专属管辖
   E. 指定管辖

6. 未取得建筑业企业资质证书承揽工程的，应该承担的责任有（　　）。
   A. 民事责任 B. 行政责任
   C. 经济责任 D. 刑事责任
   E. 违宪责任

7. 建设施工纠纷发生后，需要通过诉讼方式解决纠纷的，当事人应当向人民法院起诉，起诉应当符合的条件包括（　　）。
   A. 当事人在合同中约定，以诉讼作为争议解决的方式
   B. 原告是与本案有利害关系的公民、法人和其他组织
   C. 有明确的被告
   D. 有具体的诉讼请求、事实和理由
   E. 属于人民法院受理民事诉讼的范围和受诉人民法院管辖

第4章 建筑工程法律责任

教学导航

扫一扫看本章教学课件

知识重点	1. 建设单位的法律责任； 2. 承包单位的法律责任； 3. 监理单位的法律责任
知识难点	1. 法律责任的一般构成要件和特殊构成要件； 2. 建筑工程法律责任的分类
学习要求	掌握建筑工程相关法律关于法律责任的规定，工程建设的主要民事责任；熟悉工程建设的行政责任和刑事责任的种类；了解建筑工程法律责任的构成要件、特征和种类
推荐教学方式	根据违法行为的一般特点，对法律责任的构成要件进行概括。根据相关建筑法规案例，讲解建筑各主体的法律责任
建议学时	4学时

【案例 4-1】 A 某以 B 建筑公司名义对外承包一施工项目，并与建筑企业签订项目承包协议，协议中规定：A 某此次对外承包系个人行为，按工程造价的 1%向 B 建筑公司缴纳管理费用，工程盈亏自负，不得以 B 建筑公司的名义借款，造成任何损失纠纷与 B 建筑公司无关。工程开工后 A 某被任命为项目经理，施工后不久因工程资金周转不善，A 某以 B 建筑公司的名义借款 1000 万元，并在借条上加盖项目部印章。后债权人多次向 A 某讨要欠款未果，即将 B 建筑公司告至法院。B 建筑公司以项目承包协议作为证据，证明工程非 B 建筑公司施工，A 某自负盈亏，A 某的借款与 B 建筑公司无关。但法院仍然判决 B 建筑公司需支付欠款 100 万元。你认为法院的判决正确吗？请说明理由。

评析： 判决合理。A 某为项目部的项目经理，可以代表 B 建筑公司处理施工过程中的所有问题，虽 B 建筑公司与 A 某签订了相关的协议，但没有对相关第三方进行告知，造成了足以使善意第三方相信 A 某有代理权的假象，形成了"表象代理"。所以建筑企业需负相关法律责任。

4.1 建筑工程法律责任的构成要件、特点及分类

4.1.1 建筑工程法律责任的构成要件

法律责任是指行为人由于违法行为而应该承受的某种不利的法律后果。此处的行为人包括自然人、法人及其他组织。

建筑工程法律责任是建筑法律关系主体违反《建筑法》及其他法律规范而应当承担的法律责任，属于法律责任的组成部分之一。建设工程项目的完成通常是极为复杂的社会生产过程，一般要经过可行性研究、勘察设计、工程施工、竣工验收等阶段，参与者有建设单位、承包单位（勘察单位、设计单位、施工单位）、监理单位。按建筑法律关系主体划分，建筑法律责任可以分为建设单位法律责任、承包单位法律责任、监理单位法律责任。

在通常情况下，一旦有违法行为就需要承担法律责任，接受法律制裁。但是，并不能绝对地认为每个违法行为都必然导致法律责任。只有符合一定条件的违法行为才能引起法律责任。这种"一定条件"的总和就是法律责任的构成要件。

法律责任的构成要件有一般构成要件和特殊构成要件之分。所谓的一般构成要件，是指只要具备了这些条件就可以引起法律责任，法律无须明确规定这些条件；所谓特殊构成要件，是指只有具备了法律明确规定的要件，才能构成法律责任，也就是说特殊要件必须有法律的明确规定。

下面将分别介绍法律责任的一般构成要件和特殊构成要件。

> 扫一扫看施工合同不可抗力纠纷案例

1. 一般构成要件

法律责任的一般构成要件有责任主体、损害事实、违法行为、因果关系和主观过错五个方面，它们紧密联系，互相作用，缺一不可。

（1）责任主体，是指承担法律责任的人，包括自然人、法人和其他社会组织。责任主体是法律责任构成的必备要件。应注意责任主体不完全等同违法主体，无民事行为能力的人就不可能成为责任主体，所以，责任主体与法律责任的有无、种类、大小有着密切的关系。

（2）损害事实，是指违法行为对法律所保护的社会关系和社会秩序所造成的侵害。损害可以是对人身的损害、财产的损害、精神的损害，也可以是其他方面的损害。损害事实具有确定性和客观性，即已经存在。没有损害事实的存在，则不构成法律责任。

在此需要注意的是，损害事实不同于损害结果。损害结果是违法行为对行为指向的对象所造成的实际损害。有些违法行为尽管没有损害结果，但是已经对一定的社会关系和社会秩序构成了侵犯，因此也要承担法律责任，比如犯罪的预备、未遂等。

（3）违法行为，是法律责任的核心构成要件，法律规范中规定法律责任的目的就在于使国家的政治生活和社会生活按照统治阶级的意志发展，符合统治阶级的要求，以国家的强制力来树立法律的威严，制裁违法，减少犯罪。如果没有违法行为就不需要承担法律责任，并且合法的行为还受到法律的保护。所以，只要行为人的行为合法，即使造成了一定的损害后果，也不承担法律责任。比如，正当防卫、紧急避险和执行职务的行为，就不需要承担法律责任。

但是，需要注意的是，违法行为包括了作为和不作为两类。作为是指人的积极的身体活动。直接做了法律所禁止的事情自然需要承担法律责任。不作为是指人的消极的身体活动，行为人在能够履行自己应尽义务的情况下不履行该义务，例如，不做法律规定应该做的事情，也要承担法律责任。区分作为和不作为，对于确定法律责任的范围、大小具有重要意义。

（4）因果关系，是指违法行为和损害事实之间的因果关系。因果关系是一种引起和被引起的关系，即一个现象的出现是由先前存在的另一个现象引起的，则这两个现象之间就具有了因果关系。因果关系是归责的基础和前提，是认定法律责任的基本依据。

违法行为和损害事实之间的因果关系，指的是违法行为与损害事实之间存在着客观的、必然的因果关系。也就是说，一定损害事实是该违法行为所引起的必然结果，该违法行为正是引起损害事实的原因。

（5）主观过错，是指行为人对其行为及由此所引起的损害事实所抱的主观态度。主观过错包括故意和过失两类。故意是指明知自己的行为会发生危害社会的结果，而希望或者放任这种结果发生的心理状态。过失是指应当预见自己的行为可能发生损害他人、危害社会的结果，因为疏忽大意而没有预见，或者已经预见而轻信可以避免，以致发生这种结果的心理状态。

如果行为人在主观上既没有故意也没有过失，即使发生了损害结果，行为人也不需要承担法律责任。例如，施工企业在施工过程中遇到严重的暴风雨，造成了停工，延误了工期，在这种情况下，停工行为和延误工期造成损失的结果并非出自施工者的故意和过失，而属于不可抗力，故不应该承担法律责任。

2. 特殊构成要件

特殊构成要件是指由法律特殊规定的法律责任的构成要件，它们并非有机地结合在一起，而是分别同一般要件构成法律责任。

（1）特殊主体。在一般构成要件中，对违法者即需要承担法律责任的主体，只要求具备相应的民事行为能力即可成为责任主体，而没有其他的特殊要求。而特殊主体则不同，法律规定违法者必须具备一定的身份和职务才能承担法律责任。主要体现在刑事责任中的职务犯罪，如贪污罪、受贿罪、巨额财产来源不明罪等，以及行政责任中的职务违法，如以权谋私、徇私舞弊等。行为人如果不具备这一特殊主体的条件，则不承担这类法律责任。

（2）特殊结果。在法律责任的一般构成要件中，只要有损害事实的发生就需要承担相应的法律责任，而在特殊结果中，要求的不是一般的损害事实和损害结果，它要求的是后果严重、损失重大，否则不能构成法律责任。

例如，质量监督人员对工程质量监督工作粗心大意、不负责任，如果致使应当被发现的隐患没有被发现，从而造成严重的质量事故，那么就需要承担玩忽职守的法律责任。

（3）无过错责任。法律责任的一般构成要件中，都要求违法者在主观上应该具有过错，此即过错责任原则。而无过错责任并不要求行为者主观上有过错，只要有损害事实的发生，受益者就要承担一定的法律责任。

无过错责任主要反映的是法律责任的补偿性，而不具有法律制裁意义。

（4）转承责任。法律责任的一般构成要件都要求违法行为的实施者承担法律责任，但在我们国家的民法和行政法中，有一部分法律责任并不由行为者来承担，而是由与违法者有一定关系的第三人来承担的。

例如，在民事法律当中，未成年人的侵权责任由其监护人承担；在行政法律当中，被委托行政机关在行使被委托事项过程中产生的责任由委托机关承担。

【案例 4-2】2014 年 5 月，被告人李宝俊将北京市西城区德内大街 93 号院的建设改造工程委托给无建筑资质条件的被告人卢祖富，并要求卢祖富违法建设地下室，深挖基坑。卢祖富又指派无执业资格的被告人李海轮负责施工现场管理、指挥等工作。在此期间，施工人员曾提出存在事故隐患，但李宝俊、卢祖富未采取措施仍继续施工。2015 年 1 月 24 日凌晨 3 时许，施工现场发生坍塌，造成部分道路塌陷、民房和办公楼毁损。经鉴定，直接经济损失为人民币 5 835 234 元。案发后，三名被告人被抓获。

北京市西城区人民法院经审理认为，被告人李宝俊、卢祖富、李海轮在建设作业中违反有关安全管理规定，造成基坑坍塌，并导致相邻路面塌陷、房屋受损等严重后果，情节特别恶劣，危害了公共安全，应依法惩处。综合全案情况，以重大责任事故罪分别判处被告人李宝俊有期徒刑五年；被告人卢祖富有期徒刑三年六个月；被告人李海轮有期徒刑三年，缓刑三年。宣判后，被告人不服提出上诉。北京市第二中级人民法院裁定维持原判。

4.1.2 建筑工程法律责任的特点

建筑工程法律责任属于法律责任的一个重要组成部分，法律责任所具备的特点，也都是建筑工程法律责任的特点。

法律责任不同于道义责任或其他社会责任。法律责任通常具有下列特点。

（1）法律责任的法定性。法律是由国家制定和认可，并由国家强制力保障实施的规范的总称。法律责任的法定性主要表现了法律的强制性，即违反法律时就必然受到法律的制裁，是国家强制力在法律规范中的一个具体体现。

（2）承担法律责任的最终依据是法律。承担法律责任的具体原因可能各有不同，但最终的依据都是法律。因为一旦法律责任不能顺利承担或者履行，就需要司法机关进行裁

判，司法机关只能依据法律做出最终的裁决。当然，这里讲的法律既可以是正式意义上的法律渊源，又可以是非正式意义上的法律渊源。

（3）法律责任由专门的国家机关和部门来认定。法律责任是依据法律的规定而让违法者承担的责任，是法律适用的一个组成部分。所以，法律责任必须由专门的国家机关和部门来认定，无法定权力的单位和个人是不能认定法律责任的。

4.1.3 建筑工程法律责任的分类

法律责任的分类，也就是法律责任的各种表现形式的分类。依据违法行为的不同和违法者承担法律责任的方式不同，法律责任可以分为民事责任、行政责任和刑事责任。建筑工程法律责任属于法律责任的组成部分，同样的道理，依据建筑工程违法行为的不同和违法者承担法律责任的方式不同，建筑工程法律责任也可以分为民事责任、行政责任和刑事责任。下面将分别进行介绍。

1. 工程建设的民事责任

1) 民事责任的概念和特点

民事责任是指由于违反民事法律的规定所应承担的法律责任。

民事责任的特点如下。

（1）民事责任主要是一种救济责任。民事责任的功能主要在于救济当事人的权利，赔偿或补偿当事人的损失。当然，民事责任也执行惩罚的功能，具有惩罚的内容。违约金本身就含有惩罚的意思，收缴进行非法活动的财物和非法所得、罚款、拘留等，都是以执行惩罚和预防功能为主的责任。

（2）民事责任主要是一种财产责任。这是与第一个特点紧密联系的。赔偿损失、支付违约金、罚款，都是以财产为内容的。当然，除财产责任以外，民事责任还包括其他责任方式：行为责任，比如停止侵害、排除妨碍、消除危险、恢复原状等；精神责任，比如训诫、具结悔过；人身责任，比如拘留。但是，其中最主要的还是财产责任。

（3）民事责任主要是一方当事人对另一方的责任，在法律允许的条件下，多数民事责任可以由当事人协商解决。

2) 民事责任的种类

以产生责任的法律基础为标准，民事责任可以分为违约责任和侵权责任。

违约责任是指行为人不履行合同义务或者履行合同义务不符合合同约定所产生的民事责任（在《民法典》中，对此有详细介绍）。

侵权责任是指行为人侵犯国家、集体和公民的财产权利，以及侵犯法人名称权和自然人的人身权时所产生的民事责任。

3) 民事责任的承担方式

（1）停止侵害。

（2）排除妨碍。

（3）消除危险。

（4）返还财产。

(5)恢复原状。
(6)修理、重做、更换。
(7)赔偿损失。
(8)支付违约金。
(9)消除影响、恢复名誉。
(10)赔礼道歉。
以上承担民事责任的方式，可以单独适用，也可以合并适用。

2. 工程建设的行政责任

1)行政责任的概念和特点

行政责任是指因违反行政法或者因为行政法的规定而应承担的法律责任。

行政责任的特点如下。

(1)承担行政责任的主体是行政主体和行政相对人。

行政主体是拥有行政管理职权的行政机关及其公职人员；行政相对人是指负有遵守行政法义务的普通公民、法人。

(2)产生行政责任的原因是行为人的行政违法行为和法律规定的特殊情况。

(3)通常情况下，实行过错推定的方法。在法律规定的一些场合，实行严格责任。

(4)行政责任的承担方式多样化。

2)行政责任的种类

(1)公民和法人因违反行政管理法律、法规的行为而应承担的行政责任。

(2)国家工作人员因违反政纪或在执行职务时违反行政法规而应承担的行政责任。

3)行政责任的承担方式

(1)行政处罚。即由国家行政机关或授权的企事业单位、社会团体，对公民和法人违反行政管理法律、法规的行为所实施的制裁，主要有警告、罚款、没收违法所得、没收非法财物、责令停产停业、暂扣或者吊销许可证、暂扣或者吊销执照、行政拘留等。

(2)行政处分。即由国家机关、企事业单位对其工作人员违反行政法规或政纪的行为所实施的制裁，主要有警告、记过、记大过、降职、降薪、撤职、留用察看、开除等。

3. 工程建设的刑事责任

扫一扫看串通投标罪缓刑案例

1)刑事责任的概念和特点

刑事责任是指犯罪主体因违反《中华人民共和国刑法》（以下简称《刑法》）的规定，实施了犯罪行为时所应承担的法律责任，是司法机关代表国家所确定的否定性法律后果。

刑事责任的特点如下。

(1)产生刑事责任的原因在于行为人行为的严重社会危害性。

只有行为人的行为具有严重的社会危害性（即构成犯罪），才能追究行为人的刑事责任。

(2)与作为刑事责任前提的行为的严重社会危害性相适应，刑事责任是犯罪人向国家所负的一种法律责任。它与民事责任由违法者向被害人承担责任有明显的区别，刑事责任的大小、有无都不以被害人的意志为转移。

（3）刑事法律是追究刑事责任的唯一法律依据，罪行法定。

（4）刑事责任是一种惩罚性责任，因此是所有法律责任中最严厉的一种。惩罚是刑事责任的首要功能。

（5）刑事责任基本上是一种个人责任。一般来说只有实施犯罪行为者本人才能承担刑事责任。

2）刑事责任的种类

刑事责任主要包括重大责任事故罪，重大劳动安全事故罪，工程重大安全事故罪，公司、企业人员受贿罪，向公司、企业人员行贿罪，贪污罪，介绍贿赂罪，单位行贿罪，签订、履行合同失职罪，强迫职工劳动罪，挪用公款罪，重大环境污染事故罪，玩忽职守罪，滥用职权罪，徇私舞弊罪等。

3）刑事责任的承担方式

（1）刑事责任的承担方式是刑事处罚。刑事处罚有两种：主刑和附加刑。主刑包括管制、拘役、有期徒刑、无期徒刑和死刑。附加刑包括罚金、没收财产和剥夺政治权利。

（2）有些刑事责任可以根据犯罪的具体情况而免除刑事处罚。对免除刑事处罚的罪犯，有关部门可以根据法律的规定使其承担其他种类的法律责任，如对贪污犯可以给予开除公职的行政处分等。

【案例4-3】某厂新建一车间，分别与市设计院和市建某公司签订设计合同和施工合同。工程竣工后厂房北侧墙壁出现裂缝，为此某厂向法院起诉市建某公司。市建某公司答辩，施工全部是按照结构设计图纸进行的。经勘察裂缝是由于设计图纸依据的资料不准，使得地基产生不均匀沉降引起的。于是某厂又起诉市设计院。市设计院答辩，设计院是根据某厂提供的地质资料设计的，不应承担事故责任。经法院查证：某厂提供的地质资料不是新建车间的地质资料，而是与该车间相邻的某厂的地质资料，事故前设计院也不知道该情况。请问：（1）事故的责任者是谁？（2）某厂所发生的诉讼费应由谁承担？

评析：

（1）该案中，设计合同的主体是某厂和市设计院，施工合同的主体是某厂和市建某公司。根据案情，由于设计图纸所依据的资料不准，使地基不均匀沉降，最终导致墙壁裂缝事故，所以，事故涉及的是设计合同中的责权关系，而与施工合同无关，即市建某公司没有责任。在设计合同中，提供准确的资料是委托方的义务之一，而且要对"资料的可靠性负责"（《建筑工程质量管理条例》第八条），所以委托方提供假地质资料是事故的根源。委托方是事故的责任者之一。市设计院按对方提供的资料设计，似乎没有过错，但是直到事故发生前设计院仍不知道资料虚假，说明在整个设计过程中，设计院并未对地质资料进行认真的审查，使假资料滥竽充数，导致事故，否则，有可能防患于未然。所以，设计院也是责任者之一。由此可知：在此事故中，委托方（某厂）为直接责任者、主要责任者，承担方（市设计院）为间接责任者、次要责任者。

（2）根据上述结论，某厂发生的诉讼费，主要应由某厂负担，市设计院也应承担一小部分。

4.2 建筑当事人的法律责任

4.2.1 建设单位的法律责任

1. 民事法律责任

1）未按照约定提供施工场地、资金、材料、资料等情况下的违约责任

建设单位应为承包单位提供施工场地，负责办理正式工程和临时设施所需施工用地、民房的拆迁和障碍物拆除等许可证。建设单位应按期完成这些工作，提供符合要求的施工场地，否则，建设单位构成违约。建设单位在工程开工前或者施工过程中需按照约定提供建设资金，否则，建设单位需承担相应的违约责任。技术资料是工程建设项目顺利进行的技术保障。建设单位应当按照约定，及时提供相关技术资料，否则，建设单位应承担违约责任。建设工程合同中，对材料和设备的供应方式一般有明确规定。按照建设单位、承包单位的约定或者国家法律、法规的规定，承包单位对建设工程采取包工不包料或者包工半包料的方式，则建设单位应负责全部或者部分材料和设备的供应。如果建设单位未按照约定的时间和要求供应材料和设备，即构成违约。

建设单位对上述违约行为应当承担违约责任，包括顺延建设工程日期，赔偿停工、窝工等损失。承包单位承包工程建设项目后，一般即会按照约定组织人员、设备、材料等进入施工现场。建设单位如果未按照约定时间和方式提供材料、设备、场地、资金、技术资料，就会导致承包单位施工现场的停工、窝工，导致承包单位遭受额外经济损失。建设单位应对承包单位因此受到的实际损失予以赔偿。

2）导致建设工程停建、缓建的责任

建设单位资金缺乏、原材料短缺等种种原因会导致工程建设项目停建、缓建。由于建设单位原因致使工程中途停建、缓建的，建设单位有义务采取措施弥补或者减少损失，防止损失进一步扩大。因建设单位的原因导致建设工程停建、缓建后，承包单位已经投入的人员、物资等需要重新调整，往往造成停工、窝工、倒运、机械设备调迁、材料和构件积压等，给承包单位带来额外的损失，建设单位应按承包单位实际损失予以赔偿。

3）对勘察单位、设计单位的责任

建设单位将工程建设项目的勘察设计委托给勘察单位、设计单位后，勘察单位、设计单位一般即依照约定开展勘察设计工作。建设单位应严守约定，不得随意更改勘察设计内容，并应按约定提供勘察设计所需的资料、工作条件。如果建设单位单方违反约定变更计划，提供的资料不准确，或者未按照期限提供必需的勘察设计工作条件，会使勘察单位、设计单位支出额外的工作量，使得勘察设计费用不合理增加。建设单位应按照勘察单位、设计单位实际消耗的工作量增付费用，即按照勘察单位、设计单位所受到的实际损失承担赔偿责任。

4）未按照约定支付工程价款时的责任

取得工程价款是承包单位履行义务后享有的权利，给付工程价款是建设单位享受权利

第4章 建筑工程法律责任

后应承担的义务。建设单位未按照约定支付价款的，承包单位可以催告建设单位在合理期限内支付价款。建设单位逾期不支付的，除按照建设工程的性质不宜折价、拍卖的以外，承包单位可以与建设单位协议将该工程折价，也可以申请人民法院将该工程依法拍卖。建设工程的价款就该工程折价或者拍卖的价款优先受偿。承包单位优先权的实现有两种方式：一是通过建设单位与承包单位之间的协议，对建设工程进行折价，承包单位在支付折价款与工程价款的差额后，取得该项建设工程的所有权，使其工程价款债权得以实现；二是在人民法院主持下对建设工程进行拍卖。并且，建设单位应按银行有关逾期付款办法或"工程价款结算办法"的有关规定，承担逾期付款的违约责任。

5）使用未经验收或验收不合格的工程的责任

建设工程必须经过验收合格，并由建设单位正式接收后方可使用。工程的验收是建设单位对承包单位所承建工程的质量符合合同约定和法律规定的标准的确认。《民法典》第七百九十九条和《建筑法》第六十一条第 2 款对使用未经验收或者验收不合格的工程的责任问题做了相同规定：建设工程竣工验收合格后，方可交付使用；未经验收或者验收不合格的，不得交付使用。建设单位不得自己使用或者转让给他人使用未经验收或者验收不合格的工程。交付使用未经验收或者验收不合格工程，建设单位需承担责任。并且，建设单位将未经验收或验收不合格工程转让给第三人使用的，应属无效转让，承担无效转让的法律责任。

【案例 4-4】原告（承包人）与被告（发包人）签订一份建设工程施工合同。合同约定：原告以 3 140 万元的价款包干承揽被告联合厂房钢结构加工、制作、安装工程。发包人应在承包人提交验收资料后 28 日内组织验收，若发包人在收到承包人送交的竣工验收报告后 28 天内不组织验收或验收后 14 天内不提出修改意见，则视为竣工验收报告已被认可；工程未经竣工验收或竣工验收未通过的，发包人不得使用；若发包人强行使用，由此发生的质量问题，由发包人承担。后发包人在工程未经竣工验收的情况下使用该工程。当承包人向发包人索要下欠工程款时，发包人以该工程未经验收，不符合付款条件为由，拒绝支付下欠 1 100 万元工程款，承包人为此提起诉讼。庭审中被告对下欠工程款数额没有异议，但主张原告对工程修复合格前，无权要求支付工程款。同时，被告以原告使用的阳光板不符合合同约定，工程存在屋顶漏雨、塑钢窗损坏等质量问题为由提出反诉，要求原告更换阳光板、支付违约金，并向法庭申请对工程质量进行鉴定，要求对工程质量是否合格、原告使用的阳光板是否符合合同约定、屋面漏雨修复费用三项进行鉴定。

原告则以双方合同约定"工程未经竣工验收或竣工验收未通过的，发包人不得使用；若发包人强行使用，由此发生的质量问题，由发包人承担"，以及《最高人民法院关于审理建设工程施工合同纠纷案件适用法律问题的解释》第十三条规定"发包人擅自使用未经验收的建设工程，又对质量问题主张权利的，不予支持"为由，坚决不同意进行鉴定。

问发包人擅自使用未经验收的工程后，能否申请对工程质量进行鉴定？出现质量问题应如何处理？

评析：《最高人民法院关于审理建设工程施工合同纠纷案件适用法律问题的解释》第十四条规定："建设工程未经竣工验收，发包人擅自使用，又以使用部分质量不符合约定为由主张权利的，不予支持；但是承包人应当在建设工程的合理使用寿命内对地基基础工程和主体结构质量承担民事责任。"

因此，在承包人提起支付工程欠款诉讼中，发包人擅自使用未经验收的工程，又以使用部分工程存在质量问题进行抗辩或申请对工程质量进行鉴定的，人民法院不予支持；但发包人要求承包人对"地基基础工程和主体结构"承担质量责任的，申请对"地基基础工程和主体结构"质量进行鉴定的，不论建设工程是否属于未经验收擅自使用的情形，人民法院都应予以支持。

2. 行政法律责任

建设单位在建筑活动中违反《建筑法》及其他行政管理法律规范应当承担行政法律责任，主要体现在以下几个方面。

（1）建设单位违反规定将建设工程发包给不具有相应资质条件的勘察、设计、施工单位，或者委托给不具有相应资质等级的工程监理单位，或者违反规定将建筑工程肢解发包的，责令改正，处以罚款。建设单位违反规定将建筑工程肢解发包，对全部或者部分使用国有资金的项目，可以暂停项目执行或者暂停资金拨付。

（2）建设单位违反《建设工程质量管理条例》的规定，有下列行为之一的，责令改正，处以罚款：迫使承包方以低于成本的价格竞标的；任意压缩合理工期的；明示或者暗示设计单位或施工单位违反工程建设强制性标准，降低工程质量的；施工图设计文件未经审查或者审查不合格，擅自施工的；建设项目必须实行工程监理而未实行工程监理的；明示或者暗示施工单位使用不合格的建筑材料、建筑构配件和设备的；未按照国家规定将竣工验收报告、有关认可文件或者准许使用文件报送备案的。

（3）建设单位违反规定未取得施工许可证或者开工报告未经批准擅自施工的，责令改正，对不符合开工条件的责令停止施工，可以处以罚款。

（4）建设单位违反规定未经组织竣工验收擅自交付使用，或者验收不合格擅自交付使用，或者对不合格的建设工程按照合格工程验收的，责令改正，处以罚款；造成损失的，依法承担赔偿责任。

（5）建设工程竣工验收后，建设单位违反规定未向建设行政主管部门或者其他有关部门移交建设项目档案的，责令改正，处以罚款。

（6）建设单位在建设工程发包与承包中索贿、受贿、行贿，不构成犯罪的，分别处以罚款，没收贿赂的财物，对直接负责的主管人员和其他直接责任人员给予处分。

3. 刑事法律责任

建设单位在建筑活动中违反刑事法律规范应当承担刑事法律责任，主要体现在以下几个方面。

建设单位违反《建筑法》的规定，要求建筑设计单位或者建筑施工企业违反建筑工程质量、安全标准，降低工程质量，构成犯罪的，依法追究刑事责任。建设单位在这种情况下涉及工程重大安全事故罪。《刑法》第一百三十七条规定，建设单位、设计单位、施工单位、工程监理单位违反国家规定，降低工程质量标准，造成重大安全事故的，对直接责任人员，处五年以下有期徒刑或者拘役，并处罚金；后果特别严重的，处五年以上十年以下有期徒刑，并处罚金。该罪侵犯的客体是建筑工程安全；在客观方面表现为建筑工程违反国家规定，降低工程质量标准，造成重大安全事故；主观方面是过失，即对造成严重后果所持的心理态度是过失，至于降低工程质量标准，则可以是故意降低。

《建筑法》第六十八条规定，建设单位在建设工程发包与承包中索贿、受贿、行贿，构成犯罪的，依法追究刑事责任。建设单位在这种情况下可能涉及《刑法》第一百六十三条公司、企业人员受贿罪，第一百六十四条对公司、企业人员行贿罪，第三百八十五条受贿罪，第三百八十七条单位受贿罪，第三百八十九条行贿罪，第三百九十一条对单位行贿罪，第三百九十三条单位行贿罪等罪名。如果构成犯罪，则应依据《刑法》追究相关人员的刑事责任。

4.2.2 承包单位的法律责任

1. 民事法律责任

1）承包单位违约责任

（1）勘察单位、设计单位违约责任。勘察单位、设计单位的违约行为包括两种方式：一是勘察设计的质量不符合要求，没有达到约定的要求或者勘察设计的质量不符合法律、法规的强制性标准；二是勘察单位、设计单位未按照约定的期限提交勘察设计文件拖延工期。勘察单位、设计单位有违约行为并且给建设单位造成损失的，勘察单位、设计单位应当承担相应的法律责任。《民法典》第八百条对勘察单位、设计单位的两种违约责任做了一般性规定。

① 由勘察单位、设计单位继续完成勘察设计。勘察单位、设计单位在建设单位规定的合理期限内，继续完善勘察设计，使之达到约定的要求或者法律、法规规定的强制性标准。

② 减收或者免收勘察设计费并赔偿损失。通过减收或者免收应得的勘察设计费，补偿建设单位的损失。勘察设计费不足以补偿的，勘察单位、设计单位还需赔偿该部分损失，使建设单位因勘察单位、设计单位遭受的实际损失完全得到赔偿。

（2）施工单位违约责任。建设工程质量是建设工程所达到的工程的优劣程度。如果建设工程质量不符合法律强制性标准或者不符合约定，在验收时或者验收后的建设工程质量保证期内，建设单位发现工程有质量瑕疵的，在其他违约责任要件具备的情况下，施工单位需对承建的工程质量负相应的责任。对施工单位的违约责任主要规定了以下两种承担方式。

① 在合理期限内无偿修理或者返工、改建。施工单位根据不合格建设工程的实际予以修理或返工、改建，使之达到质量要求。施工单位修理或者返工、改建所支出的费用自行承担。

② 逾期违约责任。因施工单位的原因致使建设工程质量不合格，在合理期限内无偿修理或者返工、改建后，达到了约定的质量标准，但是，如果导致建设工程逾期交付，与一般的履行迟延相同，施工单位应当承担迟延履行的违约责任，赔偿建设单位因此遭受的损失。

2）承包单位侵权责任

《产品质量法》第二条第 3 款规定："建筑工程不适用本法规定。"因此不能根据该法确定承包单位的侵权责任。《民法典》《建筑法》等法律、法规对承包单位侵权责任的确认提供了法律依据。如《民法典》第八百零二条规定："因承包人的原因致使建设工程在合理使用期限内造成人身和财产损害的，承包人应当承担损害赔偿责任。"

建设工程质量不符合约定或法律、法规规定的强制性标准，造成人身、财产损害的，若符合侵权责任的构成要件，承包单位应依法承担相应的侵权责任。在建设工程中，承包单位侵权责任的构成要件如下。

（1）承包单位有违法行为。承包单位的行为违反《民法典》《建筑法》等法律、法规的规定，具备违法性要件。

（2）有客观存在的损害事实。存在一定的行为致使权利主体的人身权、财产权受到损害，造成财产利益、非财产利益的减少或灭失。就建设工程而言，要求有人身和财产损害的客观事实，否则，承包单位不承担侵权责任。

（3）承包单位的违法行为与损害事实之间有因果关系。人身和财产的损害是由承包单位的违法行为造成的。

（4）承包单位主观上有过错。人身和财产的损害是由承包单位的原因造成的，承包单位在主观上有过错。如果人身和财产的损害由第三人、受害人自己或者其他客观原因造成，则承包人不承担侵权责任。

承包单位承担侵权责任主要是赔偿受害者的损失，包括财产损失和人身伤害损失。其中人身伤害损失包括受害者医疗费、误工费、残疾生活补助费，如果造成受害者死亡，承包单位还应当承担丧葬费、抚恤金、抚养费等。

建设工程在合理使用期限内因承包单位原因造成受害者人身、财产损害的，有时承包单位既违反了合同，应承担违约责任，同时又符合侵权责任的构成要件，应承担侵权责任。承包单位侵权责任和违约责任竞合时，受害者有权选择有利于自己的诉因提起诉讼，可以根据建设工程承包合同关系请求承包单位承担违约责任，也可以按照侵权关系请求承包单位承担侵权责任。

【案例 4-5】某市一建公司中标施工某安置房小区工程，施工中一建公司将木工、钢筋、砌筑等五项劳务分包给朱某某，朱某某又召集施工人员进行施工。施工中由于安全管理措施不到位，在高空作业中，朱某某偷工减料，并未分发安全绳给相关施工人员王某和张某，也未对其做安全施工的教育。王某、张某在工作过程中不幸坠落，导致一死一伤。王某和张某家属要求一建公司承担赔偿责任，一建公司认为王某和张某是由朱某某聘请的，二人与一建公司不存在劳动关系，损失应当由朱某某承担。法院认为，一建公司将劳务分包给不具有分包资质的个人朱某某，属于违法分包，分包行为无效，责任后果应当由一建公司承担。后经调解，一建公司承担受害者相关费用共计 152 万元。

2. 行政法律责任

承包单位在建筑活动中违反《建筑法》及其他行政管理法律规范的，应当承担行政法律责任，主要体现在以下几个方面。

（1）勘察、设计、施工单位超越本单位资质承揽工程的，责令停止违法行为，对勘察、设计单位处合同约定的勘察费、设计费 1 倍以上 2 倍以下的罚款；对施工单位处工程合同价款 2%以上 4%以下的罚款，可以责令停业整顿，降低资质等级；情节严重的，吊销资质证书；有违法所得的，予以没收。未取得资质证书承揽工程的，予以取缔；以欺骗手段取得资质证书承揽工程的，吊销资质证书，依照规定处以罚款，有违法所得的，予以没收。

（2）勘察、设计、施工单位允许其他单位或者个人以本单位名义承揽工程的，责令改正，没收违法所得，对勘察、设计单位处合同约定的勘察费、设计费1倍以上2倍以下的罚款；对施工单位处工程合同价款2%以上4%以下的罚款；可以责令停业整顿，降低资质等级；情节严重的，吊销资质证书。

（3）承包单位将承包的工程转包或者违法分包的，责令改正，没收违法所得，并处罚款，可以责令停业整顿，降低资质等级；情节严重的，吊销资质证书。

（4）勘察单位未按照工程建设强制性标准进行勘察，设计单位未根据勘察成果文件、工程建设强制性标准进行工程设计，指定建筑材料、建筑构配件的生产厂、供应商的，予以罚款；造成工程质量事故的，责令停业整顿，降低资质等级；情节严重的，吊销资质证书。

（5）施工单位在施工中偷工减料，使用不合格的建筑材料、建筑构配件和设备，或者有不按照工程设计图纸或者施工技术标准施工的其他行为的，责令改正，处以罚款；情节严重的，责令停业整顿，降低资质等级或者吊销资质证书。

（6）施工单位违反规定未对建筑材料、建筑构配件、设备和商品混凝土进行检验，或者未对涉及结构安全的试件及有关材料取样检测的，责令改正，处以罚款；情节严重的，责令停业整顿，降低资质等级或者吊销资质证书。

（7）施工单位违反规定，不履行保修义务或者拖延履行保修义务的，责令改正，处以罚款。

（8）承包单位涉及建筑主体或者承重结构变动的装修工程，没有设计方案擅自施工的，责令改正，处以罚款。

3．刑事法律责任

承包单位在建筑活动中违反刑事法律规范应当承担刑事法律责任，主要体现在以下几个方面。

（1）承包单位违反国家规定，降低工程质量标准，造成重大安全事故，对直接责任人员依照《刑法》第一百三十七条追究工程重大安全事故罪。

（2）在建筑活动中，承包单位因种种原因，比如为了承揽建设工程，可能行贿、受贿，从而必须承担相应的刑事责任。

（3）《建筑法》第七十一条第1款规定：建筑施工企业违反本法规定，对建筑安全事故隐患不采取措施予以消除，构成犯罪的，依法追究刑事责任。在这种情况下所涉及的罪名为《刑法》第一百三十五条所规定的重大劳动安全事故罪。

（4）《建筑法》第七十一条第2款规定：建筑施工企业的管理人员违章指挥、强令职工冒险作业，因而发生重大伤亡事故或者造成其他严重后果的，依法追究刑事责任。在这种情况下所涉及的罪名为《刑法》第一百三十四条所规定的重大责任事故罪。

【案例4-6】2016年11月24日，江西丰城发电厂三期扩建工程发生冷却塔施工平台坍塌特别重大事故，造成73人死亡、2人受伤，直接经济损失10 197.2万元。

调查组认定，工程总承包单位中南电力设计院有限公司对施工方案审查不严，对分包施工单位缺乏有效管控，未发现和制止施工单位项目部违规拆模等行为。其上级公司中国电力工程顾问集团有限公司和中国能源建设集团（股份）有限公司未有效督促其认真执行安全生产法规标准。监理单位上海斯耐迪工程咨询有限公司未按照规定要求细化监理措

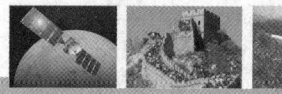

施,对拆模工序等风险控制点失管失控,未纠正施工单位违规拆模行为。其上级公司国家核电技术有限公司对其安全质量工作中存在的问题督促检查不力。建设单位江西丰城三期发电厂及其上级公司江西赣能股份有限公司和江西省投资集团公司未按规定组织对工期调整的安全影响进行论证和评估;项目建设组织管理混乱。中国电力企业联合会所属电力工程质量监督总站违规使用建设单位人员组建江西丰城发电厂三期扩建工程质量监督项目站,未能及时发现和纠正压缩合理工期等问题。国家能源局电力安全监管司、华中监管局履行电力工程质量安全监督职责存在薄弱环节,对电力工程质量监督总站的问题失察。丰城市政府及其相关职能部门违规同意及批复设立混凝土搅拌站,对违法建设、生产和销售预拌混凝土的行为失察。

国务院责成江西省政府向国务院做出深刻检查。针对江西省政府时任副省长李贻煌在贯彻落实国家有关安全生产方针政策、法律法规中领导不力,未有效指导督促相关部门和省属企业落实安全生产责任的问题,依法依纪给予通报。由相关地方和部门对其他 47 名责任人员依法依纪给予党纪政纪处分、诫勉谈话、通报、批评教育。另外,司法机关已对 31 名责任人依法采取刑事强制措施。同时,依法吊销施工单位河北亿能烟塔工程有限公司建筑工程施工总承包一级资质和安全生产许可证,并对工程总承包、监理等单位和相关人员给予相应行政处罚。

4.2.3 监理单位的法律责任

1. 民事法律责任

《建筑法》第三十五条第 1 款规定:"工程监理单位不按照委托监理合同的约定履行监理义务,对应当监督检查的项目不检查或者不按照规定检查,给建设单位造成损失的,应当承担相应的赔偿责任。"

监理单位在以下两种情况下承担连带赔偿责任。

(1)《建筑法》第三十五条第 2 款规定:工程监理单位与承包单位串通,为承包单位牟取非法利益,给建设单位造成损失的,应当与承包单位承担连带赔偿责任。

(2)《建筑法》第六十九条第 1 款规定:工程监理单位与建设单位或者建筑施工企业串通,弄虚作假,降低工程质量,造成损失的,承担连带赔偿责任。

2. 行政法律责任

(1)监理单位违反工程建设监理法律、法规规定,未经批准而擅自开业,或者超出批准的业务范围从事工程建设监理活动的,由人民政府建设行政主管部门给予警告、通报批评、责令停业整顿、降低资质等级、吊销资质证书的处罚,并可以处以罚款。

(2)对伪造、涂改、出租、出借、转让、出卖"监理申请批准书""监理许可证书""资质等级证书",徇私舞弊,损害建设单位或者承包单位利益的监理单位,没收其全部非法收入,并处以罚款,直至给予收缴有关证书的处罚。

(3)工程监理单位转让监理业务的,责令改正,没收违法所得,可以责令停业整顿,降低资质等级;情节严重的,吊销资质证书。

(4)工程监理单位与建设单位或者建筑施工企业串通,弄虚作假,降低工程质量,将

不合格的建设工程、建筑材料、建筑构配件和设备按照合格签字，与被监理工程的施工承包单位以及建筑材料、建筑构配件和设备供应单位有隶属关系或者其他利害关系承担该项建设工程的监理业务的，责令改正，处以罚款，降低资质等级或者吊销资质证书，有违法所得的，予以没收。

3. 刑事法律责任

监理单位在建筑活动中违反刑事法律规范应当承担刑事法律责任，主要体现在以下几个方面。

（1）监理单位违反国家规定，与建设单位或者建筑施工企业串通，弄虚作假，降低工程质量标准，造成重大安全事故的，对直接责任人员依照《刑法》第一百三十七条追究工程重大安全事故罪。

（2）在建筑活动中，监理单位因种种原因，比如为了承揽监理业务，可能行贿、受贿，从而必须承担相应刑事责任。

（3）监理单位伪造、涂改、出租、出借、转让、出卖"监理申请批准书""监理许可证书""资质等级证书"，徇私舞弊，损害建设单位或者承包单位利益，其行为构成犯罪的，由司法机关追究其刑事责任。

【案例 4-7】 一家儿童医院决定新建一栋心脏病房大楼，经招标后委托给一个颇有名望的工程咨询公司进行工程设计。医院地下为黏土层，其性质比较特殊。咨询公司在投标时选用了一个老资格、有经验的咨询工程师负责。中标后，公司改由一个年轻的咨询工程师负责，他对医院地下黏土的特性不太熟悉，设计时发生了错误，将打桩的承载力算错，打桩选用优质材料。当时客户对选材比较满意，但这掩盖了承载力计算的错误。开工后不久由于业主资金不足，设计做了修改，将桩柱和桩帽改为比较廉价的材料，但对工程计算的错误未做纠正。这样，在建设过程中，大楼的上部结构发生了问题，整个建筑需要重建。业主向法院起诉。法院判决咨询公司败诉，负担拆除并重新施工建设该大楼。咨询公司为此将支出数千万美元。

评析： 在建筑工程的建设中，业主为了保持工程项目的连续性，在选择设计单位时一般与选择施工监理综合考虑，尽量找同一咨询工程师负责工程的设计和施工监理，一贯到底，以免日后出现设计单位与监理单位互相推诿责任的现象。

对于建筑工程的设计责任有下列需要注意的问题。在工程设计中，设计人员提供的是一种服务或智力成果。与提供商品的产品生产者和销售者相比，设计人员的法律责任相对宽松一些。判断设计人员的法律责任一般也依据"合理的细心和技能（Reasonable Care and Skill）"原则。根据这一原则，设计工程师的工作能力达到一般合格设计工程师所具备的平均工作能力就可以了，这一原则不要求设计工程师达到本专业最尖端的技术水平。在实践上这一原则是建立在判例的基础上的，有时需要专家的证言才能加以确定。另外，在依据《建筑法》的审判中，确定设计人员责任的另外一个重要考虑是设计人员的工作是否满足该工程项目所要达到的"目的"，如果设计工作没有达到该工程项目的目的，可以考虑要求设计人员承担设计不当的责任，但一般要求该"设计目的"应当在合同中有具体明确的规定。

在我国，《建筑法》第三十七条规定："建筑工程设计应当符合按照国家规定制定的建筑安全规程和技术规范，保证工程的安全性能。"第五十二条规定："建筑工程勘察、设计、施工的质量必须符合国家有关建筑工程安全标准的要求，具体管理办法由国务院规定。有关建筑工程安全的国家标准不能适应确保建筑安全的要求时，应当及时修订。"第七十三条规定："建筑设计单位不按照建筑工程质量、安全标准进行设计的，责令改正，处以罚款；造成工程质量事故的，责令停业整顿，降低资质等级或者吊销资质证书，没收违法所得，并处罚款；造成损失的，承担赔偿责任；构成犯罪的，依法追究刑事责任。"这些规定的一个重要的核心是"安全规程和技术规范"。有关国家标准和技术规范是我国审判实践中确定设计责任最重要的依据。

本案由于设计人员的计算错误导致工程重建。法院判决其承担拆除和重建费用是适当的。对建筑工程的设计单位和监理单位，一般考虑的主要因素是其设计能力和管理能力，而对其经济能力常常重视不够。本案咨询公司承担的拆除和重建费用竟高达数千万美元。这提示我们，对设计或监理等咨询单位经济实力的考虑是非常重要的。虽然一般情况下，咨询单位在执行合同时不需要其本身有多大的经济实力，可一旦发生因为设计、监理或其他咨询活动而导致重大损失的情况，则没有实力的咨询单位是无法承担的。在这种情况下业主只好自吞苦果。因此业主在选择设计、监理等咨询单位时一定要充分考虑其经济实力。

【案例4-8】 2017年3月25日7时55分，广州市从化区鳌头镇潭口村在建的广州市第七资源热力电厂项目垃圾储坑厂房屋面防腐板安装操作平台发生高处坍塌坠落事故，造成平台上作业人员9人死亡、2人受伤，直接损失达1 065万元。

事故发生后，经市政府批复同意，成立了广州市从化区广州市第七资源热力电厂项目"3·25"较大坍塌事故调查组。11月3日，广州市安全生产监督管理局公布了事故性质、原因及处理结果。认定"3·25"较大坍塌事故是一起生产安全责任事故。其中，广州市市政工程监理有限公司作为监理单位，未按照建设工程监理合同约定配备足够的项目监理部人员，且项目监理部人员与合同约定不一致；未按照建设工程监理合同约定派驻贺利军全程担任项目的总监理工程师，而是于2015年12月7日后指定不具备资格的晏有志作为总监理工程师负责项目监理部的管理工作；对施工单位的违法违规施工行为，未及时有效制止和向主管部门报告，对事故发生负有重要责任。因此对晏有志（广州市市政工程监理有限公司安排在土建总承包工程项目监理部的实际负责人）、曾亮（广州市市政工程监理有限公司安排在土建总承包工程项目现场负责安全的专项监理工程师）予以逮捕，追究刑事责任，对公司依法给予行政处罚，并由市住建委按照施工企业诚信综合评价标准处理。

综合案例22　建筑工程承包合同纠纷

原告：江苏省第一建筑安装集团股份有限公司（以下简称江苏一建）
被告：唐山市昌隆房地产开发有限公司（以下简称昌隆公司）

一、一审诉辩主张和事实认定

江苏一建向一审法院起诉请求：（1）判令昌隆公司给付拖欠工程款43 152 301元（以司法鉴定确定的数额为准）及迟延支付工程款自竣工日起至生效判决确定的履行期限届满之日止按中国人民银行同期同类贷款利率计算的利息（为计算诉讼费，估算约为6 040 160.69元）；（2）由昌隆公司承担本案诉讼费用。

昌隆公司反诉请求：（1）判令江苏一建赔偿超拨工程款的利息128.2万元；（2）交付工程竣工备案资料；（3）赔偿因逾期交付竣工验收资料造成昌隆公司融资等损失1 206.12万元（1 077.92万元+128.2万元）；（4）赔偿因工程质量造成昌隆公司赔偿小业主损失22.83万元；（5）江苏一建负担本案诉讼费用。

一审法院认定事实：在双方签订施工合同之前，昌隆公司作为发包方与江苏一建作为承包方签订了金色和园基坑支护合同，将金色和园项目基坑支护工程委托江苏一建施工。合同上未载明签约时间。

2016年，江苏一建、昌隆公司、设计单位及监理单位对涉案工程结构和电气施工图纸进行了四方会审。在履行招标投标程序之前，江苏一建已经完成了涉案工程部分楼栋的定位测量、基础放线、基础垫层等施工内容。

经履行招标投标程序，昌隆公司确定江苏一建为其所开发金色和园住宅工程项目的中标人，并向江苏一建发出中标通知书，昌隆公司招标文件载明合同价款采用固定总价方式。2016年底，双方当事人签订备案合同，约定由江苏一建承包昌隆公司开发的金色和园住宅工程，建筑面积为110 998平方米，合同价款为131 839 227.62元。该份协议在唐山市建设局进行了备案。

双方当事人后面签订补充协议，约定该补充协议是对金色和园建筑工程施工合同的有关补充条款的进一步明确，作为主合同附件，与主合同具有同等法律效力。

2018年底，江苏一建所承建的工程全部竣工验收合格。2019年底，江苏一建向昌隆公司上报了完整的结算报告，昌隆公司已签收。昌隆公司已向江苏一建支付工程款124 939 155元。

在审理过程中，江苏一建向一审法院提交涉案工程造价审计申请，一审法院委托鉴定机构按照双方主张分别以两份合同为依据进行审计。冀诚祥公司最终审计结果为：按照备案合同即固定总价合同，鉴定工程总造价为117 323 856.47元；按照补充协议即可调价合同，鉴定工程总造价为150 465 810.58元。该鉴定结论经过双方当事人多次质询、修正，符合法律规定，可以作为认定事实的依据。

二、一审判决理由和判决结果

一审法院认为，双方当事人先后签订的两份施工合同均无效：双方签订的备案合同虽系经过招标投标程序签订，并在建设行政主管部门进行备案，但在履行招标投标程序确定江苏一建为施工单位之前，江苏一建、昌隆公司、设计单位及监理单位已经对涉案工程结构和电气施工图纸进行了四方会审，且江苏一建已完成部分楼栋的定位测量、基础放线、基础垫层等施工内容，即存在未招先定等违反《招标投标法》禁止性规定的行为，因此该备案合同应认定为无效。而双方签订的补充协议未通过招标投标程序签订，且对备案合同中约定的工程价款进行了实质性变更，属于《最高人民法院关于审理建设工程施工合同纠纷案件适用法律问题的解释》（以下简称《建设工程施工合同司法解释》）第二十一条所规定的黑合同，依法也应认定为无效。其次，本案中的两份施工合同签署时间仅间隔二十天，从时间上无法判断实际履行的是哪份合同，双方当事人对于实际履行哪份合同也无明确约定，两份合同内容比如甲方分包、材料认质认价等在合同履行过程中亦均有所体现，且两份合同均为无效合同就意味着法律对两份合同均给予了否定性评价，无效的合同效力等级相同，不涉及哪份合同更优先的问题。因此综合考虑本案情况，可按照《合同法》第五十八条的规定，由各方当事人按过错程度分担因合同无效所造成的损失。本案中该损失即为两份合同之间的差价 33 141 954.11 元（150 465 810.58 元-117 323 856.47 元）。昌隆公司作为发包人是依法组织进行招标投标的主体，对于未依法招标投标应负有主要责任，江苏一建作为具有特级资质的专业施工单位，对于《招标投标法》等法律相关规定也应熟知，因此对于未依法招标投标导致合同无效也具有过错，综合分析本案情况以按 6：4 比例分担损失较为恰当，因此总工程款数额应认定为 137 209 028.94 元（117 323 856.47 元＋33 141 954.11 元×60%）。

综上，一审法院判决：（1）昌隆公司于判决生效之日起十五日内给付江苏一建欠付的工程款 10 297 320.69 元，并按照中国人民银行同期同类贷款利率支付利息至付清之日止；（2）江苏一建于判决生效之日起十五日内向昌隆公司交付全部施工资料；（3）驳回江苏一建其他诉讼请求；（4）驳回昌隆公司其他反诉请求。

本诉案件受理费 306 512 元、鉴定费 120 万元，共计 1 506 512 元，由江苏一建负担 1 074 600 元，由昌隆公司负担 431 912 元；反诉案件受理费 51 873 元，由江苏一建负担 7 492 元，由昌隆公司负担 44 381 元。

三、二审判决理由和判决结果

关于涉案工程价款利息，江苏一建上诉主张应自 2019 年起按照中国人民银行同期贷款利率支付工程款利息。一审法院认为，昌隆公司在施工过程中并无拖欠工程进度款情形，亦无拖欠工程款的主观恶意，且双方对于签订两份无效合同并由此导致工程价款结算争议发生均有过错，因此欠付工程款利息自江苏一建起诉之日按中国人民银行同期同类贷款利率计息。《建设工程施工合同司法解释》第十八条规定："利息从应付工程价款之日计付。当事人对付款时间没有约定或者约定不明的，下列时间视为应付款时间：（一）建设工程已实际交付的，为交付之日；（二）建设工程没有交付的，为提交竣工结算文件之日；（三）建设工程未交付，工程价款也未结算的，为当事人起诉之日。"最高人民法院认为，涉案工程于 2018 年竣工验收合格并交付使用，涉案两份合同均被认定无效，一方面合同约定的工程价款给付时间无法参照合同约定适用，另一方面发包人支付工程欠款利息性质为法定孳息，建设工程竣工验收合格交付发包人后，其已实际控制，有条件对诉争建设工程行使占有、使用、收益权利，故从工程竣工验收合格交付计付工程价款利息符合当事人利益平衡。江苏一建公司主张从 2012 年 1 月 30 日起按照中国人民银行同期贷款利率支付工程款利息，本院予以支持。江苏一建的上诉请求部分成立。

二审法院依法改判为：唐山市昌隆房地产开发有限公司于本判决生效之日起十五日内付给江苏省第一建筑安装集团股份有限公司工程款 10 297 320.69 元，并按照中国人民银行同期同类贷款利率支付利息至付清之日。

四、案例评析

本案焦点是对备案合同与补充协议的效力认定，对两份合同的效力认定直接关系到工程款结算方式、违约金计算、利息计算等附带问题。

一个项目出现两份合同，第一要看备案合同与补充协议的订立顺序。

若补充协议签订在备案合同之前，对于必须招标的项目而言，两份合同将会因为违反

《招标投标法》而归于无效。合同无效后，工程款将据实结算。对于非必须招标的项目，如果双方已明确，备案合同仅用于办理建设手续而不用于实际履行，那备案合同并不当然无效，但其效力仅限于当事人的意思范围，即用以办理手续，而不应直接将其作为结算工程款的依据。补充协议是否有效，则应看其是否存在合同无效的其他情形。

若补充协议签订在备案合同之后，则要看补充协议的内容是否对备案合同进行了实质性变更，因补充协议反映了双方当事人的真实意思，应肯定补充协议的效力。

综合案例 23　工程重大安全事故

原公诉机关为鄂州市华容区人民检察院。

上诉人（原审被告人）项某某，因涉嫌工程重大安全事故罪，于 2017 年 2 月 17 日被鄂州市公安局刑事拘留，同年 3 月 23 日被逮捕。

原审被告人伍某某，因涉嫌工程重大安全事故罪，于 2017 年 2 月 17 日被鄂州市公安局刑事拘留，同年 3 月 23 日被逮捕。

原审被告人詹某某，因涉嫌工程重大安全事故罪，于 2017 年 3 月 3 日被鄂州市公安局刑事拘留，同年 4 月 7 日被逮捕，同年 4 月 16 日被鄂州市华容区人民法院取保候审。

原审被告人何某某，因涉嫌工程重大安全事故罪，于 2017 年 3 月 3 日被鄂州市公安局刑事拘留，同年 4 月 7 日被逮捕，同年 10 月 11 日被鄂州市华容区人民检察院取保候审，同年 11 月 16 日被鄂州市华容区人民法院取保候审。

一、一审判决理由和判决结果

鄂州市华容区人民法院审理鄂州市华容区人民检察院指控被告人伍某某、詹某某、项某某、何某某犯工程重大安全事故罪一案，于 2018 年 4 月 13 日做出（2017）鄂 0703 刑初 183 号刑事判决。原审被告人项某某不服判决，提出上诉。本院受理后，依法组成合议庭，经过阅卷、讯问上诉人及原审被告人，听取辩护人的意见，认为事实清楚，决定不开庭审理。现已审理终结。

原审判决认定：2009 年 4 月 28 日，鄂州市交通局向湖北省国土资源厅提交关于鄂州市葛湖一级公路工程用地支持性文件的请示，后经湖北省国土资源厅、湖北省环境保护局、湖北省交通厅分别出具建设该项工程的意见函。2009 年 5 月 27 日，湖北省发展和改革委员会做出关于鄂州市葛店至梁子湖公路部分路段改扩建工程可行性研究报告的批复。同年 5 月，鄂州市公路管理处委托湖北省交通规划设计院对鄂州市葛店至梁子湖一级公路（以下简称葛湖公路）改建工程进行设计。2011 年 7 月 4 日，湖北省葛店开发区建设投资有限公司对葛湖公路 K3+219.23-K3+880 段工程发出招标公告。2011 年 8 月，湖北中南路桥有限责任公司（以下简称中南路桥公司）中标该工程，并与湖北省葛店开发区建设投资有限公司签订建设工程施工合同。同时，湖北省葛店经济技术开发区管委会（以下简称开发区管委会）下设的基础设施建设指挥部（以下简称基建部）委托武汉市公路工程咨询监理公司（以下简称监理公司）对该工程进行监理。中南路桥公司指派被告人伍某某担任该工程的项目经理，伍某某代表项目部聘请被告人詹某某担任该工程的现场施工技术人员。监理公司委派被告人项某某作为该项工程的项目监理。

2012 年 9 月 17 日，葛湖公路 K3+219.23-K3+880 段工程完工，因相邻葛湖公路

K3+880-K4+340.576 段未改建，影响通行。经鄂州市政府协调，鄂州市交通运输局、华容区人民政府、开发区管委会、中南路桥公司就葛湖公路 K3+880-K4+340.576 段的建设达成协议，约定该工程由市交通局、华容区人民政府共同建设，业主单位为市交通局，建设责任单位为华容区人民政府，被委托代理建设单位为开发区管委会，施工单位为中南路桥公司。工程设计、造价、控制由市交通局审定，工程款由市交通局和华容区人民政府按比例分担；工程总造价为 238.737 万元，其中路基及防护造价为 130.760 2 万元，路面及安全设施造价为 107.976 8 万元。

随后，基建部指派姜某作为葛湖公路 K3+880-K4+340.576 段的现场代表，由被告人项某某继续担任工程项目监理，项某某代表监理公司聘请被告人何某某作为该项目的现场监理。被告人伍某某继续担任该工程项目经理，被告人詹某某担任该工程技术人员。在施工过程中，伍某某经基建部综合办公室副主任周某指派，到鄂州市经纬设计院领取葛湖公路 K3+880-K4+340.576 段施工图纸，施工图纸上包含路基、路面及标识标线、波形防护栏等交通安全设施的设计方案。伍某某根据现场代表姜某的口头指示，此段道路的建设按照前一段道路建设施工，其理解为前一段（K3+219.23-K3+880 段）的标识标线是开发区管委会另行指派其他队伍施划，波形防护栏的建设由开发区管委会另行委托其他施工队伍施工，故后一段（K3+880-K4+340.576 段）的标识标线和波形防护栏也不应该由其施工单位施工，其安排詹某某只对路基路面、涵洞进行施工，而项某某、何某某也只针对路基路面、涵洞工程质量进行监理。

2013 年 9 月，伍某某以工程全部完工为由申请支付工程款，经相关人员签字审批，葛湖公路 K3+880-K4+340.576 段共计支付工程款 227.961 2 万元（其中包括市公路局向鄂州路桥公司支付的路面刷黑工程款 48.961 2 万元）。同年 12 月，伍某某向姜某提出交工验收，姜某向周某汇报后，基建部同意组织交工验收。12 月 30 日，华容区政府高某、鄂州市公路局副局长张某 1、现场代表姜某、被告人项某某、被告人伍某某、被邀请单位人员张某 2 等人参与验收，验收范围为 K3+880-K4+340.576 段道路、涵洞工程。参与验收人员现场提出加宽路肩和完善标识标线的意见，并记录在交工验收证书上，之后，参与验收的人员在工程交工验收证书上均签字同意验收。嗣后，施工单位中南路桥公司对加宽路肩的意见进行了整改落实，而对于完善标识标线的意见，伍某某未整改落实，项某某也未督促施工单位整改落实。

2016 年 12 月 2 日 5 时 45 分许，李某 4（已判刑）驾车搭载 19 人行至葛湖公路 K3+913 处（处于葛湖公路 K3+880-K4+340.576 段）时，因大雾天气，能见度较低，李某 4 采取转向措施不当致使该车驶出路外，翻坠至路右坡下水塘中，导致车上乘坐的 18 人死亡、1 人受伤。经鉴定，18 名被害人系生前溺水死亡。经交通运输部公路科学研究所司法鉴定中心鉴定，事故发生地点路段的护栏设置情况、标线施划情况与设计文件和相关标准规范的要求不符；事故地点所处路段未施划相应的标线是导致本次交通事故发生的原因之一；事故地点所处路段未设置护栏加重了本次事故后果的严重程度。

2017 年 2 月 17 日，被告人伍某某、项某某经通知到鄂州市公安局接受调查。同年 3 月 3 日，被告人詹某某、何某某经通知到鄂州市公安局接受调查。

原审判决认定上述事实，依据以下经庭审举证、质证、核实的证据证实：（1）书证。①关于事故发生情况及原因的相关书证，包括李某 4 交通肇事案的受案登记表、鄂州市中心医院急诊科证明、伤者及死者名单及基本情况、现场勘验及道路交通事故现场图、现场照片、道路交通事故认定书、湖北省鄂州市公安局法医学尸体检验报告书、李某4的供述和辩解、鄂州市华容区庙岭镇人民政府与18名死者家属的协议书；②关于葛湖公路设计和严家湖段K3+219.23-K3+880（660米）施工、监理的相关书证，包括建设工程设计合同、招标文件、中标通知书、施工合同、竣工图、施工图变更设计；③关于事故路段K3+880-K4+340.576的施工、监理及支付工程款的书证，包括鄂州市葛店至梁子湖一级公路（K3+880-K4+340.576）两阶段施工图（变更设计）、鄂州市经纬公路规划设计研究院出具的收条一张、《关于魏家园道路工程等项目委托监理单位的请示》（鄂某指[2013]12号）、湖北省增值税普通发票及湖北省地方税务局通用网络发票、鄂州市葛店至梁子湖一级公路施工协议书、工程交工验收证书、《关于工程计量支付的申请》、委托支付函、会议纪要、记账凭证和收据、湖北省葛店开发区建设投资有限公司《葛店至梁子湖一级公路工程支付表》、关于工程计量支付的申请、申请拨付工程款的报告、办公文件；④综合书证，包括到案经过、人口信息表、伍某某一级建造师注册证书、安全生产考核合格证、湖北中南路桥有限责任公司营业执照、建筑业企业资质证书、交通运输企业安全生产标准化达标等级证书、安全生产许可证、武汉市公路工程咨询监理公司营业执照、法定代表人授权委托书、专业监理工程师资格证复印件、葛湖一级公路葛店与庙岭连接段监理人员名单、工资发放表及《关于何某某、陈敏聘用及工资支出情况说明》、葛湖一级公路人员工资表、葛店开发区管委会办公室《关于成立葛店开发区基础设施建设指挥部的通知》、鄂州市公安局协助冻结财产通知书回执、暂扣款物票据。(2)证人张某1、熊某、周某、姜某、张某2、高某、张某3、李某1、李某2、李某3、胡乐平的证言。(3)交通运输部公路科学研究所司法鉴定中心司法鉴定意见书。(4)被告人伍某某、詹某某、项某某、何某某的供述和辩解。

原审判决根据以上认定的事实及证据，依照《刑法》第一百三十七条、第六十七条第一款、第五十二条、第五十三条的规定，以被告人伍某某犯工程重大安全事故罪，判处有期徒刑二年，并处罚金人民币五万元；以被告人詹某某犯工程重大安全事故罪，免予刑事处罚；以被告人项某某犯工程重大安全事故罪，判处有期徒刑二年六个月，并处罚金人民币五万元；以被告人何某某犯工程重大安全事故罪，免予刑事处罚。

二、二审判决理由和判决结果

上诉人项某某及其辩护人上诉、辩护提出：（1）事故路段的交通安全工程不属于上诉人监理职责范围，故上诉人项某某不构成工程重大安全事故罪；（2）原审判决判处上诉人重于施工单位项目经理的刑罚，显属量刑不当。

原审被告人伍某某、詹某某、何某某未做辩护。

在二审审理期间，原公诉机关、上诉人项某某及其辩护人均未提交新的证据。

经审理查明，原审判决认定原审被告人伍某某、詹某某违反国家有关建筑法规，未按图纸施工建设交通安全设施，降低工程质量标准，上诉人项某某、原审被告人何某某未能有效履行监理职责，未严格监督施工单位落实整改标识标线的事实清楚，所采信的证据均经一审庭审质证、二审审查核实，本院均予以确认。

本院对上诉人项某某及其辩护人的上诉理由和辩护意见评判如下：

（1）关于上诉人及辩护人提出事故路段的交通安全工程不属于上诉人监理职责范围的

上诉及辩护理由。

经查，事故路段葛湖公路 K3+880-K4+340.576 段的监理合同的专用条件第四条明确约定，监理范围"详见工程量清单及施工设计图"，且该路段的施工图纸中设计了路基、路面及标识标线、波形防护栏等交通安全工程，证人熊某（原葛店管委会副主任、基建部指挥长）、周某（原基建部综合办公室常务副主任）的证言亦均证实了葛店开发区作为代建单位，未决定取消事故路段交通安全工程，基建部亦从未发文或以其他方式指示施工单位不做防护栏和施划标识标线。本院据此认定，该路段的交通安全工程属于上诉人监理职责范围。故上诉人及辩护人提出事故路段的交通安全工程不属于上诉人监理职责范围的上诉及辩护理由不能成立，本院不予支持。

（2）关于上诉人及辩护人提出原审判决判处上诉人重于施工单位项目经理的刑罚，显属量刑不当的上诉及辩护理由。

交通运输部《关于深化公路建设管理体制改革的若干意见》及《公路工程施工监理规范》明确规定，工程监理在项目管理中不作为独立的第三方，监理单位是对委托人负责的受托方，按合同要求和监理规范提供监理咨询服务。监理单位根据项目建设管理法人要求，按照合同约定的权利和义务，依法、依合同开展监理工作。工程施工质量和安全的第一责任人是施工单位，勘察、设计质量和安全的第一责任人是勘察、设计单位，监理单位依法承担监理合同范围内规定的相应责任。本院据此认为，监理人员所承担的责任不应重于施工方。故原审判决判处上诉人重于施工单位项目经理的刑罚，属量刑偏重，应予纠正。上诉人及辩护人该上诉及辩护理由成立，本院予以支持。

本院认为，原审被告人伍某某作为事故路段的项目经理，原审被告人詹某某作为事故路段的技术人员，二人应对事故路段的工程质量负直接责任。在业主单位未明确变更交通安全设施施工设计方案的情况下，违反国家有关建筑法规，未按图纸施工建设交通安全设施，降低工程质量标准，并将工程交付使用，造成重大安全事故，后果特别严重。上诉人项某某作为事故路段的项目监理，原审被告人何某某作为事故路段的现场监理，二人应对事故路段的工程监理质量负直接责任。二人未严格按照监理规范对施工单位的施工方案进行审查，未有效履行监理职责，致施工单位未按图纸施工建设交通安全设施，同时未严格监督施工单位落实整改交工验收证书上记载的完善标识标线的问题，降低工程质量监理标准，造成重大安全事故，后果特别严重。上诉人项某某、原审被告人伍某某、詹某某、何某某四人的行为均构成工程重大安全事故罪。该四人均系经侦查机关电话通知到案，如实交代案件事实，系自首，对原审被告人伍某某和上诉人项某某依法予以减轻处罚，对犯罪情节较轻的原审被告人詹某某和何某某，依法免予刑事处罚。综上，原审判决认定事实清楚，证据确实充分，定罪准确，审判程序合法。依照《刑法》第一百三十七条、第六十七条第一款、第五十二条、第五十三条和《刑事诉讼法》第二百二十五条第一款第（二）项的规定，判决如下：

（1）维持鄂州市华容区人民法院（2017）鄂 0703 刑初 183 号刑事判决第一项、第三项、第四项及第二项中对上诉人项某某的定罪及判处的附加刑，即原审被告人伍某某犯工程重大安全事故罪，判处有期徒刑二年，并处罚金人民币五万元；原审被告人詹某某犯工程重大安全事故罪，免予刑事处罚；原审被告人何某某犯工程重大安全事故罪，免予刑事处罚；上诉人项某某犯工程重大安全事故罪，处罚金人民币五万元。

（2）撤销鄂州市华容区人民法院（2017）鄂 0703 刑初 183 号刑事判决对上诉人项某某判处的主刑，即对上诉人项某某判处有期徒刑二年六个月。

（3）上诉人项某某犯工程重大安全事故罪，判处有期徒刑二年。

（刑期自判决执行之日起计算。判决执行以前先行羁押的，羁押一日折抵刑期一日，即上诉人项某某的刑期自 2017 年 2 月 17 日起至 2019 年 2 月 16 日止。罚金于本判决生效之日起十日内缴纳。）

思考与练习题 4

一、单项选择题

1．中标人不履行与招标人订立的合同的，（　　）。
　　A．履约保证金不予退还，不再赔偿招标人超过部分的其他损失
　　B．履约保证金不予退还，另外赔偿其他损失
　　C．履约保证金不予退还，另外赔偿超过部分的其他损失
　　D．按照实际损失赔偿

2．甲施工企业转让、出借资质证书，允许乙以该企业名义承揽工程，因工程质量问题造成的损失，（　　）。
　　A．由甲承担赔偿责任　　　　　　　　B．由乙承担赔偿责任
　　C．由甲和乙承担连带赔偿责任　　　　D．由甲和乙各承担一半责任

3．承包单位将承包的工程转包的，对因转包工程不符合规定的质量标准造成的损失（　　）。
　　A．由该承包单位承担赔偿责任
　　B．由接受转包的单位承担赔偿责任
　　C．由承包单位和建设单位承担连带责任
　　D．由承包单位和接受转包的单位承担连带责任

4．注册执业人员未执行法律、法规和工程建设强制性标准（　　），5 年内不予注册。
　　A．情节轻微的　　　　　　　　B．情节严重的
　　C．造成重大安全事故的　　　　D．构成犯罪的

5．施工单位的主要负责人、项目负责人因违反《建设工程安全生产管理条例》的规定，未履行安全生产管理职责被处分或判刑的，自刑罚执行完毕或受处分之日起（　　）。
　　A．终身不得担任任何施工单位的主要负责人、项目负责人
　　B．5 年内不得担任任何施工单位的主要负责人、项目负责人
　　C．5 年内不得担任本施工单位的主要负责人、项目负责人
　　D．5 年内不得担任本施工单位的管理人员

6．工程监理单位与建筑施工企业串通、弄虚作假、降低工程质量的，由此给建设单位造成损失的，（　　）。
　　A．由建筑施工企业承担全部赔偿责任
　　B．由监理单位承担全部赔偿责任

C. 监理单位与建筑施工企业按照各自比例分别承担赔偿责任

D. 监理单位与建筑施工企业承担连带赔偿责任

7. 生产经营单位的主要负责人未依法履行安全生产管理职责而受刑事处罚或者撤职处分的，自刑罚执行完毕或者受处分之日起，（　　）内不得担任任何生产经营单位的主要负责人。

A. 7年　　　　B. 5年　　　　C. 3年　　　　D. 2年

8. 注册执业人员未执行法律、法规和工程建设强制性标准，造成重大安全事故的，（　　）。

A. 吊销执业资格证书，终身不予注册

B. 吊销执业资格证书，5年内不予注册

C. 责令停止执业3个月以上1年以下

D. 处1万元以上10万元以下罚款

9. 关于未经依法批准，擅自生产、经营、储存危险物品的法律责任，下列说法错误的是（　　）。

A. 责令停止违法行为或者予以关闭

B. 造成严重后果，构成犯罪的，依法追究刑事责任

C. 对责任人员给予行政处分

D. 没收违法所得，并处以罚款

10. 关于建设工程勘察、设计单位将所承揽的建设工程勘察、设计转包的法律责任，下列说法错误的是（　　）。

A. 对责任人员给予行政处分

B. 责令改正，没收违法所得，处合同约定的勘察费、设计费25%以上50%以下的罚款

C. 可以责令停业整顿、降低资质等级

D. 情节严重的，吊销资质证书

二、多项选择题

1. 《建筑法》规定，超越本单位资质等级承揽工程的，应承担的法律责任有（　　）。

A. 责令停止违法行为　　　　B. 处以罚款

C. 责令停业整顿、降低资质等级　　　　D. 吊销资质证书

E. 有违法所得的，没收违法所得

2. 生产经营单位与从业人员订立协议，免除或减轻其对从业人员因生产安全事故伤亡依法应该承担的法律责任，（　　）。

A. 该协议有效　　　　B. 该协议无效

C. 对单位主要负责人处以罚款　　　　D. 不对单位主要负责人处以罚款

E. 单位和从业人员按照协议承担责任

3. 涉及建筑主体或者承重结构变动的装修工程擅自施工的，关于相应的法律责任，下列说法正确的有（　　）。

A. 责令改正，处以罚款　　　　B. 造成损失的，承担赔偿责任

C. 构成犯罪的，依法追究刑事责任　　D. 情节严重的，吊销资质证书

E. 可以责令停业整顿、降低资质等级

4. 下列关于法律责任的说法正确的有（　　）。

　A. 违约责任的承担方式只有支付违约金

　B. 警告既是行政处分的一种方式也是行政处罚的一种方式

　C. 有期徒刑服刑期间并不必然剥夺政治权利

　D. 罚金、没收财产和剥夺政治权利都属于附加刑

　E. 侵权责任的客体既可以是财产权也可以是人身权

5. 下列属于民事责任承担方式的有（　　）。

　A. 停止侵害　　　　　　　　　　B. 支付违约金

　C. 警告　　　　　　　　　　　　D. 消除影响、恢复名誉

　E. 没收财产

6. 关于侵权责任，下列说法正确的有（　　）。

　A. 因为行为人不履行合同义务所产生的责任

　B. 某施工企业在施工过程中扰民将会产生侵权责任

　C. 某建设单位的办公楼挡住了北面居民住宅区的阳光将会产生侵权责任

　D. 某施工企业在施工过程中，楼上掉下的砖头砸到了路上的行人将会产生侵权责任

　E. 当对象是法人时，侵犯的客体只可能是财产权

7. 在招标投标过程中，招标人以不合理的条件限制或者排斥潜在投标人的，对潜在投标人实行歧视待遇的，强制要求投标人组成联合体共同投标的，或者限制投标人之间竞争的，（　　）。

　A. 可以责令停业整顿　　　　　　B. 构成犯罪的，依法追究刑事责任

　C. 情节严重的，吊销营业执照　　D. 责令改正

　E. 可以处 1 万元以上 5 万元以下罚款

参考文献

[1] 全国二级建造师执业资格考试用书编写委员会．建设工程法规及相关知识．北京：中国建筑工业出版社，2021．

[2] 全国一级建造师执业资格考试用书编写委员会．建设工程法规及相关知识．北京：中国建筑工业出版社，2021．

[3] 陈正．会诊工程法律纠纷疑难杂症——从招投标到竣工验收．南京：东南大学出版社，2018．

[4] 陈正．建筑工程招投标与合同管理实务（第2版）．北京：电子工业出版社，2016．

[5] 许崇华．建设工程法规．武汉：华中科技大学出版社，2017．

[6] 赵崇，宋敏．建筑法规与案例分析．南京：南京大学出版社，2017．

[7] 张伟，赵光磊．建设工程法规．西安：西安交通大学出版社，2016．

[8] 董良峰．建设法规．南京：东南大学出版社，2013．

[9] 李永福．建设工程法规．北京：中国建筑工业出版社，2011．